有意遗忘与高效率学习

INTENTIONAL FORGETTING AND EFFICIENT LEARNING

宋耀武　仝宇光　著

科 学 出 版 社
北 京

内 容 简 介

有意遗忘是认知心理学研究中的一个重要分支。本书分为理论基础篇与实证研究篇。理论基础篇论述了有意遗忘从记忆研究中逐渐分离，成为一个独立研究领域的过程；分析了有意遗忘的理论分支与工作记忆的关系。实证研究篇介绍了有意遗忘与多个学习领域（工作记忆加工、错误记忆、合作学习、图优效应等）学习效果的关系，通过一系列的实证证据揭示有意遗忘与高效率学习之间的紧密关系。希望本书能够促进读者将有意遗忘的基本原理运用于学习和实践之中。

本书适合高等院校和科研机构的心理学工作者阅读，也可供对记忆与遗忘感兴趣的心理学爱好者参阅。

图书在版编目（CIP）数据

有意遗忘与高效率学习 / 宋耀武，仝宇光著. —北京：科学出版社，2018.12

ISBN 978-7-03-059757-1

Ⅰ. ①有…　Ⅱ. ①宋…　②仝…　Ⅲ. ①学习效率–研究　Ⅳ. ①G442

中国版本图书馆 CIP 数据核字（2018）第 262498 号

责任编辑：朱丽娜　刘曹芃 / 责任校对：何艳萍

责任印制：徐晓晨 / 封面设计：润一文化

编辑部电话：010-64033934

E-mail：edu_psy@ sciencep.com

科学出版社出版

北京东黄城根北街 16 号

邮政编码：100717

http://www.sciencep.com

北京建宏印刷有限公司 印刷

科学出版社发行　各地新华书店经销

*

2018年12月第　一　版　开本：720×1000　B5

2018年12月第一次印刷　印张：20 3/4

字数：400 000

定价：129.00元

（如有印装质量问题，我社负责调换）

前　言

2013 年 12 月，笔者主持研究的项目“有意遗忘项目重新激活的特点及其促进高效率学习的研究”获得全国教育科学规划领导小组批准立项。经过课题组成员的团结协作与努力，基本完成了预期计划。本书的内容反映了研究的主要成果。

与记忆一样，遗忘同样是人类生活和学习的重要认知机能。有意遗忘，也称为定向遗忘，体现了遗忘的价值，是高效率学习的重要体现。学习者可以主动、有目的地对项目实施有意遗忘加工。在认知功能上，有意遗忘过程引导着不符合任务目标的项目处于压抑状态，以提高学习与记忆的效率；在情绪功能上，有意遗忘过程可以减弱对负性情绪项目的记忆与体验，保证学习过程的顺利进行。同时，有意遗忘项目在特定条件下需要恢复激活，以能够适应特定任务的要求。学习者如何能够更高效地操纵有意遗忘项目，有意遗忘受到哪些因素影响，是本书所要探讨的主要问题。

开展本书的研究，基于以下两点考虑。首先，深入探讨有意遗忘项目重新激活的过程与影响因素，加深对有意遗忘过程内部机制的理解。有意遗忘过程不是一个孤立的加工单元，从宏观的学习过程看，它是在不同学习要素的综合影响下实施的认知操作。在这些众多要素的影响下，有意遗忘项目并不总是处于压抑状态，学习者需要主动调控有意遗忘进程，促进有意遗忘项目的重新激活，以获得更高的学习效率。不同的学习者特征、变化的学习目标与外部环境、多样的刺激呈现形式等因素如何能够影响有意遗忘项目的重新激活，是当前关于有意遗忘的研究所欠缺的。进行有意遗忘项目重新激活及其与高效率学习关系的研究，可以丰富有意遗忘的研究成果。其次，为学习领域的研究与实践提供科学依据。现实中的学习任务是复杂的，在不同的任务中，有意遗忘项目重新激活的依赖条件也不同。例如，在合作学习条件下，通过合作者双方的协同学习目标促进有意遗忘项目的重新激活的条件不同于在孤立的词表学习中重新激活有意遗忘项目的依赖条件。因此，对不同依赖条件与有意遗忘的重新激活机制进行探讨，具有一定的现实意义。

有意遗忘是笔者从事教学科研工作中主要的研究领域，有意遗忘项目的理论发展脉络是实证研究的重要基础。实证研究可以进一步拓展这些理论的应用范围，并进一步深化我们对有意遗忘理论的认识。本书分为理论基础篇和实证研究篇两部分。理论基础篇较为详细地论述了有意遗忘如何从记忆理论框架逐渐剥离出来，成为一个独立的研究领域的理论发展进程，并对有意遗忘采取的研究范式以及各种理论模型进行了阐述；实证研究篇考察了在错误记忆、合作学习、语篇阅读、视听交叉学习、词图匹配学习、情绪图片记忆等不同学习领域中有意遗忘项目重新激活的依赖条件，同时考察了认知灵活性及工作记忆容量等学习者特征对有意遗忘过程的影响，并讨论了这些学习要素对高效率学习的启示。同时，我们在每项具体的研究中详细描述了研究步骤、研究方法、使用的仪器、研究结果与研究结论，力图完整地反映每项研究的实现过程。

本书的出版离不开课题组成员的共同努力，也感谢研究生刘畅、房美妍、张舒婷、徐璐、田新盼等在实证研究中做出的贡献。同时，还要感谢科学出版社的编辑为本书的编辑校对、排版等付出的辛苦劳动。

学习是一项复杂的加工活动，我们在不同学习活动中对有意遗忘项目的重新激活进行了初步尝试，研究成果还需进一步完善，加之我们的研究水平有限，不足之处在所难免，请专家和读者予以指正。

宋耀武

2017年9月

于河北大学教育学院

目　录

下篇　实证研究篇

上篇

理论基础篇

有意遗忘（directed forgetting，DF）属于主动遗忘（motivated forgetting）的一种重要形式，是考察人们如何有目的和有指向地主动忘记编码过的学习项目的研究领域。有意遗忘深受记忆研究的影响，与记忆研究保持着千丝万缕的联系，并逐渐从记忆的理论框架中剥离出来，形成了其自身的理论基础和发展方向。也正因为如此，对有意遗忘的理论框架进行细致的梳理，就需要阐述清楚它是如何受到记忆研究的影响的，又如何形成了自身的理论体系与研究主题，这一脉络可以归为如下三个方面。

第一，对于遗忘过程，最初是在记忆框架中围绕遗忘产生的原因展开研究的，即探讨遗忘是由于记忆痕迹的消退产生的（痕迹消退说），还是由于记忆信息干扰其他记忆信息而产生的（干扰说）。这些研究并没有将遗忘看成是主动的加工过程，而是将遗忘看成是记忆信息的“丢失”，反映了记忆信息的自然损耗或被动受到侵扰的结果。Sadeh 等（2014）明确提出了遗忘进程依赖于记忆进程的观点，这一观点实质反映的是痕迹消退和干扰分别依赖于不同的记忆要素，可以认为是“记忆决定了遗忘”的典型观点。

第二，遗忘是记忆系统中的重要认知功能之一，而研究者的研究重心仍然是记忆系统中的另一重要认知功能——记忆，并对记忆的结构、记忆的基本认知过程、记忆的分类展开了研究。然而，这些研究并非与有意遗忘毫无关系，而是与后续的有意遗忘研究保持着紧密的联系。其体现在：①有意遗忘的主动遗忘过程主要发生在工作记忆这一重要的记忆结构中。②工作记忆的重要功能之一是维持客体的认知表征，其中前额区起到了重要的作用。而在有意遗忘的认知神经科学研究中，前额区也在主动压抑项目激活这一认知过程中发挥了重要作用，二者存在着紧密的联系。③工作记忆中的子成分——中央执行系统的分配注意资源功能、控制加工进程的功能分别是有意遗忘理论中的选择性复述理论和抑制理论的重要理论基石。④工作记忆和有意遗忘研究均重视情境要素：工作记忆中的情节缓冲器是将所编码信息的视觉、空间等情境要素与自身的语音、语义等属性相整合的装置。有意遗忘的情境转换理论则将编码信息的情境要素看成是导致有意遗忘效应发生的首要因素。⑤工作记忆广度影响有意遗忘项目削弱的程度，有意遗忘线索也会影响工作记忆内容的维持。这五点体现了工作记忆与有意遗忘存在着紧密联系。

第三，随着对遗忘的研究的深入，研究者意识到遗忘并不总是被动地受到记忆要素的影响，记忆痕迹的消退与其他记忆痕迹的干扰两个因素并不是遗忘产生的全部原因。遗忘进程有自身的加工特点和认知机制，人们可以主动遗忘所需忘记的信息，主动操纵所需遗忘的信息。主动遗忘的研究开始受到重视，其中有两个比较重要的分支：一个分支是主动遗忘的进程发生在提取阶段，主动阻止提取信息而产生遗忘，这叫作提取压抑的研究，所运用的范式是“think-no-think”（TNT）；另一个分支是主动遗忘的进程发生在编码后阶段，学习者主动通过情境转换或抑制机制压抑编码信息而产生遗忘，这叫作有意遗忘的研究，所运用的范式是有意遗忘范式，也是本书所着重介绍的内容。

正是基于这三方面的考虑，本书在理论基础篇详细论述有意遗忘的理论脉络时，首先在第一章分成了“记忆研究概述”与“遗忘研究概述”两节。第一节对在记忆框架中如何研究遗忘进行了概述，分别从记忆加工阶段、记忆加工结构和记忆形式三个方面解释了在记忆研究中是如何考察遗忘过程的；第二节对遗忘过程研究进行了论述，分别介绍了遗忘产生的原因、记忆决定遗忘的观点以及主动遗忘的研究背景。由于工作记忆与有意遗忘密切相关，第二章对工作记忆的多成分模型、维持客体表征功能、情节缓冲器的认知功能进行了介绍，接着论述了工作记忆对有意遗忘的影响。第三章对有意遗忘这一主动遗忘形式进行了详细的论述。

第一章　记忆与遗忘研究概述

第一节　记忆研究概述

一、记忆加工阶段概述

（一）记忆加工的四阶段说

大脑当中存储着丰富的关于外部世界的记忆经验。这些记忆经验形式多样，有即时感知的信息，如刚刚看过的电影画面、刚刚听过的交响曲等，也有历时较长甚至非常久远的记忆经验，如学习过的知识、童年做游戏的场景等。这些记忆经验有些是记得非常清晰的，有些是只有模糊的印象甚至已经忘记。记忆对于人们的生活十分重要，没有记忆，人们就没有办法储存感知过的信息，无法有效地保留重要的学习经验，也就无法表达真实的生活经历。同样，遗忘对于人们的生活也十分重要，在当前的信息无益于人们的工作目标的实现、生活需要的满足时，人们就需要遗弃这些无用的信息，甚至当有些信息是负面的，且有损于身心健康时，也需要主动遗忘这些信息。从这层意义上说，遗忘是对记忆信息的一种处理方式。

根据 Stock 等（2015）的观点，一个外界刺激（如视觉刺激、听觉刺激、触觉刺激等）在头脑中留存下记忆表征，都经历了基本的 4 个加工阶段：①感知到某个刺激，攫取注意资源去聚焦它；②留下记忆痕迹；③提取记忆痕迹中的信息；④复述以重新巩固记忆痕迹中的信息。在记忆表征加工的过程中，头脑的不同脑区对特定通道的信息产生神经冲动，脑区中相互联结的神经元出现高频的同步化活动。伴随着这些神经冲动，人们对刺激产生了心理反应，留下了针对这个特定刺激的记忆表征。例如，你用烤箱烤面包片，可是烘烤时间太长了，当取出面包片的时候，它的多种属性会刺激你，吸引你的注意，形成关于面包片的记忆表征。记忆表征包括对被烤焦的面包片的视觉表征、烤箱的温度带给你的体觉表征、烤焦的味觉感觉，以及之前烤面包片时被烫到手的画面，等等。当你以后多次烘烤面包片的时候，这些不同侧面的记忆表征融合之前烘烤时的经历，构成了形成烤面包片记忆表征的神经网络，在头脑中形成了记忆表征。当以后你搬入了新居，再次烘烤面包片时，神经网络中的视觉神经元群、味觉神经元群等就会被重新激活，刺激你如何控制温度，从而烤出色香味俱全的面包片。

在加工的第一阶段，注意资源在一定程度上决定了随后的记忆痕迹的强度。人们会根据任务意图的需要，自上而下地调控对客体的注意。投入的注意资源越多，对外界客体的感知就越鲜明，就越有可能留下比较强烈的记忆痕迹。比如，在Simons和Chabris（1999）进行的著名的“视而不见”实验中，研究者让被试观看在广场上两支篮球队的比赛，要求被试数出某支球队的传球次数。尽管在比赛当中有一只大猩猩从球员中穿过，但是大多数被试均报告并未发现这只大猩猩。Hedden等（2008）的研究还进一步发现，亚洲被试和欧洲被试的注意偏好是不同的。当让被试调动注意资源关注刺激的属性时，亚洲被试会不由自主地更加关注刺激所在的周遭环境的信息，欧洲被试更关注刺激的细节信息。

在加工的第二阶段，当外界客体受到注意资源的聚焦后，客体的多个特征（视觉的、听觉的、触觉的等）都会在人们的头脑中留下记忆痕迹。在记忆痕迹的留存过程中，内侧颞叶、海马和杏仁核都起到了一定的作用。内侧颞叶对于新记忆的形成和旧记忆的回忆都具有重要的作用。根据Corkin（2002）的研究，内侧颞叶发生损伤的人，即使外界的新客体引发了不同感觉通道的神经冲动反应，也很难在头脑中形成鲜明的记忆表征，并且这样的损伤程度即使很低，在努力提取先前的旧记忆表征时也会发生困难。海马是又一个重要的皮质结构。根据Nadel和Peterson（2013）的研究，海马在背侧皮层系统和腹侧皮层系统的认知加工中发挥了重要的整合作用。海马接收来自内嗅皮质、海马旁回的客体信息，这些信息并不是孤立的，而是在空间框架内被整合加工。根据Strange等（2014）的研究，海马对信息的整合加工包含了两个方面，在海马后部，是对外在经历事件特定的时间、空间信息进行表征；在海马前部，是对外在经历的宏观情境以及事件的含义、情绪特征进行表征。还有一个重要的神经结构是杏仁核。杏仁核属于边缘系统的一部分，边缘系统是情绪反应产生和表达的重要神经结构。例如，在上述例子中，烤焦的面包片会令人不愉快，人的面部会有皱眉、躯体会有捂鼻等反应。这些经历的事件及其引发的表情反应会在边缘系统内留下情绪痕迹。杏仁核位于边缘系统的中心，是一些小的神经核团，靠近海马并会对海马进行的加工产生影响。总之，这些神经结构产生的认知神经活动会有效促进信息记忆痕迹的留存。

在加工的第三阶段，自下而上（bottom-up）和自上而下（up-bottom）的两种加工过程调控着人们如何有效地提取记忆痕迹。根据 Ciaramelli 等（2008）的研究，自下而上的加工是将客体的物理特征直接转化为心理表征的过程，该加工脑区主要分布在大脑右颞-顶联合区、缘上回、颞上沟和颞上回。自上而下的加工的脑区分布在顶上区以及顶内沟，客体信息所获得激活的注意资源以及注意资源的维持都发生在这个脑区。自下而上的加工主要会受到外在环境线索的驱动。外在环境线索能否有效地促进客体的记忆恢复，主要取决于激活阈限。当线索足够可以重新激活编码阶段神经元的冲动反应时，伴随着冲动反应的心理表征也会重新恢复。例如，在前文的例子中，假如你忘记面包片存放在哪里了，但是当发现装着黄油的罐子摆在窗台上时，那么这个罐子会提示你，被抹了黄油的面包片就在旁边，随后你会发现原来面包片就摆在这个罐子的后面。自上而下的加工则依靠头脑中已存储好的信息去直接搜索并提取记忆表征。这样的搜索通常是费时费力的，取决于已经存储的单个信息的强度或不同信息累积的强度。当单个信息的强度很强或单个信息累积的强度很强时，就能够充分唤醒记忆过的信息表征。例如，当你想回忆面包片在哪里时，头脑中面包片摆放时的情境映像是很清晰的，这个单独的信息足以帮助你快速找到面包片的摆放位置。一个比较著名和独特的记忆现象"联觉"（synaesthesia），就是很好的不同的单个信息彼此相互激活的例子。例如，颜色可以通过听到的声响感知（Marks，1975）；形状可以通过嗅觉感知（Cytowic，1993）。联觉既可以通过外部的感知线索获得，也可以通过头脑中已经存储的很强的记忆表征获得（Dixon et al.，2004）。根据联觉的例子可以推断，当头脑中彼此激活的视觉、听觉、触觉信息强度很大时，就可以准确地提取逝去的记忆表征。

在加工的第四阶段，不断机械性地复述加工过的客体信息，那么重新激活对应的神经元活动的可能性就越大，也越有可能保持对这些信息的记忆。然而，机械性地复述并不能保证足够保持记忆过的信息。当新吸收的信息与已经存储过的信息有主题关联时，新的信息就会干扰对已经存储过信息的记忆，产生记忆错误。例如，在新的烤箱中烘烤酥饼，新感知到的烘烤酥饼的信息越多，存储得越牢固，就越会干扰之前记忆过的烘烤面包片的信息，产生遗忘。另外，新的感知信息会与先前的感知信息构成的经验产生一定程度的联结。当这些联结反复出现时，就会产生错误记忆。例如，在烤箱中烤面包片和酥饼，就很容易把现在烤酥饼时调节的烤箱温度记成之前烘烤面包片时调节的烤箱温度，此时，就需要运用记忆术即一些精细加工策略来巩固之前记忆过的信息。比较典型的是组织策略，即用一定的结构将需要记忆的信息组织起来（Schunk，1996）。这个结构可以是时空框架，也可以是信息内部的逻辑框架，或者是主观认为的信息高效联结的框架。例如，烘烤面包片是需要单独铺黑橄榄点缀的，需要预热到 150℃，这些独特组织的框架可以防止对烘烤面包片信息的遗忘。

（二）记忆表征形成及遗忘时的神经元活动

当人们对外界刺激形成记忆时，大脑皮层和神经元也会进行特定的活动。这些活动代表了大脑是如何对外界信息产生记忆的，又如何会发生遗忘。

在宏观层面上，大脑半球的不同区域负责对不同通道的外界刺激形成神经冲动反应。大脑半球的沟和回形成了具有特定解剖和认知功能的区域。例如，皮层后部的脑区是对视觉信息的优势加工区域，左颞区是听觉表征的优势加工区域。皮层覆盖了不同的灰质和白质。灰质细胞又可分成不同的层，由外及内对不同样式的外部刺激特征（如朝向、方位）产生反应。灰质细胞包含了神经细胞的细胞体、树突以及神经元之间的联结——突触，而白质细胞主要形成了神经细胞的轴突。当某个神经细胞被外部刺激激活后，神经信号产生的动作电位主要在轴突中传导，发生了神经信号的传导活动，当动作电位到达轴突末端时，携带着具体刺激信号的神经元和相关的神经元产生突触联系，接下来释放的生化性神经递质被突触后神经元的树突所接收，并引发了突触后电位的活动。当突触后神经元的激发频率增加时，会形成一定强度的记忆表征。经过重复的刺激，特定神经元细胞和突触联结就会形成特定的记忆表征。

那么，外界信息的遗忘过程又是如何产生的呢？Hebb（1949）认为，特定外部客体的重复刺激会在头脑中形成特定的内部表征。他提出了“细胞装配”（cell assembly）的概念。客体会在短时记忆中持续激活，并在“细胞装配”过程中通过高强度的外部信息刺激神经元细胞，或通过弱强度的信息反复刺激神经元细胞，以保持信息循环性的激活。当这些循环性的激活持续增加时，会使得相应神经元之间的联结更加紧密。这些神经元经常出现同步化的神经反应，会引发一些突触的持久性改变。这些改变会令人的大脑形成比较牢固的记忆表征。由于改变是持久性的，即使这些神经元之后不能再被强烈地激活，人们也能保持比较鲜明的记忆表征。然而，在“细胞装配”过程中，还有一些突触后神经元并非持续被激活的。当这些突触后神经元的激活频率下降或者不再给予重复刺激时，记忆表征的强度就会下降，这样就产生了遗忘。

二、记忆加工结构概述

（一）三级记忆加工结构

在最初的记忆结构模型中，Atkinson 和 Shifffirin（1968）把信息加工分成三级加工结构：感觉记忆（sensory memory）、短时记忆（short memory）和长时记忆（long memory）。加工的外在客体信息需经过前一级的加工结构后，才能通过后一级加工结构。

感觉记忆也叫感觉登记，是外在客体的视觉信息、听觉信息或触觉信息等原始形式上的记忆表征。早期研究证实，感觉记忆的经典实验是 Sperling（1960）的视觉感觉记忆实验和 Moray 等（1965）的听觉感觉记忆实验。这些实验发现，被试能在很短的时间内存储大量的客体信息。在 Sperling 的实验中，研究者使用速示器在 50ms 内呈现三行四列的字母矩阵。在呈现完毕后，会有声音信号提示被试报告某一行的字母，而不是报告所有看到的字母，这叫作部分报告法。研究者发现，被试能报告的每行的字母数量是 3 个左右，这样可以推断被试能报告的字母总量是 9 个左右。在 Moray 等（1965）的研究中，被试可以从空间四个不同方位的扬声器中同时听见字母。同时听见的字母数量要么是从 2 个扬声器，要么是从 3 个扬声器，要么是从 4 个扬声器中发出的。在听觉信号发出后，会有视觉指示灯信号提示被试报告某方位上的字母。研究发现，被试能即时报告的字母数量是 5 个左右。

在短时记忆中，被试会对信息做出进一步的加工。例如，被试会对视觉输入信息给予语义标签，以便能更有效地存储。对于听觉输入信息，被试也会以内部言语的形式存储。复述是短时记忆中常用的保持信息存储的方式。同时，在听觉记忆中，遗忘效应也很容易发生。干扰和消退是产生遗忘的两种重要的原因。干扰通常是指其他学习发生后，对之前学习内容的消极影响。例如，当听了当前某个学术报告人的报告内容后，这会对之前听过的另一个报告人的报告内容产生不同程度的消极影响，进而产生遗忘。在干扰过程发生时，时间是一个依存因素，时间使新的学习发生具有了一定的可能性。在相同的时间内，随后发生的新的学习的信息量越大，就越容易对之前学过的内容产生很强的干扰。消退是另一个存在的对遗忘产生影响的因素。消退是指对于未复述的内容而言，不论内容的形式是视觉的、听觉的还是触觉的，或其他等形式，也不论是否发生了其他的学习，当前未复述的内容都会随着时间的延续而自然地被遗忘。Minami 和 Dallenbach（1946）在实验中以蟑螂为实验对象，观察蟑螂回避黑暗区域的行为次数，并考察干扰和消退谁对行为次数减少的影响更强。在第一种条件下，允许蟑螂自由活动；在第二种条件下，蟑螂被限制在一个微小的纸箱子中，这样蟑螂是不能自由移动的，即对自由活动的干扰。结果发现，在第一种条件下，蟑螂选择回避黑暗区域的次数会随着时间的延续而减少。在第二种条件下，即蟑螂在受到活动限制而无法自由移动的情况下，回避黑暗区域的次数并没有减少。更为重要的是，在每一个时间间隔点上，活动受到限制的蟑螂更少地去接触黑暗区域，即干扰自由活动这一因素使得蟑螂忘记了去接触黑暗区域。这说明时间并不是唯一的影响遗忘的因素，干扰改变了蟑螂对黑暗区域的回避反应。这个结果支持了干扰是产生遗忘的主要原因的观点。

在长时记忆中，信息的存储时间相比短时记忆更长。长时记忆中存储的是事件（形象或抽象的）的真实含义。例如，当读到一连串英文字符 LOOP 时，被试会提取长时记忆中存储的这一连串字符的含义“循环”。长时记忆中不仅存储着人们的一般知识，还存储着某种学习经验，例如，人们背诵过的乘法口诀，记过的英语单词发音规则，这些一般语言知识或规则知识会存储在长时记忆结构中。当人们遇到新的学习问题时，存储的学习记忆经验会被提取出来辅助当前问题的解决。例如，当有新的四则混合运算题需要解决时，学习过的四则运算规则就会从长时记忆中被提取出来以熟练地解决当前的问题。长时记忆信息的提取需要有效的线索。当缺乏有效线索，或者仅存在错误的线索时，人们就很难恢复记过的信息，此时就产生了对这些信息的遗忘。

（二）从短时记忆到工作记忆

Atkinson 和 Shifffirin（1968）提出的三级记忆结构，无疑是对记忆研究的一个极大的贡献，它可以帮助人们从宏观上区分记忆信息在头脑中留存时间的不同。短时记忆可视为是从感觉记忆向长时记忆过渡的中转站，其运行机制是十分重要的，也是众多研究者所关注的。如果短时记忆运行不畅或者短时记忆的信息不能很好地存储，势必会影响感觉记忆的信息向短时记忆输送，也会影响短时记忆的信息流向长时记忆。在短时记忆的研究中，研究者只是赋予了短时记忆消极存储信息的功能，短时记忆只扮演了临时储存信息的认知者角色。随着研究的深入，这样的研究取向的弊端日益凸显，许多问题需要进一步澄清。例如，从短时记忆向长时记忆传输信息的路径是如何的？为什么人们在现实中可以主动调控认知进程，灵活控制记忆加工的进程？这些进程对于不同感觉通道信息的加工是否是相同的？这些问题的提出，意味着要进一步考察人们是如何主动控制记忆进程的，是如何主动监控和操作记忆内容的。

Baddeley 和 Hitch（1974）提出了工作记忆（working memory）的概念，旨在赋予短时记忆更加积极主动的认知角色，强调记忆信息是如何受到人们的计划、意图等的影响而具体“工作”的。Baddeley 等将工作记忆分成语音环路、视空模板和中央执行系统三个子成分。语音环路负责语音信息的复述和存储；视空模板负责维持视空信息；中央执行系统根据人们的计划、意图负责分配注意资源给语音环路和视空模板，协调语音环路和视空模板的加工。Baddeley 等随后又添加了第四个成分——情节缓冲器，负责整合来自语音环路和视空模板的信息，以便进一步地进行深入的加工。工作记忆的加工机制是当前记忆研究的热点问题，同时有意遗忘的主动遗忘主要是在工作记忆中发生的，工作记忆中中央执行系统的分配注意资源功能与有意遗忘的抑制说、情节缓冲器中的情境要素与有意遗忘的情境转换说存在密切联系。第二章将详细论述工作记忆的运作机制以及工作记忆对有意遗忘的影响。

三、语义记忆与情景记忆

在人们的头脑中所留存的记忆信息，总体上可分为语义记忆信息和情景记忆信息两种形式。人们是怎样存储语义记忆信息和情景记忆信息的？语义记忆、情景记忆又与遗忘有什么关系？本小节将论述这些问题。

（一）语义记忆的理论模型

1. 语义网络模型

在三级记忆结构中，不同结构中的记忆内容有一种重要编码属性，即语义记忆。语义记忆是20世纪60年代记忆研究领域关注的热点问题，以Collins和Quillian（1969）提出的语义网络模型最为著名。这个模型是以单元（unit）、点（point）和属性（property）组成的网络，语词之间通过上行（upward）和外行（outward）的语义激活扩散来表征语义之间的关系，单元是语词本身的语义概念，点代表了不同语词语义之间的联结关系，属性代表了语词赋予客体的生物或者社会特征。例如，当人们看到“百灵鸟”和“鸣禽”两个语词时，百灵鸟的语义概念是一类具体的有特定体色和音色的鸟类，而鸣禽则是具有更抽象的符合一般性的由鸣管控制发音的雀形鸟类。单元就分别代表了两个语词各自的语义概念。点则表示两个语词的联结关系是包含关系，即百灵鸟属于鸣禽一类的鸟；属性则代表了单元的特征，例如，百灵鸟具有的特征包括头顶红褐色、背部浅棕色、两翅深褐色等。在人的头脑中，每个语词更抽象的属性储存在上一级的单元中，每个语词更具体的属性则储存在自身的单元中。单元之间的整体激活可以通过点来实现交叉搜索。交叉搜索指的是点引导着单元的概念向上一级激活或向外扩展激活与其属性有关系的其他单元的过程，例如，百灵鸟会向外激活属性相关的“云雀”这个单元，也会上行激活属性相关的“鸣禽”这个单元。这些单元再扩展激活其他属性相关的其他单元。单元之间的属性越接近，激活速度就越快；反之，激活速度较慢。

语义网络模型中的概念清晰，对于语词之间的联结关系和激活过程也解释得较为清晰，但是这一模型也受到了一些质疑。首先，这一模型更多是基于一种朴素的语义包含关系而建立的，是符合人们直觉的模型。然而，大量的语词并不是完全符合这种直觉的联结关系，而是在具体语境中形成的。例如，把手是很难和胆固醇形成语义联系的，但是“他拧开门把手冲进去拿走了画着胆固醇的画纸”这个语句则说明把手可以激活胆固醇。其次，人们在记忆中并不是完全按照语义准确激活其他相关概念的，而是会产生错误记忆。错误记忆并不是单纯基于语义属性的。例如，在语篇中，人们把语篇中主人公的姓氏弄错，这一现象很难用这一模型解释。

2. 联合记忆搜索模型

另一个著名的语义记忆模型是联合记忆搜索模型（search of associative memory model（Raaijmakers & Shiffrin，1981；Gillund & Shiffrin，1984）。在这个模型中，研究者认为记忆搜索包括回忆和再认两个基本过程。语义或外在客体的再认过程是依存于记忆客体熟悉度的，回忆过程是依存于线索的，由线索驱使着抽取符合的语词并搜索相关联的其他语词。研究者认为，记忆搜索过程中包含了 4 个参数：S、Ds、Dc 和 I。S 指扩展搜索（extended search），是慢速和不确定的搜索过程。当头脑中缺乏基于当前识别客体的属性信息时，必须努力去搜索各种片段信息，然而片段信息是埋藏在其他大量片段信息之中的，提取到符合当前属性特征的信息是缓慢而费力的，也不确定是否的确可以搜索到。Ds 指简单化的直接通达过程（simple direct access process），即直接通达存储在长时记忆中的语词的一般概念，或外在客体突出的视觉或听觉特征与当前的客体属性特征十分匹配时，人们直接提取当前信息的属性。Dc 指复杂的直接通达过程（complex direct access process），与简单的直接通达过程相比，这一过程需要更多的基于情境的相似性、语义关联、视觉相似性等接近的属性来执行搜索过程。I 指内隐的类似于再认的过程（implicit recognition like process），表现为无意识地匹配当前符合语词的正字法或客体视觉、听觉属性的过程。记忆过程通常包含了 S 和 I 参数，而再认过程通常包含了 Ds 或 Dc 参数。相比语义网络模型，联合记忆搜索模型的优势在于，这个模型既考虑了直觉上语词之间属性的归属关系，也考虑了其他可能的情况对于记忆提取的制约。例如，Tulving 和 Thomon 于 1973 年提出了线索依存原则。这一原则认为，待识别客体是否能够被成功再认或回忆，取决于客体呈现时的线索是否更匹配于测验阶段的线索。如果两个阶段的线索更匹配，无论这样的匹配是基于情境的，还是基于语义的，更匹配的线索都会有助于客体的提取。

（二）情景记忆的三个研究取向

除了语义记忆外，情景记忆是人们头脑中记忆信息编码的另一种重要形式。情景记忆指人们能体验到过去在某时某地所经历的事件，仿佛亲身回到过去特定地点重新经历该事件一样（Tulving，2002）。情景记忆是当前记忆研究的热点问题，可分为主要的三个研究取向：①情景记忆的加工过程；②情景记忆加工中回忆内容各要素（细节的质量、场景的鲜明性）之间的关系；③情景记忆与自我的关系。

1. 情景记忆的加工过程

情景记忆需要个体努力地回忆过去所经历的场景，也需要监控回忆场景细节的准确性。Risius 等（2013）考察了被试的回忆答案与情景记忆的加工过程（回忆情景的准确性、监控回忆过程与控制加工过程）之间的关系。研究者首先让被试观看一部电影 *The New Cat* 的片段，片段中包括了一个个在不同特定空间发生的事件，这些事件大部分是具有情绪色彩的。观看完毕后，给被试呈现 180 个陈述性语句，被试需要连续完成三项认知任务，分别是提取准确性任务、信心评定任务和假想打赌任务（bet task）。

首先是提取准确性任务，这一任务反映了监控回忆的过程。被试需要判断该陈述句是否符合电影的场景。其次完成信心评定任务，要求被试对刚才做出的判断给出信心评定等级：100%的信心等级、75%的信心等级和 50%的信心等级。信心评定任务反映了一种元认知过程：监控回忆的内容是否能足够体现电影内容的主观评估过程。信心指数越强，表明个体经历过去场景的感受越强烈。最后是假想打赌任务，反映了控制答案输出的过程。在这个任务中，询问被试是否愿意打赌刚才给出的回忆答案是否准确，如果愿意打赌且尝试提交答案，并且也的确验证了答案是正确的，将获得一个奖金点的奖励；如果提交的答案是错误的，将会扣除一个奖金点的奖励；如果拒绝打赌和尝试提交答案，则不获得任何奖励。

研究者通过使用功能性磁共振成像（functional magnetic resonance imaging，fMRI）方法记录了三个认知任务之间脑区激活的关系。结果显示，当判断的陈述句的正确率越高，提取过程越准确时，楔前叶、颞中回和左侧海马的激活就越明显；当给出的信心指数越高时，左侧的前、后扣带回和双侧内颞叶的激活越明显；相比拒绝反应，当被试更倾向于做出尝试打赌时，楔前叶、中部和后部扣带回、颞叶的激活更明显。研究还发现，拒绝打赌尝试不提交答案反应有独特的脑区，即左侧尾状核有显著的激活，双侧海马也被显著激活。拒绝反应反映了抑制参与打赌任务的过程，体现了执行控制的加工过程。这项研究发现，提取准确性任务、信心评定任务和假想打赌任务之间存在紧密的关联，三种任务激活的脑区存在着较大的重叠。被试回忆答案的准确率越高，信心评定等级越高，就越倾向于打赌该答案是正确的。除这项研究外，还有其他研究也发现，回忆准确性与海马的激活显著相关（Habib & Nyberg，2008）：当特定的提取线索出现时，个体经历的过去的时空信息、视听信息等都会在海马进行整合加工，回答答案的正确率越高，说明被试对过去经历的情节信息记忆得越清楚，能够很清晰地拒绝错误答案（McDonough & Gallo，2012）。

2. 情景记忆加工中回忆内容各要素之间的关系

在情景记忆加工过程中，被试常常回忆出鲜明的细节。那么究竟是什么原因导致被试回忆出鲜明的细节呢？首先与情绪的唤醒有关。就情绪的唤醒这一因素而言，当被试主观上产生丰富的感知体验时，伴随的情绪唤醒能够增强对情景情节的体验强度。例如，在 Todd 等（2012）的研究中，研究者让被试观看不具有明显情绪色彩的景致图片和能够充分唤醒情绪的景致图片。在这些图片中，夹杂着一些低对比度水平的视频噪声（如视频颗粒）。被试会主观报告情绪色彩的景致图片具有更多的细节信号，感知景致的细节也更加生动。Todd 等（2013）的研究考察了正性图片、负性图片和中性图片中感知到的情节鲜明性与图片情绪色彩之间的关系。研究者平衡了这些图片的明亮度、对比度、图片的视觉复杂性等对三类图片的影响。被试在每种情绪图片下均会看到三种类型的图片，即标准图片、低噪声图片（15%的视觉噪声）和高噪声图片（75%的视觉噪声）。在即时评定任务中，被试需要主观评定图片的噪声度相比标准图片是高还是低。在一周之后，被试需要进行延时评定测验，采用 7 点评分，重新评定记忆中观看过的图片的鲜明度，1 代表十分模糊，7 代表十分鲜明。研究者假设即时感知的图片的鲜明性与延时回忆的情节的鲜明性之间存在紧密联系。采用 fMRI 的测量方法，研究发现在即时评定任务中，当被试评定的图片的视觉噪声较低时，海马有显著的激活，这表明海马整合了图片的鲜明的知觉信息特征。当评定正性图片和负性图片时，评定的视频噪声越低，杏仁核和视觉皮层的激活就越显著。杏仁核是情绪唤醒的重要的神经皮质区，杏仁核的激活说明视觉细节知觉的鲜明性与情绪图片的唤醒之间存在显著的关联，研究结果验证了该假设。即时测验和延时测验评定结果之间也存在显著关联。相关结果显示，延时测验中回忆的情绪图片的情节越鲜明，即时测验中杏仁核和视觉皮层的血流量变化也越显著。

Habermas 和 Diel（2013）进一步研究了细节的鲜明性与情景记忆的其他要素之间的关系，这些要素包括事件的记忆类型、文本类型、生活事件整合等。在他们的研究中，研究者要求被试在卡片上写出 7 个一生中重要的事件，确定每个事件的起始事件，并把这些事件按时间排列。接着，他们用 15min 的时间描述其一生的生活，把写出的这 7 个事件整合到描述当中，并解释他们是如何成为当前的自己的。研究者对被试写出的事件以及随后的描述进行了转码。转码的要素包括：①细节性（detailedness），写出或描述的事件中所描述的人、地点和时间的鲜明程度，如果在人物、地点和时间三个方面，被试都具象化地予以了叙述，记为在这一项上获得满分。②鲜明性和情绪性（vividness and emotion），在写出和叙述的事件中，如果具有明显戏剧化的描述或有明显带有形容强烈情感的副词，如“很”“非常”，就将描述编码为“是”，否则编码为“否”。③所叙述事件的记忆类型（memory type）和文本类型（text type），在记忆类型中，如果写出或描述的事件里包含了重复性事件，可以持续一天以上或者持续一年以上的生命特定阶段的重要事件被编码为一种记忆类型；没有特定的时间框架的一般评论事件被编码为另一种记忆类型。在文本类型中，如果写出或描述的连续两个事件是连续先后发生的，则表明该事件具有强烈的叙述性特征，否则表明该事件不具有叙述性特征，对具有叙述特征和不具有叙述特征的事件予以不同的编码。④生活事件整合和解释（life story integration and interpretation），对于生活事件整合而言，如果写出或描述的事件中，某事件具有其他事件的时间参照属性或话题参照属性，则代表该事件具有整合意义，否则不具有整合意义。如果在写出或描述的事件中，被试解释了该事件对于生活的意义，或者对于人格改变的影响，或者对某种态度倾向产生了深远影响，则代表该事件具有解释意义，否则不具有解释意义。⑤效价（valence），把写出或描述的事件编码成中性、矛盾、正性、负性、事件发展逐渐恶化等几个类别。研究结果发现，细节性和其他任何要素之间均不存在显著关联。文本类型的叙述性特征则和鲜明性存在显著相关，情绪性也和鲜明性存在显著相关。文本类型中的叙述性特征可以很好地区分不同效价的事件。通过这些结论可以看出，在情景记忆中，文本类型的叙述特征是情景记忆很重要的一个要素，它和情景记忆的鲜明性有很强的联系。

3. 情景记忆与自我的关系

情景记忆所描述的内容通常是和自我密切相关的。在所描述的情景记忆事件中，自我扮演了组织者的角色。围绕着自我，不同片段式的情景事件被重新组织，并被赋予新的解释。研究者通过不同测验考察了情景记忆中自我的作用。Chen 等在 2013 年进行了一项发展研究，考察情景记忆中被试是何时出现以自我来组织情景事件框架的，随后这样的组织框架是否有变化。研究者以新西兰的欧裔和亚裔年轻人为被试，研究者指引被试描述生命中重要的事件，就像故事书中描写个人传记事件一样，将生活事件分成几个重要的故事章节。结果发现，早在 8 岁时，被试就已经可以如描述故事章节那样描述自己不同时刻的情景事件，这样的情景记忆能力是稳定发展的，直到 21 岁左右，这样的能力仍然保持稳定。发展研究还显示，相比欧裔的新西兰人，亚裔的新西兰人在每个重要的时间阶段对特定事件的特异性描述更少。

Sperduti 等研究者 2013 年采用 fMRI 的方法，考察了情景记忆中对自我映像的描述与执行控制的加工之间的关系。研究者采用 Tennessee 自我概念量表测量个体的自我映像，接着又以斯楚普测验等方式测量了个体的工作记忆内容的更新、抑制和转换等执行控制的加工过程。结果显示，被试对自我映像的评分越低，即自我映像越偏向于负性，大脑左腹侧前额叶、前扣带回的激活就越弱。而前额叶和前扣带回等脑区的激活，则与反映执行控制加工的工作记忆的测验得分呈显著正相关。这项研究表明，情景记忆中的自我映像与执行控制的加工存在密切联系。当执行控制过程不能很好地调控自我的组织功能时，自我的评价会偏向于负向，自我映像也会偏向于负向。

（三）语义联结、情景与有意遗忘

语义记忆、情景记忆也与人们的遗忘过程，特别是与有意遗忘过程存在密切联系。Sahakyan 等研究者在 2009 年提出，编码信息所处的情景是影响有意遗忘最重要的原因，情景可区分为背景情境和内部心境，当所编码的信息所处的这些情境要素发生转换时，人们会主动、有意地遗忘学习过的信息，关于情境转换是如何对有意遗忘产生影响的，将在第三章详细介绍。

另外，情景记忆中的自我信息也会对有意遗忘产生影响。例如，Yang 等在 2013 年的研究中发现，当要求被试对自我或他人信息进行加工时，负性品质的自我信息会阻止信息被有意遗忘。在实验中，研究者让被试对呈现的负性形容词做自我判断加工，即这个形容词是否适合描述自我或是否适合描述他人（如鲁迅），接着再让被试有意遗忘描述过的信息，结果发现，相比描述他人的负性信息，描述自我的负性信息在再认阶段更难被有意遗忘。

语义记忆也对有意遗忘有重要的影响。当语词之间的语义联结较强时，可以弱化情景中的背景情境信息对有意遗忘的影响（Smith & Vela，2001）。人们在记忆语词信息时，语词的语义信息与语词所属的背景情境均会编码。当语词之间的语义联结不强时，背景情境会对语词的记忆产生重要作用，当情境发生转换时，语词与情境的联结遭到破坏，会削弱对语词的记忆。但是当语词之间的联结很强时，背景情境对语词的作用就会受到削弱，人们会依靠语词的强语义联结保持记忆。当情境发生转换试图削弱语词的记忆时，语词之间的语义联结就会阻止情境产生削弱作用。例如，当所记忆的信息是“酸橙、柑橘、柠檬”等语词时，人们记忆过“酸橙”后，可通过语义网络快速搜索到其他类别与其相近的语词。当这些语词所属的情境发生转换引起有意遗忘时，语义联结网络的强度会阻止情境转换产生作用。

第二节 遗忘研究概述

一、痕迹消退说与干扰说之争

第一节中对记忆的加工阶段、记忆三级加工结构和记忆编码形式进行了概述。从这些概述中，我们已经看到了记忆与遗忘的联系：在论及记忆加工的第四个阶段，即复述以重新巩固记忆痕迹中的信息时，当复述过程被阻止或复述过程进行不顺利时，记忆的信息就会被遗忘；在论及情景记忆这种形式的记忆编码时，自我组织的作用至关重要，而自我信息的加工也会对有意遗忘产生影响；在论及短时记忆这一结构时，短时记忆中的信息在通向长时记忆的过程中会发生遗忘，其原因或者是由于记忆痕迹的消退或者是由于记忆信息的干扰。

无论是记忆的痕迹消退说还是干扰说，均需要在不同的时间间隔下对记忆材料的回忆率进行测定。早期精确测定不同时间间隔下对记忆材料回忆率的是德国的心理学家 Ebbinghaus。他人为地制造出一个辅音字母、一个元音字母、一个辅音字母的无意义音节；接着，反复学习，计算学习次数，直到能够 100%回忆出这些无意义音节；间隔一段时间后，再重复学习，直到再次能全部回忆出这些无意义音节。将间隔一段时间后重新学习的次数除以最初学习的次数，计算出保持率，这样的实验方法被称为节省法。节省法是 Ebbinghaus 精确量化学习次数与记忆准确性之间关系的重要方法。

Ebbinghaus 的另一项工作，是考察了学习项目的遗忘率。遗忘率是通过保持率来反映的。如果在间隔一段时间后，能够保持先前学会无意义音节的百分比很高，证明遗忘率很低；反之，则证明遗忘率很高。在 1885 年的研究中，Ebbinghaus 发现，遗忘速度呈现出先快后慢的规律：在学习 20min 后，学习的无意义音节的保持率维持在 55%左右；在间隔 1h 之后，下降到 45%左右；在间隔 9h 之后，下降到 35%左右；在间隔 24h 之后，只是缓慢地下降了 1%左右；在间隔 2 天后，又缓慢地下降了 2%左右。这项研究也拉开了后续对遗忘进程进行量化研究的序幕。

后续的遗忘研究，正如本章第二节所介绍的，主要围绕着在短时记忆结构中产生遗忘的两大主要原因——痕迹消退说和干扰说何种学说更合理而展开。

Minami 和 Dallenbach 在 1946 年的研究中，是以蟑螂为实验对象。在以人类为被试的研究中，比较典型的范式是，研究者让被试学习数量不同的数字，在间隔不同时间后，让被试进行回忆。间隔的时间视为记忆痕迹消退的时间，数量不同的数字代表着干扰信息。在这些研究中，研究结果并不一致。例如，Keppel 和 Underwood 在 1962 年的研究中，让被试学习包含 3 个辅音的词表，在 3s、9s 和 18s 的时间间隔下，回忆正确率无显著不同，证明了时间间隔内发生的干扰是主要因素。Baddeley 和 Scott 在 1971 年的实验中，让 152 名被试学习 5 个数字，然后在 3s、30s、60s 和 120s 后回忆这 5 个数字。在时间间隔内，为了防止被试复述，让被试写下主试念出的字母。结果发现，在 3s 的时间间隔下的回忆率远高于其他时间间隔，而 30s、60s、120s 的时间间隔下的回忆率无显著不同。这样的结果说明，记忆痕迹的自然消退和干扰两个因素共同影响了被试对学习项目的记忆。

二、遗忘进程依赖于记忆进程

Sadeh 等研究者在 2014 年提出了一个新观点：遗忘的进程依赖于记忆的进程。当记忆的信息需要提取时，基于情节的回忆（recollection）和基于项目自身的熟悉性（familarity）两个主要的因素会对提取产生不同的作用。当基于情节的回忆起主导作用时，遗忘进程更多地由消退来主导；当基于项目自身的熟悉性起主导作用时，遗忘进程更多地由干扰来主导。

Sadeh 等研究者的观点实际上是将记忆项目的情节性作为诱发遗忘的原因。当记忆项目充满情节性时，所记忆的项目会伴随着时间延续而来的情节的完整性和精确性的下降产生遗忘；当记忆的项目缺乏情节性而仅仅是熟悉这一项目时，容易受到其他记忆项目的干扰而产生遗忘。佐证这种观点的主要证据是海马和内侧颞叶在不同的记忆提取进程中发挥了相对独立的作用。Leutgeb 等在 2007 年的研究中发现，海马是事件的情节信息整合的主要神经结构，并且会有效地对相似性的信息进行区分。海马的 CA3 区对于绑定不同来源的信息进行整体表征起到了重要的作用，同时海马的子区域——齿状回会促进不同模式信息的独立存储。在恢复记忆表征的提取时，CA3 区的神经元可以有效促进记忆表征的恢复。另一个脑区的内侧颞叶表征了基于熟悉性的相似经验。例如，鼻周皮质会将相似的经验混合在一起形成混合的认知神经网络，神经网络之中蕴含的认知信息单元基于熟悉性而重叠在一起。当新的信息输入时，海马旁回区和内侧颞叶区会做出不同的神经反应。如果记忆表征的情节特征明显，海马反应更加显著，能有效地区分不同信息所对应的编码情节，并根据不同的情节来提取信息。此时，随着时间的延续，记忆痕迹消退起到了主导作用。间隔的时间越长，先前学习过的信息的情节表征越弱。如果记忆表征缺乏显著的情节表征，内侧颞叶的反应会更加明显，会基于熟悉性来恢复信息。此时如果新输入的信息与旧的信息更相似，干扰因素会起到主导作用，从而影响记忆信息的提取。

另一项行为实验研究也发现，基于情节的认知反应和基于项目自身的认知反应存在显著不同（Yonelinas & Levy，2002）。例如，当询问被试项目自身是新学过的项目还是旧学过的项目，以及项目学习时的背景是红色还是绿色时，结果发现，基于熟悉性的项目新旧判断容易受到学习间隔项目数量增多的影响而下降，而基于情节回忆的背景的判断却不大会随着项目数量的增多而下降，也就证明了基于熟悉性的项目的提取会受到干扰而产生遗忘。与之类似，基于 R（remember）/K（know）认知判断的实验也得出了相似的实验结果（Cary & Reder，2003）。R 反应需要被试回忆出编码时的情节，而 K 反应只需要被试熟悉这个学过的项目就可以做出反应。研究者发现，当被试需要做出 K 反应时，记忆提取的准确率会随着学习词表中单词数量的增加而显著下降；当被试需要做出 R 反应时，记忆提取的准确率并不会随着词表长度的增加而下降。

Sadeh 等研究者的观点虽然新颖，但实质上仍是认为所记忆项目的情节属性与熟悉性决定了遗忘的痕迹消退和干扰哪个起主导作用，实际上仍然是将遗忘进程看成是记忆进程的附属品，即记忆的进程和输出质量决定了遗忘进程。随着研究的深入，一些研究者并不完全认为遗忘只是痕迹消退和干扰的结果，他们基于不同的实验范式开始考察人们主动控制遗忘进程的认知加工机制，通过大量的实证研究发现，人们同样可以直接操纵遗忘进程，主动地直接抹除先前学过信息的记忆痕迹，忘掉不符合当前任务需要的信息。

三、主动遗忘的研究概述

前面的论述一直是在记忆加工的某个阶段或者在某个记忆结构（如短时记忆）中去探讨遗忘是如何发生的。这些内容均反映了一个共同现象：记忆决定了遗忘。因为遗忘发生在记忆结构中，遗忘是记忆客体的牢固程度的体现，遗忘反映了客体记忆痕迹的消退或记忆客体受到的干扰。

但是另外一些研究者通过研究发现，人们除了可以主动“记忆”待学习的客体，同样可以主动去遗忘学习过的客体，也就是说遗忘过程不只是记忆过程的“附属品”，人们可以主动去操纵要忘记的内容，可以分配注意资源给要遗忘的内容。关于主动遗忘的研究，是遗忘研究领域的一个新趋势。主动遗忘有两种主要的形式：在提取阶段，主动阻止提取学过的项目，比较典型的实验范式是 TNT 范式；在编码后阶段，通过外部指令主动遗忘编码过且已学习过的项目，比较典型的范式是有意遗忘范式。

（一）TNT 范式概述

当不想要的知识经验涌入头脑时，人们总是努力阻止其编码，可是这些知识经验仍然存储在记忆中。这一切发生时，当有某些线索驱使人们提取这些知识经验时，要阻止提取这些令人们不快的体验，称为“提取压抑”(retrieval suppression)。提取压抑通常使用 TNT 范式来研究（Anderson & Green，2001)。这一范式包括如下几个阶段：学习阶段、TNT 阶段和测验阶段。在学习阶段，被试需要学习一系列的线索-靶子词对（例词对、图片对），例如，呈现例词对 ordeal-roach，训练被试遇到提示线索 ordeal 时，回忆靶子词 roach。在 TNT 阶段，被试需要对 4 种不同类型的词进行再学习：think 类型，如提示红色线索 duty，被试尝试提取学过的词 glass；no-think 类型，如提示绿色线索 wisdom，被试不尝试提取学过的词 ball；另外两种类型分别是基线类型词（学习的线索-靶子词不出现在 TNT 阶段）以及非启动词（学习阶段和 TNT 阶段的词都不出现，只出现在测验阶段)。在测验阶段，采用回忆测验或可进行内隐的模糊词辨认任务。在这样的范式中，no-think 类型的词压抑了提取，使得对这类词的回忆率低于基线词，这种效应称为“压抑诱发遗忘”(suppression induced forgetting)。

压抑诱发遗忘是比较牢固的，当测验的时候使用新的独立线索时，靶子词的提取仍然会受到抑制。例如，当学习了 paper-apple，进行测验时，无论是使用 fruit，还是使用新的线索词 red，被试都很难回忆起学过的词 apple（Anderson & Green，2001)。线索独立性和压抑诱发遗忘效应类似，它反映了被试在编码阶段压抑了学习项目本身的激活水平而非线索和学习项目的联结路径。所以，在测验阶段，即使提示了线索的存在，然而项目本身被压抑无法恢复，即使给出线索也不能促进学习项目的恢复。此外，其他实验证据还表明，学习项目本身的压抑是项目自身知觉信息或者深层的语义各个层面的压抑。在再认测验中，如果直接呈现项目本身（如图片的形状)，项目本身仍会受到压抑（Hart & Schooler，2012；Waldhauser et al.，2012)。在模糊辨认任务中，即使把靶子图片模糊化，被试仍然不能区分出是否学习过该图片（Kim & Yi，2013；Gagnepain et al.，2014)。

在其他一些与自我和社会认知有关的研究中，也有很多领域的研究结果反映了压抑诱发遗忘这一现象。这些领域包括社会认知、模拟目击证词、依恋、自我等。例如，在社会认知的人际关系中，当冒犯行为发生时，人们需要原谅冒犯者带来的负性人际关系。个体执行控制能力的差异可以预测这种原谅程度（Pronk et al.，2010；Wilkowski et al.，2010）；在模拟目击证词的研究中，被试会通过提取压抑来降低目击犯罪现场后隐瞒事实的负罪感（Bergström et al.，2013）；在维持依恋感的研究中，对于童年受到虐待的被试而言，会增强与值得信任的养育者的依恋，并采取主动遗忘的方式减少那些负性体验（Freyd，1966；Freyd et al.，2001）。在自传体研究中，人们通常还会选择性地记忆与自己相符的正性品质，忘掉那些威胁自我的负性品质（Sedikides & Green，2001，2004）；对于不诚实行为的抑制可通过主动遗忘来完成（Shu & Gino，2012；Shu et al.，2011）；对于与自己的信念和态度不一致的结果，被试会压抑与自己不相符的政治主张（Waldum & Sahakyan，2012）。

（二）TNT 范式的认知神经机制研究

TNT 范式的认知神经机制也受到了研究者的关注。研究者分别从两个方面进行了较为细致的研究：①前额区活动和海马活动的同步化；②TNT 阶段认知活动的事件相关电位（event-related potentials，ERP）成分包括晚期正成分（late positive component，LPC）和 N2。

就第一方面而言，在 TNT 范式中，被试在 no-think trials 中主动压抑项目的编码，并且这种编码的压抑会持续到测验阶段，即在测验阶段阻止提取项目的编码情节，所以有理由认为这一过程与海马活动有关，因为海马通常被认为与长时记忆中的情节提取有关。主动地压抑这一情节属于执行控制的活动，这又与前额区的功能有直接的关联，所以有理由相信，背外侧前额叶（dorsolateral prefrontal cortex，DLPFC）的活动与主动压抑的认知过程有密切关系。实证研究证实了这些假设，并且更直接的证据是两个相关脑区的活动出现同步化。例如，相关研究发现，编码阶段阻止进一步项目的加工活动时，右半球前额区的背外侧前额叶和腹外侧前额叶（ventrolateral prefrontal cortex，VLPFC）的活动增强（Depue et al.，2007；Benoit & Anderson，2012；Butler & James，2010）。更为重要的是，停止提取活动伴随着前海马活动的减弱（Levy & Anderson，2012），海马活动的减弱既发生在以词对为材料的 TNT 实验中，也发生在以负性图片为材料的 TNT 实验中（Depue et al.，2007）。

背外侧前额区的活动与海马活动出现同步化的过程还表现在：在 no-think trials 中，背外侧前额叶与海马活动是负相关的（Depue et al.，2010）；随着 TNT 阶段 trial 的不断增加，背外侧前额叶的调节活动越强，负相关性也在加强（Depue et al.，2007）；海马活动减弱得越强烈，no-think trials 中正确回忆的数量就越少（Depue et al.，2007；Levy & Anderson，2012）。这些同步化的证据很明显地表明了两个脑区的活动密切相关，但是这是否就意味着海马活动的减弱是抑制过程呢？存在两种可能：一种可能是背外侧前额区的确执行了抑制过程，抑制了海马旁回区的活动，导致项目的编码情节被抑制；另一种可能是海马活动仅仅反映了提取活动的失败，即想提取但是提取到的记忆痕迹减弱了。由于在 TNT 范式中存在基线条件，基线条件下没有任何与 TNT 范式有关的活动，相比基线条件，no-think trials 中下海马活动仍然减弱，这项研究说明海马活动被抑制而发生了减退（Depue et al.，2007；Levy & Anderson，2012）。一些间接证据还表明，人们自上而下的调节活动会影响背外侧前额叶的活动，进而影响海马的活动（Gagnepain et al.，2014）。但是需要注意的是，尚无直接在 TNT 范式中考察何种自上而下的加工会如何影响编码阶段海马活动的研究，也就不清楚自上而下的加工路径，这仍需要进一步的实验证据来证明。

在 no-think trials 中，被试不再提取编码过的项目，被试可以通过尝试想象一些与实验无关的额外的事情，例如，今天自己做过哪些事情，还需要做哪些事情，来阻止对学习过项目的编码。如果这样的认知活动存在，也就意味着压抑遗忘实际上是分心活动产生的，并没有主动压抑项目这一活动的存在。已经有研究证明，分心思想可以压抑编码项目的激活（Joormann & Hertel，2005；Hertel & McDaniel，2010；Lemoult et al.，2010；Hotta & Kawaguchi，2009；Hertel & McDaniel，2012）。那么，TNT 阶段压抑产生的遗忘与分心产生的遗忘活动在认知过程上是否存在差异呢？最近，有一项研究考察了在 TNT 阶段中分心思想和抑制的神经机制的差异（Benoit & Anderson，2012）。研究者设置了两组被试：①分心思想组，即当遇到不想要的记忆信息时，考虑其他额外的信息去排除这些不想要的信息；②直接压抑组，即直接把这些不想要的记忆信息推出意识之外。在行为结果上，两组被试均表现出了相似的遗忘现象，但是只有直接压抑组在脑活动中表现出了海马活动的减弱。在神经活动中，分心思想组表现为左下前回（inferior frontal gyrus，IFG）活动的增强，并且同步化活动表现为在 no think trials 中，左下前回活动的增强伴随着海马活动的增强。海马活动的增强表明，维持分心活动的持续记忆表征不断增强。直接压抑组表现为右背外侧前额叶皮质的活动的增强，同步化活动表现为右背外侧前额叶皮质活动的增强伴随着海马活动的减弱。这样的结果表明：首先，海马活动的强度是相反的，分心活动不同于压抑遗忘活动；其次，压抑遗忘反映为海马活动的减弱，体现了减弱项目提取记忆痕迹的过程，或者可以被认为是抑制编码激活的过程。这一结果初步证明了两种遗忘还是存在显著不同的。

就第二方面而言，在 ERP 成分中，LPC 反映了在提取阶段恢复学习活动情节表征的过程（Friedman & Johnson，2000）。LPC 一般发生在再认测验项区靶子词出现后的 400～800ms，并且旧词的 LPC 波幅大于新词。按照这个推论，如果 LPC

测验的是回忆成分的话，no-think trials 会压抑对情节的回忆，LPC 波幅会低于 think trials 的波幅。大量的实验验证了这种想法，包括词对（Bergström et al.，2009）、图—词配对（Hanslmayr et al.，2009）、负性的面孔—风景的配对（Depue et al.，2013）。更为有趣的是，对于相同的测验项目，被试会根据指导语灵活调控 LPC 波幅的增强和减弱，当要求提取所编码项目时，LPC 的波幅会增强，当要求不要提取所编码项目时，LPC 的波幅会减弱（Bergström et al.，2009）。这种调控只在直接压抑组出现，而没有在分心思想组出现。

还有一些研究表明，压抑产生的遗忘类似于抑制动作反应发生的 ERP 成分。例如，在 go/no-go 任务中，no-go 任务和提取压抑任务中均发现了 N2 成分；no-think trials 的 N2 成分的波幅可以预测停止信号反映的 N2 成分的大小，在提取压抑的认知任务和停止动作反应的认知任务延迟发生时，这种预测作用仍然存在（Mecklinger et al.，2009）。还有一些研究比较了 no-think trials 的 N2 成分与 think trials 的 N2 成分，结果发现，对于在编码阶段出现，在测验阶段被忘掉的项目，前者的波幅更大，说明对压抑项目的编码需要付出更大的认知努力（Mecklinger et al.，2009）。在头皮分布上，提取压抑和动作抑制活动在右背外侧前额叶和右腹外侧前额叶均有显著激活（Depue et al.，2007；Anderson et al.，2004），有证据表明，在提取压抑活动和停止动作信号反应时，在右外侧前额区也会有显著激活，激活的程度越高，提取压抑的程度就越高，停止动作反应的强度也越高（Depue et al.，2010）。综合来看，这些实验证据表明，压抑诱发的遗忘的神经活动类似于停止信号反应的认知过程，并且这一压抑过程有前额区皮层的参与，这一活动是否在很大程度上就反映了相同的抑制项目加工的认知过程，还需要进一步做出澄清。例如，记忆和动作抑制任务中都包含了右背外侧前额叶和右腹外侧前额叶，但是右背外侧前额叶在记忆抑制任务中更多被提及（Depue et al.，2007；Anderson et al.，2004；Benoit & Anderson，2012），而右腹外侧前额叶在动作抑制任务中更多被提及（Aron et al.，2014）。不过更加确凿的证据还是需要来自 no-think trials、go 任务和基线 trials、no-go 任务之间的脑电活动和头皮活动的比较。如果在测验阶段，相比基线 trials，no-think trials 和 no-go 任务的 N2 成分的波幅更大，两者均有接近的前额区皮层活动的参与，并且 no-think trials 和 no-go 任务的脑电成分和头皮分布也接近，这就可以比较充分地证明这一认知活动的实质是抑制编码项目提取的过程，当然这种推论还需要实验数据来加以佐证。

（三）有意遗忘的研究背景

有意遗忘范式是另一种考察主动遗忘的方法，这一范式是当前主动遗忘研究领域中的热点问题。与 TNT 研究范式不同，在有意遗忘研究中，研究者关注的是项目编码后主动忘掉的项目。有意遗忘强调在编码阶段后遗忘的有意性和指向性。有意遗忘可分为词表法有意遗忘（list method directed forgetting）和项目法有意遗忘（item method directed forgetting）两种主要的形式。

词表法有意遗忘和项目法有意遗忘是考察有意遗忘的主要方法。在词表法有意遗忘的经典研究中，学习的材料为两个词表，词表中的典型材料是英文单词，当呈现词表中的材料为汉字时，也称作字表法；在项目法有意遗忘中，呈现的典型实验材料是孤立的英文单词，当直接呈现的材料为汉字时，也称作单字法。

在词表法有意遗忘中，通过在前后学习的两个词表之间插入遗忘线索或记忆线索，比较两种线索对词表记忆的影响（Basden B H & Basden D R，1998；Basden et al.，1993）。在词表法有意遗忘中，一般采取组间设计，被试被分成遗忘组和记忆组。实验分为学习阶段、分心阶段和测验阶段。在学习阶段，遗忘组的被试需要先后学习两个词表，每个词表中学习的项目（英文情况下一般为单词，中文情况下一般为单字）数量为6～15个。每个项目逐个呈现，被试需要记忆每个项目。在学完第一个词表后，给予被试遗忘线索："这只是练习程序。请忘掉你刚才学过的词表1中的每个单词，去努力记忆词表2中的每个单词。"在记忆组，实验程度与遗忘组基本相同，不同的是，学习完词表1后，插入记忆线索："你需要努力保持刚学过的词表1中的每个单词，再去努力记忆词表2中的每个单词。"两组被试在经历短暂的分心任务后，进入最后的测验阶段。典型的测验方式为自由回忆，要求被试努力回忆词表中学过的所有单词。实验结果一般会表现为有意遗忘效应的遗忘代价（forgetting cost）与记忆收益（memory benefit）。遗忘代价指对于词表1而言，遗忘组的回忆成绩显著低于记忆组。记忆收益指对于词表2而言，遗忘组的回忆成绩高于记忆组。在大量研究中，有意遗忘中的遗忘代价被验证是广泛且普遍存在的，而记忆收益并不稳定。

在项目法有意遗忘中，一般采取组内设计，通过在学习的一个词表内部每个项目学习后插入遗忘线索或记忆线索，比较两种线索对记忆的影响（Lee Y S & Lee H M，2011）。被试学习一个词表，词表中的项目随机呈现。在每个项目短暂呈现后空屏，紧接着呈现遗忘线索或记忆线索。遗忘线索提示被试忘掉刚才学过的单词，记忆线索提示被试记住刚才学过的单词。在最后的测验阶段，采取回忆测验或者再认测验。结果一般表现为遗忘线索下被试对项目的记忆正确率显著低于记忆线索下对项目的记忆正确率。

词表法有意遗忘和项目法有意遗忘的区别在于，前者是在对所学习项目整体编码完毕后，再去主动忘记学习过的项目，有意遗忘过程是在所有项目编码后进行的，有研究者认为这样的遗忘是对词表整体情境的有意遗忘（Sahakyan & Kelley，

2002）；后者是对每个项目编码完毕后，立即主动遗忘这个项目，再学习新的项目，并再次主动遗忘这个新项目，循环往复这个学习—主动遗忘的过程，这样的遗忘是伴随每个项目学习后实时进行的。

有意遗忘还存在多词表形式，此外，有意遗忘是如何产生的，受到哪些因素的影响，又有何种应用，这些内容将在第三章予以详细的介绍。

第二章　工作记忆的研究现状及其对有意遗忘的影响

在记忆与遗忘的研究中，工作记忆是一个十分重要的研究领域。工作记忆是由短时记忆的概念演化而来的，在记忆结构中处于重要的地位。工作记忆过程客体表征是如何维持的，情节缓冲器是如何工作的，是工作记忆研究中的热点问题。同时，工作记忆研究也与有意遗忘密切相关。正如本书上篇开始所提到的，有意遗忘的主动遗忘过程主要发生在工作记忆中，工作记忆和有意遗忘均涉及注意资源的调控，以及对注意客体的认知控制等加工过程，也均强调情境要素对记忆加工或遗忘加工的作用，工作记忆还会直接影响有意遗忘。正是因为工作记忆研究的重要性以及与有意遗忘有如此密切的关系，所以本章将就工作记忆的研究现状及其与有意遗忘的关系展开论述。

第一节　工作记忆的研究背景

一、工作记忆概念的提出

“工作记忆”是记忆研究中一个重要而被广泛使用的概念。这一概念的使用最早可追溯到 1960 年 Miller、Galanter 和 Pribram 的著作《行为的计划和结构》。其用“记忆”这个语词去描绘在心理执行并通达预先的计划的过程。在分配实际的工作后，不同的计划或计划的不同方面须予以保持在记忆结构中，以便能顺利执行实际工作；当其他计划打断当前的计划时，当前的计划必须能够维持在记忆结构中，以便当合适的时机来临时继续执行。这样的记忆结构以及能够保持、维持目标以便顺利地执行行为的功能，称为工作记忆。Pribham 及其同事于 1964 年提出了工作记忆的认知神经基础，主要包括前额皮层（prefrontal contex，PFC）。研究者基于前额皮层损伤患者的研究，在靶子刺激和相关行为反应中获得了前额皮层的神经活动，以此作为工作记忆的认知神经证据。

在认知科学研究领域中将工作记忆概念化和结构化的是著名的实验心理学家 Baddeley 与 Hitch。其在 1974 年的研究中认为，当短时记忆承载的功能有限时，它并不能意识性地描述一些对记忆内容的心理操作，例如，短时记忆的内容是如何通过选择性复述通达长时记忆的。短时记忆和长时记忆的概念更多是基于记忆内容在记忆系统中存储时间的长短和存储内容的先后次序而产生的。当需要一个承载更多功能的记忆装置时，工作记忆的概念就应运而生了。

在“工作记忆”概念提出后，研究者发现在加工不同类型的信息时，例如，加工言语信息或视空信息时，双加工任务和单加工任务条件下的记忆成绩一样好，研究者认为这两类信息的加工是在工作记忆缓冲器模型中进行的。在这一模型中，言语信息加工对应的是语音环路装置，视空信息对应的是视空模板装置。这两个装置各自对长时记忆的内容施加着影响。此外，还有一个独立的系统（中央执行系统）对两个装置的内容分配注意资源，并控制两个系统内部的认知加工。

随后，研究者开始注意到工作记忆的功能性，从注意其自身所执行的记忆操作过渡到注意工作记忆的功能性，即工作记忆对外显行为的引导性。Baddeley 等（1986）将工作记忆的功能概括为“在言语理解、学习和推理等一系列认知任务中暂时性地保持和操作加工内容的系统”，这一解释是基于记忆操作本身进行的。Goldman-Rakic 在 1987 年指出，工作记忆是一种功能的演化，不再单纯指加工的刺激自身的区别，而是指所加工的刺激诱发的行为的不同。在认知神经心理学和精神病综合征的研究中，对工作记忆损伤的衡量往往是以外显行为紊乱为指标的。

二、工作记忆的多成分模型

由语音环路、视空模板、中央执行系统所组成的三系统的工作记忆模型是 1985—2005 年研究者研究的热点，被称为多成分模型（muticomponent model）。研究者的研究兴趣点在于言语信息、视空信息是如何存储、维持和提取的。在 Baddeley 和 Hitch 提出的多成分模型中，语音环路存储言语信息，由两个子成分组成：消极的言语信息的暂时存储工作记忆和心理上言语信息的复述。语音环路可以很好地解释一些记忆现象。例如，人们需要回忆词表中的单词，无论单词是视觉呈现还是听觉呈现的，人们都倾向于通过复述单词的语音，思考它的语义，将单词主观地组织成词组，记起单词印刻在纸张上的情景，想象单词指向的客体。在这一过程中，复述过程就是通过语音环路来发挥作用的。支持语音环路典型的证据就是词长效应（word length effect），即被试按照顺序回忆看到过的长单词（如aluminium、hippopotamus、refrigerator）的成绩要显著低于回忆看到过的短单词（如scroll、switch、zinc、maths）的成绩，这是因为长单词相比于短单词难以更有效地复述，也更难以存储，因而容易产生消退。另一种典型的现象即语音相似性效应，即回忆语音相似单词（如 man、mad、map、mat）的成绩要低于回忆语音不相似单词（如 day、boy、sup、few）的成绩（Baddeley et al.，1975；Vallar & Baddeley，1984），这是因为语音信息的复述容易受到同时进行或接续进行的其他相似的语音信息的干扰，当单词受到复述干扰时，回忆成绩就下降了。然而，进一步的研究表明，当人们使用其他一些认知策略，如语词联结、视觉表象等非语音复述方式时，没有出现词长或语音相似性效应，所以语音环路这一成分是存在于工作记忆之中的，但是在实际的认知任务中，人们会灵活地使用语音环路。

视空模板也包括两个子成分：一个子成分保存与个体心理上描述场景对应的客体和情景，称为视觉缓存信息；另一个子成分是可能存在的进一步的复述，复述在场景中的行为序列和情景的动态属性。早期的研究围绕着视觉信息的存储和维持是否在视空模板中而展开。例如，Logie 在 1986 年的实验中，将被试随机分成两组，完成对词表的机械复述任务或采用视觉记忆术完成对词对的记忆任务。在机械复述任务中，鼓励被试不发声且不停地对词表中的单词进行复述以获取更好的回忆成绩；在视觉记忆术任务中，鼓励被试采取产生表象并构造词对的视觉加工任务，例如，呈现 one book，就鼓励被试对某人在读一本书这样的视象进行记忆。随后，每种任务中一半的被试还需要完成一项次级任务——视觉匹配任务，即判断先后呈现的视觉矩阵是否相同。结果发现，当完成视觉匹配任务时，与不完成匹配任务相比，利用视觉记忆术被试的记忆成绩会显著下降，而机械复述任务中被试的成绩没有明显下降。这就初步证明了视觉加工任务是在视空模板中展开的，因为次级任务也占用了视空模板中的加工资源，进而干扰了主任务在利用视空模板资源进行回忆时的成绩。

中央执行系统包含着一系列的执行功能：在不同的认知任务之间完成注意转换，更新工作记忆的内容，抑制无关信息，协调多任务成绩，分配注意，在问题解决过程中执行策略和采取启发式方法进行学习、提取等。然而，由于中央执行系统的功能太过庞杂，无法精细地说明具体完成的职责，因而 Baddeley 后期增加了情节缓冲器来进一步说明语音环路、视空模板和中央执行系统之间的关系

（Baddeley，2000）。

三、工作记忆的状态基础模型

近年来，状态基础模型（state-based model）逐渐受到重视，在这一模型中，各类信息，包括长时记忆中的语义信息（字母、数字、单词）和短时记忆中的感知、运动信息都以不同的状态形式受到注意资源调控而维持在工作记忆当中。两类模型的不同之处在于，多成分模型强调各成分编码、存储和提取的不同；而状态基础模型更强调由注意资源调控的各自不同类型的心理操作的实时状态，并且各成分受到注意资源分配产生了某种注意优势，进而产生了容量有限、前摄抑制等心理现象。该模型并不强调工作记忆中的成分结构不同，而是强调受到注意资源调控的信息的加工状态不同。

在状态基础模型中，比较具有代表性的是 Cowan 在 1995 年提出的两状态基础模型。在该模型中，一种状态是注意焦点（focus of attention，FOA），指的是微小的、容量有限的项目受到注意关注，伴随着注意资源分配，注意焦点自上而下地调控着工作记忆中的组块。另一种是激活的长时记忆模块。当注意资源转移到其他信息时，在注意焦点下的项目就成了激活的长时记忆项目。激活的长时记忆项目没有容量限制，容易消退和受到干扰。Oberauer 在 2002 年进一步将两状态扩展为三状态：激活的部分长时记忆信息、直接通达的容量有限区域、注意焦点（图 2-1）。

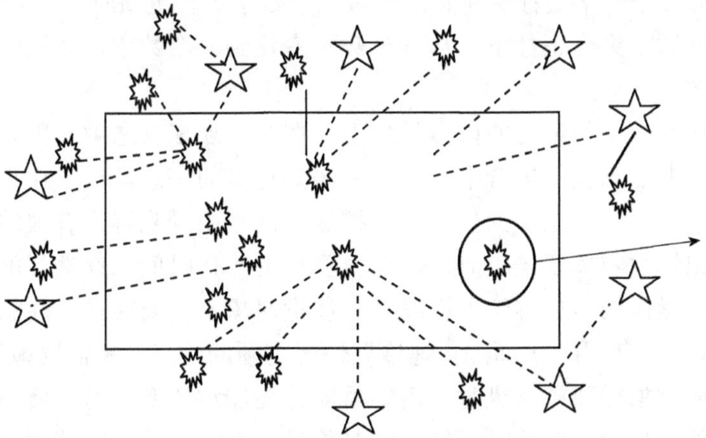

图 2-1　状态基础模型示意图

✹代表受到注意资源调控的被激活的长时记忆表征。这些被激活的长时记忆表征一些进入了直接通达区域，一些没有进入直接通达区域。☆代表未被激活的长时记忆表征；虚线代表长时记忆表征之间的某种联结；长方形框代表了直接通达区域在直接通达区域，某个受到当前任务调度，需要即时进行心理加工的表征即注意焦点，用✹表示。未被激活的长时记忆表征通过某种联结进入直接通达区域。

在 Oberauer（2002）的研究中，研究者让被试对部分集中的数字进行运算并记忆。屏幕中会呈现两行数字，两行数字需要进行某种更新，例如，当中间的数字呈现“+1”时，即需要对中间的数字加 1。在进行 9 次更新操作后，每一行中最后更新的数字均需要记忆并报告。在该实验中，有三个关键的变量，一个关键变量是数字集合变量，有两个水平，即处于活跃数字集合或处于非活跃数字集合。当处于活跃数字集合时，有两行数字均用红框框出，要求被试进行运算的更新操作；当处于非活跃数字集合时，一行数字用红框框出，需要更新，另一行数字并未用红框框出，不需要进行运算的更新操作。另一个关键变量是数字集的大小，要么一行中有一个数字，要么一行中有三个数字。最后一个关键变量是转换代价。在存在转换代价条件下，处于活跃数字集合中的更新数字是变化的，例如，从需要对中间的数字更新转换到对左边的数字更新；在非转换代价条件下，只对一个位置（如中间）的数字进行不断更新。在这项研究中，研究者巧妙地操纵了三个状态变量：①被激活的长时记忆表征，即在非活跃数字集合中，即使并不需要进行运算，不需要在记忆中更新数字，但是需要在最后的测验阶段报告回忆的数字；②直接通达区域，指的是活跃数字集合中的数字；③注意焦点是在活跃数字集合中需要更新的数字。研究结果表明，当两行数字集合均是活跃数字集合时，比只有一行数字集合条件下最后报告正确结果的反应速度更慢，这是因为直接通达区域的容量有限，因而加工速度会变慢。转换代价也只发生在活跃数字集合条件下，即当从需要对一个数字进行更新到需要对三个数字进行更新时，加工时间会延长，但是在非活跃数字集合条件下，从一个数字变化到三个数字需要记忆，加工时间没有显著增加。

研究者认为，工作记忆的内容是处于正在某种加工状态中的内容，而非在背景信息中（如非活跃数字集合中的数字）需要记忆的信息。当工作记忆内容处于正在加工状态时，认知操作的信息在直接通达区域中受到容量有限的限制。当有更多的工作记忆内容需要操纵时，就需要更长的操作时间；在选择的直接通达区域中，当加工操作的对象继续被操纵时，注意对象不需要转换，注意资源不需要重新分配就可以被利用，因而加工速度要快于有新的注意对象需要被操纵的情况。当有新的注意对象需要被操纵时，需要重新分配注意资源，这样就需要更长的加工时间。而处于被激活的长时记忆中的对象是可以通过某种联结而被激活的。同时，研究者认为，这一研究结果也并非完全不支持 Baddeley 提出的工作记忆模型。例如，背景信息中需要记忆的数字处于语音环路中，而当前被操作的信息处于中央执行系统中。处于语音环路中的信息并不会干扰中央执行系统中的数字的更新，这类似于 Baddeley 早期研究中的双任务研究采取的研究思路。然而，在 Baddeley 提出的工作记忆模型中，中央执行系统是没有存储功能的，但是在当前的实验中，被试既需要对活跃的数字集合进行运算，也需要对最后的结果进行存储，因而研究者考虑增加了注意焦点这一概念。

第二节　维持客体表征功能的研究概述

一、感知运动信息维持的认知神经科学证据

在 fMRI 研究中，研究者采用多变量模式分析方法，已经初步证实了工作记忆是“长时记忆知识暂时激活产物”的观点。比较典型的实验方式是，首先，让被试完成一些对长时记忆中存储的不同客体加工任务，不同类型的客体所包含的特征不同；其次，让被试将不同类型客体的特征进行组合；最后，再测验在给出的客体组合中是否包含已经存在的客体，观察在测验阶段提取特征整合后的客体时的大脑激活的区域与最初形成组合客体的大脑激活的区域是否存在高度重合。如果存在很大的重合，则表明被试在工作记忆中激活了相应的长时记忆中已经存储好的特征。例如，Lewis-Peacock 和 Postle 在 2008 年的研究中，首先，让被试选出他们头脑中最喜好的名人的名字，选出最渴望去旅游的地点的名字，选出他们最近在使用的最熟悉的东西的名字，并通过 fMRI 的方法测量其大脑活动区域。接着，在第二阶段，让被试主观地将喜好的人名、渴望去旅游的地点的名字或最熟悉的东西的名字组成词对。最后，让被试判断在不同被试给出的词对中是否包含了被试最初组合的词对中给出的项目，并用 fMRI 的方法测量其大脑活动时血流量的变化。研究发现，在测验阶段，当被试指出测验的项目被包含在最初选择的词对中时，大脑的激活区域和血流量变化与最初从工作记忆中恢复那些项目的脑激活模式存在极大的重合，这就证明了从长时记忆中激活的知识得以在工作记忆中被再次激活。

另有一些研究发现，长时记忆再次表征的不同客体特征与先前编码的特征在感知运动脑区的激活存在重合，从而印证了工作记忆中包含了从长时记忆中激活的信息的观点。例如，在初级视觉皮层，编码和测验阶段刺激颜色和方向表征区

域存在重合（Harrison & Tong，2009）；刺激运动的感知在外侧纹状皮层得以表征（Emrich et al.，2013；Riggall & Postle，2012）；短时存储的复杂刺激的视觉和空间特征在顶区和枕区都有较强的激活（Christophel et al.，2012）；短时存储的熟悉的物体、面孔、房屋、风景和身体部位等都在腹侧枕颞区有较强的激活（Nelissen et al.，2013；Sreenivasan et al.，2014）。Jerde 等在 2012 年的研究中发现，感知运动训练在前额皮层的激活较为明显，被试在经过空间地点转换训练后，可以快速地做出从左侧向右侧或者从右侧向左侧运动转向的判断。关于运动方向的大脑表征研究也显示，在每个 trial 之间变换运动方向的数量，被试的感知负载增加，对运动方向的判断的准确性也显著下降（Emrich et al.，2013）。

通过经颅磁刺激的方法，研究者也发现了工作记忆中保持运动方向激活的证据。例如，Hamidi 及其同事在 2009 年的研究中发现，眼动所体现的空间工作记忆会在顶区和前额区被选择性地激活。还有研究发现，当被试重现一闪而过的亮光刺激的运动轨迹时，离开中央凹边缘区域在亮光对侧的视觉皮层的 V5 区有显著的激活（Silvanto & Cattaneo，2010）。如果亮光再次出现时的运动方向与第一次出现时相同，相应大脑区域的激活就会增强；如果运动方向相反，则相应大脑区域的激活就会减弱。这样的研究结果表明，在运动客体的感知中，方向性是很重要的属性，方向性是否一致，很大程度上决定了是否能加强视觉运动皮层中对客体的准确表征。

二、前额区维持客体表征的认知神经证据

（一）前额区简单维持和选择维持客体表征的实证证据

工作记忆的一大功能是维持功能，即当客体不在眼前或当前的认知不能通达相应的客体特征时，工作记忆可以暂时地维持其特征表征。例如，Fuster 和 Alexander 在 1971 年的研究中，以猴子为研究对象，研究发现，当猴子不再观察客体时，前额区仍然有显著的激活，这一研究初步证明了前额区是灵长类动物形成工作记忆的神经基础。Kubota 和 Niki 在同一年的研究中也发现，当需要不断变化对后续刺激的加工时，先前刺激的神经活动仍然可以维持一段时间，也证明了与该神经活动对应的工作记忆表征的存在。

Fuster 等在 1985 年以恒河猴为研究对象，发现了前额叶及与视觉颜色刺激相关活动脑区在维持客体工作记忆表征中具有重要作用。在他们的研究中，恒河猴在每个 trial 中，在面对两种不同颜色的灯光或者四种不同颜色的灯光时，需要对一排按钮选择对应的正确按键以关闭灯光。这需要恒河猴建立不同颜色与相应按

键的联结关系，在工作记忆中保持这种关系，并压抑对与颜色不相符的其他按键的反应，研究者把这样的任务叫作颜色刺激的延迟匹配样本任务。研究发现，在恒河猴做出每个正确反应与下一个 trial 开始之前的时间间隔内，相关的颞下皮质神经元的脉冲活动减弱，前额区的反应强度也减弱了。这表明，当与某个灯光刺激对应的按键反应在工作记忆中维持其表征时，激活了前额区和相关的颞下皮质神经元的神经冲动；当下一个任务需要转换到另一个特异性的颜色特征时，前额区和相关的颞下皮质神经元不再需要维持此前的工作记忆表征，因而活动强度就减弱了。Chao 和 Knight 在 1998 年以内侧前额区损伤患者和正常被试为研究对象，以 ERP 为技术手段，同样使用延迟匹配样本任务，只是在时间间隔中加入了视觉干扰刺激。结果发现，相比正常被试，内侧前额区损伤患者在前额区后侧的电极活动增强，这反映了前额区损伤患者难以压抑与靶子刺激无关的干扰刺激的反应。Miller 等在 2011 年的研究中，考察了前额区对选择性的激活面孔或风景图片表征的认知作用。由于面孔图片和风景图片的表征在外侧纹状皮质存在重叠性的激活，研究者在健康被试中使用经颅磁刺激干扰前额区的活动（实验一），或者以前额区损伤的中风患者为被试（实验二），考察了干扰前额区活动或前额区损伤时，对外侧纹状皮质活动维持工作记忆的表征有哪些重要的影响。研究结果表明，随着前额区活动遭到破坏，在纹外皮质与特定面孔或风景对应的大脑神经活动强度也减弱了，这些研究均表明前额区对于维持工作记忆中特定的刺激表征具有重要作用。

从上面的不同研究可以看到，20 世纪 80 年代中期，随着研究的深入，研究者发现前额区不仅仅起到简单的维持作用，还具有选择性维持的作用，例如，前额区的神经活动只和与反应任务关联的部分属性的激活紧密相关（Courtney et al.，1997；Zarahn et al.，1997）；前额区的维持客体表征的作用具有一定的持久性，可以一直持续到被试等待反应信号做出相应的反应（Funahashi et al.，1989）。然而，对于产生这种持久性神经反应的大脑环路还尚不清楚，是丘脑皮层环路、外侧的皮层环路还是具体的哪个神经兴奋回路影响了工作记忆表征的反应信号，需要进一步深入研究。

当加工任务发生改变时，任务改变之前所激活的客体表征是否还维持在工作记忆当中呢？Lewis-Peacock 等在 2011 年进行的 fMRI 研究表明，当前不被激活的客体表征仍然维持在工作记忆当中。研究者先让被试学习刺激图片对，刺激图片对包括面孔—地点、面孔—物体、地点—物体 3 种配对类型；接着，每次给被试呈现每对刺激中的一个刺激（靶子刺激）；最后，呈现探测刺激（每对刺激中的另外一个刺激或者新的没学习过的刺激），要求被试判断探测刺激是否与学习过的刺激对的靶子刺激相匹配。对于刺激对中的每个刺激，在有些 trial 中会成为靶子刺激，在另一些 trial 中会成为探测刺激。研究者认为，当刺激对中的某个刺激成为探测刺激时，攫取了注意资源，同时之前呈现的靶子刺激会停留在工作记忆中，成为"未被注意的记忆项目"。采用多变量模式分析方法的研究结果表明，"未被注意的记忆项目"的激活水平与基线未被进行过任何编码加工项目的激活状态类似，然而随后当它充当探测刺激再次出现后，会立即被被试所提取，并做出正确的反应，这表明"未被注意的记忆项目"仍然保留在工作记忆中，并且可以根据任务需要被即时激活。根据 Oberauer 在 2002 年提出的状态基础模型，这样的记忆项目是处于注意焦点和基线水平之间的加工状态。一些对猴子的细胞外记录技术的研究发现，一段时间间隔内，编码信息在工作记忆中的保持状态可以通过快速改变突触的联结权重予以实现。当某个刺激被初步加工后，相应的神经元的突触权重会随着随后加工任务的改变而即时改变，并且在整个相应的神经网络中，工作记忆的加工内容通过神经节点不同的激活被予以表征（Itskov et al.，2011；Sugase-Miyamoto et al.，2008）。

（二）前额区表征抽象客体信息的实证证据

1. 前额区表征客体的类别属性特征

前文初步论述了前额区在工作记忆中激活和维持编码信息的重要证据。那么，随之而来的问题是：这些特征是无序的没有任何结构地被前额区表征的，还是具有特定的表征结构？一些研究者认为，当客体被编码后，在客体中，无论其特征是否与反应任务有关，均会在前额区予以表征，即是说前额区只是粗糙地将不同的测验任务中隐藏的变量所对应的客体特征维持在工作记忆中（Constantinidis et al.，2001）。例如，对猴子的外侧前额区神经元活动信号的记录结果表明，对于不同的任务规则（Warden，2010），运动反应联结（Romo et al.，1999）、刺激-反应所对应的联结关系（Wallis et al.，2001）所激活的神经元活动区域是不同的。

有研究表明，前额区对工作记忆表征的维持是基于更抽象的客体表征，反映了对客体特征所代表的类别属性的表征。Riggall 和 Postle 在 2012 年的研究中，给被试呈现运动的点阵，在间隔一段时间后，让被试判断随后呈现的点阵与先前呈现的点阵的运动方向或速度是否相同。研究者发现，被试对运动方向的判断呈现出不同区域的激活，当判断的点阵与先前呈现的视觉点阵具有极大相似性（包括点阵中点的间距、整体结构等）时，枕区皮层外侧的神经元的激活都十分明显；然而，当点阵更加具有某种抽象属性，即点阵中点的位置有很大改变，但是整体结构仍类似于先前呈现的矩阵时，不论点阵的速度变化和具体的每个点的方向变化如何，前额区的激活都十分明显。另一项有趣的实证研究也得出了类似的结论。例如，Lee 等在 2013 年的研究中，让被试首先识记一些日常物品，在测验阶段，要求被试判断探测刺激是否在知觉形态上与呈现的刺激十分类似，还是与先呈现的刺激属于相同的类别。在要求被试进行知觉相似性判断的 trial 中，采用多变量模式分析方法的研究结果显示，腹外侧枕-颞区皮层的激活十分显著，在前额区的激活不明显。而在要求进行类别相符性判断的 trial 中，前额区的激活十分明显，腹外侧枕-颞区皮层的激活却不显著。这两项研究表明，前额区更多的不是针对视觉相似性进行的工作记忆维持表征，而是对针对不同的客体特征以及客体特征更抽象、概括的属性进行了维持表征。

Sreenivasan 等在 2014 年进行的 fMRI 研究再次表明，在前额区客体特征的激活不是基于客体视觉特征相似性的激活，而是基于不同类别特征的激活。在他们的研究中，被试需要对呈现的客体进行再认判断。被试会看到四张不同的图片，两张风景图片，两张面孔图片。随后，在“记忆风景图片”条件下，会有外部线索提示被试记忆风景图片，忘记面孔图片；在“记忆面孔图片”条件下，会有外部线索提示被试记忆面孔图片，忘记风景图片；在“记忆面孔和风景图片”条件下，两种类型的图片均需要记忆。被试需要在不同的 trial 中完成对不同图片类型的记忆，随后进入再认阶段，加入与呈现的面孔、风景图片视觉特征非常相似的干扰图片，测验被试在不同条件下再认的准确性，即在“记忆风景图片”条件下，加入与风景图片相似的图片干扰被试的再认；在“记忆面孔图片”条件下，加入与面孔图片相似的图片干扰被试的再认；在“记忆面孔和风景图片”条件下，既加入与面孔图片相似的图片，也加入与风景图片相似的图片，干扰被试的再认。研究者比较了被试在发生错误再认时在纹状体外皮层和前额区激活的差异。由于被试需要在工作记忆中保持对特定面孔或风景视象的加工，因而视觉客体特征的相似性就会成为显著的影响被试进行正确再认的因素。结果发现，在“记忆面孔图片”条件下，基于面孔图片的相似性而产生的错误再认，与基于“记忆面孔和风景图片”条件对面孔图片产生的错误再认在纹状体外皮层有显著的激活，而在腹外侧前额区没有显著的激活；同样的脑区激活结果也发生在基于风景图片的相似性而产生的错误再认以及基于“记忆面孔和风景图片”条件对风景图片产生的错误再认中。这样的结果再次说明，腹外侧前额区对视觉相似性的激活并不敏感，而是对基于不同任务目标而产生的不同种类信息的激活敏感。

2. 前额区表征不同层级客体信息的实证证据

Lee 等（2013）和 Sreenivasan 等（2014）的研究结果说明，腹外侧前额区对工作记忆信息的认知作用不是过多强调对信息的单纯存储，而是自上而下地对已经存储的信息进行某种控制，使其符合当前任务的需要。更精确地讲，是根据不同的目标或任务需求对不同种类的信息进行维持加工，更有效地调动认知资源进行不同类型的认知操作。

前额区不仅扮演着自上而下调控认知活动的调控者的角色，还影响着皮质层和皮质下层的认知活动（Duncan，2001；Fuster，2008）。前额区还可以为后皮质区加工视觉、听觉等信息提供反馈。在进一步的研究中，研究者使用 fMRI 和 ERP 同步化的方法，发现前额区可以根据不同的任务需求激活相应的特征反应，而压抑不相关的特征反应。在 Gazzaley 等于 2005 年进行的研究中，研究者在每个 trial 中都会看到以随机顺序呈现的两张面孔图片和两张风景图片。在每个 trial 中，被试所接收到的指令是不同的，要么对风景图片记忆，忽略面孔图片；要么对面孔图片记忆，忽略风景图片；要么消极地只观看这 4 张图片，不做任何记忆。在 fMRI 测验中，研究者关注的是面孔图片激活对应的梭状区、风景图片激活对应的海马旁回在不同条件下的神经活动。在 ERP 测验中，研究者关注的是面孔在后侧枕区对应的特定脑电成分 N170 的反应特征。研究发现，相比被动观看条件，当需要记住面孔图片时，N170 成分就会较早出现，梭状区的活动会增强；当需要记住风景图片时，N170 成分就会较晚出现，海马旁回的活动会增强。这样的结果说明，自上而下的加工信号提供了两个直接的影响通路：增强与任务相关信息的激活；抑制与任务不相关信息的激活。

腹外侧前额区在工作记忆认知中起到了重要作用，而前额区包含了不同的子区，这些子区是如何对工作记忆产生影响的呢？Badre 和 D'Esposito 在 2007 年的研究中，区分了 4 种任务：反应任务（response task）、特征任务（feature task）、维度任务（dimension task）和情境任务（context task）。在反应任务中，被试需要对方块中不同的颜色进行反应，在该任务中，按键反应之间的竞争程度会逐渐加剧：被试要么只需要在 4 个按键中选择一个按键进行反应；要么需要在 4 个按键中选择两个按键对两种颜色进行反应；或者对 4 种颜色在 4 个按键中选择各自 4 个对应的按键进行反应。在特征任务中，被试需要对不同颜色所对应的客体的一种形状特征、两种形状特征或 4 种形状特征进行反应。在维度任务中，被试看到不同颜色方块中的两个客体，被试需要对不同颜色对应方块中两个客体的一种特征（客体的形状）、两种特征（客体的形状、朝向）或 4 种特征（客体的形状、朝向、大小、纹理）做出按键反应。与反应任务不同的是，特征任务需要在颜色特征的基础之上，结合形状特征进行按键反应。在维度任务中，被试对包含特定颜色和形状的两个客体基于某一个维度（如朝向）来进行比较，并做出按键反应。在最高层级的情境任务中，每种颜色的方块所对应的不同形状或朝向客体出现的频率不同。当出现频率高时，维度特征的数量是不同于出现频率低时维度特征的数量的，被试需要觉察出这种情境差别，再针对不同的特征数量进行按键反应。

研究者巧妙地操纵了被试需要在工作记忆中维持不同层级的特征，来考察前额区激活的变化。在反应任务中，后前额区包括初级运动皮层被激活（BA6 区）；在特征任务中，前侧运动皮层被显著激活（BA8 区）；在更高水平的维度任务中，

BA45 区边缘上更前侧的额下沟被激活；在情境任务中，更靠前侧的额极和 BA10 区被激活。可以看到，工作记忆保持的内容越抽象，前额区的激活就越靠前。在每个层级所激活的脑区，面积会随着这个层级内部任务难度的增加而增大，但是每个层级激活的区域是相对固定的。

三、触觉工作记忆维持客体表征的研究

大量的研究发现，当对外在客体进行感觉加工并临时存储信息时，在初级感觉皮层的触觉记忆神经元也会被激活。

在 Zhou 和 Fuster 于 1996 年进行的研究中，大猩猩需要完成触觉—触觉匹配任务（haptic-haptic task）或视觉—触觉匹配任务（visual-haptic task）。在触觉—触觉匹配任务中，大猩猩只能触碰到一个圆棒，但是看不见圆棒的外形，大猩猩触碰到的圆棒的朝向有水平朝向和垂直朝向两种。当大猩猩触碰到圆棒后，它需要在工作记忆中保持这种触觉感觉。在延迟一段时间后，会给它同时呈现水平朝向和垂直朝向的圆棒，让它触碰并拉出一个圆棒以表明这是它之前触碰到的圆棒形状。在视觉—触觉匹配任务中，大猩猩首先会在屏幕上看到垂直朝向或水平朝向圆棒的示意图，在延迟一段时间后，会在屏幕后面它看不见的区域同时呈现两个圆棒，它可以触摸到两个圆棒，然后选出一个与看到的圆棒朝向一致的圆棒。研究发现，在延迟阶段，体觉皮层神经元细胞的反应依赖于它看到的与之相符的圆棒形状。当触觉感受到的和视觉看到的圆棒形状相符时，体觉皮层神经元的细胞活动会加剧，并且如果把看到的视觉刺激换成对应的触觉刺激，体觉皮层神经元激活的程度是大致相同的。这项研究说明，大猩猩经过一段时间的训练后，跨通道的刺激也可以激活体觉皮层细胞神经元的活动。进一步的研究发现，V4 神经元在大猩猩对不同触觉感觉的圆棒做出反应时，体觉皮层神经元细胞的活动存储有很大不同，当触觉反应错误时，这一神经元细胞的活动会快速减弱。

还有研究发现，初级运动皮层和体觉皮层存在动态的相互作用（Matyas et al., 2010）。当体觉信息整合时，体觉皮层会产生晶须，这是体觉信息不能有效整合时的负反馈信号。Kaas 等在 2012 年的研究中进一步发现，触觉工作记忆负载与手部运动有关的 BA2 区和体觉皮层的神经活动密切相关。在触觉工作记忆任务中，BA2 区的神经信号维持触觉的频率信号在 1s 左右。

近期的一项研究也表明，听觉刺激和相应的触觉记忆之间也由共同的神经元活动支配着（Vergara et al., 2016）。研究者训练大猩猩执行一项单通道或跨通道的频率比较任务。在单通道频率比较任务的一些 trial 中，给大猩猩呈现音叉，摇动

的频率在 8～32Hz。大猩猩需要记住这些音叉的摇动频率，在延迟几秒后，第二个音叉呈现，大猩猩需要判断这个音叉摇动的频率是高于还是低于第一个摇动的音叉。对音叉的频率进行判断时，需要大猩猩能够在听觉上分辨不同频率音叉的持续时间。在另外一些 trial 中，把听觉通道呈现刺激和对刺激进行反应改成触觉通道呈现刺激和对刺激进行反应。在跨通道实验中，首先让大猩猩听不同频率的音叉的振动，延迟一段时间后，让它判断触碰后的圆棒的振动频率是否与听到的音叉振动频率相符。研究发现，前辅助运动区（pre-supplementary motor area，pre-SMA）的神经元在单通道的延迟反应阶段有显著的活动，表现为当触觉或听觉刺激的频率增加时，神经元的活动频率会增加。当两个通道的刺激的摇动和振动频率是高频时，神经元的活动会降低。当呈现的刺激与随后的反应是跨通道类型时，pre-SMA 区域的神经元也表现出类似的神经活动。

这项有价值的研究也对之前研究所持有的前额区对工作记忆认知的理论观点提出了质疑。因为之前的理论观点认为，感觉皮质区会调节工作记忆中刺激的感觉特征，而前额区不发出关于任何工作记忆内容本身的认知神经信号，而只是起自上而下的调节作用（D'Esposito & Postle，2015）。然而，当前的研究表明，pre-SMA 这个位于内侧前额区的大脑区域在没有直接感觉输入的情况下，神经元也会做出精确的神经活动反应，而非之前研究中的对特定空间位置或需要记忆的特定的视觉刺激特征的调控。

第三节　情节缓冲器的功能及相关认知神经科学证据

一、情节缓冲器存储捆绑特征的初步证据

当工作记忆模型中增加情节缓冲器后，情节缓冲器可以存储多种形式的编码，在结构上将语音环路、视空模板和中央执行系统联结起来。情节缓冲器最大的职能在于把不同来源的信息捆绑在一起并形成整合的组块。

在 Baddeley 的研究中，情节缓冲器联结了语音环路和视空模板，存储了言语编码和视空编码，并且联结了两者与长时记忆的通路。有大量的研究已经证明，大

脑中的海马与感知、记忆和长时记忆存在着密切的关联。还有一些证据表明，恢复记过事件的长时情境与海马有密切关联。例如，在 Bayley 和 Squire 于 2002 年进行的研究中，有由 3 个单词组成的简单句子需要健康被试和海马损伤的遗忘症患者来学习，例如，学习阶段呈现的句子是“Medicine cured hiccups.”。在测验阶段，给出句子的前两个单词，要求被试补全剩余的第三个学过的单词。健康被试能够很快地学会背全句子，甚至当前两个单词中有被同义词替换时，被试仍然能很好地完成这样的任务。例如，测验阶段呈现“Medicine cured ______.”或者“Medicine relieved _____.”健康被试的句子补全成绩十分优异，而遗忘症患者却很难完成这样的任务，经过 12 周的训练后，遗忘症患者仍然很难学习会这样的规则。

在有关海马损伤患者的另一项研究中，研究者也发现了患者对于捆绑特征记忆的缺陷。在 Olson 等研究者于 2006 年进行的研究中，给海马损伤患者呈现一个记忆阵列，在这个记忆阵列中，包含着 3 个或 6 个绿色的小方块。记忆阵列呈现 1000ms，接着呈现 4000ms 的空屏，然后呈现探测阵列，探测阵列中的小方块数量比记忆阵列中少了一个，要求被试能够正确地判断出缺失的方块出现的位置。研究者认为，这反映了被试将方块与对应的空间位置进行捆绑编码的能力。结果发现，海马损伤患者在记忆阵列中所犯的错误数量要远远多于正常被试，并且在 6 个小方块的记忆阵列中所犯错误的平均数量是在 3 个小方块的记忆阵列中犯错误数量的 2 倍多。由于该实验中所选用的阵列与方块的空间编码有关，为了进一步考察海马损伤患者的加工困难是否只与空间编码有关，研究者在随后的实验中将编码刺激换成了人的面孔，始终在屏幕中央呈现，每次只呈现一副面孔，要求被试能保持对这副面孔的编码，并对随后的探测面孔是否与先前呈现的面孔符合进行判断。结果仍然发现，海马损伤患者的再认正确率显著低于正常被试。对于这样的结果，研究者认为，海马损伤患者的长时记忆受损，长时记忆的表征很难在视觉工作记忆中得到激活，因而视觉工作记忆的加工也就受损了。这些实验证据初步表明，情节缓冲器和中央执行系统的加工活动是在海马中进行的。进一步的研究发现，客体不同类型的编码，其捆绑加工的特点也是不同的。

二、捆绑特征的加工特点

（一）语词和空间捆绑编码的证据及质疑

尽管 Baddeley 早期的工作记忆模型将内部的结构分成语音环路、视空模板和中央执行系统，但是大量的研究发现，这一划分稍显粗糙，因为同处于一个结构中的不同类型材料的编码却存在着分离关系。例如，对于视觉信息而言，空间地点的记忆独立于颜色的记忆（Vuontela et al.，1999），也独立于刺激持续时间的记忆（Halbig et al.，1998），以及形状或模式的记忆（Della et al.，1999；Mecklinger，1998）；对于人类声音音色的编码独立于语词的记忆（Stevens，2004），独立于空间的记忆（Rämä et al.，2004），音素的记忆也独立于空间的记忆（Ahveninen et al.，2006）。例如，脑认知科学的研究发现，颞横回前侧的脑回会选择性地对声音信号进行反应；颞横回后侧的脑回会选择性地进行对声音信号发出的空间地点进行反应。对于非人类语音的声音编码，音高和发生声音的空间地点的编码是独立的（Anourova et al.，1999），音高和响度的编码也是独立的（Clément et al.，1999）。

一些认知神经心理学的研究发现，语词和空间记忆的捆绑编码过程不同于两者独立编码的过程（Campo et al.，2005；Prabhakaran et al.，2000）。在这些研究中，语词信息和空间信息是同时呈现的，在第一种条件下，语词和地点的记忆是整合呈现的；在第二种条件下，语词和地点的记忆是分隔呈现的。例如，在 Campo 等 2005 年的研究中，在第一种条件下，计算机屏幕的左下方、左上方、右下方和右上方分别呈现椭圆形内包围的 4 个单词；在第二种条件下，在屏幕的中央从左至右依次呈现 4 个单词，被中央区域分割开的上方和下方各呈现两个椭圆，要求被试对出现的单词和地点进行正确再认。这一研究结果发现，在整合呈现条件下，语词和地点的记忆在时间维度上反映出同步化激活过程，同步激活的时程较早，在前额-顶区激活明显；在分隔呈现条件下，语词和地点的记忆激活的时程较晚，在前额-大脑后部脑区激活明显。

比较经典的证实语词和空间地点捆绑加工优势的是 Prabhakaran 等在 2000 年的研究。在这一研究中，研究者考察了在语词和地点的捆绑条件以及语词和地点的重组条件下客体的再认成绩。无论哪种条件下，在编码阶段，均给被试同时呈现不同地点的 4 个客体，客体以特定的语词标签和空间地点来标识。例如，呈现语词 tip 在屏幕右上方，距离水平轴+40° 的位置上；呈现语词 siren 在屏幕左下方，距离水平轴−20° 的位置上。在捆绑条件下，再认阶段的客体仍然以相同的语词和出现地点再次呈现给被试；在非捆绑条件下，再认阶段的客体是重组后的语词和出现地点，例如，呈现距离水平轴−20° 的位置上的语词 tip。在两种条件下，要求被试再认学习阶段的语词或地点是否出现过。两种条件下，被试均需要再认语词或地点为“旧”，因为两种条件下语词或地点均出现在学习阶段。结果发现，捆绑条件下被试的成绩要好于重组条件，证明了语词和空间特征的捆绑编码是作为一个整体被加工的，因而当强行分割语词和所对应的空间地点时，就会出现反应水平的下降。

对这项研究结果的疑问是，首先，语词编码是以视觉形式呈现的，那么这到底反映的是语词和空间地点的捆绑，还是视觉刺激与空间地点的捆绑？如果将语词的编码理解为视觉客体的编码，那么根据 Baddeley 早期的多成分模型，视觉刺激和空间刺激是在视空模板中加工的，而非在语音环路中加工的。按照这样的假设，这可能并不是语词和空间地点的捆绑，反映的仅仅是简单的客体在视空模板中加工的特点而已。虽然 Prabhakaran 等研究者鼓励被试对语词采取言语形式去编码，但是已有研究发现，视觉工作记忆可以同时存储 4 个不同颜色、形状和空间方位的客体（Luck & Vogel，1997），这样就更加深了对语词编码到底是以语音环路进行编码的，还是以视觉表象进行编码的质疑。另外，在编码阶段和再认阶段之间的保持阶段，即使被试最初是以语音环路的形式编码的，在保持阶段维持语音表征还有极大可能会转化为视象来存储，这样的可能性也是不能排除的。

（二）捆绑特征与格式塔原则的关系

在关于特征捆绑的这些研究中，客体与特征是一起呈现的，客体的完整性与特征的加工可能符合格式塔原则。存在一种可能性是，特征的加工需要借助于完整的客体而捆绑在客体中，中央执行系统又自动化地执行捆绑过程。那么，如果刻意打破这种格式塔的完整性，特征捆绑过程会发生改变吗？

研究者在一系列的研究中考察了在编码阶段割裂呈现客体和特征，即打破客体的特征在时间与空间上的完整性特征对再认成绩的影响（Karlsen et al.，2010）。例如，在空间分割条件下，同时呈现两行刺激，第一行刺激是客体的轮廓，分别是黑白线条的空心圆、三角形和十字。第二行刺激是客体的颜色，在相同形状下填充黑色、灰色和蓝色，即代表了空心圆的颜色是黑色，三角形的颜色是灰色，十字的颜色是蓝色。在时间分割条件下，分两屏接续呈现客体的轮廓和每个客体对应的颜色。在没有双任务条件下，被试在两种分割条件下的再认成绩要显著差于完整呈现捆绑特征的客体条件下的再认成绩。在有双任务条件下，额外的倒数任务降低了分割呈现条件下的再认正确率，但是对比分割呈现条件和完整呈现条件，两种呈现条件下的削弱程度是大致相等的。

进一步的研究还考察了当以不同通道来分割呈现客体和特征时，双任务条件下再认成绩与完整呈现条件下再认成绩之间的差异。研究者以听觉通道呈现颜色特征，同时以视觉呈现对应的客体。例如，给出声音刺激“red”，看到一个空心的圆形，被试需要将“红”颜色的特征捆绑在客体圆形中。在再认阶段，被试需要判断某种视觉客体的特征是否在编码阶段出现过，或者符合听觉—视觉客体对中出现过的特征。实验结果发现，跨通道呈现客体时的再认成绩和视觉呈现客体特征条件下几乎相同，并且没有受到次级任务的影响。总的来看，这样的结果说明，在编码阶段被试可以迅速地在知觉系统中将特征捆绑在客体中，即将特征捆绑在客体中是相对自动化的过程。需要注意的是，在这些实验中，尽管特征与客体是分割呈现的，但是在空间和时间上仍然处于相邻的位置，也没有完全违背格式塔特征具有完形、邻近、整体性的原则，因而对于在违背格式塔原则条件下，在客体中完成特征捆绑的过程是相对自动化的结论，需要慎重看待。

（三）捆绑特征的注意资源性质

当面对视觉刺激时，刺激的特征并不是游离的，也不是分割呈现的，而是以完整的客体形象存在。捆绑指信息流内不同特征的相互联结（Treisman，1999）。当相互联结稳定存在的时候，客体完整的形象就出现了。在视觉工作记忆特征捆绑的研究中，研究者主要考察了如何将特征捆绑在客体中。一些研究者认为，捆绑特征的过程是自动化进行的，由于存储空间的限制，被试最多可以对 4 个客体进行存储，每个客体可以捆绑的特征数量是没有限制的（Luck & Vogel，1997；Vogel et al.，2001）。一些研究进一步考察了捆绑并维持视觉工作记忆是发生在中央执行系统还是发生在视空模板中，常采用的是双任务范式。实验的逻辑是：在视空模板中的主任务耗费了注意资源，同时进行的发生在语音环路中的次级任务与主任务的加工系统不相同，但是次级任务仍然干扰了主任务的实验结果，并且对不同主任务条件下的干扰程度相同，那么这一结果只能归于中央执行系统耗费了注意资源分配，分配注意资源后的次级任务参与了不同主任务加工的过程，却没有再耗费额外的注意资源。

研究者操纵了特征条件和特征捆绑条件，并加入了次级任务，考察双任务条件下被试再认成绩的差异（Allen et al.，2006）。在特征条件下，给被试呈现特征阵列，分别是颜色阵列或者是形状阵列，例如，呈现一排 4 个颜色不同的客体；或者呈现一排 4 个形状不同的客体。接着，呈现再认刺激，再认刺激中有 50%的 trial 和原先呈现的刺激特征相同（相同颜色的刺激或相同形状的刺激）；有 50%的 trial 和原先呈现的刺激不同（不同颜色的刺激或不同形状的刺激）。在捆绑条件下，给被试呈现一排 4 个不同颜色或不同形状的客体（如黑色圆形、红色三角形、蓝色菱形、灰色正方形），接着呈现再认刺激，再认刺激中有 50%的 trial 和原先的颜色形状组合相同，有 50%的 trial 和原先的颜色形状组合不符（如灰色圆形）。所使用的次级任务是语音复述任务，被试需要不断地发音报告三位阿拉伯数字倒减 3 的结果。结果发现，当存在双任务时，在特征条件下，再认的准确率（击中率–虚报率）的差异量均显著小于只存在主任务条件下的结果；然而特征捆绑条件下再认成绩的差异量并没有显著大于特征条件下的差异量。这一结果表明：对客体特征的编码是在中央执行系统中完成的，当需要把特征捆绑给客体时，是自动化完成的，没有耗费额外的注意资源。

2010 年，Brown 和 Brockmole 进行的研究中，在编码和测验阶段被试均需要完成双任务加工，结果表明在特征捆绑条件下再认成绩受到次级任务的削弱量更大，这可能是因为测验阶段对特征捆绑做出的决策判断更加复杂。Allen 等（2006）的研究在测验阶段之前就移除了双任务负载，只在编码阶段要求被试完成双任务过程，所以两项研究的实验结果并不矛盾。

（四）捆绑特征对彼此特征的加工的影响

当客体的不同特征捆绑在一起后，这些不同的特征是否会相互影响各自的识别呢？一些初步的研究证据已经发现，客体的部分特征的识别能够加速对其他特征的识别；反之，不存在加速关系。例如，Baddeley 在 2000 年、2001 年的研究中发现，当对客体的颜色或形状进行识别时，如果客体仍然呈现在编码阶段的地点，那么对颜色或形状的识别就会快于客体呈现在不同于编码阶段地点的条件；然而，当需要识别客体的呈现空间地点时，如果呈现在该地点的客体以相同的形状或颜色出现，与呈现在该地点的是另外颜色或形状的客体相比，识别速度并没有显著提高。Baddeley 的这项研究证据初步证明了颜色形状的编码和空间地点的编码识别的不对称性。

Elsley 在 2007 年的研究中提出了客体捆绑特征编码的两种可能性，并进一步假设了客体的特征存储的两种模型：完全整合模型（full integration model）和非对称模型（asymmetric model）。在完全整合模型中，不同特征的编码完整地联结着另一特征，两种特征是不可分离、紧密相连的关系；在非对称模型中，不同特征的编码之间存在着层级关系。第一级的编码紧密联结着第二级的编码；然而第二级的编码却不能联结第一级的编码。Jiang 等（2000）对此也是持非对称模型的观点。研究者认为，当一个客体以视觉形式呈现给被试时，它的空间特性就立刻形成了。而客体的其他属性，如颜色或形状，会参照特定的空间特性而被编码。根据这一观点，在 Baddeley 的研究中，客体的空间属性是首要属性，它联结其他属性的程度更强，因为是首要的编码属性而被识别。当空间属性被识别后，可以快速地识别它联结的颜色属性。然而，颜色属性是附着属性，空间属性被率先识别后就快速激活了对应的颜色属性，当空间属性被激活后，就不再需要相同颜色的属性予以辅助识别客体。

然而，这些实验证据中的刺激均是视觉刺激的特征（颜色、形状或地点）。对于听觉刺激，以及听觉刺激发出的空间地点，是否空间地点的编码位于首要地位呢？Van Valkenburg 和 Kubovy 在 2003 年的研究中发现，对于视觉客体而言，时间和空间是主要的两个互相独立的属性；对于听觉客体而言，音高和时间是首要的两个重要属性，也就是说，声音的音高和持续时间的不同是不同声音信号的本质差异，两个声音刺激音高的差异是区分两个声音刺激的关键，而非发出声音刺激的空间地点差异。据此可以认为，言语刺激自身的声音特点的不同是最首要的特点。

Maybery 等在 2009 年的研究中，在被试周围放置了 8 个不同的扬声器，分别位于被试正前方、侧方和后方不同的角度（−126°、−90°、−54°、−18°、+18°、54°、90°和+126°；正号代表面向被试，负号代表背向被试，数字表示与水平面的角度）。在每个 trial 中，会有其中的 4 个扬声器发出声音信号，声音信号为英文字母。声音信号是按照一定的时间次序由不同方位的扬声器接续发出的。在不同的声音信号发出后，被试需要判断声音信号对应的字母是否相同，或者声音信号对应的地点是否相同。被试需要对 5 种刺激类型进行反应，分别是：①完整的探测刺激，即再认阶段声音信号的字母和呈现地点与编码阶段每个 trial 中同时呈现的字母及对应的地点完全相同。②重组刺激，即再认阶段声音信号的字母、地点在编码阶段均出现过，但是字母和出现地点是随机组合的。例如，在编码阶段，分别在 90°、−54°、+18°、+126°上接续呈现对应的字母 A、L、P、K。随机组合的探测刺激为−54°的字母 K。③旧字母—新地点刺激，即再认阶段呈现的是以前学习过的字母，但是字母出现的地点是新的，没有在编码阶段出现过。④新字母—旧地点刺激，即再认阶段呈现的是以前未学习过的字母，但未学习过的字母是在编码阶段出现的。⑤新字母—新地点刺激，即再认阶段呈现的字母和地点均没有在编码阶段出现过。

在实验一中，研究者发现，完整的探测刺激的再认反应时间要短于重组刺激，正确率也要高于重组刺激。这表明声音刺激的捆绑加工的优势是显著存在的，当对声音属性和空间地点完整地予以编码和再现时，能够加速被试对声音刺激的识别，而当只有声音属性或空间地点属性一方得以识别时，并不能迅速激活与之对应的另一属性，因而加工速度和准确率均会降低。每个 trial 中首先呈现的字母距离后一个呈现字母的时间间隔是 5.5s，所以被试在工作记忆中对学习过的在特定地点呈现字母的保持时间是 5.5s。这表明随后呈现的一个特定地点的字母被感觉登记进而被存储，但是首先呈现的字母在一定程度上可以抵御随后字母的存储干扰，继续得以保持。结果还表明，在每个 trial 中，被试对处于第一个和第二个位置的字母的反应速度要快于处于第三个和第四个位置的字母，说明先呈现字母的存储要略好于后呈现字母的存储。另一个重要的发现是，被试对新地点—旧字母刺激的反应速度显著慢于对新字母—旧地点和新字母—新地点刺激的反应速度，正确率也要显著低于新字母—旧地点和新字母—新地点。这表明，在声音刺激中，刺激本身的声音属性对于刺激的识别更为重要，当需要准确判断声音属性或损毁声音属性时，声音识别受到的损坏程度要大于声音发出的空间地点被破坏时所遭受的损坏程度。当声音属性受到破坏后，被试需要付出额外的加工努力，才可以正确判断声音刺激是否出现过。实验一的结果初步表明，在声音刺激中，声音属性和地点属性并不是互相激活的加工关系，声音属性对于识别声音刺激更为重要。

在实验二中，把声音属性换成了人工合成的语音，各条件下的反应时和正确率的趋势仍然与实验一类似。

为了能更清晰地探讨声音刺激中声音属性和空间地点对于声音信号的识别是否有互相激活的影响，在实验三中，研究者引导一半被试只关注声音刺激的声音属性，即指导语要求被试注意声音刺激呈现的是哪个字母，而忽略了字母呈现的空间方位。在测验阶段，只要求被试判断字母是否在刚才的刺激序列中出现过。另外，引导另一半被试只关注声音刺激的空间地点属性，即指导语要求被试注意声音刺激呈现的空间方位，而忽略具体呈现的是哪个字母。在测验阶段，只要求被试判断空间地点是否在刚才的刺激序列中存在。实验结果表明，对于刺激空间地点的判断和对于刺激声音属性的判断反应趋势存在显著不同。对于空间地点的判断而言，被试对完整的刺激的反应速度要快于重组刺激，反应的正确率也要高于重组刺激，并且若测验的空间地点上呈现了与编码阶段相同的声音属性的刺激，反应速度要快于呈现的是不同的声音刺激的情况。这表明，声音属性被识别后，可以迅速激活空间属性，促进对客体的识别。对序列位置的反应结果表明，无论对于 trial 中的前两个刺激，还是对于 trial 中的后两个刺激，这种促进作用仍然显著，并且当对没有出现过的新地点做拒绝判断时，相比出现过的旧的声音属性，对于新的未出现的声音属性，被试也会加速做出否定判断。然而，对于声音属性的判断而言，被试对完整刺激的反应速度与重组刺激无显著差异，正确率也无显著差异，这表明空间属性被识别后，并不能迅速激活声音属性，不能辅助声音属性加速识别客体。

在实验四中，研究者不再在每个 trial 中呈现四个声音刺激，而是每个 trial 中只呈现一个声音刺激。在呈现完该声音刺激后，立刻呈现探测刺激，探测刺激类别仍然分为 5 种类型：完整的探测刺激、重组刺激、旧字母—新地点刺激、新字母—旧地点刺激、新字母—新地点刺激。一半被试如实验三中只关注声音刺激的声音属性，另一半被试只关注声音刺激的空间地点属性。实验仍然得到了和实验三中类似的结果，这再次佐证了在声音刺激识别中，声音属性处于首要位置，能够加速被试对声音信号空间地点的识别，空间地点的识别却不能加速其对声音信号的声音属性的识别。

在实验五中，研究者想考察当声音刺激的两个属性均同时获得足够的注意资源后，以及外部指令指向一个属性需要再认判断时，声音属性的判断和空间地点的判断的反应趋势是否相同。被试在编码阶段的每个 trial 中仍然是继续学习 4 个呈现在不同空间地点所对应的 4 个不同的字母，但是被试并不知道再认阶段是对声音刺激的声音属性进行判断还是对声音刺激的空间地点属性进行判断。直到每个 trial 中的 4 个声音刺激均呈现完毕后，才给予指令要求被试予以反应。给予指令 LETTERS，即要求被试判断字母是否在学习阶段出现过；给予指令 LOCATIONS，即要求被试判断字母的空间地点是否在学习阶段出现过。实验结果表明，捆绑条件下的反应速度仍然快于重组条件，正确率也高于重组条件；进一步的分析仍然和前四个实验的结果相一致，即对于空间地点的判断，如果对应的声音属性在学习阶段出现过，反应速度会快于对应的声音属性没学过时；然而，对于声音属性的判断，即使对应的空间地点在学习阶段出现过，其反应速度也不会快于空间地点在学习阶段未出现过时。

Maybery 等在 2009 年的研究结果进一步丰富了 Baddeley 的多成分工作记忆模型。在 Baddeley 的多成分工作记忆模型中，情节缓冲器负责对语音环路和视空模板中的不同编码予以整合，结合这一观点，言语声音刺激的编码和声音刺激所携带的空间地点编码在情节缓冲器中进行了整合。中央执行系统操纵着注意资源，配合不同的加工任务，给不同的编码刺激分配注意资源。当加工任务对声音属性进行判断时，中央执行系统只给声音属性分配注意资源，而声音刺激的空间属性并没有分配到注意资源，因而空间属性不能给声音属性识别提供额外的帮助；但是当加工任务对空间地点属性进行判断时，声音刺激中的声音属性的识别是首要的特征，所以中央执行系统自动分配给了声音属性一定的注意资源，这部分注意资源能够促进被试对该声音刺激对应的空间属性的识别。空间属性的识别也从中央执行系统中获得了一部分注意资源，所以声音属性和空间地点捆绑在情节缓冲器进行整合加工后，注意资源的凝聚能够加速被试对声音刺激的识别。

（五）客体捆绑特征的维持

虽然上述这些研究表明在工作记忆中客体的捆绑特征是相对自动化的，然而，一些研究者认为，在工作记忆中维持客体捆绑特征却是极其耗费注意资源的（Wheeler & Treisman，2002）。

在维持客体捆绑特征的研究中，干扰范式被经常采用。研究者的思路是对比只干扰单一的特征条件和干扰捆绑特征条件。如果干扰捆绑特征条件下对客体特征的再认成绩差于干扰单一的特征条件，则说明当特征捆绑给客体后，被试需要精细化地扫描客体的特征，以维持捆绑特征的客体表征，这是需要付出额外注意资源的，而非自动化的。在 Alvarez 和 Thompson 于 2009 年进行的研究中，研究者给被试呈现一个旋转的刺激阵列，阵列中的每个刺激是分别具有 4 种不同颜色之一的圆点，即颜色这一特征已经捆绑给了客体，圆点之间由 4 个扇叶隔开。研究者分别在三种条件下进行特征再认。在颜色再认条件下，当旋转阵列旋转到一定角度时，被试要准确再认出哪个颜色圆点落在了特定的扇叶中；在空间再认条件下，当旋转阵列旋转到一定角度时，被试要准确再认出某个颜色的圆点落在了哪个扇叶中；在特征转换再认条件下，被试需要在工作记忆中保持捆绑特征的四个客体的颜色和空间表征，观察随后呈现的刺激阵列中的圆点的位置与先前呈现的阵列中相比是否有改变。例如，在先前的阵列中，左侧上方是黄色圆点，右侧上方是红色圆点，左侧下方是蓝色圆点，右侧下方是绿色圆点。在旋转后，左侧上方是红色圆点，右侧上方是绿色圆点；左侧下方是黄色圆点、右侧下方是蓝色圆点。旋转后的阵列中黄色圆点和蓝色圆点改变了位置。研究结果表明，相比只判断颜色特征和空间特征的条件，特征转换的条件下的判断时间更长，正确率更低。这样的结果说明维持工作记忆中捆绑的客体的特征比维持单个特征更需要耗费额外的认知资源，捆绑的特征也更容易受到破坏。

在 Allen 等 2006 年的研究中，视觉刺激阵列中的刺激并不是同时呈现的，而是接续呈现的，即每次呈现一个捆绑特征的客体。在呈现完毕后，进行标准的再认测验，要求被试判断所呈现的客体刺激之前是否学习过。结果发现，当序列呈现后，捆绑特征条件下客体的再认成绩要显著低于单独特征条件下的再认成绩。这一项研究再次表明，当序列呈现捆绑特征的客体时，被试需要维持客体表征，编码阶段的客体表征在情节缓冲器中通过维持的加工活动得以在测验阶段重现，而相比只维持单独的特征，这一过程中被试需要耗费更多中央执行系统中的注意资源才能更好地完成，这一结果虽然与 Alvarez 和 Thompson 用的实验材料和呈现方式不同，但均证明了捆绑客体特征的维持需要耗费更多的注意资源。然而，在进一步的研究中，研究者采用了双任务范式，在被试完成维持捆绑特征的客体任务或只维持特征任务的同时，完成两位阿拉伯数字倒减的任务。结果发现，虽然两种任务的反应时间相比单任务条件下均更长，再认正确率更低，但是维持捆绑特征的客体条件下的差异量与维持特征条件下的差异量无显著差异。这一结果说明，在维持捆绑特征的这一加工过程中，干扰维持加工的过程会损毁特征，但是损毁特征的过程是不需要耗费额外注意资源的。在另一项研究中，Baddeley 等在呈现刺激阵列后，呈现一个干扰刺激，干扰刺激的特征从未在刺激阵列中出现过（如灰色的六边形）。先呈现的刺激阵列包括单纯的特征条件和特征捆绑条件，结果发现，干扰刺激的确干扰了特征条件和特征捆绑条件下的再认成绩，但是两种条件下的削弱量是相同的。当改变干扰刺激的特征，即干扰刺激的特征来源于刺激阵列，并且每次呈现的干扰刺激在每个 trial 中不同时，捆绑特征条件和单独特征条件下的削弱量仍然是相同的。

这些研究实际上说明了两个不同的问题：相比客体单独特征的维持，捆绑特征的维持需要耗费额外的注意资源，也更容易遭到破坏；当捆绑特征确实遭到破坏后，削弱的程度与单独特征削弱程度是无显著差异的，即与单个特征受到削弱而耗费的注意资源相比，破坏捆绑特征耗费的注意资源不会更多。

为了能进一步说明干扰刺激的特征对捆绑客体再认成绩的影响，Ueno 等研究者在 2011 年的研究中变换了干扰刺激的属性，分成了三种属性条件：①可能的干扰刺激，即干扰刺激的特征全部来自之前编码的刺激阵列，也就是这些特征均来自不同编码过的刺激阵列中特征的随机组合，例如，呈现过红色圆形、黑色正方形、蓝色菱形，那么干扰刺激为黑色菱形；②半可能的干扰刺激，即干扰刺激的一个特征来自刚刚编码过的刺激阵列，另一个特征没有在刚刚编码的刺激阵列中出现过，例如，呈现的干扰刺激为蓝色梯形；③不可能的干扰刺激，即干扰刺激的颜色特征和形状特征均没有出现在刺激阵列中。结果发现，在可能的干扰刺激和半干扰刺激条件下，对刺激阵列的再认成绩无显著差异，但是又显著低于不可能干扰刺激条件下的再认成绩。

Ueno 等研究者提出，当干扰刺激出现时，对靶子刺激存在着两种不同形式的干扰：一种是筛除机制（filtering mechanism）；另一种是覆盖机制（overwriting mechanism）。在筛除机制中，与靶子刺激不相关的特征会被筛除机制阻止进入视空模板，不被进行后续的加工，决定该特征是否与靶子特征有关联，是根据被试的感知经验和当时的任务需求而定的；当干扰刺激的特征与靶子刺激的特征相关时，就会顺利通过筛除机制，这些特征会以完整客体的形式对靶子刺激形成干扰。在客体水平上，当注意资源重新被分配到靶子刺激时，覆盖机制就会发挥作用，丢弃干扰刺激中与靶子刺激不相符的特征，维持靶子刺激中固有的特征。需要注意的是，当干扰刺激的特征在前一机制——筛除机制被筛除掉后，剩下的特征会自动化地以客体的完整性质对靶子刺激进行干扰。在容量有限的视空模板内，干扰刺激与靶子刺激只要具有一个相同的特征，不管另一个特征是否相同，均会对靶子刺激造成同等程度的干扰。因为覆盖机制是在客体水平上发挥作用的，只要客体中的部分特征相同，造成的干扰程度就会大致相等。

第四节　工作记忆表征形成时的脑电同步化研究

一些研究者使用脑磁图技术发现，在形成工作记忆表征时，前额区与视觉皮层中 α 波、β 波、γ 波的活动出现同步化现象。在延迟匹配样本工作记忆任务的时间间隔内，这些不同频率的脑波一直维持并保持稳定，伴随着记忆负荷而发生变化，并且与个体的工作记忆容量密切相关。一些研究发现，当被试需要完成工作记忆任务时，从低频的 θ 波（4～7Hz），中频的 α 波（8～13Hz）、β 波（13～30Hz），到

高频的 γ 波（30～200 Hz），各频段的脑波均会出现，并体现了工作记忆不同的加工活动。α 波反映了抑制无关刺激的加工活动；β 波反映了对相关刺激的视觉加工过程；γ 波反映了主动维持工作记忆信息的认知过程；θ 波反映了对工作记忆信息的暂时组织（Roux & Uhlhaas，2014）。

一、形成清晰记忆痕迹时 θ 波的同步化现象

长时记忆往往存储了与个体有关的特定的学习情节和相关经验的知识。在编码与长时记忆相关的情境以及从长时记忆中提取信息的时候，θ 波活动表现出同步化过程。θ 波活动与较为清晰的回忆感知有关。例如，Klimesch 等在 2001 年的研究中，让被试进行再认判断后，需要给出“记得”“知道”的主观体验判断。“记得”判断即提取时记得编码具体的细节信息；“知道”判断则只是模糊地想起学习过该项目，不记得具体的细节信息。实验结果发现，清晰的“记得”体验诱发的 θ 波比“知道”的体验诱发的 θ 波周期更长。Summerfield 和 Mangels 在 2005 年的研究中，要求被试记忆词表中 45 个 4 种颜色的单词，在完成 20s 的三位数倒减 3 的干扰任务后，在再认阶段，首先让被试判断单词是否呈现过，接着做出 4 种判断——“肯定出现过”“认为出现过”“认为是新词”“肯定是新词”。随后让被试判断单词的颜色是否符合学习阶段的颜色，并同样做出 4 种判断。结果发现，当被试能够清晰记得单词和颜色特征时，伴随着持续周期较长的 θ 波。

二、编码、保持、提取阶段 θ 波的同步化现象

在工作记忆信息的编码和保持阶段，也出现了 θ 波的同步化现象。例如，Raghavachari 等在 2001 年的研究中，让被试完成 Sternberg 工作记忆任务，并测查了编码—保持—提取整个阶段的脑电波。在该实验中，首先给被试呈现有 4 个辅音字母的字母表。在每个试次中，首先在屏幕中央有 1s 的注视点，接着每个字母呈现 1.2s，空屏 200ms，呈现下一个字母。当所有 4 个字母均呈现完毕后，延迟 0.9s 或 2s 进行再认判断。在延迟 0.9s 条件下，会给被试连续呈现两个探测字母，被试按左侧的 Ctrl 键表明第一个字母在字母表中出现过，按右侧的 Ctrl 键表明第二个字母在字母表中出现过。在延迟 2s 条件下，只给被试呈现一个探测字母，按左侧的 Ctrl 键表明该字母在字母表中出现过，按右侧的 Ctrl 键表明该字母在字母表中没有出现过。在被试做出反应后，会反馈被试按键的反应速度。研究发现，在被试的脑波反应中，从每个 trial 的开始到结束，从编码过程到保持过程再到判

断的认知过程，绝大多数电极的 θ 波的波幅均有增加的趋势，当 trial 活动结束后，θ 波的波幅就减弱了。当 trial 的持续时间发生变化时，θ 波的持续时间也发生相应的变化。θ 波体现了与特定的工作记忆信息有关的编码、保持和提取相关的脑电活动。

当工作记忆中存储多个项目的时候，每个项目的存储都伴随着 γ 波的同步化。这些周期循环的 γ 波融合成了 θ 波。θ 波和 γ 波在某阶段的变化特征反映了工作记忆在编码和存储阶段的各个认知过程（Canolty et al.，2006）。Jensen 和 Lisman 在 1998 年提出，周期循环的 γ 波的数量会影响融合后的 γ 波的持续时间。当工作记忆中存储的项目越来越多时，γ 波的频率减弱（Axmacher et al.，2009），即 γ 波的振荡对工作记忆中的认知负荷敏感。另一项研究发现，工作记忆中对视空模板信息的保持会伴随有 θ 波和 γ 波的相位耦合过程。例如，在 Sauseng 等 2009 年的研究中，被试会在屏幕上看到一幅由不同颜色和形状的圆点构成的空间散点图，散点的数量为 1～4 个，共 4 种情况，数量的不同表明工作记忆负载的大小存储不同。接着，会呈现一个指向左方或指向右方的箭头，指引被试只注意一侧区域圆点的布局，并保持对其空间布局的存储，然后呈现探测的空间散点，要求被试判断探测的空间散点是否和刚刚保持的空间散点相符。脑电图（electroencephalogram，EEG）的结果发现，在后侧的电极中，θ 波和 γ 波耦合的情况表现为在散点表征的维持阶段，θ 波的负走向的波峰总是伴随着 γ 波峰值的增加，并且 θ 波和 γ 波耦合的程度伴随着工作记忆的负载而下降。当工作记忆负载超过 4 个而变成 6 个的时候，θ 波和 γ 波耦合的程度就下降了。这说明 θ 波和 γ 波的耦合对工作记忆信息的保持具有重要意义，当记忆的信息超出了工作记忆容量的时候，同步化和耦合程度就会下降。

当对呈现的客体形状特征进行大小判断时，在后侧脑区也出现了 θ 波和 γ 波的同步化过程。在 Sauseng 等 2008 年的研究中，被试需要对出现在特定视野中的竖棒的大小进行加工。首先，被试盯住屏幕中央，然后会有一个指向左侧或右侧的箭头引导被试注意左侧或右侧的客体。接着，在屏幕的左侧或右侧会出现一个竖棒，竖棒被称为靶子刺激。在一种条件下，箭头指向的方向就是竖棒出现的一侧屏幕区域，称为有效线索条件，例如，箭头指向左侧，竖棒也出现在左侧；在另一种条件下，箭头指向的方向是竖棒出现的对侧屏幕区域。在 75%的 trial 中，被试所看到的竖棒都处于有效线索条件下；在 25%的 trial 中，被试所看到的竖棒都处于无效线索条件下。被试需要判断竖棒的大小为小（1°×1.9°）还是为大（1°×2.2°）。研究结果表明，当靶子刺激呈现 100ms 后，出现了 θ 波的同步化过程，这反映了调用注意资源对客体的形状进行加工的过程。由于这一过程既包括自下而上地对客体的感觉特征进行感觉登记的过程，也包括自上而下地调用认知资源去进行大小匹配的过程，所以同步化过程体现了在工作记忆中信息整合的认知过程。随后，顶区和顶-枕区 θ 波出现了振荡过程，伴随着一个 trial 的开始，θ 波出现同步的波动，直到该 trial 结束。在下一个 trial 开始时，θ 波又出现同步的波动，并且在有效线索条件下，θ 波和 γ 波出现了明显的相位耦合情况。

在工作记忆内容的提取阶段，也发生了 θ 波的同步化过程。例如，Tesche 和 Karhu 在 2000 年的研究中发现，在对言语工作记忆内容进行提取时，会在海马出现 θ 波的同步化过程，并且周期循环的 θ 波的数量与工作记忆的负载有关。例如，在典型的 Sternberg 记忆任务中，当记忆集的大小成倍增加时，周期循环的 θ 波的数量也会增加。在视觉工作记忆任务中，在对记忆内容的提取的早期，新的 trial 开始时，θ 波的再次出现还往往伴随着 θ 波和 γ 波的同步化过程。有研究者提出，θ 波的波动特征体现了工作记忆内容编码和提取阶段的分离（Hasselmo et al., 2002）。在编码阶段，θ 波会贯穿整个编码阶段，同时伴随着强烈的内嗅成分输入并融入海马的 CA3 神经元。当 θ 波出现峰值时，就会有微弱的内嗅成分输入并融入海马的 CA3 神经元，但是有强烈的 CA3 神经冲动进入内嗅皮层。

三、工作记忆中保持捆绑客体特征时的 θ 波同步化现象

Sarnthein 等在 1998 年的研究中发现，言语信息和空间信息的保持在大脑的不同区域发生 θ 波的同步化。言语信息的保持在前额叶以及颞叶-顶叶区发生 θ 波的同步化现象，在右侧颞叶区的额叶-颞叶区发生 θ 波的同步化现象。

有研究发现，当把言语信息和空间信息进行捆绑加工时，会出现 θ 波的同步化现象。在 Wu 等 2007 年的研究中，被试需要对捆绑条件下客体的言语和空间特征进行编码并记忆，或者对分隔条件下客体的言语或空间特征分别记忆。在分割条件下，注视点呈现 1.2s，随后在屏幕中央同时呈现 4 个大写的辅音字母，在 4 个辅音字母四周，也同时呈现 4 个圆括号。被试需要同时记忆辅音字母是什么，以及圆括号出现的位置，但是辅音字母出现的位置并不需要记忆。这样做的目的是，辅音字母属于言语信息的记忆，在工作记忆中的语音环路中进行加工，圆括号属于空间信息的记忆，在工作记忆的视空模板中进行加工，两者是分开记忆的。被试在对辅音字母和空间位置保持 5s 的加工后，进入再认阶段。在再认阶段，某个辅音字母会出现在处于某个空间位置的圆括号内，要求被试判断字母先前是否学习过，以及圆括号的位置是否出现在先前的位置上。在捆绑条件下，辅音字母是在四周的圆括号内呈现，再认阶段会在屏幕的某个位置上出现用圆括号括着的小写字母，被试需要判断圆括号括着的字母刚才是否学习过，即圆括号的空间位置对应的字母要同时记忆正确。EEG 的研究结果表明，相比分割条件，在捆绑条

件下，在背外侧前额区，θ 波的振幅要更大，并且在前额区以及左前额和右侧颞叶，这些大脑的不同区域出现了 θ 波的同步化现象。这样的结果有两个重要的认知意义：首先，θ 波的同步化现象说明，相比于保持分割特征，捆绑特征的保持更需要同时加工客体的言语特征和空间特征，即当产生更复杂的记忆痕迹时，θ 波的振荡会更明显。其次，对于工作记忆的结构成分而言，言语信息和空间信息的捆绑加工这一独特的加工过程与 θ 波的同步化过程也密切相关，即同时保持言语和空间信息时，在大脑的各个区域就会产生广泛的 θ 波的同步化过程。

四、执行心理操作时 θ 波的同步化现象

有研究发现，当执行心理运算时，也会发生 θ 波的同步化现象。Mizuhara 和 Yamaguchi 在 2007 年的研究中，让被试执行倒减数字任务：从 1000 连续倒减 1 位阿拉伯数字，阿拉伯数字由实验指令随机给出。结果发现，相比闭目休息条件，执行运算时，在双侧前额区，左侧前额到右侧顶区、右侧前额到左侧中央-顶叶区的广泛脑区中都出现了 θ 波的同步化现象。Sammer 等在 2007 年的研究中，也发现当被试执行心理运算任务时，在前额皮层、扣带回皮层、顶上皮层、颞上皮层、海马旁回区、岛叶皮层都发生了明显的 θ 波的同步化现象。其他的一些心理操作，例如，当被试在心理上比较两个视觉客体的不同时，也会产生 θ 波的同步化现象。研究者认为这反映了中央执行系统分配给视空模板注意资源，并调控在视空模板中进行比较加工的心理过程，这一心理过程也伴随着显著的 θ 波的同步化现象。

进一步的研究发现，当执行更为复杂的心理比较操作时，θ 波的同步化现象也伴随着更高频的 γ 波的耦合现象。例如，在 Griesmayr 等 2010 年的研究中，被试会在屏幕中央看到 3 个辅音字母的字母序列。在保持条件下，被试需要保持字母序列中字母的顺序，并与随后出现的探测字母序列中的字母做匹配判断。如果字母序列完全匹配（字母本身和字母呈现的次序），被试需要做出按键反应。在更新条件下，被试需要按照大写字母的前后次序更新字母序列中字母的位置。例如，出现的字母为 JGU，被试需要将其更新为 GJU。在更新后，再与呈现的字母序列进行比较，如果更新后的字母序列与探测字母序列匹配，被试也需要做出按键反应。研究结果表明，相比简单的保持条件，在更新条件下，前额区会发生显著的 θ 波的同步化现象。在前额中间脑区，θ 波的同步化现象也伴随着前额区和顶区 γ 波的同步化现象。当 θ 波出现峰值时，θ 波和 γ 波的相位耦合现象是最弱的。这样的结果说明，当执行更复杂的心理操作时，θ 波和更高频域的脑波会呈现出同步化过程，这反映了相应的一系列的心理操作，包括编码、更新、比较等认知过程。

第五节 神经递质在工作记忆中的作用

一、工作记忆中的神经递质种类与多巴胺功能概述

在认知系统中，多巴胺、去甲肾上腺素、5-羟色胺和乙酰胆碱等神经递质也发挥着重要的作用。这些神经递质神经元在大脑几乎所有区域均投射了神经冲动，影响了认知系统的功能。对于工作记忆而言，Cools 和 D'Esposito 在 2009 年的研究中认为，在大脑前侧的纹状体区的神经回路中，多巴胺发挥了重要作用。多巴胺神经元包含了一系列的认知子系统，包括中脑皮层、中脑边缘皮层和黑色纹状体的皮层中的神经元活动。中脑皮层和中脑边缘皮层的多巴胺系统缘于中脑的腹盖皮层，并投射到额皮层、前扣带回、横核、前颞结构（杏仁核、海马和嗅皮层），在大脑皮层中，在前额区多巴胺的浓度最高（Brown et al.，1979，William & Woodman，1993），然而也会有很多的多巴胺投射到海马，并在长时记忆中发挥了重要作用（Shohamy & Adcock，2010）。

神经递质对于工作记忆的作用与前额区的认知功能是紧密相连的。5-羟色胺等的损耗不会引起相应工作记忆能力的下降（Brozoski et al.，1979；Sawaguchi & Goldman-Rakic，1991）。然而，对猴子的研究发现，前额区多巴胺的损耗和多巴胺受体的阻碍会引起工作记忆水平的下降，多巴胺受体激动剂的注射也会提高年轻人群的工作记忆水平（Müller et al.，1998；Kimberg & D'Esposito，2003）。多巴胺的注射剂量与工作记忆的最佳水平之间呈现倒 U 状（Cools & D'Esposito，2011）。这样的结果表明，并不是多巴胺的剂量越多，工作记忆表现就越好，而是在一定条件下达到某个峰值时，工作记忆水平达到最佳，随后就逐渐下降。

二、不同多巴胺受体对于工作记忆的作用

不同成分的多巴胺受体对工作记忆的作用也是不同的。例如，D-2 多巴胺受体在中脑中有较高的浓度，D-1 多巴胺受体在皮层区有较高的浓度，然而 D-2 多巴胺受体在前额区的浓度达到最高（Goldman-Rakic et al.，1990）。多巴胺递质的释放

要么是瞬时性质的，要么是稳定性质的，多巴胺递质释放性质的不同，对工作记忆的影响也是不同的。D-1 多巴胺受体调节着多巴胺稳态递质的释放，D-2 多巴胺受体调节着多巴胺瞬时态递质的释放（Grace，2000）。

多巴胺递质对工作记忆的影响在恒河猴工作记忆的研究中得到了证实。例如，在 Sawaguchi（2001）的研究中，两只雄恒河猴需要完成眼动延迟反应（oculomotor delayed response，ODR）任务。在实验过程中，恒河猴盯住计算机屏幕中央 1s，接着白色的线索圆点呈现在与屏幕的水平轴呈 0°、90°、180°、270° 的 4 个不同方位之一的位置上，呈现时间是 0.5s。9s 后，有一个线索箭头呈现在 9s 之前线索圆点的位置，要求恒河猴记住这个位置，并且需要盯住这个位置。当恒河猴能够盯住这个位置时，说明成功完成了该认知任务。在这一过程中，恒河猴需要在工作记忆中保持圆点的空间位置并予以正确反应。研究者使用电离子透入方法，向恒河猴的前额区注射了 SCH23390 神经递质和 SCH23388 神经递质，观察其在工作记忆延迟反应中的活动。结果发现，当恒河猴做出正确的眼动延迟反应时，D-1 多巴胺受体的 SCH23390 会增强或减弱前额区大部分神经元的活动，大多数神经元表现出了减弱活动，SCH23388 神经递质却对前额区的神经元的活动几乎没有产生任何影响。具体而言，50N_A①的 SCH23390 神经递质减弱了延迟反应中神经元的活动速率；50N_A的多巴胺增强了延迟反应中神经元的活动速率；当 SCH23390 神经递质和多巴胺同时以 50N_A 的剂量注射给恒河猴时，相比多巴胺的注射，SCH23390 神经递质减弱了神经元的活动速率。这表明，D-1 多巴胺受体调节了多巴胺神经递质的释放，并影响着工作记忆中对客体空间位置的维持。可以这样认为，在前额区的工作记忆任务中，两条神经递质通路调节着工作记忆中存储的记忆表征。Durstewitz 和 Seamans 在 2008 年提出，D-1 多巴胺受体对工作记忆在线加工中起到了维持工作记忆表征的作用；D-2 多巴胺受体则对工作记忆表征的灵活性和认知转换起到了重要作用。

Cools 等在 2007 年的研究中，向被试注射了溴麦角环肽，并与在注射安慰剂后比较了完成工作记忆任务时大脑活动的差异。在屏幕的左下方、左上方、右下方和右上方分别同时随机呈现两张风景图片或两张面孔图片，要求被试记忆其中的面孔图片刺激或者风景图片刺激。在被试形成了对特定的风景图片或面孔图片的工作记忆表征后，呈现干扰刺激，干扰刺激要么是一张线条混乱的风景图片或面孔图片，要么是一张新的风景图片或面孔图片。被试需要排除干扰图片的干扰，继续保持对已表征的图片的记忆，最后对探测刺激进行再认，即要求被试判断探测图片是否在最初的编码阶段出现过。在该研究中，共有 3 种类型的 trial：①转换

---

① N_A 是剂量单位，是阿伏伽德罗常数，1N_A=6.02×10^{23}mol。

trial，即前后的两个 trial 中注意的客体要发生转换。干扰刺激是对应的新的风景图片或新的面孔图片。即是说，如果在最先的 trial 中，要求被试对风景图片编码，干扰刺激就是在该 trial 中没有出现过的新的风景图片；在随后的 trial 中，要求被试对面孔图片编码，干扰刺激就是该 trial 中没有出现过的新的面孔图片；或者风景图片和面孔图片的编码次序颠倒。②非转换 trial，即前后两个 trial 呈现的都是相同类型的图片，要么都呈现面孔图片，要么都呈现风景图片，干扰刺激是新的面孔图片或新的风景图片。③非转换 trial，即前后两个 trial 呈现的都是面孔图片或者风景图片，但干扰刺激是线条混乱的面孔图片或风景图片。

研究者计算了两种工作记忆成分的大脑活动：①工作记忆转换代价。在转换 trial 与非转换 trial 中，新的面孔图片或风景图片产生了对最初编码图片的干扰。以两种 trial 中对探测刺激进行再认而产生的再认错误率和反应时的差异作为转换代价指标。转换代价反映了工作记忆信息更新的过程，因为需要从保持一种类型（风景）转换到保持另一种类型（图片）的信息。②干扰代价。在非转换 trial，从新的面孔图片或风景图片产生干扰的条件中，干扰代价的指标为两种条件下对非转换 trial 中的探测刺激进行再认的错误率和反应时之差。两种条件分别是新的面孔或风景图片产生干扰的条件，以及混乱线条的面孔或风景图片产生干扰的条件。干扰代价反映了工作记忆维持的过程。研究发现，不同剂量的神经递质对工作记忆更新和维持所起的作用是不同的。在纹状体中，高剂量的多巴胺和前额区低剂量的多巴胺对于工作记忆信息的更新产生了显著的影响；在前额区，高剂量的多巴胺和纹状体低剂量的多巴胺对工作记忆信息的维持产生了显著影响。同时，在工作记忆活动中，前额区多巴胺神经递质分泌的增多，会导致纹状体多巴胺神经递质分泌的减少；纹状体多巴胺神经递质分泌的增多，会导致前额区多巴胺神经递质分泌的减少。

第六节　工作记忆对有意遗忘的影响

工作记忆能力反映了人们对特定事件进行注意控制的能力，工作记忆能力高的受试，为满足特定的任务需要，能够更加主动、高效地选择性地存储特定知识。在工作记忆过程中，既存储了单个项目本身，也包含了对情境信息的存储。在记忆研究中，情境信息也是记忆内容中重要的一部分。Mensink 和 Raaijmakers（1988）的研究发现，情境元素的波动会导致一系列对记忆内容的干扰。高工作记忆广度的被试比低工作记忆广度的被试更能够集中注意要保持的信息，避免无关信息的干扰。所以，可以预期的是，工作记忆与有意遗忘中的由遗忘线索产生的词表情境的变化有密切关系。

Delaney 和 Sahakyan（2007）的研究直接考察了工作记忆广度与有意遗忘之间的关系。研究者先将被试分成三个组别：①遗忘组，接受遗忘线索，学习词表 1 后遗忘词表 1，继续学习词表 2；②记忆组，接受记忆线索，学习词表 1 后记住词表 1，接着继续学习词表 2；③情境转换组，学习词表 1 后，完成情境转换任务，再学习词表 2。接着，三组被试完成回忆测验。最后，采用标准的操作广度测验程序来测定工作记忆广度，被试需要连续完成数字运算与记忆的测验，所包含的 trial 数量是不同的，从 2 个 trial 到 5 个 trial 不等。例如，在连续 3 个 trial 中，每个 trial 中呈现[IS（12/2）+2 =7？Borad]，被试读出这个算术式，报告计算答案，说出并记忆随后出现的单词。完成 3 个 trial 后，需要准确回忆出连续出现的 3 个单词。根据准备回答和连续记忆单词的 trial 数量，计算被试的工作记忆广度。研究者想通过这个实验考察工作记忆广度和有意遗忘效应之间的关系。实验结果发现，所有被试对词表 1 和词表 2 的回忆成绩与工作记忆广度呈显著正相关。然而，在遗忘组和情境转换组中，被试的工作记忆广度成绩与词表 1 的回忆成绩呈显著负相关，而与词表 2 的回忆成绩呈显著正相关，并且这两组的相关系数大小也接近相等。对于这一结果，有两种可能的解释：一种解释是被试在对词表 2 进行记忆时，要降低词表 1 对词表 2 回忆的干扰。工作记忆广度越高的被试，越能够进行有效的记忆控制，降低遗忘线索带来的学习过的项目的干扰，削弱词表 1 对词表 2 回忆的影响，即减少对词表 1 单词的记忆保持，而增加对词表 2 单词记忆的保持。另一种可能的解释是，高工作记忆广度的被试能够更有效地操纵情境资源，减少词表 1 造成的情境转换对回忆成绩削弱的影响，以便能更有效地操纵注意资源对词表 2 中单词的加工，产生更强的词表 2 的情境与加工单词之间的联结关系，进而对促进加工产生积极的影响。考虑到情境转换组的实验结果与遗忘组的结果类似，所以情境转换说能够更合理地解释两者相一致的关系。在另一项实验中，与前一实验的施测步骤类似，不同的是，研究者增加了编码策略这一要求，要求被试在对词表中的每个单词编码后，把词表中的单词编成一个连贯通顺的故事。实验结果表明，当实施这一策略后，工作记忆广度与两个词表的回忆成绩的相关不再显著。这一结果说明，当词表中的单词被编码成故事后，单词与情境的联结强度增强了，情境本身的存储强度也增强了，无论高工作记忆广度被试还是低工作记忆广度被试，均可有效恢复词表 1 的情境以助于对词表 1 单词的提取。另外一些以成人和儿童为比较对象的发展研究中，也均得出了同样显著的结果（Aslan et al.，2010）。

也有研究者在视觉工作记忆中通过有意遗忘线索直接操纵靶项目，来考察有意遗忘线索是否会影响视觉工作记忆靶项目的保持（William & Woodman，2012）。在该项研究中，研究者会连续呈现两个矩阵，每个矩阵中有 3 个不同颜色的小方块分布在不同象限。被试的任务是在对每个矩阵进行保持记忆后，根据矩阵呈现后的记忆或遗忘线索（或者没有任何提示线索）对矩阵进行遗忘或记忆，接着再对矩阵进行再认。具体而言，被试需要对 3 种类型的 trial 进行学习。在基线类别的 trial 中，第一个内部记忆矩阵（位于屏幕的中心位置）呈现 100ms，随后是 900ms 的空屏，接着呈现第二个矩阵（位于屏幕的外周位置）100ms，在间隔 2000ms 后，被试需要对呈现的记忆矩阵进行再认，判断该矩阵是否和第一个或第二个矩阵的色块矩阵相同。在有意记忆的 trial 中，与基线 trial 的不同之处在于，第二个矩阵呈现后，空屏 250ms，接着呈现有意记忆线索 in 或 out。in 是引导被试只保持内部的矩阵的记忆表征，out 是引导被试保持外部矩阵的记忆表征。最后，在空屏 1250ms 后进行再认判断。在有意遗忘的 trial 中，与有意记忆 trial 的不同之处在于，in 是引导被试忘记内部的矩阵的记忆表征，out 是引导被试忘记外部的矩阵的记忆表征，其他程序步骤与有意记忆 trial 相同。在整个实验过程中，被试需要不停地复述字母，控制采取某种内部言语干扰实验所带来的影响。实验结果发现，有意遗忘和有意记忆 trial 下，对记忆矩阵的再认正确率要高于基线 trial。这是因为人们的工作记忆容量是有限的，在基线 trial 下，被试头脑中存储着两个矩阵共 6 个客体的表征，维持这些表征是比较困难的。当有意记忆或遗忘的线索出现时，被试会选择性地丢弃某个矩阵的记忆表征，保持注意并维持剩余的矩阵的记忆表征，从而获得更好的再认成绩，并且有意遗忘和有意记忆 trial 中的再认成绩无显著差异。这项研究表明，遗忘线索和记忆线索也可直接作用于视觉工作记忆，选择性地对视觉客体进行维持表征；遗忘线索和记忆线索造成的在工作记忆中对剩余客体维持的程度是相同的。

第三章　有意遗忘的理论模型与研究现状

第一节　有意遗忘研究的多词表范式

一、三词表组间设计的有意遗忘效应

在两词表的有意遗忘效应中，存在着一个潜在的对有意遗忘效应产生影响的额外因素。在学完词表 2 后，会有一个填充任务，排除词表 2 距离测验时间更近而产生的回忆倾向；但是在学完词表 1 后，没有有意遗忘效应这个填充任务，而被试为取得更好的测验成绩，往往会隐藏复述词表 1 的内容，这样在词表 2 一开始学习的词中，被试往往会隐藏复述词表 1 末尾的那些词汇，词表 1 末尾的词的复述会干扰对词表 2 开头学习词的回忆，即词表 1 的词对词表 2 刚开始学的词的编码产生影响，产生前摄干扰。而在词表 1 之前没有被学习的词，所以词表 1 学习词的编码没有受到任何前摄干扰，因而对两词表的学习存在这样一种可能：词表 1 末尾的单词得到了更多的复述，能更好地受到记忆提取；词表 2 开始的单词受到干扰，记忆提取受到削弱。

为了控制这种潜在的干扰，Lehman 和 Malmberg 在 2011 年设计了 3 个词表的有意遗忘效应。被试被随机分成两组：第一组被试连续学习 3 个词表，在词表 1 与词表 2、词表 2 与词表 3 之间的学习指令均是记忆指令（RRR 组[①]），即学习完词表 1 的每个单词后，保持对词表 1 的记忆，继续学习与记忆词表 2；在学习完词表 2 之后，保持对词表 2 的记忆，继续学习与记忆词表 3。第二组被试也连续学习 3 个词表，在词表 1 与词表 2 之间是记忆指令；词表 2 与词表 3 之间是遗忘指令（RFR

① R：remember，RRR 组的意思是三个词表的学习指令均是记忆指令。

组[①]），即学习完词表 1 的每个单词后，忘掉词表 1 的单词，继续学习与记忆词表 2；在学习完词表 2 之后，保持对词表 2 的记忆，继续学习与记忆词表 3。这样做的目的是，第二组被试在学习词表 2 时，词表 1 中的词也有可能被被试隐藏复述，从而干扰对词表 2 的学习，所以把 RFR 组中的词表 2 看成是词表经典定向遗忘范式中的第一个词表，那么第一个词表也就同样受到了干扰。第一组被试在 RRR 情况下，学习词表 2 的初期，也可能会隐藏复述词表 1 末尾的词，这样对词表 2 的学习也受到了词表 1 的干扰，所以这两组被试对词表 2 的学习都潜在地受到了词表 1 记忆的干扰。另外，在三表学习范式中，对词表 2 的学习既受到对词表 1 学习的前摄抑制，也受到对词表 3 学习的后摄抑制，因而对词表 2 的学习可能会产生地板效应，即对词表 2 中词的回忆率会非常低。

二、四词表组内设计的有意遗忘效应

在 Zellner 和 Bauml（2006）的研究中，使用了四词表研究方法。使用这种方法的原因是，在经典的词表法中，被试只学习两个词表，由于采取组间设计，分配到遗忘组和记忆组的被试是不同的，每个被试的记忆水平也是千差万别，如果每组被试的记忆水平差异大，会影响有意遗忘效应的稳定性。因而使用被试内设计的方法，每个被试既要经历 FR 条件（忘记词表 1，记忆词表 2），也要经历 RR 条件（记忆词表 1，也要记忆词表 2）。这样做的优势在于，每个相同的被试要不断重复学习不同的词表，学习不同词表情况下的个体变异降低了，所以有意遗忘的结果也更稳定。具体的设计方案为：被试连续学习两个组块，在组块一中，被试学习词表 1 和词表 2，遗忘词表 1，记忆词表 2；在组块二中，被试学习词表 3（相当于组块一中的词表 1）和词表 4（相当于组块一中的词表 2），记忆词表 3，也记忆词表 4。或者将组块的学习顺序平衡，先学习组块二，再学习组块一，即在先前的组块中记忆两个词表，再在后来的组块中遗忘一个词表，再去记忆一个词表。在分析有意遗忘代价时，考察遗忘和记忆线索下被试对两个组块的第一个词表的回忆差异；分析有意遗忘收益时，考察遗忘和记忆线索下被试对两个组块的第二个词表的回忆差异。研究者发现，四词表学习条件下也发生了相似的有意遗忘效应：比较两个组块中学习的第 1 个词表，遗忘线索下的回忆率低于记忆线索下的回忆率；对第 2 个词表而言，遗忘线索下的回忆率高于记忆线索下的回忆率。

① R：remember，F：forget，RFR 组的意思是三个词表的学习指令分别是记忆指令、遗忘指令、记忆指令。

在四词表学习的 FR-RR 条件下，遗忘指令使得被试忘记词表 1，词表 1 受到削弱的程度会比 RR-FR 情况下词表 3 受到的削弱程度更大。这是因为在 FR-RR 条件下，被试在遗忘词表 1 后，会连续学习 3 个词表，其会不断改进学习策略，提高对后面词表的编码效率，因而在学习词表 3 和词表 4 时，会采取更高效的编码策略。而在 RR-FR 条件下，被试在学完词表 2 后，却接收了要遗忘词表 3 的指令，连续改进编码策略的进程被打断了，所以对词表中单词的编码效率也下降了。这种猜测在随后的实验中得到了证实。Hanczakowski 等在 2012 年的研究中平衡了 FR-RR 条件和 RR-FR 条件下词表的呈现顺序，结果证实了这种猜测。在 FR-RR 条件下，被试产生了比 RR-FR 条件下更强的有意遗忘效应。当词表中单词的呈现速度较快时，被试对两个词表的编码效率受到限制，但是当词表中单词的呈现速度较慢时，正如 Hanczakowski 等 2012 年的研究结果所显示的，在组块一中遗忘线索下的有意遗忘代价要大于在组块二中遗忘线索下的有意遗忘代价。

第二节　有意遗忘效应的理论解释

一、选择性复述理论

（一）区分性复述假设

最早系统论述产生有意遗忘效应原因的是 Bjork 及其同事。他们在 1968 年提出了选择性复述假说。按照这种假说，无论是词表法还是项目法，被试都是依靠复述维持对每个项目的记忆。当遇到遗忘线索后，被试会停止对刚存储的项目的记忆；当遇到记忆线索后，被试会选择较好的记忆策略或记忆术去辅助对相关项目的记忆。

更为详细的对选择性复述理论进行阐述的是 Bjork 等在 1970 年、Sheard 和 MacLeod 在 2005 年提出的区分性复述假设。该假设认为在词表学习时的注意资源是有限的。在遗忘组，当被试得到遗忘指令时，会停止复述词表 1 中的单词，将所有的注意资源用于复述词表 2 中的单词。在记忆组，被试在学习词表 2 时会隐藏复述词表 1，这会降低分配给词表 2 中单词的注意资源，减少对词表 2 中单词的复述次数，增加对词表 1 中单词的注意资源，增加对其的复述次数。由于词表 1

中的单词在记忆组比在遗忘组获得了更多的复述次数，所以会获得更好的回忆成绩，出现有意遗忘的代价；词表 2 中的单词在记忆组受到了词表 1 隐藏复述的干扰，所以回忆效果差于遗忘组，出现有意遗忘的收益。

根据选择性复述假说，如果对两个词表中不同编码位置的学习项目考察其回忆成绩的差异，会得到如下预期：对于词表 2 而言，遗忘组比记忆组对早期编码位置的学习项目的回忆成绩要更好，因为被试在对词表 2 的项目编码的同时，会对词表 1 的项目隐藏地进行复述，词表 1 的项目与词表 2 的项目共同竞争复述的认知资源。当遭遇遗忘线索后，词表 1 的项目对词表 2 的复述资源的竞争压力会减弱，所以对词表 2 早期的项目的复述效果会更好，回忆成绩也会更好。根据这样的预期，会得出这样的结论：词表 2 早期的项目在遗忘组会出现首因效应，遗忘组早期的记忆成绩也要显著高于记忆组。对于词表 1 而言，在记忆组中会增加对项目的注意资源，获得更好的复述效果，被试在编码词表 1 中晚期的项目时，会不断复述学习过的项目，以取得更好的记忆成绩，不会出现明显的系列位置效应。关于有意遗忘效应中系列位置效应的分析结论，部分支持了这一预期，同时也包含了质疑这一结果的证据。

对于词表 2 而言，不论先回忆还是后回忆，对早期编码位置的项目的回忆成绩都更好（Pastötter et al.，2012）。这一系列位置效应不能简单地用输出-干扰效应（out-put interference effect）（Criss et al.，2011）来解释。输出-干扰效应是指在测验阶段，先测验的项目会造成前摄抑制，干扰后测验项目的输出。在以回忆为测验类型的测验中，词表 2 先被回忆时的正确率要高于词表 2 后被回忆时的正确率，这是因为当词表 2 被回忆时，词表 1 中的项目会先被回忆出来，词表 1 的项目被回忆出的越多，词表 1 的学习情境被恢复的程度就越大，对词表 2 项目的输出的干扰就会越大。然而，在 Pastötter 等（2012）的研究中，词表的输出顺序不会影响词表 2 早期项目的输出。无论词表 2 是先输出还是后输出，在遗忘线索下词表 2 早期的项目的回忆率总是高于中期和晚期的项目，所以这一结果支持了选择性复述假说。

（二）对区分性复述假设质疑的证据

对于词表 1 不同编码位置学习项目的回忆效果的分析结果，则既存在支持的证据，也存在反驳的证据。一些研究发现，对词表 1 中不同编码位置学习项目的回忆成绩是大致相同的（Pastötter & Bäuml，2010；Sahakyan et al.，2009），不论词表 1 先回忆，还是词表 1 后回忆，回忆成绩都不会伴随着不同编码位置发生显著波动（Pastötter et al.，2012），这支持了选择性复述假说。也有一些证据显示，对词表 1 早期编码位置的项目的回忆率更显著低于对中期和晚期项目的回忆率

（Geiselman et al.，1983；Lehman & Malmberg，2009）。根据选择性复述假说，词表 1 在遗忘组获得了更多的复述次数，并没有假设词表 1 处于什么位置的项目会获得不同的复述次数，所以在这两项研究中，首因效应的出现是不合理的。

更具反驳力的证据是来自偶然学习情境下对有意遗忘效应的发现。Sahakyan 和 Delaney 于 2005 年在偶然学习条件下考察了有意遗忘效应，主试告诉被试："我有一些单词需要确定它们在大学生群体当中的愉悦度指标。谢谢你们帮助我评定。每 5s 会呈现一个单词，然后请你在 1～5 的评定量表上打分。1 代表这个词令你一点也不高兴，5 代表这个词令你十分高兴。"当被试评定完词表 1 后，主试告诉遗忘组的被试："感谢你们的帮助，我会从你们评定的结果中选出一些词用于后续的测验。接下来有第二个评定测验，很重要的是你不要受到刚才评定的影响。你不要去想刚才评定的结果，这样不会干扰对即将评定项目的结果的影响。尝试忘掉你刚才评定的这些词，好像你没有评定过任何词的愉悦度。"在记忆组中，主试提醒被试还需要评定词表 2 中的项目，以相同的方式去认真评定词表 2 中项目的愉悦度。结果表明，在偶然学习条件下，被试并不会复述这些项目，然而仍然产生了显著的有意遗忘效应。还有一项间接的反驳证据显示，被试在学习两个词表时，隐藏复述第一个词表的次数是非常少的。在 Ward 和 Tan（2004）的研究中，被试在复述第二个词表的同时，对第一个词表每个项目的复述次数是 0.09～0.33 次，平均每个项目的复述次数是 0.16 次，复述的次数可以忽略不计了。

二、抑制说

（一）项目抑制说

在记忆提取中的抑制概念，被认为是执行控制机制的一部分，抑制过程可以控制外显的行为或忽略无关刺激。在神经机制上，与感知—运动过程有关的压抑冲动反应和前额区的遗忘竞争性刺激存在显著相关（Tabibnia et al.，2011）。也有人认为存在着自动化抑制的成分，并区分了两种抑制：①自动化抑制竞争信息的激活；②主动控制加工过程，即避免无关信息干扰的过程（Conway & Fthenaki，2003）。

Munakata 等（2011）根据抑制研究的认知神经基础将抑制分成直接的目标抑制和间接的目标抑制。在前额区的相关次级皮层（包括背外侧前额叶、腹外侧前额叶、内侧和双侧前额叶）直接在认知加工中抑制靶目标，将兴奋性突触传递到相应脑区的 γ-氨基丁酸的神经元，然后经过中转引起抑制的行为反应。这种加工类似于"不用执行 X"的认知过程，属于直接的目标抑制；另一种形式属于间接的目标抑制过程。前额区自上而下地作用于特定的刺激，即“执行 Y”，没有作用于 X，不加工 X。这等同于通过双向抑制过程——加强需要激活的刺激表征，同时压抑竞争刺激。

在有意遗忘中，抑制说的核心观点是，当指导语要求被试去忘掉词表 1 中的项目时，被试会启动抑制过程，压抑词表 1 中项目的激活，或者不再抽取词表 1 中的项目进行复述，类似于“不再加工 X 项目”的认知过程。抑制说并不假定会额外地对词表 2 产生何种更有效的加工，只是强调由于抑制过程压抑了词表 1 项目的激活，这样导致词表 1 对词表 2 项目的前摄抑制会降低，所以遗忘组对词表 2 回忆成绩的提高，仅仅是由于词表 1 对词表 2 的抑制降低而产生的。

抑制说最大的问题在于，在很多有意遗忘研究中，该学说缺乏对统一、具体、细致的抑制认知过程的详细描述，导致对有意遗忘的解释比较含糊。例如，有的研究将抑制看成是压抑词表 1 中每个项目激活的过程，即抑制的只是单个项目的激活（Elmes et al.，1970；Geiselman et al.，1983），为了能和随后的情境抑制说相区别，把这种学说称为项目抑制说。而在另外一些研究中，研究者认为词表 1 项目编码时的记忆表征是完整的，只是在提取时抑制了词表 1 项目的记忆情节，即下面论述的情境抑制说。

（二）情境抑制说

情境抑制说是抑制说的另一种形式。这一理论认为，遗忘线索提供的是整体词表的压抑，即遗忘项目构成的先学习词表整体的抑制，而非单个的遗忘项目个体的压抑（Pastötter & Bäuml，2010；Pastötter et al.，2008）。词表整体情境被压抑，而在测验阶段被压抑的情境又难以恢复，造成了有意遗忘的代价。被压抑的先学习的词表削弱了对后学习词表的干扰程度，后学习的词表又可以在干扰程度较低的情况下被重新编码学习，从而产生了有意遗忘的收益（Pastötter et al.，2012）。

总之，这种理论把有意遗忘的代价和收益看作是同一抑制过程造成的，也就是因被抑制的先学习词表的情境难以恢复而形成的。Rummel 等在 2016 年的研究中，从一般认知加工的两个基本成分（存储和提取）的角度入手，分析了有意遗忘效应。研究者以词对为研究材料，分别采取词表法和项目法研究范式，采取拟合多分类模型（multinomial model）的方法，分析了遗忘项目和记忆项目对应的存储和提取参数。研究结果发现，有意遗忘的记忆收益在两种方法中均是由于编码项目得到较好存储产生的；有意遗忘的代价在词表法中是由于遗忘项目的提取程度减弱造成的，而在项目法中既是由于存储程度减弱，也是由于提取程度减弱造成的。

（三）双机制说

Sahakyan 和 Delaney（2003）在研究中，将有意遗忘的代价和收益分开考虑。这一理论的核心观点是，对于词表 1 而言，遗忘组的回忆率低于记忆组，是因为情境转换造成的词表 1 的编码情境与提取情境不匹配而产生的。对于词表 2 而言，遗忘组的回忆率高于记忆组，有两个原因：首先，遗忘组从词表 1 到词表 2 的学习转换了情境，使得词表 1 对词表 2 有更低的前摄抑制；其次，记忆组比遗忘组采用了更有效的编码策略，例如，不仅仅采用背诵每个单词的策略，还将词表中的词进行整合加工，形成一个故事。概括来说，有意遗忘的代价是由于情境转换产生的，有意遗忘的收益是由于前摄抑制降低和采用更有效的编码策略产生的。

在 Sahakyan 和 Kelley（2002）的研究中，据被试的事后报告，遗忘组有 38% 的被试在学习词表 2 时比学习词表 1 采取了更深的加工策略，而记忆组这一比例是 22%。从这一比例看来，遗忘组比记忆组更倾向于采取更有效的加工策略。在 Sahakyan 和 Kelley（2002）的研究中，实验一明确要求被试对两个词表的编码均采取相同的编码策略，实验结果表明，遗忘组和记忆组对词表 2 的回忆率无显著差异。这一结果表明，在发出遗忘指令或记忆指令之前，由于被试已经对词表 1 进行了记忆，如果不进行任何编码策略的改变，对词表 1 的记忆负荷会很大，对词表 2 的学习产生的前摄抑制就不会降低，遗忘组和记忆组由于都存在很大的前摄抑制而对词表 2 的学习产生同等程度的干扰。在实验二中，主试明确要求遗忘组和记忆组的被试均改变加工策略，例如，从单纯地背诵转变为利用词表中的词编故事。实验结果表明，当改变加工策略后，两组被试对词表 2 的回忆率均提高了，并且无显著差异。关键的证据是，无论两组被试是都改变加工策略还是都不改变加工策略，对词表 1 的有意遗忘代价均存在。这一结果表明，对两个词表加工策略的改变并不等于两个词表情境的转换。因为在实验二中，记忆组和遗忘组的策略均发生了改变，如果这种策略改变等于情境转换，那么应该不会产生有意遗忘的代价。然而，实验结果表明，无论是否转变对词表 2 的加工策略，均会产生显著的有意遗忘的代价。其次，这样的结果还表明，加工策略的转变与否不是产生有意遗忘代价的核心要素。加工策略主要是针对词表 2 的学习而言的，词表 1 的学习不受加工策略转变的影响，因而对词表 1 产生的有意遗忘代价不能归于加工策略的转变。在老年被试群体中，"是否相信遗忘线索"会对有意遗忘效应产生一定影响。"相信遗忘线索"这一因素属于元认知信念，如果被试在尝试记忆所有的材料之前，就预先认为他们的记忆不是很好，他们是不大会从事有意遗忘任务的，例如，在 Sahakyan 等（2008a）的研究中，老年被试不自觉地就认为自己已经忘掉了所有的记忆材料，他们并没有从事有意地忘掉所学过材料的活动。然而，如果指导语中强调遵从遗忘指导语忘掉所学的材料十分必要时，老年被试也产生了有意遗忘效应。

三、情境对记忆影响的研究

（一）语词记忆研究中情境概念的演变

人们是否能在头脑中重现一个记忆客体或顺利回忆起过去记忆过的客体，在很大程度上依赖于客体的存储和客体的提取情境之间是否不受任何干扰。虽然情境对于客体的提取十分重要，但是在认知实验中，对情境概念却未给出一个十分清晰的定义，在不同实验中所操纵的情境变量也不尽相同。在认知心理学研究开始流行的早期，Bower（1972）对情境给出的定义是："在实验呈现某刺激的过程中，占优势地位的外部背景和内心对刺激形成的心理模拟，以及被试典型的心理情境。"有研究者认为，刺激呈现时的物理特征、刺激之间的内隐联结或词表呈现时引起被试产生疑问的认知因素，均是情境的组成部分（Anderson & Anderson，1974）。

Smith 和 Vela（2001）、Sahakyan 等（2009）的研究中较为详细地区分了不同的情境要素。首先，背景情境（background context）包括全局情境（global context）和局部情境（local context）。全局情境包括物理情境或者局部情境的改变（包括文本的颜色、呈现在屏幕上的语词的位置、说话者的声音等）。全局情境和局部情境的区别在于，全局情境是变化缓慢的，是在单一物理情境中编码整套刺激时的情境，局部情境则是伴随着每一个单独的刺激呈现而迅速发生改变的。其次，内部心境是被试编码时的心理和情绪状态。总之，情境是一个复合概念，包括周遭物理的、时空的、情绪的和内心的环境要素。

情境的概念来源于联合记忆搜索模型和有效记忆提取（retrieving effectively from memory，REM）模型，这两种模型区分了刺激自身的信息和情境信息，并且论述了两种类型的信息对于提取记忆客体的重要性（Gillund et al.，1984；Shiffrin & Steyvers，1997）。加工一个刺激在记忆里会构成一个映像（image），刺激自身的信息是刺激本身的内容信息，包括词汇、语义表征等，它在被试学习过程中处于注意焦点；情境信息即上述所提及的背景信息和内部心境信息，它在被试加工过程中处于更边缘的位置。在回忆过程中，抽样过程发生了，即被试组合了一系列的提取线索，这些提取线索用于被试在长时记忆中激活和选择某个映像。当一个映像被抽样后，记忆恢复过程发生了，即被试尝试从该映像中提取信息。成功的抽样过程未必能保证成功的恢复过程。第一次抽样的尝试严格依赖于情境线索。如果一个客体被成功提取了，这个客体本身会作为有效线索再结合情境线索辅助第二个学习的客体的恢复。如果一个学习的客体不能被成功提取，情境线索会独自辅助其他客体的提取。情境线索是否能够成功地通达某个映像，取决于映像存储时的情境和测验中的情境在多大程度上能够匹配。

（二）情境恢复效应及其经典实验

情境依存记忆指的是被试测验时若回到学习时的情境，相比在新情境接受测验，记忆成绩更好，即如果能恢复学习阶段的情境，测验成绩会显著提高，这叫作情境恢复效应（Smith，1979）。最早考察情境在学习中作用的是 Carr。他在 1917 年将 200 只大白鼠从居住的巢穴转移到不同的新情境中，从巢穴转移到新情境的过程当中，也改变了大白鼠对不同情境的感知线索。他发现大白鼠对情境的适应不是单纯靠感知线索习得的，情境本身的稳定性也会改变大白鼠行为的惯常化和准确性。例如，改变实验者的位置，改变情境中的照明工具数量，改变大白鼠的移动方位以改变大白鼠在情境中的空间位置等，都会增加大白鼠错误行为反应的次数。该实验初步发现了情境在行为反应中的作用。

随后，不同研究者以成人为被试考察了不同情境成分在学习中的作用。Burri（1931）考察了有无听众这一情境因素对学习的影响；Dulsky（1935）考察了反应词的背景颜色对词命名的影响。Reed（1931）的实验较为经典，实验一中以短音节词的词表为学习材料，操纵了学习和测验中被试的身体姿势，分为 4 种实验处理：坐着学习词表，坐着回忆词表；坐着学习词表，站着回忆词表；站着学习词表，站着回忆词表；站着学习词表，坐着回忆词表。结果发现，站着学习和回忆词表的记忆量最多。实验二中以短音节词和无意义音节组成的词对为材料，也分 4 种实验处理：视觉呈现学习词对，测验阶段需要以视觉形式在卡片上写出学过的短音节词；视觉呈现学习词对，测验阶段需要以听觉形式言语报告学过的短音节词；听觉呈现学习词对，测验阶段需要以听觉形式言语报告学过的短音节词；听觉呈现学习词对，测验阶段需要以视觉形式在卡片上写出学过的短音节词。结果发现，学习测验阶段呈现形式匹配时的记忆量最多，即身体姿势匹配或者学习—测验的通道匹配时的记忆量要高于不匹配时的记忆量。除了该经典实验外，早期的研究还包括 Gartman 和 Johnson（1972）考察了接连的两个词表以连续或间隔形式呈现时的回忆差异；Epstein（1961）考察了句法情境对句子加工的影响；Weingartner 和 Eich（1975）考察了在学习类别例词词表前，呈现真实的药物（如大麻）、安慰剂对被试学习类别例词词表的影响。

情境中重要的因素是学习和测验的地点。系统考察地点变换的是 Smith 等研究者。Smith 等（1978）考察了在不同地点学习词表和采取不同测验方式进行施测时，被试对词表学习效果的不同。实验一中，被试需要先后在两个地点学习词表：

①地点 P（Perry School）。这是密歇根大学周围一栋旧式建筑的一间小屋，有一块黑板和一个玻璃橱柜，没有窗户。②地点 M（Mason Hall）。这是大型现代化的动物实验室内的一个微型公寓。被试被随机分成四组：①词表 1 和词表 2 均在 P 学习；②词表 1 和词表 2 均在 M 学习；③词表 1 在 P 学习，词表 2 在 M 学习；④词表 1 在 M 学习，词表 2 在 P 学习。测验阶段，在另外一个中立的场景进行回忆测验。结果发现，不同的学习地点的测验回忆正确率高于在相同地点的测验回忆正确率。在实验二中，增加了时间因素，材料也换成联结词对。被试被随机分成两组：①学习不同线索的联结词对，即先后在两个地点学习的词表的线索是不同的，例如，在地点一学习 car—BODY，在地点二学习 smell—CABBAGE；②先后在两个地点学习的词是相同线索的联结词对，即 black—SPIDER、black—TRAIN。这两组被试在第一天学习词表 1，第二天学习词表 2，第三天测验词表 3。测验时，要么处于第一天学习的情境，要么处于第二天学习的情境，要么处于中立的情境。实验发现，无论被试处于相同线索还是不同线索下，当测验情境处于第二天学习的情境时，相比处于第一天学习的情境，回忆正确率会更高。实验三中，被试学习类别例词对，接着在同一天或者第二天在相同或不同地点进行回忆测验。结果发现，当测验地点与施测地点相同时，无论测验例词本身、类别本身还是类别例词的回忆，均是在相同学习、测验地点下的回忆正确率高于不同学习、测验地点下的回忆正确率。在实验四中，在学习、测验情境相同或不同条件下，考察了再认和回忆两种条件下被试对词表的回忆率。结果发现，情境恢复效应对回忆测验的影响大，即学习、测验情境相同时的回忆率高于学习、测验情境不同时的回忆率，而再认测验下的情境恢复效应影响微弱。

对情境恢复效应进行深入理论探讨的是 Smith。Smith（1979）归纳了产生情境恢复效应的两种理论解释：一种多数人认可的情况是，记忆中的情境联结（contextual association）是产生情境恢复效应的原因。这种联结是学过内容的记忆与学习发生场景之间的联结，包括学习词表时对某个单词的识记，或者是学习词表时所采取的加工策略。这种解释叫作记忆假设（memory hypothesis）。另一种可能是，当被试来到新的测验情境时，相比回到熟悉的情境进行测验，被试对周遭的情境会产生焦虑、疑惑，或者怀疑实验的真实目的，所以情境恢复效应是由于这种不熟悉性产生的反应。这种解释叫作成绩假设（performance hypothesis）。早期的一些实验证据较多支持了记忆假设。例如，研究发现，如果学习两个不同的词表，最初的学习和之后的学习活动发生在不同的房间里，相比两次学习均发生在相同房间，前者造成的对先前学习词表的后摄抑制影响会更小（Greenspoon & Ranyard，1957）。显然成绩假设解释不了该现象，因为两个不同房间都是被试不熟悉的。记忆假设会做出合理的解释，因为测验情境不匹配第二次学习的情境，所以第二次对词表的回忆率会降低，对第一次学习的干扰也会降低。Strand（1970）提出了损毁假设（disruption hypothesis）。他认为更换学习地点，实质上是某种损毁词表连续学习的过程。即使不更换地点，只要发生了损毁活动，也会对词表的学习产生削弱。例如，在被试在同一房间内学习词表的过程中插入一些休闲活动，如喝矿泉水或进行一些交谈，其与更换学习地点对词表学习产生的削弱是大致相同的。

Smith（1979）通过较为缜密的实验考察了各种假设的合理性。他首先分离了情境熟悉性和情境匹配性两个变量。情境恢复效应中的学习、测验情境不一致，既有可能是由于测验地点是被试不熟悉的，也有可能是由于测验地点与学习内容不匹配。在实验一中，被试被随机分在三种实验条件下，如表 3-1 所示。如果记忆假设正确，则 ABA 条件下的词表回忆正确率高于 ABB 和 ACB 条件，因为只有 ABA 条件下的学习、测验情境是相同的。如果成绩假设正确，则 ABA 和 ABB 条件下的词表回忆正确率高于 ACB 条件，因为 ABA 和 ABB 条件下的测验情境均是熟悉的，而 ACB 条件下的测验情境是不熟悉的。如果情境熟悉性和情境匹配均起作用，则 ABA 条件下的词表回忆正确率更高，因为 A 房间的测验地点既是被试熟悉的，也和学习地点匹配；ABB 条件下只有情境熟悉性这一个因素起作用，回忆率要低于 ABA 条件；ACB 条件下既在新房间也是在不熟悉的房间测验，所以回忆正确率是最差的。实验结果表明，记忆假设被验证是合理的。在实验二中，Smith 又详细考察了学习、测验情境不一致条件下影响回忆成绩的因素。线索假设（cuing hypothesis）认为引导被试通过额外的线索恢复学习时的情境，即使测验情境变了，也会促进其对词表的回忆。策略假设认为在学习、测验情境不一致和学习、测验情境一致条件下，被试都会使用策略去回忆学习的情境来辅助记忆，只是学习、测验一致情境下的被试会更有可能使用这种策略。实验二中设置了 DC-R（different context-remember）、DC-C（different context-cued）和 DC-P（different context-placebo）三种条件，如表 3-1 所示。测验时均提示被试通过回忆某种情境来辅助回忆。策略假设预测 DC-R、DC-C 的词表回忆成绩高于 DC-P，因为都使用了策略去回忆学习过的情境，DC-P 条件下的成绩最差；线索假设会认为 DC-C 条件下的回忆成绩高于 DC-R，因为有明确的指令告知被试通过线索（学习房间的照片）去回忆词表。实验结果支持策略假设。实验三通过变换干扰回忆学习房间的数量来考察策略假设。分别让被试在学习、测验在相同地点和学习、测验在不同地点两种情况下学习词表，再插入 4 种干扰任务，变换干扰任务的情境条件（干扰任务发生在一个房间，干扰任务分别发生在不同房间）。实验结果表明，当学习、测验地点不同时，干扰任务发生在同一房间时对词表的回忆率要高于干扰任务发生在不同房间时。

表 3-1 Smith 的实验一和实验二的实验条件

实验一的三种实验处理	实验一中三种实验处理的解释	实验二的三种实验处理	实验二中三种实验处理的解释
ABA	在 A 房间学习词表，接着熟悉 B 房间（在纸上画出 B 房间的构造），回到 A 房间回忆词表	DC-R	在学习、测验房间不同的情况下，指引被试记住学习时的房间，帮助其回忆词表内容
ABB	在 A 房间学习词表，接着熟悉 B 房间（在纸上画出 B 房间的构造），在 B 房间回忆词表	DC-C	除了与 DC-R 的指导语一致之外，同时还指引被试看关于学习时的房间的照片，以促进对情境的记忆
ACB	在 A 房间学习词表，接着熟悉 C 房间（在纸上画出 C 房间的构造），在 B 房间回忆词表	DC-P	指导被试回忆一个与学习、测验均不同的情境，再回忆学习内容

资料来源：Smith（1979）

在近期的一项研究中，Unsworth 等（2012）采用多个项目的回忆指标，再次印证了在相同情境下进行学习、测验的回忆率高于在不同情境下分别进行学习和测验的回忆率。研究者考察了在外部情境变化时被试对词表学习的成绩。被试被分成两组：一组处于相同情境下，学习 40 个单词的词表（学习、测验在相同的房间）；另一组处于不同情境下，学习 40 个单词的词表（学习、测验在不同的房间）。研究者的测验指标有以下几个：①回忆每个单词的时间，并绘制成累积学习时间分布图。②系列位置的回忆时间，即将 40 个单词分成 10 个系列位置，每个位置中存在 4 个单词，考察对这 4 个单词的回忆正确率。③首次回忆可能性（probability of first recall，PFR），指词表的每个编码单词的位置中，第一个回忆出该单词的回忆次数占回忆出该单词总次数的百分比。例如，在词表中最后一个单词共 10 次被回忆出的次数中，有 9 次都是第一次就回忆出的最后一个单词，那么 PFR 就是 90%。④条件反应可能性（conditional response probability，CRP），指的是处于不同 lag 值的单词的回忆率。如果 lag 值为+，表明回忆出的下一个单词在该单词的呈现位置之前；如果 lag 值为−，表明回忆出的下一个单词在该单词的呈现位置之后。例如，如果回忆的词表的单词是 pupil、cost、heaven，如果被试先回忆出 heaven，再回忆出 cost，那么 heaven 的 lag 值为+1；如果先回忆出 cost，再回忆出 heaven，那么 heaven 的 lag 值为−1。lag 值越大，表明回忆出的单词距离其临近编码单词的位置越远。实验结果表明，虽然在首次回忆可能性和条件反应可能性上相同情境下的回忆指标强于不同情境，但是在回忆的累积时间上，却没有表现出显著差异。需要注意的是，在这个实验中，被试并没有学习词表 2，在只学习了一个词表的情况下也表现出了某种遗忘代价。

上述这些研究所变换的情境是学习项目所处的物理场所，例如，学习、测验地点是不同的房间，也可以认为变化的是学习项目的宏观情境。另外一些研究则发现了变化学习项目的微观情境，例如，每个学习项目所处的背景，也会发现相同学习、测验情境下的学习效果要优于不同的学习、测验情境下的学习效果。Smith和 Manzano（2010）在一项研究中，将被试学习单词的背景设计成一个时长为 5s的视频片段，视频为彩色的运动画面，包含背景声音，但是不包含言语描述性的声音，视频的内容与学习的单词在语义上没有相关。有一半的视频会在测试时重复播放，测试采用自由回忆的方法，要求被试无论视频是否再播出，都尽可能多地回忆之前学习过的所有单词，而不要只回忆与再播出视频相对应的单词，并且可以不按顺序写出。最终的实验结果显示出显著的与情境相关的记忆效应：对与重复播放的视频相对应的单词的回忆率是对视频没有重复播放的单词回忆率的 5 倍。

为了进一步研究微观情境的相关性对于记忆效果的影响，Smith 等（2014）在之前实验的基础上，对测试阶段的视频稍做改变，将视频分为 3 种情况：①与学习单词时观看的视频完全相同；②与学习单词时观看的视频情境相同，但是场景不同（例如，同为踢足球的情境，对场景内球员的踢球拍摄视角发生变化）；③与学习单词时观看的视频完全不同。测试时仍要求被试自由回忆学习过的单词，结果也表明，与情境完全不同的视频相比，情境相同但场景不同的视频可以帮助被试回忆起更多的单词，但是这种相似情境下回忆起来的单词量仍然不如在完全相同情境下回忆起的单词量多。另外，在该实验中，实验者还考察了一种实验条件，即要求被试学习英语—斯瓦希里语，并不在提示语中要求被试关注所学词语与视频的相关性，结果也表明，即使是这种无意的随机匹配，相关的情境也可以增加被试回忆单词的数量。虽然上面两个实验没有直接证明情境相关可以产生有意遗忘效应，但是实验确实证明了与相同的情境相比，不同情境下的记忆效果更差。

（三）情境恢复效应的近期研究——想象情境可以弥补遗忘损失

在近期的研究中，研究者又进一步发现，在编码时想象情境，那么想象的情境在测验阶段能够被重新激活，也可以显著促进记忆。在 Brinegar 等（2013）的研究中，被试编码词表和测验词表的情境是不同的，在被试对词表中的单词编码后，想象未来的测验情境。由于想象的情境与测验的情境相同，尽管实际的编码情境和测验情境不匹配，然而相比没有想象测验情境条件，被试对词表回忆的成绩要更好。

Masicampo 和 Sahakyan 在 2014 年的研究中进一步拓展了想象情境的范围，这项研究有两个重要的发现：当想象的情境不是测验情境，而只是以前经历的情境，且想象情境这一认知活动充分起作用时，也可以促进记忆；当编码时的想象情境活动充分起作用时，无论测验情境是在编码词表时的情境、想象的情境，还是一个陌生的新情境，均能够显著促进记忆。

Masicampo 和 Sahakyan 的研究过程分为 3 个阶段。第一阶段，熟悉情境 B。B 环境是临近教学楼的一处草坪，将瑜伽垫放在草坪上，被试坐在草坪上可以看到教学楼、树荫、树荫下的长凳等。主试要求被试聚焦于他们的视觉、听觉和感官体验。被试需要 2min 来完成这种体验。

第二阶段，被试被带到情境 A，完成不同的想象任务。情境 A 是一间小的实验室，里面陈列着书柜，书柜的上面放着插着花的花瓶、两个小地球仪等。主试告诉被试要从事一个想象任务。不同组的被试想象情境以及在测验阶段所处的情境是不同的。在 A—A 和 A—B 组，要求被试闭上眼睛充分地想象情境 A，想象大概 2min 再睁开眼。在 B—A、B—B 和 B—C 组，要求被试闭上眼睛充分地想象情境 B，想象大概 2min 再睁开眼。在 A′—C 组，要求被试熟悉情境 A，接着闭上眼睛想象 A 房间是没有屋顶的，冷风拂面，并且有雪花飘落在上空，即被试想象的是与情境 A 有关联的一个情境。

在进行完想象任务后，主试读出 40 个需要记忆的词的名字，读出每个词后，要求被试尽可能地想象这个词对应的形象出现在其面前。在整个过程当中，被试是闭着眼睛想象的，主试提醒 A—A、A—B 和 A′—C 组的被试，当处于情境 A 时，努力记住这些事物的映像；或提醒 B—A、B—B 和 B—C 组的被试，当处于情境 B 时，努力记住这些事物的映像。

第三阶段是回忆阶段。在 A—A 阶段和 B—A 阶段，主试让处于情境 A 中的被试睁开眼睛，并且用 90s 的时间尽可能地回忆先前学过的单词。在 A—B 和 B—B 阶段，主试让处于情境 A 中的被试回到情境 B，并在相同的时间内尽可能多地回忆先前学过的单词。在 B—C 阶段和 A′—C 阶段，主试让处于情境 A 中的被试到全新的情境 C 中，在同样的时间内接受测验。研究者提出了促进-恢复假设（reinstatement hypothesis）：在编码时如果被试仅仅想象当前的情境，不需要太多认知努力就会整合当前情境，因为被试已经处于场景中，可以即时地从记忆中提取场景信息。如果是想象一个以前经历的场景或一个当前场景中的转换场景，被试必须从长时记忆中提取场景信息，被试在提取场景信息的同时，也会积极地将加工的语词映像与场景整合。在测验阶段，被试会自发地重复编码时提取情景的活动，削弱遗忘作用。

研究者的实验结果表明，B—A、B—B、B—C 和 A′—C 组的记忆成绩要显著高于 A—A 和 A—B 组。这项研究的价值在于，它对心理学研究中比较经典的情境依存性记忆提出了质疑。显然，A—A 组被试的编码情境和测验情境是相同的，但是其记忆成绩不如B—C和A′—C组，后两组被试的测验情境是一个崭新的情境C，编码情境是不同于提取情境的。这样的结果表明，编码阶段想象一个经历过的新情境会促进情境与语词加工的整合，这样的整合活动在测验阶段会起作用，促进被试对语词的记忆。

（四）情境恢复效应的深层解释

Glenberg（1997）提出了情境化认知观点，来解释人们为何会在学习时将编码的材料与情境进行联结。这一观点认为，人们的知觉系统是不断进化的，它能够在与真实三维空间的交互作用中表征客体。外部世界在交互作用中被概念化表征，这一过程是在与外界发生身体互动中形成的，并产生了具身化的表征。具身化的表征是非抽象的，也不是无任何意义的随意符号，它清晰、精细地反映了外在世界的变化，并将外在世界事物的属性转化成知觉—行为系统。这种观点认为，人们产生的对外在客体的语言表征根植于知觉系统，是知觉系统对情境中的客体加工后的产物。例如，Zwaan等在2002年的研究中，采用图—句匹配任务，要求被试判断图中的客体是否在语句中出现。一种情况下，图中的客体的呈现方向与语句中暗含的方向一致。例如，图中的铅笔是垂直放置的，呈现的语句是“The pencil is in a cup.”。另一种情况下，图中的客体的呈现方向与语句中暗含的方向不一致。例如，呈现的语句仍然是“The pencil is in a cup.”，然而呈现的图片中的铅笔是水平放置的。实验结果表明，尽管只要求被试完成匹配判断任务，未要求其判断客体的方向，然而一致条件下的反应时短于不一致条件，即被试对句子的抽象语义表征是通过视觉加工系统赋予抽象的语义含义实现的。同样，Glenberg认为语义类别也是通过知觉系统而被赋予了意义。客体落在某个相同的类里，是因为客体通过知觉系统，在与情境的互动中完成了相同的认知目标，例如，通过支持身体做某种同样的运动，赋予了诸如“推”“拉”等语词的具体含义。又因为相同客体可以完成多样化的目标，所以形成的类别也是依赖于不同的情境而产生不同的含义，例如，在Glenberg和Kaschak（2002）的研究中，要求被试判断语句是否有意义。语句是带有动作方向性指向的句子，如“You gave Andy the pizzaî.”，“Andy gave you the pizzaî.”。要求被试理解后，从一个启动按钮移动手臂来触碰另一个“yes”按钮来反应。从启动按钮到“yes”的移动方向要么是靠近身体的，要么是远离身体的。结果发现，当与语句隐含的动作方向相同时，被试的反应速度要快于与语句隐含的动作方向不同时。

根据这些研究者的观点，可见言语表征是具身化的过程，是通过编码融合后的一套行为模式。行为模式融合后成了概念化的语义符号。记忆更新的过程对应的是融合的行为模式改变和移动的过程。行为模式是依赖于情境的，情境的属性投射到具身表征的过程是自动化的，是不带任何有意意图的融合，自动化加工比较类似于内隐记忆的过程。

综上所述，情境恢复效应之所以会产生客体与情境之间的联结，是因为存在具身认知的过程。例如，在情境中对杯子的记忆，它的具身表征包括杯子离我有多远（我怎么做才能拿到它）；杯子把手的方向和形状（我的手指如何能接触到它）；杯子的记忆还会融合到和它以前的交互活动中（喝咖啡）。另一种将编码的材料与情境进行联结解释的根源性理论是源监控理论。该理论涉及如何决定自己记忆材料的来源，它包含了一系列的决策过程，对情节情境的提取是和所记忆事件紧密相连的。这些情节情境可以帮助记忆重新界定事件发生的空间环境，帮助记忆区分不同来源的信息。

Smith 和 Vella（2001）提出两个与情境效应有关的原则：①当非情境线索在编码和测验阶段使用时，情境的影响会减弱。例如，当在编码阶段或测验阶段增加学习项目之间的联结来提取学习内容时，会补偿编码和测验情境不一致所引起的记忆损失。②当测验地点与学习地点不一致时，根据心理恢复原则（the mental reinstatement principle），情境的影响会减弱。这两个原则均暗示，虽然在编码阶段被试会主要将注意集中于材料本身的加工，也会对周遭环境的信息进行加工，但是为了获取更高的记忆成绩，会鼓励被试更加专注材料本身的加工，从而减弱情境的影响。根据这两个原则，研究者提出了这样的几个假设：①光亮假设（outshining hypothesis）认为，当由非情境化线索来指引记忆时，情境线索的作用会消失或减弱，例如，在词干补笔测验而非自由回忆测验中，由于被试会重现所编码的材料本身，情境线索的作用会减弱；在联合记忆任务中，对词对本身记忆的重视也会减弱对情境的依赖。②掩蔽假说（overshadowing hypothesis）认为，在编码阶段，情境信息的编码会受到压抑，基本不会编码和存储到记忆中，从而减弱情境的影响。但是在情境中花费的时间越长，情境的编码就越有可能影响记忆，情境恢复效应会增强。③心理恢复说（mental reinstatement）认为，如果指导语有意诱导被试恢复编码时的情境，是能够改善记忆效果的。

研究者对 70 多项研究进行了元分析，考察的变量如下：①恢复效应（reinstatement effect）变量，包括情境恢复效应、前摄抑制或后摄抑制减弱效应，在多个地点编码材料产生的记忆效应；②测验类型变量，包括回忆、再认、线索再认；③编码材料变量，包括联合加工（例如，对词对的语义联结进行加工）、非联合加工（例如，背诵材料，对材料进行愉悦度评价）。其他变量还包括学习、测验地点不一致时，实验者是否在场；刺激的呈现通道（听觉或视觉）；项目呈现的数量；项目的呈现时间；整体学习项目的呈现时间；学习、测验的间隔；情境恢复的类型（回到学习地点进行测验的物理环境的恢复、心理情境的恢复）。实验结果表明，除了测验类型外，其他变量上的统计权重指标——权重效应量（weighted effect size）均是统计显著的，说明在这些变量的影响下，情境对记忆的影响会显著，而在另一些条件下的影响不显著。

从上面的分析可以看出，情境恢复效应可以追溯到情境化认知这一认知过程，这一认知过程是具身化的认知过程。在这一过程中，与情境有关的因素，如情境编码的时间、项目编码的程度等均会对情境产生不同程度的影响。

上述研究表明，当编码的材料本身能够获得情境化线索的辅助时，能够更有效地恢复材料的提取。情境对编码材料的辅助作用还体现为在问题解决任务中克服固着思维的影响。在问题与创造性思维的酝酿效应（incubation effect）（Smith，1995）中，情境的作用有很多相似之处。酝酿效应指停下来去思考一些与创造性问题解决完全不同的事情，会有助于克服干扰而促进成绩的提高。在酝酿效应中，如果人们在起初的情境中固着于一个错误的解题方案，即拘泥于困惑的问题情境，该情境不但不能促进问题的解决，反而会阻碍问题的解决。这时转换情境会促进问题的解决。被试会暂时把问题搁置在一边，不再继续寻求解决方案，这一酝酿过程的时间间隔越长，越会造成情境发生转变，从而会降低错误方案通达的可能性。这样的情境转换多半是心理情境的转换，在一个完全不同的心境中，以避免当前干扰任务的影响。另一个需要注意的因素是词表的长度，前面论述的 Unsworth 等（2012）的研究中使用了较长的词表（40 个单词），词表最先呈现的那些单词由于编码位置较早，这些词表构成的情境的恢复较难，进而产生了遗忘代价。

四、情境转换理论

（一）情境转换研究范式的提出

正如前文所描述的，情境在认知材料的记忆中有如此重要的作用，在有意遗忘效应中，研究者也试图形成一套有关情境因素如何影响有意遗忘效应的理论来揭示产生有意遗忘效应的本质和规律。以 Sahakyan 等研究者为代表，其想证明的是造成有意遗忘效应的本质加工过程、影响有意遗忘效应程度的因素均与情境因素有关。

在 Sahakyan 和 Kelley（2002）的经典研究中，考虑增加情境转换组，并与不加入情境转换因素组别的有意遗忘效应进行对比。研究者的思路是：如果情境转换因素是造成有意遗忘效应的额外变量，那么操纵情境转换因素是不会影响有意遗忘效应的结果的；反之，通过比较情境转换因素与不增加情境转换因素条件下的有意遗忘效应，发现其发生了明显的改变，则可以证明情境转换因素是产生有意遗忘效应的重要因素。

在实验一中，被试被随机分配到 4 种实验组别中，每个组别均需要先后学习两个词表。每个词表中有 15 个不存在明显语义关联的英文单词，每个单词呈现 5s。在遗忘组中，被试对词表 1 里的每个单词均记忆完毕后，主试给出遗忘指令："你学过的单词只是练习之用，是为了熟悉实验过程，你没有必要记住这些词，请集中注意力去记忆词表 2 中的单词。"在记忆组中，被试的学习过程与遗忘组类似，唯一不同的是，被试学完词表 1 后，主试给出记忆指令："你学了所有单词的一半。这些单词需要记住，在测验中会测到，接下来集中注意力去记忆词表 2 中的单词。"在遗忘—情境转换组中，与遗忘组类似，不同的是，在接受遗忘指令后，每个被试有 45s 的时间在纸上写出他们可以想到的但视觉无法看到的事情，想象并写出的事情是没有任何额外任务要求的。在记忆—情境转换组中，与遗忘—情境转换组类似，唯一不同的是，在接受记忆指令后，完成与遗忘—情境转换组相同的想象任务，并写出想象的事情。由于遗忘—情境转换组和记忆—情境转换组有额外的想象任务，为了平衡四组的总体学习时间，遗忘组和记忆组的被试要等待一段时间，直到遗忘—情境转换组和记忆—情境转换组的被试的想象任务结束。也就是说，四组被试记忆词表 1 与记忆词表 2 之间的时间间隔是相同的。在经过 90s 解决算数题的分心任务后，四组被试都需要先回忆词表 1，再回忆词表 2。实验流程如图 3-1 所示。

实验结果发现，遗忘组和遗忘—情境转换组、记忆—情境转换组三组对词表 1 的回忆率无显著差异，又显著低于记忆组；遗忘组和遗忘—情境转换组、记忆—情境转换组对词表 2 的回忆率无显著差异，又显著高于记忆组。遗忘组回忆成绩与包括情境转换因素的组别的回忆成绩无论对于词表 1 还是对于词表 2 均是相近的，对两个组相同的影响因素均是情境转换，所以初步证明了情境转换是造成有意遗忘效应的主要原因。

在实验一中，研究者是在编码阶段操作情境转换因素，发现情境转换因素造成了有意遗忘效应的变化。在实验二中，研究者进一步考察了情境转换因素解释有意遗忘现象的一般性问题，即研究者在回忆阶段也操纵情境转换因素，如果在回忆阶段操纵情境转换因素也会造成有意遗忘效应的变化，那么就可以再次佐证情境转

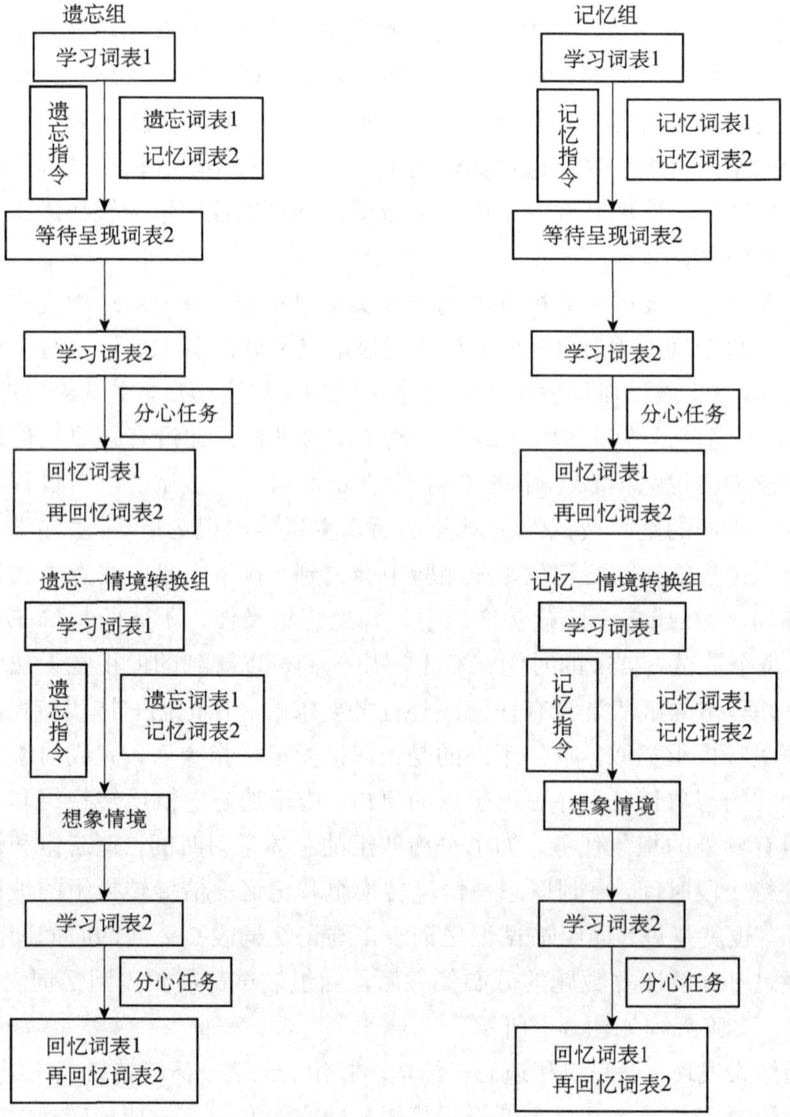

图 3-1　Sahakyan 和 Kelley（2002）研究中的四组实验处理

换是产生有意遗忘效应的重要因素。研究者的思路是：如果在回忆阶段通过指导语引导被试尽可能恢复编码词表 1 时的情境，那么有意遗忘的代价会减弱，同时也会造成词表 2 的编码情境不再匹配测验情境，减弱对词表 2 的记忆收益。研究者在实验中做出了两处修改：第一处，在编码阶段，换成了另一项情境转换操作；第二处，在测验阶段，使用情境恢复技术（context reinstatement technique）测查遗忘组和记忆—情境转换组是否比单纯记忆两个词表的记忆组经历了更多的情境变化。

实验二与实验一存在两处不同。首先，记忆—情境转换组在学习阶段换成了不同的情境转换操作，给予的是不同于实验一的指导语：“请闭上眼睛 1s。想象父母住宅的画面。如果看清楚了，请睁开眼睛。现在请描述当你经过父母住宅时所想到的。描述当你经过每一个房屋时看到的家具和任何细节。总之是在心中经过住宅的场景时，描述一下所有房间的布局。为了节约时间，用长方形、正方形和圆圈来代表不同的家具并画在纸上。确保每个形状有一个标签可以标识家具的名称。接下来，用 45s 的时间尽可能地画出这些家具。”其次，增加了是否使用情境恢复技术这一因素。在不使用情境恢复技术条件下，如实验一中一样，被试被随机分配到遗忘组、记忆—情境转换组和记忆组，学习和测验阶段同实验一；在使用情境恢复技术条件下，基本也与不使用情境恢复技术的实验处理相同。不同的是，在测验阶段，三组被试在回忆测验前均接受测验指导语：“请用 1min 的时间写出以下内容——你在实验之前准备做的和你从何处而来做这个实验的。[停顿]现在尝试写出你到这个房间所经历的想法、感受和情绪。或许会有一些事情在你来到这个房间时引起了你的注意。如果此时你有任何特别的想法，请你写下来。[停顿] 现在回忆并写出当你坐在指定位置上时，计算机屏幕上有哪些提示语言，以及屏幕的颜色。[停顿] 现在尝试回忆并写出你在学习第一个词表时特别的感受和情绪。[停顿] 最后开始回忆当你回忆所有词表单词时，你想到了什么，回忆你是如何学习这些单词的，你为了记忆这些单词做了哪些努力。利用刚才你想到的所有这些去帮助自己回忆尽可能多的词表 1 中的单词。”为了平衡测验时间，让没有使用情境恢复技术的三组被试做数学运算题，直到和使用情境恢复条件下开始测验词表 1 之前的时间保持平衡。研究者假设，无论是没有使用情境恢复技术的三组被试，还是使用了情境恢复技术的三组被试，在学习阶段，都通过接受情境转换操作指令，用 45s 的时间产生了心理的情境转换。如果遗忘组和记忆—情境转换组一样是由于经历了情境转换而产生的有意遗忘，则在使用情境恢复技术条件下，词表 1 编码的单词与编码的情境之间联结，并会重新发挥作用，减弱情境转换对词表 1 中单词记忆的削弱。实验二验证了该假设，相比没有使用情境恢复技术的遗忘组，使用了该技术的遗忘组对词表 1 的回忆率显著提高；记忆—情境转换组对词表 1 的回忆率也比没有使用情境恢复技术的该组的成绩显著提高了。对于词表 2，遗忘组却表现出相反的趋势：由于恢复词表 1 的心理情境，导致词表 2 的测验心境与即时心境不匹配，所以没有使用情境恢复技术的，反而测验心境与即时心境是匹配的。实验结果也强有力地证明，对于词表 2，没有使用情境恢复技术的遗忘组和记忆—情境转换组的回忆成绩要高于对应的使用了情境恢复技术的组别的成绩。

Sahakyan 进一步认为，对于这样的实验结果，用选择性复述去解释有一定的局限性。首先，隐藏复述词表 1 的可能性减弱了。在实验一中，遗忘组可能会利用与记忆—情境转换组相平衡的空闲时间去隐藏复述词表 1 中的单词，但是两组被试的回忆成绩接近；在实验二中，由于遗忘组和情境转换组是用做数学计算题来平衡测验词表 1 之前的时间，所以数学运算题干扰了被试的隐藏复述，但是词表 1 受到削弱后被试的回忆成绩仍然和记忆—情境转换组对词表 1 的回忆成绩接近，说明空闲的时间间隔所进行的学习活动性质并不是产生有意遗忘代价和收益的重要原因。另外，在 Sahakyan 和 Kelley 的一项研究中，Sahakyan 等把时间间隔缩短到 15s，发现 15s 内纯粹等待测验开始与 15s 内填充了做数学计算题的活动，产生了相等的有意遗忘的代价，显然选择性复述无法更好地解释这一现象。

需要注意的是，在实验二中，为了使得情境恢复技术促进词表 1 的恢复，研究者在词表 1 编码开始时播放电影 *Star Wars* 的片头曲，以便使得词表 1 的编码情境更有可区分性。根据这一理论假设，在遗忘组，词表 2 的情境与词表 1 的编码是不匹配的，不匹配性损毁了对词表 1 中单词的记忆。然而，当词表 1 的情境添加了播放电影片头曲时，词表 1 的情境与没有播放电影时的词表 2 的情境较容易区分开，被试恢复词表 1 的编码情境的难度降低，从而有助于对词表 1 中单词的提取。实验结果表明，无论是情境转换组还是遗忘组，虽然仍然存在有意遗忘效应，但是被试对词表 1 的回忆率已经显著提高了。

（二）情境转换理论的基本观点

情境转换假说根源于 Bjork 在 1970 年关于有意遗忘的理论解释，他认为遗忘指令有两个作用：被试从词表 2 中分离词表 1（区分不同记忆词表的成分）；利用所有的记忆方法和复述技巧去复述词表 2（选择性复述成分）。该假设同时强调了两种成分对于解释有意遗忘的重要性：如果选择性复述要发生，词表必须要成功分离；如果词表的分离发生，必须将每个词表内部的单词作为一个整体进行复述。根据情境转换假设，词表的分离是造成有意遗忘的必要而非充分条件。分离词表的关键成分是测验提取阶段不匹配词表 1 而更匹配词表 2 的编码情境。从 Sahakyan 和 Kelley（2002）的实验二的结果可以看出，在编码阶段通过想象任务分离了两个词表情境后，能否产生有意遗忘效应，还取决于在回忆阶段采用情境恢复技术的效果。如果采取情境恢复技术后，词表 1 的情境得到了恢复，那么有意遗忘的代价效应会减弱；同时测验情境更匹配词表 1 的情境，反而会使得有意遗忘的收益效应增加。

情境转换理论认为，当指导语指引被试有意忘掉刚才他们编码的词表时，被试会尝试改变内部情境线索，在词表 1 和词表 2 之间创设一个明显的转换情境。当听到"忘记这个词表，这仅仅是练习"时，被试会将编码词表 1 和词表 2 看成是两个截然不同的事件，这样就造成了两个词表情境的分割。在编码词表 2 的单词时，不大可能会继续激活词表 1 中的情境元素，而更有可能抽样出新的情境元素，在听到忘记指导语，想到与实验无关的其他事情，改变编码情境。如果被试接受并记住指导语，他们会将词表 1 和词表 2 看成是来自相同记忆事件的各自的一部分，在编码词表 2 时会继续维持激活与词表 1 中相同的情境元素。词表 1 产生的记忆代价是因为测验的情境不匹配词表 1 的编码情境，词表 2 产生的记忆收益是因为测验情境更匹配词表 2 的编码情境，词表 1 对词表 2 记忆的前摄抑制降低了，被试对词表 2 的回忆效率更高。想象任何其他不同的事情所产生的情境转换都类似于前文中提到的问题解决中的酝酿效应，它有助于克服词表 1 对词表 2 的前摄抑制，提高对词表 2 的回忆成绩。

（三）情境转换假设的相关问题

情境转换假设提出后，受到了普遍的关注。这一假设与其他假设的不同之处在于，它并没有把词表内部的单字或语词的加工策略（如选择性复述）、加工方式（如抑制过程）看成是决定有意遗忘代价或收益的重要因素，而是从编码和测验阶段的情境匹配角度出发，认为有意遗忘是学习、测验情境失匹配造成的。对于这一假设，有如下几个问题需要进一步澄清。

（1）怎样的认知任务会造成情境转换？在 Sahakyan 和 Kelley（2002）的任务中，让被试使用了想象经过父母住宅的任务时产生的情境转换，那么能产生情境转换的认知任务的特征是什么？一些动作任务，如擦拭屏幕（Mulji & Bodner，2010），或者心境变化任务，如预期未来的假期（Delaney et al.，2010），产生了情境变化，然而另一些数数任务（Sahakyan et al.，2008b）或者简短地和主试聊天（Aslan & Bäuml，2008），并不能产生情境转换。能产生情境转换和不能产生情境转换的认知任务的区别是什么，需要进一步探讨。

（2）情境转换可以和心境转换等同吗？Sahakyan 和 Kelley（2002）关于情境转换的观点中，将编码词表中产生的心境转换看成是重要的因素。因为在研究者的两个经典研究中，在编码和测验阶段操纵的情境转换因素均是想象任务，想象一个自己曾经经历过或者在实验阶段所经历场景的情境，这样的操作也就间接代表了这样一个观点：心境转换是影响有意遗忘的关键因素。其他一些研究佐证了这一观点：不管工作记忆容量的个体差异如何（Delaney & Sahakyan，2007），年龄差异如何（Aslan & Bäuml，2008），心境转换都造成了情境转换，进而影响了回忆成绩。

研究者直接对比了情境转换和心境转换，并且设置了对词表 2 是否学习这一条件。在 Pastötter 和 Bäuml（2007）的经典研究中，研究者设置了转换线索和对词表 2 是否学习两个因素。在转换线索条件下，存在三个水平，即记忆指令、遗忘指令、情境转换因素；在对词表 2 是否学习这个条件下，存在两个水平，即词表 2 学习、词表 2 不学习。两个因素结合共产生如下几个条件。

其一，在遗忘指令+词表 2 学习条件下，共分成 4 个阶段。第一阶段是学习阶段，被试需要先后学习两个词表，每个词表中 15 个单词。主试每 2s 读一个单词，要求被试记忆。被试在学习完词表 1 之后，接着进入第二阶段：施予“遗忘”指导语，要求被试没有必要记词表 1，忘掉词表 1，去记忆词表 2；随后进行 30s 的三位数字倒减 3 的运算，以和情境转换+词表 2 学习条件下的想象情境阶段的时间达到平衡。在第三阶段，主试仍然是按照读词表 1 的速度去读词表 2 中的每个单词，被试去记忆词表 2。接着，进入第四阶段，即回忆阶段，被试先回忆词表 1，再回忆词表 2。

其二，在记忆指令+词表 2 学习条件下，也分成 4 个阶段。与遗忘指令+词表 2 学习条件下基本一致，唯一不同的是，在第三阶段，施予“记忆”指导语，要求被试记忆词表 1 之后，继续去记忆词表 2。

其三，在情境转换+词表 2 学习条件下，也分成 4 个阶段。与遗忘指令+词表 2 学习条件下基本一致，唯一不同的是，在第二阶段，替换遗忘指令或记忆指令，也不完成倒减数字的任务，而是用 30s 的时间让被试想象童年时经过父母的房子，并报告当心里经历这些场景时所想到的。

其四，在遗忘指令+词表 2 不学习条件、记忆指令+词表 2 不学习条件以及情境转换+词表 2 不学习条件下，也分成 4 个具体的阶段，与对应的各自指令+词表 2 学习条件相比，不同之处是在第三阶段。在第三阶段，三种条件下的被试均不学习词表 2，而是进行 30s 的三位数倒减 3 的运算。

与 Sahakyan 和 Kelley（2002）的经典研究相比，这项研究直接比较了记忆指令、遗忘指令和情境转换指令对实验结果的影响，即在词表 1 编码学习完毕后，被试只经历一种认知操作：要么记住词表 1，要么忘记词表 1，要么产生情境转换。而在 Sahakyan 和 Kelley（2002）的经典研究中，被试在对词表 1 进行认知操作时，是同时经历遗忘指令和情境转换（先经历遗忘指令，再经历情境转换），或者同时经历记忆指令和情境转换（先经历记忆指令，再经历情境转换）。实验结果表明，对于词表 1 而言，当词表 2 需要学习时，出现了典型的有意遗忘的代价：遗忘线索下的回忆率（24.3%）与情境转换线索下的回忆率（25.5%）差异不显著，又显著低于记忆线索下的回忆率（34.6%）；当词表 2 不需要学习时，遗忘线索（41.7%）、情境转换线索（40.6%）和记忆线索下的回忆率（42.3%）均无显著差异。对于词表 2 而言，如果继续学习，出现了典型的有意遗忘的收益：记忆条件下的回忆率最低（23.1%），显著低于遗忘线索（30%）和情境转换线索下的回忆率（31.4%）。

这样的结果再次说明了情境转换假设的合理性。因为在情境转换假设看来，有意遗忘效应不是简单地转变词表情境产生的，而是取决于被试重新恢复先前学过词表的难度。当词表 2 不需要学习时，被试只经历了一个词表即词表 1 的学习。即使经历了情境转换任务，也并不会造成太大的转换困难，被试并不需要区分两个词表，恢复词表 1 的情境难度也不大，因而没有有意遗忘的代价产生。而当呈现词表 2 时，被试需要根据词表情境线索区分两个词表，并依据情境线索恢复词表 1，当两个词表的编码情境差异不大时，对词表 2 的学习更接近测验阶段，所以词表 2 的情境更容易提取，词表 1 的情境更难以提取。另外，因为遗忘线索和情境转换任务引导被试削弱了对词表 1 情境的恢复，所以在遗忘线索和情境转换条件下会出现词表 1 回忆率的下降，产生有意遗忘的代价。

从抑制说的角度来看，抑制的目的是降低干扰（Conway & Fthenaki，2003；Racsmány & Conway，2006），当不对词表 2 进行学习时，是不需要降低干扰的，没有了词表 2 的干扰，对词表 1 的回忆不会被削弱，也就不会出现有意遗忘的代价，所以这一实验结果并不支持抑制说。或者说单纯学习词表不一定会触发抑制过程，在同类别的项目为竞争通达时，为提取到特定的靶项目，才会触发抑制。例如，在提取诱发遗忘效应中，同一类别中的部分例词需要提取，其他属于同一类别的例词也会竞争通达这一提取通道，为了提取符合要求的那些例词，就会触发抑制机制，抑制竞争词的激活（Anderson & Bjork，1994）。如果这种推论正确，那么存在另外一种可能，即抑制词表 1 中单词的激活是有前提条件的。只有当前后两个词表的词存在语义关联时，记忆词表 2、遗忘词表 1 的指令才会更好地使得抑制机制发挥作用，抑制词表 2 中单词的激活，可以更有效地去提取词表 1 中的单词。然而，最初抑制说并没有假设存在这样的前提，所以总的来看，对于 Pastötter 和 Bäuml 的实验结果，抑制说难以解释为何在不存在词表 2 学习时，仍然产生了对词表 1 项目回忆的削弱。

在脑科学的研究中，也有实证研究支持当心理情境发生变化时，会伴随着 α、β 波的去同步化过程。在 Pastötter 等（2008）的研究中，研究者让被试先后学习两个词表，在学完词表 1 之后，要么处于心理情境转换组，要么处于无转换组。在心理情境转换组中，他们有 45s 的时间，想象在心里经历父母的房子，并告诉主试他们想到的。在无转换组，主试等待 45s 后再给被试呈现词表 2，为了防止被试隐藏复述词表 1 中的词，主试轻声说了一些与实验有关的事情，并假装在检查实验设备。在测验阶段，被试要么先回忆词表 1，再回忆词表 2；要么先回忆词表 2，再回忆词表 1。脑波采集了编码阶段对词表 1 和词表 2 的加工模式，分别包括词表单字出现后 500～1000ms 的 4～8Hz 的 θ 波以及 500～2000ms 的 10～14Hz 的 α 波。结果发现，在词表心理情境无变化条件下，θ 波从 500ms 左右延续到 1000ms，在整个频域内都发生了同步化过程，额区、顶区和颞枕区的激活均明显；在 500～1500ms、1700～2000ms，α 波在头皮后部的颞枕区也发生了显著的同步化过程。在心理情境发生变化的条件下，θ 波和 α 波的激活脑区的分布显著缩小，并出现了去同步化过程，θ 波只在 500～1000ms 的顶区出现了去同步化过程；α 波只在 1000ms 附近的左侧顶区和右侧枕区出现了去同步化过程。这样的结果表明，心境转换任务会诱发 α 波的去同步化。但遗憾的是，还没有直接的脑科学证据能够直接比较遗忘线索和心境转换任务在诱发脑波上的关系。如果能证明两者诱发的脑波的成分和走势一致，就可以更直接地证明遗忘线索诱发了心境变化。

（3）恢复先前词表情境的有效条件有哪些？Bäuml 和 Samenieh（2012）的研究提供了恢复先前词表情境的重要证据。他们的研究证明了两个关键的事实：①被试在有意遗忘范式与情境转换范式下的线索回忆测验结果接近，而与前摄抑制范式下的测验结果不接近，再次表明有意遗忘的加工造成了心境转换，因而会与情境转换范式下的结果接近。②在有意遗忘范式与情境转换范式下，提供遗忘线索下词表 1 部分学习过的词，可以有效促进其他被遗忘学习词的恢复。在 Bäuml 和 Samenieh 的这项研究中，研究者区分了三种实验条件：有意遗忘条件、情境转换条件和前摄抑制条件。在有意遗忘条件下，被试记忆完词表 1 的项目后，要么给予被试遗忘线索，告知其这只是练习，忘掉学过的这一个词表，去记忆后面学习的词表 2 中的项目；要么给予被试记忆线索，告知其保持住该词表中项目的记忆，再去记忆后面学习的词表 2 中的项目。在情境转换条件下，被试需要分别记忆词表 1 和词表 2，并且在记忆两个词表之间插入心境转换任务，或者倒数任务。心境转换任务要求被试回想孩童时经过父母家房子时的场景，这一任务可以在很大程度上诱发心境转换（Delaney et al.，2010）；倒数任务要求被试进行三位数倒减 3 的运算，这一任务可降低心境变化程度（Klein et al.，2007）。在前摄抑制条件下，被试要么先学习词表 3，再学习词表 2，最后学习词表 1，词表 3 和词表 2 的学习会对词表 1 的学习造成前摄抑制；要么只学习词表 1，这样不存在词表 3 和词表 2 造成的前摄抑制。在测验阶段，有意遗忘条件、情境转换条件和前摄抑制条件下，有一半的被试提供词表 1 的部分学过的词干作为线索，帮助被试恢复先前学过的词表 1 的另一部分词。例如，学过了词表 1 中的 butter、chair、train、radio，提供 rad__，cha__，让被试回忆 b__，t__。另一半的被试则直接被要求根据首字母回忆词表 1 中另一部分的词，例如，直接回忆 b__，t__。

这项研究结果显示：在无词干提示下，相比遗忘线索，记忆线索下的回忆成绩更高；相比倒数任务，心境转换任务下的回忆成绩更高；相比有前摄抑制条件下，无前摄抑制条件下的回忆成绩更高。然而，在给出词干提示后，词表 1 遗忘线索下需要补全的学习词的回忆率显著高于记忆线索；心境转换下需要补全的学习词的回忆率显著高于倒数任务，而在有前摄抑制下却比无前摄抑制条件下对学习词的回忆率低。这一重要的结果表明，在无词干提示下，有意遗忘效应类似于心境转换效应。由于发生了情境的转换，在测验阶段，词表 1 的学习词与词表之间的情境联结弱，不能即时恢复词表 1 的情境，不能有效通过词表 1 恢复学习词的提取，因而会出现与心境转换类似的结果。在有词干提示下，以词表 1 学过的词作为线索，被试能够根据这些线索去恢复词表 1 中的另一部分词，这等同于词表 1 的情境得到了部分复原，有助于对词表 1 中单词的提取。Bäuml 和 Samenieh（2012）的研究初步说明了在有意遗忘效应中如何恢复学习过的词表的情境。首先，产生了心境转换，才有需要去恢复转换前被削弱的词表情境，对于只发生前摄抑制而没有心境变化的学习过的词表，就失去了恢复先去学习词表情境的前提；其次，提供被削弱的词表情境中的部分线索（如部分学过的词），这些线索可以有效促进被削弱的情境的恢复，进而促进被削弱情境中项目的提取。总的来看，这项研究证据说明，在有意遗忘效应中，情境转换解释更为合理，提供词表 1 的部分线索，是有助于对词表 1 中另一部分项目的提取和恢复的。

在另外一些研究中，研究者使用了二次回忆方法，即在初始的回忆进行后，中间插入测验，然后再进行第二次测验。插入测验可视为第二次测验的部分提取线索。在词表记忆范式中，这样的范式叫 part-list cuing 或 part-set cuing，指的是在对词表 1 学习后，以词表中部分学过的词作为提取线索，促进对其他词的回忆。研究者借鉴了 part-list cuing 范式，分别在无任何部分词作为提示线索、遗忘组给出词表 1 的部分词作为提示线索、记忆组以词表 1 的部分词作为提示线索下，考察被试对两个词表回忆率的差异。实验结果表明，对词表 1 剩余词的回忆，遗忘组的回忆成绩显著好于记忆组和无线索组。

研究者在以下三个阶段考察了插入测验对有意遗忘的影响。这三个阶段包括：①初始的回忆测验。②插入测验，对两个词表中的部分单词进行测验，测验形式包括再认测验（Bjork E L & Bjork R A，1996）、词干补笔测验（Basden et al.，2003）、内隐联想测验（Basden et al.，1993）、词汇判断测验（Racsmány & Conway，2006）。③最后的回忆测验，对词表中所有项目进行自由回忆。这些研究主要有两个发现：当插入测验的形式为再认测验时，最后的回忆测验发现有意遗忘效应消失了；当插入测验的形式为词干补笔测验或词汇判断测验时，最后的回忆测验仍发现了显著的有意遗忘效应。

对于这些结果，比较合理的解释是，当插入测验的单词驱使被试去通达先前的学习情境时，这些单词与先前学习词表的情境联结会重新得到激活，在测验阶段情境联结被重新利用时，会有助于对单词的重新提取。例如，当插入测验为再认测验时，指导语要求被试重新回到先前的学习情境，并判断这一项目是否出现在该情境中，这会诱导被试重新激活先前的学习情境。当学习情境被完全或部分激活后，就会减弱有意遗忘效应；而词干补笔或词汇判断任务是数据驱动性质的测验，被试只关注学习单词本身的物理特征（字体、字号）或语义本身的激活，遗忘线索下的单词与先前学习情境的联结不能有效恢复，该词的回忆也仍然受到削弱。

五、重置编码理论

（一）重置编码理论提出的背景

重置编码理论的思想是词表中不同项目的编码效率起伏变化的集中体现，即将一个词表中项目编码效率的起伏变化延伸到两个词表，侧重于解释词表 2 的记忆收益。重置编码理论强有力的证据来源是在词表学习中处于不同位置的编码项目诱发的脑电波的同步化认知过程。在单词表学习中，从编码早期的学习项目到中期学习项目再到后期的学习项目，投入的注意资源越来越多，α 波的波幅会增加，但是由于编码效率不断下降，对项目回忆的可能性也在下降（Pastötter et al.，2008，2011）。在对两词表的学习中，当词表 1 和词表 2 之间插入记忆指令时，α 波的波幅会增加；但是当插入的指令是遗忘指令时，α 波的波幅没有表现出明显增加的趋势。词表 2 中早期项目的编码效率和词表 1 中早期项目的编码效率相一致（Pastötter et al.，2008，2011），这说明遗忘指令和记忆指令改变了词表中不同位置项目的编码效率。

在有意遗忘这一研究领域中，重置编码理论最直接的实证支持证据是来源于词表中早晚期项目的回忆率差异的研究。一些研究发现，只有词表 2 早期的项目表现出增强效应（Pastötter & Bäuml，2010；Sahakyan et al.，2009）。其他一些研究发现，不管词表 2 是先被回忆还是后被回忆，早期的编码项目的回忆都会增强（记忆组比遗忘组回忆的项目更多）；当词表 2 先被回忆时，对中期和晚期项目的回忆也会增强（Pastötter et al.，2012）。这样的结果说明，词表 2 中处于不同编码位置项目的回忆的增强是有所区别的。

在理论层面上，重置编码理论与抑制理论及其有关的编码材料的注意以及记忆负载有关。Pastötter 和 Bäuml（2010）的情境抑制说认为，与抑制过程有关的加工损毁了词表 1 的情境，对词表 2 回忆的增强则是由于编码策略的改进，改进后的编码策略对词表 2 中最开始编码项目的学习有显著的促进作用。研究者认为，随着学习材料的增加，当编码材料从词表 1 过渡到词表 2 时，由于编码材料注意的减退和记忆负载不断增加，对材料编码的有效性在降低。随着词表 2 记忆负载的增加，词表 1 中具有较高编码效率的项目会重新得到更高程度的激活，激活后的词表 1 的项目会与词表 2 的编码项目竞争注意资源（Bäuml et al.，2008；Conway et al.，2000）。当在词表 1 和词表 2 之间插入遗忘线索时，会消除词表 1 中较高编码效率的项目攫取注意，即消除了词表 1 项目对词表 2 项目编码的记忆负载，使得编码词表 2 早期的项目重新获得了释放了的注意资源，与编码词表 1 早期的项目一样有效。

另外，重置编码理论也弥补了选择性复述理论的一些缺陷。例如，选择性复述理论仍然将两个词表中项目的编码差异看成是产生有意遗忘效应的决定因素，选择性复述理论假定：词表 1 和词表 2 分别产生的遗忘代价和记忆收益是由单一的因素（两个词表项目复述次数的不同）引起的。进而可以推论，遗忘代价和记忆应该是同时发生的，然而实证研究证明却并非如此。一些研究发现，在对两个词表的自由回忆中，在对词表 2 回忆增强的同时，对词表 1 回忆的削弱并未发生（Aslan & Bäuml，2013；Pastötter & Bäuml，2010）；词表 1 的回忆削弱的同时，词表 2 的回忆也并未增强（Pastötter & Bäuml，2010；Sahakyan & Delaney，2003）；当最终的测验类型不同时，对词表 1 回忆的削弱和词表 2 回忆的增强也不是同时出现的。在回忆测验中，相比词表 2 回忆的增强，词表 1 回忆的削弱更显著；在再认测验中，相比词表 1 回忆的削弱，词表 2 回忆的增强更显著。在另外一些再认测验中，当词表 2 回忆增强时，词表 1 的遗忘没有发生；或者两种效应都没有发生（Geiselman et al.，1983；Schmitter-Edgecombe et al.，2004；Whetstone et al.，1997）。重置编码理论尝试用词表 2 不同编码位置项目的记忆效率来解释有意遗忘的记忆收益。

（二）重置编码理论的正式提出及实验证据

在情境抑制说的基础之上，重置编码理论对有意遗忘效应中两个词表处于不同位置的编码项目的记忆效果进行了阐述。该理论认为，遗忘指令起到了警示信号的作用，它提示了词表中项目的编码效率需要被重置。词表 1 和词表 2 在编码过程中的基本认知过程是相同的。当最初对词表 1 中的项目进行编码时，编码效率是比较高的，注意资源会充分集中对所编码的项目进行记忆。伴随着从对词表 1 中的项目进行编码过渡到对词表 2 中的项目进行编码，记忆负载在不断增加，注意资源不像开始那样高效地聚焦于所编码的项目。当遭遇到遗忘指令时，记忆负载累积的过程被阻断了，记忆负载被暂时消除了。词表 2 早期的项目的编码效率重新得到了恢复，因而记忆的牢固程度会短暂提高。然而，伴随着词表 2 中的项目继续被编码，记忆负载又在累积，导致编码效率下降。当词表中插入的线索是记忆指令时，没有警示信号提示需要重新配置新的编码效用原则，不需要为词表 2

中的项目重新分配注意资源。重置编码理论的实质，是精细考察每个编码学习位置上的项目的回忆效果，而不是如情境转换理论、选择性复述理论那样，把词表中的项目看成是指令（遗忘指令或记忆指令）整体影响的结果。该理论把编码学习位置分成早、中、晚三个阶段，并且早期阶段的编码效率最高。随着编码项目的逐渐增加，记忆负载不断增加，对编码项目的注意资源逐渐减少。但是当遇到遗忘线索时，记忆负载被消除了，注意资源重新凝聚到对词表 2 中早期项目的编码，促进了对词表 2 中早期项目的回忆。

重置编码理论的直接支持证据来自再认测验。在再认测验中，Pastötter 等（2015）在研究中让被试先后学习 4 个词表，每个词表中 30 个词。每个被试既需要在记忆指令下学习词表，也需要在遗忘指令下学习词表。在记忆指令下，被试需要先后学习 List1 和 List2，List1 中包括词表 1 和词表 2，List2 中包括词表 3 和词表 4，List1 和 List2 之间插入“记忆”指令，即编码记忆 List1 的项目后，继续编码记忆 List2 的项目；在遗忘指令下，被试也需要先后学习 List1 和 List2，两个 List 之间插入“遗忘”指令，即编码记忆 List1 中的项目后，忘记 List1 中的项目，继续记忆 List2 中的项目。在测验阶段，加入了没有出现过学习阶段的 4 个包含诱饵词的词表。在再认阶段，采取信号检测论的方法，要求被试在测验阶段需要再认该词是新词还是旧词，并且给出判断时的信心评分（6 点评分）：1 代表完全肯定该词是学过的旧词，6 代表完全肯定该词是没有学过的新词。实验结果发现，被试对于 List2 中的记忆指令下的新旧词之间的区分能力（感受性）显著高于遗忘指令下对两类词的区分能力；并且分别对 List2 早期阶段（1～10 个词）、中期阶段（11～20 个词）和晚期阶段（21～30 个词）的判断词的感受性进行分析，发现只有 List2 早期阶段的感受性在两种指令下存在显著差异，遗忘指令下的记忆负载被消除，编码效率重新恢复，被试对新旧词的区分能力（感受性）要显著强于对记忆指令下新旧词的区分能力，因为记忆指令下的记忆负载仍在增加，编码效率持续下降，对新旧词的区分能力也在下降。对早期阶段、中期阶段和晚期阶段两类指令下的判断词的感受性差异分别进行分析，结果发现，在遗忘指令下，早期阶段判断词的感受性显著强于中期、晚期阶段判断词的感受性，记忆指令下三个阶段判断词的感受性则不存在显著差异。这表明，早期阶段遗忘指令下的 List2 所学词的记忆负载被消除，被试对编码过词的编码效率比较高，再认阶段对判断词的感受性也较高，能够清晰地区分开呈现的判断词是旧词还是新词；当过渡到中期、晚期阶段时，对新、旧词的编码效率逐渐下降，再认阶段对判断词的感受性也降低了，对新、旧词的区分能力也下降了。对 List1 的感受性而言，记忆和遗忘指令下被试对新、旧词的感受性无显著差异，记忆负载的增加进程不会受到指令的影响，两种指令下 List1 词的编码效率也不会有明显下降。

应该看到，选择性复述理论也强调 List1 和 List2 两个词表之间编码过程的改变。但是该理论认为，记忆组被试会既复述 List1 中的词，也复述 List2 中的词。而遗忘组被试只较多地复述 List2 中的词，较少复述 List1 中的词。所以如果按照该理论去预期不同位置项目的记忆效率的话，List2 早期的词的记忆增强效应最大，这是因为被试对 List2 中最开始学的词进行复述时，在遗忘指令后隐藏着复述词表 1 中单词对其构成的竞争程度会减弱，所以对词表 2 早期的学习项目的回忆率会更高。同时，该理论也认为当给予遗忘指令时，对 List1 中晚期的词复述的次数较少，又从复述缓冲器中删除了，所以对 List1 晚期的词的回忆率会较低。通过比较选择性复述理论和重置编码理论可以发现，两个理论对有意遗忘研究中不同编码位置项目的回忆成绩预期是大致相同的，它们的区别在于：首先，选择性复述理论既着重于解释有意遗忘的代价，也着重于解释有意遗忘的收益，两者是并重的；重置编码理论主要侧重于解释有意遗忘的收益，即主要关注 List2 中项目的编码效率的变化。其次，选择性复述理论认为有意遗忘的代价是遗忘线索导致 List1 项目对 List2 项目的复述资源的竞争力不强产生的，有意遗忘的收益是遗忘线索导致复述 List2 的复述资源增加产生的，即只从复述资源的视角出发来解释有意遗忘效应；而重置编码理论是从遗忘线索导致认知负载变化，进而重新分配编码效率的角度来分析有意遗忘收益的。两个理论认为产生有意遗忘收益的资源的性质是不同的。

六、对词表法有意遗忘各种理论解释的评价

自 Bjork 开创性地使用有意遗忘范式以来，对于有意遗忘是如何产生的这一认知机制就处于争论之中。早先的选择性复述假说认为，产生有意遗忘代价和收益的唯一因素就是对两个词表复述的不同。在遗忘组，被试对词表 2 产生了更多和更精细的复述，停止对词表 1 的复述，将更多的注意资源投入对词表 2 的复述。在记忆组，被试对词表 2 复述的同时还会隐藏复述词表 1，这样对词表 2 的注意资源的投入会减弱，会增加对词表 1 复述的注意资源。因此，对于词表 1 而言，记忆组有更多的注意资源投入，复述的效果会更好；对于词表 2 而言，遗忘组有更多的注意资源投入，复述的效果会更好。然而，该假设已经暴露出很大的缺陷，最直接的反驳证据是 Sahakyan 和 Delaney 于 2005 年的研究。在该研究中，研究者在偶然学习（incidental learning）条件下，让被试评价对两个词表项目的喜好程度。被试并没有额外复述喜爱每个项目的理由，然而仍然表现出有意遗忘的代价和收益。

相比选择性复述假说，目前对有意遗忘效应解释的两大阵营是抑制说和情境转换说。情境转换说最直接的支持证据是 Sahakan 和 Delaney（2003）的经典实验。在该实验中，研究者的思路是：不管被试经历了遗忘线索还是记忆线索，只要经

历了情境转换，那么词表 2 的编码情境更加接近测验情境，就会产生有意遗忘的收益；词表 1 的编码情境不匹配测验情境，就会产生有意遗忘的代价。实验很好地证实了这一假设，并且后续的实验还发现，当通过指导语引导被试恢复词表 1 的情境，使得词表 1 的测验情境能够匹配编码情境时，有意遗忘的代价就会消失。这些结果是抑制说不容易解释的，因为无论“遗忘”指令抑制了项目的激活还是“记忆”指令促进了项目的激活，操纵情境变化这一变量，就会得到有意遗忘的代价和收益。然而，情境转换说也伴随着一些实验证据的提出而受到质疑。

第一个质疑是，根据情境转换说的观点，有意遗忘的代价是遗忘组词表 1 的情境不匹配测验情境造成的，所以有意遗忘的代价表现应该是词表 1 记忆成绩的损毁，即遗忘组的记忆成绩远低于记忆组。但是在 Sahakyan 等 2008 年的研究中，遗忘组分别在集中呈现和间隔呈现条件下造成的词表 1 的记忆成绩的差异程度并不大，间隔呈现条件下对词表 1 的记忆成绩只是略高于集中呈现条件，反而是记忆组在两种呈现条件下对词表 1 的记忆成绩差异显著。Sahakyan 等研究者认为，词表中的项目每间隔呈现一次，就会增加一次情境存储强度，集中呈现并不会增加情境存储强度，只会增加项目本身的情境存储强度。当遭遇遗忘线索后，项目的情境存储强度越高，受到的削弱程度也应该越大，记忆成绩应该越低。然而，实验结果并未支持这一假设，间隔呈现条件下的记忆成绩反而要略高于集中呈现条件。

第二个质疑是，关于有意遗忘的选择性问题。根据 Sahakyan 等研究者的观点，当遗忘线索给出后，损毁的是线索出现前的学习过的所有词表的情境，即不论在遗忘线索前学习几个词表，每个词表是被遗忘还是被记忆，遗忘线索出现后，这些词表的记忆都要受到削弱。然而，Kliegl 等于 2013 年提出的关键实验证据中，在三词表学习条件下，记忆—记忆—记忆组（三个词表均需要记忆）和记忆—遗忘—记忆组（记忆词表 1，遗忘词表 2，记忆词表 3）只出现了对词表 2 的选择性遗忘，而没有出现遗忘线索出现前的对词表 1 的选择性遗忘。按照情境转换说，遗忘线索出现后，会损毁线索出现前对所有词表的记忆，即包括损毁词表 2 的记忆成绩，也包括损毁词表 1 的记忆成绩。实验结果并未支持这一推论。更为重要的是，无论词表 1 和词表 2 所处于的情境是否相同（例如，项目的颜色相同或不同），均不会改变有意遗忘的选择性，即只损毁词表 2 的记忆成绩。另一个质疑是迄今还没有最直接的认知神经科学的证据来佐证情境转换的记忆成绩等同于遗忘线索的记忆成绩。Pastötter 和 Bäuml 在 2007 年的研究中，采用行为实验的方法佐证了情境转换线索下词表 1 的记忆成绩与遗忘线索下词表 1 的记忆成绩无显著差异，更有力的证据是采取 ERP、fMRI 或者脑波同步化的方法来佐证情境转换和遗忘线索所带来的大脑的活动反应是有相同的头皮分布和活动模式。

抑制说是有意遗忘效应理论解释阵营中另一种有影响力的解释，然而这一解释受到了 Sahakyan 等研究者尖锐的质疑。Sahakan 和 Delaney 在 2003 年的经典实验中发现，无论词表 1 和词表 2 之间所施予的是遗忘指令还是记忆指令，当词表 1 和词表 2 之间发生情境转换时，对词表 1 的记忆成绩就会受到削弱，并且削弱程度相同。显然对词表的记忆成绩明显是受到了情境转换的影响。

第三个更强有力的质疑来自临床样本中对抑制说的质疑。按照抑制说的看法，注意缺陷患者、注意缺陷多动障碍（attention deficit/hyperactivity disorder，ADHD）患者、精神分裂症患者等由于执行控制功能存在缺陷，所以对词表 1 项目无法更有效地抑制其激活。按照这种解释，这些执行控制功能受损的患者不应表现出有意遗忘的代价。然而，如后文中提到的，Sorizano 等 2009 年研究中的精神分裂症患者，Lehman 和 Malmberg 2011 年研究中的抑郁症患者，Gaultney 等 1999 年研究中的注意缺陷患者，均表现出显著的有意遗忘的遗忘代价。因而这与抑制说的假设自相矛盾。抑制说存在的另一问题是，这一假设过于简单化，简单地认为遗忘线索抑制了词表 1 项目的激活，那么这种抑制的前提条件是什么？是否和项目的加工方式（机械加工、精细加工）、学习条件（偶然学习、精细学习）和回忆方式（自由回忆、线索回忆）等有关系？这种抑制是否等同于认知任务的转换？这一系列的问题都需要进一步考虑和澄清。

词表法有意遗忘效应的理论解释是目前争论比较激烈的热点问题，从现有证据看，有相当多的实验证据均佐证了情境转换说的合理性。当然正如前文所提到的，还需要更加坚实的认知神经证据来佐证这一假说，从而从根本上论证情境转换和遗忘线索对词表认知过程的影响是相同的。

第三节　有意遗忘效应的影响因素

一、外显再认测验和内隐测验中的有意遗忘效应

再认测验中的有意遗忘效应的实证研究结果趋于一致。虽然在项目法学习后的再认测验，大都发现了遗忘线索下被试对单词的回忆正确率低于记忆线索（Basden et al.，1993；MacLeod，1999），但是在词表法学习后进行再认测验的结果大都未出现有意遗忘的代价和收益：遗忘线索下的再认正确率和记忆线索下的

再认正确率差异不显著（Bjork et al.，2003；Conway et al.，2000；Gottlob & Golding，2007；Racsmány et al.，2008）。

在内隐测验中，大部分的内隐测验形式也没有发现有意遗忘的代价和收益。使用词表法学习后，无论采取词干补笔测验还是残词补笔测验（Bjork et al.，1996；Koppel et al.，2012），启动语词的语义联结（Basden et al.，1996，1998）、一般经验知识（Basden et al.，1998）还是真假词的词汇判断任务（Racsmány & Conway，2006），均没有出现显著的有意遗忘效应。例如，Basden 在 1996 年的研究中，将被试分成两组，要么使用项目法，要么使用词表法。每个被试需要学习 24 个记忆线索下的低频单词，或者学习 24 个遗忘线索下的低频单词；每个单词的呈现时间是 6s。在经历学习和分心任务后，进入一般知识测验：研究者给被试呈现与每个学过单词有关的语词定义，让被试写出第一个跃入大脑中与每个定义有关的单词。例如，呈现“Georgia”，跃入被试头脑的是“PEACHES”（佐治亚蜜桃，*Georgia peaches* 也是一首著名的歌曲），“PEACHES”在学习阶段出现过。结果发现，在词表法有意遗忘条件下，对记忆线索下写出学过单词的正确率是 32%，对遗忘线索下写出学过单词的正确率是 30%，两者不存在显著差异。

有意遗忘范式与情境转换范式存在很多相似之处，并且在情境转换范式中，内隐测验和外显再认测验中均没有发现由情境转换造成的单词记忆成绩的削弱，由此有研究者认为有意遗忘造成的单词的削弱与情境转换下的削弱存在更多的相似之处（Godden & Baddeley，1975）。但是当学习材料为非词或非熟悉的面孔时，由于被试在对这些词进行再认时，材料本身的记忆难度增大，需要提取这些词语与情境形成的联结才能更好地确认这些单词学习过，所以即使是再认测验，当恢复情境表征变得很重要而被试又难以恢复情境表征时，也会产生由于情境转换造成的削弱（Macken，2002；Russo et al.，1999）。

另一项强有力的证据表明，当再认测验需要唤起较强的情境区分特征时，对在遗忘线索下学过的词也会产生有意遗忘效应。例如， Shakayan 等在 2009 年的实验三中，以单词的单复数形式（如 town—towns）为实验材料，组成了由 40 个单词的单复数构成的记忆词表。选取各一半单词的单数或复数形式施予遗忘线索或记忆线索，再认阶段以呈现过单词的另一种形式作为分心项目进行单复数相似性再认测验，并加入与单词单复数不相关的、没有学习过的项目，作为分心项目进行一般性的再认测验。例如，学过的单词是 table、lakes、town、pencils，在相似性再认条件下，分心项目是 pencil、tables、towns、lake；在一般性的再认测验中，分心项目是 rivers、apples、town、napkin。结果发现，在相似性再认条件下，出现了显著的有意遗忘代价：在遗忘条件下，词表 1 的击中率是 0.7；在记忆条件下，词表 1 的击中率是 0.8；而在一般性再认条件下，没有出现有意遗忘的代价或收益。这一项实验表明，即使是再认测验，如果需要提取情境信息，例如，提取在特定词表中存储的单数或复数形式，当词表的情境难以恢复时，也会发生有意遗忘效应。

在包含和排除测验中，Lehman 和 Malmberg（2009）发现，在包含测验中，存在显著的有意遗忘效应，而在排除测验中不存在显著的有意遗忘效应。研究者让被试学习 3 个词表，每个词表中词呈现的时间较其他的有意遗忘研究较长。在实验一、实验二和实验三（A）中，词的呈现时间是 8s；在实验三（B）中，词的呈现时间是 4s。在实验一中，采用排除性质的回忆测验，即在指导语阶段，告知被试在测验阶段，会让被试回忆特定词表中的单词，例如，“我只会询问你回忆某个特定词表中的单词（词表 1 或者词表 2），词表是随机选择的，在测验阶段你才会知道需要回忆哪个词表中的词”。在实验二中，在再认阶段，采用排除性质的再认测验，询问被试如果该词出现在特定的词表中，就再认为“出现”过，如 shelf 这个单词如果出现在词表 1 中，就再认为“出现过”。在实验三（A）中，在再认阶段，采用包含性质的再认测验，只询问被试该单词是否出现在学习阶段，如果出现过，就再认为“出现过”。在实验三（B）中，将单词的呈现时间设定为 4s，仍采用包含性质的再认测验。该研究的巧妙之处在于，被试也被随机分成了两组：遗忘组和记忆组。在遗忘组，在学习完前两个词表后，主试告知被试：“接下来你将学习第三个词表，测验时只测验第三个词表的记忆，不用再担心对前两个词表的学习如何。”在记忆组，并没有额外的指导语去提示被试只记忆第三个词表。在三个实验的测验阶段，均只测验对词表 1 或词表 2 的回忆和再认效果。结果显示，在排除测验的实验一、实验二中，遗忘组对词表 1 或词表 2 的回忆或再认正确率低于记忆组，并且有更多的词被错误地回忆或再认成在另一词表中出现过。例如，要求被试只回忆或再认出现在词表 1 中的词，但是其却错误地认为出现在词表 2 中。结果表明，在实验一和实验二中，遗忘线索导致被试不能很好地恢复词与词表之间的情境联系，词与词表的情境联结被损毁了，因而再认或回忆的正确率较低；而在实验三中，由于只要求再认词本身，所以没有出现有意遗忘的代价。这一研究支持了情境转换说。

Hanczakowski 等 2012 年的研究也发现，当回忆词对需要唤醒具体的词表情境时，遗忘线索也会产生有意遗忘效应。在实验中，采用经典的两词表的有意遗忘范式，使用的材料是无明显意义关联的词对。在测验阶段，让被试判断词对是否在学习阶段出现过，或者该词对是否出现在特定的词表中。实验结果发现，当要求被试判断词对是否在学习阶段出现过时，遗忘代价没有出现。由于词对的再认需要恢复词对的联结这一微观学习情境，这一结果似乎不支持情境转换说，然而当要求被试再认这一词对是出现在哪个词表中时，遗忘组被试的再认正确率显著低于记忆组。这一结果说明，有意遗忘并不是损毁了所有与词对有关的情境细节。词对的情境存储既包括了宏观的整体词表的情境，也包括了词对自身微观的语词情境。有意遗忘效应的出现，首先损毁的是学习词表这一整体的情境表征，并没有损毁在这一整体情境内部的微观语词联结表征。Racsmány 等（2008）在实验三中，采用词表法有意遗忘范式，当被试回答该词表学习过之后，被试还要进行 R/K 判断，即判断是否记得词呈现时的情境细节（应做 R 反应），还是只记得词呈现过，但不记得细节（应做 K 反应）。实验结果发现，当被试对再认出现过的词为 R 反应时，出现了有意遗忘效应：对于记忆线索下的单词，更多地能够回想起情境细节，再认的正确率也更高。

上述研究表明，虽然大量的实验证据均发现，在再认测验中，有意遗忘的代价和收益是不存在的，但是当需要唤醒遗忘线索前的情境表征，情境表征又难以恢复时，被试就表现出了有意遗忘效应。另有一项实验证据发现，当使用更长的词表时，存在有意遗忘的收益。例如，在 Sahakyan 与 Delaney 2005 年的研究中，研究者在实验二中使用词表法有意遗忘范式，对比了使用短词表（每个词表中有 16 个单词）与使用长词表（每个词表中有 36 个单词）在外显再认中的成绩差异。结果发现，在短词表中，有意遗忘的代价和收益均不存在；但是在长词表中，尽管有意遗忘的代价不存在，但是有意遗忘的收益存在。研究者对此的解释是，在长词表条件下，被试经历了大量词表单词的学习，更容易混淆两个词表里单词的联系。相比短词表，当在遗忘线索下要求被试忘掉词表 1 中的单词时，被试在面临长词表条件时，有更强烈的倾向去摆脱先学习词表的前摄抑制的影响，采用更有效的编码策略去学习词表 2 中的单词。另一种解释是，被试在长词表中对遗忘线索下单词的回忆成绩会产生更悲观的预期，为了获得更好的回忆成绩，被试会采用更有效的编码策略去记忆词表 2 中的单词。总之，这项证据实际上是与 Sahakyan 和 Delaney 2003 年提出的有意遗忘效应的两阶段理论相对应，即有意遗忘的收益是遗忘组被试采取更好的编码策略，改进了对词表 2 单词的记忆策略而产生的。在外显测验中，长词表条件下被试也会更有效地采取精加工策略，改进对词表 2 中单词的学习效率，获得更好的记忆成绩。

在 Sahakyan 等 2009 年的另一项研究中，研究者使用非词作为学习项目，也发现了显著的有意遗忘效应。在实验一中，采用词表法有意遗忘，每个词表中包含 28 个非词。外显再认测验的结果显示，遗忘组对词表 1 非词的感受性（学习过的非词的击中率与未学习过的非词的击中率的差值）显著低于记忆组，这表现出了有意遗忘的代价；在实验二中，研究者分别在短词表（每个词表有 16 个非词或 16 个真词）和长词表（每个词表有 36 个非词或 36 个真词）中考察了有意遗忘效应，结果发现真词在长词表中出现了有意遗忘的收益，这是因为学习词的巩固程度在长词表中会伴随着不断的学习进程而被削弱（Cary & Reder，2003），进而在词表 2 中会采取更有效的记忆策略保持好成绩，这一结果同 Sahakyan 与 Delaney 2005 年的研究结论一致。另一个重要的发现是，在非词条件下，无论是在长词表学习条件还是短词表学习条件下，遗忘组被试对词表 1 的感受性均低于记忆组，表现出有意遗忘的代价。这一结果说明，在非词条件下，非词与词表的联结程度对于被试的再认成绩具有重要影响。相比真词条件，非词编码时所伴随的与词表形成的情境联结更强。当给予遗忘线索要求被试忘记在词表 1 中学过的词时，非词与词表 1 情境的联结更容易发生损毁，因而产生了有意遗忘的代价。

从内隐记忆测验、外显记忆测验的结果来看，如果采用经典的残词补全、词汇判断或经典不附加任何条件的外显再认测验形式，被试在遗忘线索和记忆线索下对词的记忆成绩都没有表现出显著差异；但是如果运用排除测验的再认形式，进行 R/K 的主观判断，或需要区分学习词表的情境表征时，再认测验会表现出显著的有意遗忘效应。这一结果说明，测验形式并不是决定有意遗忘效应是否出现的关键要素。

在外显再认测验中，抑制说和情境转换说均可以做出合理的解释。抑制说认为，测验阶段重新呈现完整的项目，被试在编码阶段对遗忘单词的抑制过程被轻松地解除了，所以遗忘线索下的抑制过程在测验阶段不再发挥作用，未表现出有意遗忘效应。情境转换说同样可以做出解释：由于在测验阶段学过的单词完整呈现，单词自身的音、形、义可以直接被提取，情境因素在再认测验中并没有起作用，不需要恢复学习阶段的情境，不需要觉察词表的情境与回忆测验的情境之间是否更相符，就能提取到单词，遗忘线索和记忆线索下单词的提取过程没有太大不同，因而未表现出有意遗忘效应。在内隐测验中，抑制说只能部分地解释实验结果：编码阶段对项目的加工方式产生的抑制不需要直接作用于测验项目，所以测验项目的提取逃离了抑制过程。例如，在残词补笔任务中，被试专注于当前的补全任务，学习阶段的项目通过词干结构释放了被抑制的表征，被抑制的项目形式不匹配被测验的项目形式，所以抑制过程不会发生作用。然而，对于排除测验、词表区分任务等出现的有意遗忘效应，却不能很好地进行解释，显然在这些测验形式上，单词也在测验阶段完整呈现了，抑制作用也被解除了，然而却出现了有意遗忘效应。总的来看，抑制说是一种比较直接和简洁的解释，将再认测验中有意遗忘效应的缺失看成是遗忘线索产生的抑制作用在测验阶段被解除导致的，这一解释更多是基于对实验结果的描述，缺乏对产生不同实验结果的构成前提的阐述。需要注意的是，在提取诱发遗忘研究中，由于提取造成的学过同类别的单词在再认测验和词汇判断任务中也遭受了削弱，研究者也普遍应用抑制机制来进行解释（Anderson，2003），所以很难解释为何抑制机制在大致相同的测验类型中，在有意遗忘现象中不能解释再认测验的结果，在提取诱发遗忘现象中却可以解释再认测验的结果。

具体而言，情境转换说可分别对外显测验、内隐测验的测验结果做出合理解释。在外显测验中，直接呈现单词的完整形式，单词自身单独的音、形、义表征已经被完全激活，可以不通达单词的情境表征就可以直接提取到单词自身的表征，不需要额外恢复先学习词表的情境，因而不存在有意遗忘效应。但是当被试在进行 R/K 判断时，K 判断不用额外提取单词所存储的词表情境，以及在记忆时的其他情境信息，只需要恢复单词本身的记忆特征（如音、形、义）即可，而 R 判断需要被试尝试回忆词表中单词呈现的细节信息，如单词呈现的方位、背景颜色、图片在屏幕的位置等，当需要恢复这些情境信息而测验情境又不匹配这些信息时，就会产生有意遗忘效应。对于内隐测验而言，因为内隐测验只要求被试关注当前的测验任务，直接呈现单词的完整形式或部分知觉形式，或脱离编码时的词表情境而直接通达单词的语义，对特定单词的形或义做出符合正字法规则的反应即可，不需要提取单词出现的词表情境表征。但是在排除测验和词表区分任务中，被试需要精确提取单词所在词表的情境信息，例如，词表是先呈现还是后来呈现的，单词在哪个词表中以什么样的形状、什么字体出现，单词出现前后的其他的单词以何种细节特征出现，这些信息可以辅助被试判断单词出现的词表特征，以便做出有效区分。所以，当遗忘线索出现时，它引导被试不再聚焦于线索前的情境表征。在测验阶段，仅仅呈现单词的个体特征，情境表征难以恢复，或者被试在加工阶段并没有额外的注意资源去注意词表情境，作为提取单词的情境线索的作用就会受到限制，进而产生有意遗忘效应。总之，在测验阶段，当提取情境表征成为首要因素后，遗忘线索所造成的先前学过的词表情境和当前测验情境的不匹配性就成了产生有意遗忘效应的关键原因。基于这些，情境转换说能够很好地解释再认测验中是否出现有意遗忘效应。

另一种早期提出的对有意遗忘效应进行解释的理论假设如下：选择性复述假说也很难对再认测验的结果进行合理的解释。选择性复述假说认为，被试存在两种复述形式：单纯的背诵或精加工。该假设假定遗忘线索会阻止被试不断重复编码后的单词，或者阻止将学过的单词进行语义整合加工。然而，有研究表明，无论是背诵还是精加工，都会对回忆测验形式产生显著影响（Glenberg et al.，1977；Woodward et al.，1973），即选择性复述的程度越高，项目加工就越有效和精确，回忆量就越高。在再认测验中，精加工会比单纯的背诵产生更高的再认正确率，然而当有时间压力要求被试尽快做出再认判断时，使用精加工形式比使用背诵形式的再认正确率更低，项目通达的程度更低（Benjamin et al.，2000）。据此推论，如果在再认测验当中，遗忘线索阻止被试去背诵或精加工单词，会削弱对单词的记忆表征，表现出有意遗忘效应，然而有意遗忘效应的外显再认实验结果却并非如此。在众多有意遗忘的再认测验的研究中，也并不能将测验结果归于天花板效应，因为无论是遗忘线索还是记忆线索下，对短词表的再认正确率都没有达到90%以上，即使使用较长的词表，也没有出现有意遗忘效应（Sahakyan & Delaney, 2005）。综合上面的分析，相比抑制说和选择性复述假说，情境转换说能够对内隐和再认测验中的有意遗忘效应做出更合理的解释。

二、词表中的类别材料与有意遗忘效应

当词表中包含类别例词时，研究结果也不大相同。在 Sahakyan（2004）研究的实验二中，使用三词表的词表法有意遗忘方法，在词表 1、词表 2 和词表 3 中，分别使用了不同的类别例词对：词表 1 使用的类别例词来自 vegetable；词表 2 使用的类别例词来自 animal；词表 3 使用的类别例词来自 fruit。在记忆—记忆—记忆组，要求被试连续记忆 3 个词表中的单词；在记忆—遗忘—记忆组，要求被试记忆词表 1 和词表 3，遗忘词表 2。结果发现，当遗忘词表 2 时，虽然指导语要求被试对词表 1 进行记忆，但是结果仍显示其回忆正确率低于要求 3 个词表都记忆的情况。在 Lehman 与 Malmberg 2011 年的研究中，研究者设置了两种有意遗忘的编码条件和两种有意遗忘的提取条件。在第一种编码条件下，词表 2 的词总是语义无关的词，词表 1 的词也是语义无关的词；在第二种编码条件下，词表 2 的词仍然为语义无关的词，词表 1 的词是语义有关联的词，来自同一个类别（如类别为“衣服”）。在第一种提取条件下，要求被试使用情境线索（例如，“请根据词表 1 回忆学过的单词”）回忆单词；在第二种提取条件下，要求被试使用类别线索（例如，使用类别 clothing 回忆词表 1 中学过的单词）回忆单词。实验结果发现：在第一种提取条件下，无论使用何种提取线索，均表现出显著的有意遗忘的代价；在第二种提取条件下，使用情境线索无助于恢复对词表 1 单词的记忆；如果使用类别线索，可以显著恢复对词表 1 单词的记忆，不再表现出记忆的代价。

从这些研究可以看出，使用类别例词，在某种情况下可以出现有意遗忘效应的削弱。这种削弱是有条件的，当提取线索是要求被试利用学过的类别恢复记忆时，由于类别的编码是词表情境表征的重要组成部分，使用类别辅助提取词表中的单词等于恢复了所编码的词表情境。然而，如果只是让被试恢复词表 1 的单词，其不会自动化地将词表中的类别看成是词表 1 宏观情境的重要代表，而是将类别看成是所编码的语词材料。在这种情况下，类别不能作为宏观情境的有效线索发挥作用，去引导被试恢复词表 1 的情境。根据 Hanczakowski 等（2012）的研究结

论，词表整体情境的恢复对于减弱有意遗忘效应更为重要，所以在使用类别例词材料时，减弱有意遗忘效应的前提是把类别线索看成是情境的典型代表，辅助被试恢复对单词的记忆。

三、词表的回忆顺序、回忆间隔与有意遗忘的关系

回忆顺序的研究，指对于词表 1 和词表 2，先回忆哪个词表是否会造成有意遗忘效应的变化。根据抑制说，先回忆词表 2 中的单词，词表 2 的单词得到了更多的加工机会。由于词表 2 的单词距离测验更近，被试也更容易倾向于先回忆词表 2 中的单词。当词表 2 中的单词先被回忆后，会造成前摄抑制，更加抑制了词表 1 中单词的激活；当要求被试先回忆词表 1 中的单词时，词表 1 中的单词得到了额外的加工机会。但是词表 2 由于距离测验更近，其激活仍会保持较高的水平，受到词表 1 提取影响而受到抑制的程度也相对较弱。所以，按照抑制说，先回忆词表 2 的词，而后回忆词表 1 的词时，被试对词表 1 中单词的回忆率应该更低，有意遗忘的代价会更大，有意遗忘的收益也会更大。根据情境说，并没有明显的额外条件可以决定有意遗忘代价或收益的变化，因为哪个编码情境先恢复，就会首选促进该情境下词表单词的提取，但是并不会影响对其他词表单词的提取，所以根据情境说，并不会假设变化词表顺序会带来有意遗忘代价或收益的显著变化。Pastötter 等（2012）的元分析发现，在测验阶段，无论是词表 1 被先回忆还是被后回忆，有意遗忘的代价都不会发生显著变化；词表 2 被先回忆时的记忆收益要大于词表 2 被后回忆时的记忆收益。Basden 等在 2003 年的研究中，在正式测验之前，先让被试根据提示线索反复提取词表 2 中的单词，再进行最后的回忆测验，结果发现词表 1 的单词并未受到更大程度的显著削弱。从回忆顺序的研究结果来看，抑制说和情境转换说的解释力度均有限，是否存在额外的调节因素影响有意遗忘效应的变化，还需深入研究。

有意遗忘的代价是否会随着时间间隔的增加而减弱甚至消除？抑制说和情境转换说均可以做出相同的预测。根据抑制说，在经历较长时间后，词表 1 中单词在编码时的抑制状态会解除，此时词表 1 中的单词会释放抑制状态，不再产生回忆的削弱。情境转换说可以做出相同的预测，如果有意遗忘的削弱是由于编码和测验情境的不匹配造成的，那么随着时间的延迟，延迟后的回忆情境也不再与词表的学习情境有更多的类似，此时遗忘组和记忆组学习词表 1 时的情境与回忆情境均产生了较大差异，有意遗忘的代价就会消失。然而，既有的研究结论也并不一致。在一份论文摘要的简要报告中，研究者却发现了在延迟测验时存在显著的

有意遗忘效应（Liu，2001）。在这项研究中，研究者没有设置记忆组，也缺乏对即时实验结果比较精细的描述，只是根据即时测验结果推断延迟条件下会存在有意遗忘效应。如果该实验中被试既得到了“遗忘”的线索指令，也得到了“记住”的线索指令，那么可能会存在即时测验对延时测验的干扰，使得结果不可靠。Shapiro 等在 2006 年的研究中操纵了延迟时间变量，被试要么在经历词表 2 记忆后马上进入回忆测验，要么在延迟 15min 后进入回忆测验。实验结果发现，在立即测验时，有意遗忘的代价和收益均显著；在延迟 15min 时，只有有意遗忘的收益显著，有意遗忘的代价不再显著。

换一个角度思考，如果被试既参加了即时的测验，也参加了延时的测验，那么根据既往研究，即时测验下的项目通过测验获得了更好的保持，比重复学习这一项目的保持效果更好（Roediger & Karpicke，2006）。所以，有理由认为在延时条件下，先前已经保持好没有忘掉的项目会保持得更好而被回忆出来，而先前没有在即时条件下被忘掉的项目重新恢复的可能性也较小。在即时条件下，“遗忘”线索下显然被试忘掉的词表 1 项目更多，这样在延时条件下词表 1 的项目的削弱程度会更大；“记住”线索下词表 2 记忆保持的项目也更多，这样在延时条件下词表 1 的项目也会提取得更多，所以按照这样的推断，延时测验条件下会加剧有意遗忘代价的差异，也会加剧有意遗忘收益的差异。

从上面的分析可以看到，从不同的角度出发，有关回忆顺序对有意遗忘效应影响的预测也会有不同的结论。当前针对回忆间隔对有意遗忘效应的影响研究较少，所以究竟会造成何种影响，还需要更缜密的实验进一步予以检验。

四、词表中学习项目的存储方式与有意遗忘的关系

（一）项目强度和情境强度对有意遗忘的影响

研究者从不同角度考察了学习项目的存储强度是否会削弱有意遗忘，有的研究者关注的是项目的强度，有的研究者关注的是项目的编码方式。Sahakyan 和 Delaney（2003）操纵了词表中单词的深加工方式，要么采用背诵单个单词，要么采用编故事的记忆术，结果发现，在两种情况下，有意遗忘的代价是相同的。

然而，根据 Malmberg 和 Shiffrin 在 2005 年的研究，单词在词表中会获得两种强度：项目强度（item strength）和情境强度（context strength）。这一观点与联合记忆搜索模型和有效提取记忆模型中对映像信息的分类相似。在这两个模型中，也区分了 image 的两种信息：刺激自身的信息和情境信息。在词表学习中，单词自身的存储强度可以通过增加单词的加工深度或延长单词的加工时间来实现，这

种方式并不会增加单词的情境存储强度；单词的情境存储强度可以通过间隔呈现的方式来实现，每间隔呈现一次，单词所在的周遭环境背景信息就多了一次额外加工的机会，从而增加了情境存储。当情境存储增加并且情境发生转换时，情境信息的存储强度越大，其削弱程度会越小。在 Sahakyan 等 2008 年的研究中，研究者操纵了词表 1 编码的单词自身的存储强度和单词所在情境的强度。在实验一中，研究者操纵了词表中单词自身加工的深浅程度。词表 1 中的单词一半处于判断愉悦度的深加工，一半处于判断是否含有字母 E 的浅加工。在学习完词表 1 后，在遗忘条件下，呈现指导语："请你再评定下一个词表中单词的愉悦度。很重要的是，请不要受到刚才评定的词表的单词愉悦度的影响，请努力忘掉你刚才看到的单词，就仿佛你没有评定过任何词表中的单词。不要想任何刚刚评定过的单词，以免那些判断干扰你对接下来词表的判断。"这样做的目的是让被试忘掉词表 1 中学过的单词。在控制条件下，告诉被试还需要评定第二个词表。无论是在遗忘条件还是控制条件下，均需要判断词表 2 中的单词是否和 seven 这个单词的押韵相同。在实验二中，被试对词表 1 和词表 2 的判断任务均为愉悦度判断，不同的是，操纵的条件变为单词的呈现次数：对词表 1 的一半单词判断一次，在 4s 内完成判断（浅加工），对另一半单词 8s 内连续判断两次（深加工）。对于词表 2 中的单词，均是完成愉悦度判断。在前两个实验中，研究者发现增加单词的存储强度，例如，使用愉悦度判断或者增加判断时间，虽然深加工下的项目的回忆率高于浅加工，但是遗忘组与控制组深浅加工的回忆率几乎相等。在实验三中，研究者变化了词表 1 中单词的呈现方式，被试需要对词表 1 中的每个单词进行两次判断，一次进行愉悦度评定，另一次进行是否为有生命的评定。在集中呈现条件下，被试需要对单词连续评定两次，在间隔呈现条件下，被试在间隔其他单词后（平均间隔 12.5 个单词）对一个单词判断两次。接着，两种呈现方式下的被试均需要对词表 2 的单词进行判断，一半的单词进行愉悦度评定，另一半的单词进行是否有生命的评定。结果发现，间隔呈现条件下遗忘组对词表 1 单词的回忆率显著低于控制条件，然而集中呈现条件下遗忘组对词表 1 单词的回忆率与控制条件下的差异不显著。这样的结果说明，间隔呈现增加了词表 1 单词的存储情境强度，所以当遗忘线索引导词表的编码情境发生转换时，情境存储强度高的单词受到的损毁越大，回忆的正确率就越低。如果只操纵项目自身的编码强度，深加工项目和浅加工项目发生损毁的程度是相同的。

Waldum 和 Sahakyan 2012 年通过一项有趣的态度转变实验也发现，当词表 1 中情境存储强度变化时，有意遗忘的作用会发生变化。在该实验的有意遗忘范式中，研究者操纵了美国被试的党派立场（共和党或民主党）以及他们所看到语句所描述的与党派立场相一致或不相一致的两个因素。被试需要先后学习两个词表，每个词表中的语句表述要么和他们已有的政治立场相一致，要么不一致。例如，如果该被试是共和党派，会持比较保守的观点，他会看到与自己党派观点相一致的观点（美国的健康保健应该私有化）或者不相一致的观点（美国的健康保健对全体国民是普惠的），他需要在李克特 7 点计分上评定该观点是十分民主（1 代表十分民主）到十分保守（7 代表十分保守）。在经历有意遗忘范式后，结果发现，当与党派观点一致时，遗忘组的回忆率与记忆组的回忆率差异不显著；当与党派观点不一致时，遗忘组的回忆率显著低于记忆组。从另一个角度进行分析，在记忆组，不一致观点的回忆率高于一致的观点；在遗忘组，不一致观点的回忆率与一致观点的回忆率差异不显著。研究者认为，在记忆组，所发生的有意遗忘的记忆收益可以用与选择性复述类似的观点去解释，也就是说，不一致的观点会吸引更多的注意资源，精细编码的程度更高，所以回忆率也更高；但是在遗忘组，两组的回忆率相等，用选择性复述的观点去解释不尽合理。研究者提出了情节情境强度（episodic context strength）的观点，即不一致的观点在所形成的记忆痕迹中携带了更多的情节存储强度，在遭遇遗忘线索后，受到的削弱程度也更大。

Sahakyan 等的这些研究虽然证明了情境强度发生变化时，会造成被试对词表中单词回忆率的变化，但是需要注意的是，在 Sahakyan 等看来，学习材料的情境存储强度越强，由遗忘指令造成的情境削弱程度就越大（Sahakyan et al.，2009）。然而，在 Sahakyan 等 2008 年的研究当中，研究者假设，间隔呈现条件下的项目相比集中呈现条件下的项目的情境存储强度强。在遭遇遗忘指令后，间隔呈现条件下的项目受到的削弱程度应该高于集中呈现条件。然而，实验结果并不支持这一假设：遭遇遗忘指令后，间隔呈现条件下对项目的回忆率与集中呈现条件下对项目的回忆率几乎相等，只是在记忆指令下，间隔呈现条件下的回忆率高于集中呈现条件，所以实验结果只反映了记忆收益而非遗忘代价，这与 Sahakyan 等的观点有些相悖。

（二）词表内项目联结强度对有意遗忘的影响

另一些研究发现，学习项目的联结强度也会造成不同的有意遗忘效应。在 Sahakyan 和 Goodmon 2010 年的有意遗忘研究中，采用了不同语词的联结强度作为实验材料。在实验一中，研究者需要在两个词表中学习不同的靶子词，操纵了靶子词的共振强度，即靶子词与可能关联的其他语词的语义联结强度。在高共振条件下，该靶子词与众多的语词形成强语义联结，例如，学习的靶子词是 hammer（锤子），它与 pound（重击）、saw（锯）、tool（工具）、hit（碰撞）、nail（钉子）形成了多语义联结；在低共振条件下，该靶子词与少数的语词形成强语义联结，例如，学习的靶子词是 chalk（粉笔），它与 board（黑板）、eraser（板擦）形成了弱语义联结。在两个词表中，两种共振类型的单词均需要学习，在经过遗忘组（学习完词表 1 后遗忘词表 1，接着记忆词表 2）和记忆组（记忆完词表 1 后，继续记忆词表 2）的靶子词学习后，用不在词表中出现的线索词在测验阶段来提示被试进行回忆。结果发现，在遗忘组中，对高、低共振词的回忆率差异不显著；在记忆组中，对高共振词的回忆率高于对低共振词的回忆率。

在实验二中，研究者操纵了两个词表中靶子词的集中度（connectivity），指靶子词与其他词相互通过语义可以联结的强度，例如，靶子词 polite（礼貌）与 kind（友好）、nice（优美）、sweet（甜蜜）、manner（习惯）、generous（慷慨）、rude（粗鲁）、nasty（肮脏）形成了联结紧密的语义互联网络。集成度与共振强度的区别在于，非靶子词之间也具有高语义关联度，语义可以互相联结。同样，在测验阶段，使用不在词表中出现的线索词提示被试来回忆。研究结果与实验一类似，在遗忘组中，对高、低集中度词的回忆率差异不显著；在记忆组中，对高集中度词的回忆率高于对低集中度词的回忆率。在随后的实验中，研究者直接操纵了靶子词与测验阶段线索之间的语义关联强度，分为高语义关联强度和低语义关联强度两种情况；或者操纵靶子词与测验阶段线索的共享语义强度，也分为高语义共享强度（例如，靶子词是“合唱”，测验线索词是“歌唱”，它们通过中间的共享语词 music 产生联结）和低语义共享强度。在测验阶段，用不同的语义关联强度或不同的共享语义强度的线索词引导被试回忆学过的靶子词。两个实验的研究结果发现，对于遗忘组的被试来说，在词表 1 与测验线索词高关联下对靶子词的回忆率要高于低关联下对靶子词的回忆率。对于这样的结果，Sahakyan 和 Goodmon（2010）认为，情境强度可以由靶子词主导的语义联结强度构成，也可以由线索词主导的联结强度构成。高语义联结强度强化了学习靶子词与词表之间的情境联结，或者能够在测验阶段辅助被试提取先前学过词表的情境表征，从而减弱有意遗忘的代价。

Sahakyan 等将语义联结强度高的词不容易遗忘的结果也归于语词的情境联结强度造成的，未免存在推论扩大化的可能。语词存在于词表中，如果语词自身存在的联结强度高，存在的一种可能是，根据激活扩散模型，被试可能采取选择性复述的方式来保持记忆，选择复述过的单词又激活了网络中其他的词。当经历遗忘线索后，虽然学习的词由于不再复述被削弱了，但是被间接激活的其他词作为隐藏的线索又可以激活学习过的词，只是对于遗忘组而言，这些隐藏的线索更不易提取，所以出现了有意遗忘的代价。

当对词表 1 和词表 2 的学习项目以不同的编码方式来学习时，会出现减弱的有意遗忘的代价。Hupbach 和 Sahakyan 在 2013 年的研究中，变换了词表中项目的编码方式：每个词表中 15 个项目，这 15 个项目要么以词的方式呈现，要么以黑白线条简笔画的形式呈现。前后两个词表中项目的呈现方式要么相同，要么不同。例如，词表 1 中呈现了单词 camel、boat 等，词表 2 中要么同样呈现这些词，要么会呈现另一些词的简笔画，如 balloon、bridge 的简笔画。研究结果发现，当词表中的项目以不同编码方式呈现时，词表整体就可以作为有效的提取线索辅助被试提取，促进其对词表 1 项目的提取。当词表中的项目以相同的编码方式呈现时，并没有非常有效的线索可以区分词表 1 和词表 2，被试只能根据编码的时间先后顺序来区分两个词表，被试很难分离词表 1 的情境，也就很难通达词表 1 中的单词。

在自传体记忆研究中，Barnier 等在 2007 年发现，当增加了自传体记忆线索的语义关联度时，被试的回忆会表现出有意遗忘效应。在实验一中，研究者首先让被试完成自身自传体记忆的产生（generation）、描述（description）、评定（rating）和定时（dating）。在产生阶段，提示被试："请回忆发生至少在一个月之前，你直接经历的持续了至少几秒钟、几分钟甚至几个小时但是没有超过一天的事件。"被试根据每个线索回忆出事件后，要根据"谁在哪里产生了何种记忆事件"的方式精简地写成每个事件，即描述阶段。接着，被试要评定每个事件的重要度[从 1（非常不重要）到 5（非常重要）逐级变化]、事件的清晰度[1（非常模糊没有任何情景画面）到 5（非常清晰和鲜明生动的记忆）]、情绪唤醒程度[1（没有任何情绪体验）到 5（有很强的情绪体验）]和复述次数[1（从未讨论或与朋友提起过）到 5（经常讨论，并与朋友提起过）]，即评定阶段。在定时阶段，被试要确定这一自传体事件发生在距离最近的哪个时间点上。在自传体的这些事件完成加工后，被试需要经历标准的有意遗忘指令的影响，最后进行回忆。结果发现，被试对自传体记忆事件的回忆存在显著的有意遗忘效应。在实验二中，增加了产生自传体回忆事件的线索语义关联强度。词表 1 中每个线索均有唯一的语义相关的线索与之对应，例如，在产生阶段，词表 1 中的线索词是"湖""猫"等；词表 2 中的线索词是"海边""狗"等。实验结果发现，尽管增加了线索词的语义关联强度，但是仍存在显著的有意遗忘效应。

（三）词表间项目的语义关联对有意遗忘的影响

当有意遗忘条件下的两个词表的词存在语义关联时，研究结果却并不一致。在 Conway 等 2000 年的研究中，研究者分别采用了语义存在紧密关系的词作为实验材料。在首先进行的实验中，词表 1 中每一个词均只有唯一的高语义关联的词出现在词表 2 中。实验结果仍然表现出有意遗忘的代价和收益：遗忘组对词表 1 的回忆率是 33%，记忆组对词表 1 的回忆率是 67%；遗忘组对词表 2 的回忆率是 56%，记忆组对词表 2 的回忆率是 49%。在随后的实验中，进一步增加词表之间词对的语义关联强度。每一个语义高关联的词对又和其余 4 个词对之间存在高语义关联。实验结果发现，有意遗忘的代价消失了，遗忘组对词表 1 的回忆率是 74%，记忆组对词表 1 的回忆率是 67%。

按照抑制说的说法，当词表 1 与词表 2 的词存在语义关联时，当对词表 2 的词进行存储加工时，词表 1 的词会与之产生提取竞争，为了能顺利提取词表 2 中的词，需要抑制词表 1 中的词的激活。但是当两个词表中的词的语义关联度进一步加强时，词表 1 与词表 2 的词会在记忆中以语义网络形式存在，此时整合加工会削弱抑制作用，从而减弱甚至消除有意遗忘的代价。情境转换说同样也可以做出解释：当两个词表中的词存在高语义关联时，被试在以词表 2 的加工情境去提取词表 1 中词的记忆表征时，也会激活词表 1 情境的表征，从而辅助其去提取词表 1 中词的记忆表征。

Sahakyan 与 Goodmon 在 2007 年的研究中，使用了前向联结或后向联结的词对作为实验材料考察有意遗忘效应。前向联结是指词表 1 中的词与词表 2 中的词是执行与被执行的关系，例如，chip—wood（砍木头）；后向联结是指词表 2 中的词与词表 1 中的词是执行与被执行的关系，例如，chip—chisel（切碎片）。结果发现，在后向联结时，有意遗忘效应消失了；在前向联结时，有意遗忘效应仍然存在。对于这一结果，研究者认为存在三种可能性：①被试在对词表 2 的单词进行记忆时，通过后向语义联系激活了词表 1 的情境，减少了两个词表的情境差别，因而词表 2 的情境也有助于对词表 1 中词的提取；②激活词表 2 中的单词，同时激活了对词表 1 中单词的提取，将词表 1 的单词与两个情境表征相联结，会增加以词表 2 的情境为线索提取词表 1 单词的可能性；③后向联结增加了词表 1 单词自身的存储强度，进而也就使得词表 1 的单词的巩固程度提高，会削弱有意遗忘效应。

（四）学习规则的改变对有意遗忘的影响

在关于有意遗忘效应的大部分研究中，实验材料采用的是词表的词，考察的是记忆现象中人们对抽象词遗忘的主动性和有意性。在人们的日常生活中，会形成某种固定的行为模式，固定的行为模式是否会受到人们主动遗忘的影响而削弱呢？答案是肯定的，即使是人们在某些条件下形成的非常固化的行为，也会由于遗忘线索而削弱先前的行为习惯。Dreisbach 和 Bäuml 在 2014 年的研究中，考察了人们预先形成的固化行为模式是否会受到有意遗忘线索的影响。

在他们的研究中，让被试形成某种固化的语词—按键反应规则。在 block1 中，形成语词和对应的性别隐含特征的联结关系，这样做的目的是形成一定的刺激—

反应联结规则（stimulus-response rule）。例如，语词和对应的男性性别属性关联，按键盘左键，和对应的女性性别属性关联，按键盘右键。在经历 block2 的不同的语词—性别的按键反应后，在 block3 中，对 block1 和 block2 中的语词—性别关联再次进行按键反应，一半的词对属于相容性反应，即和 block1 和 block2 中的按键规则相同，另一半的词对属于不相容反应，即和 block1 和 block2 中的按键规则不相同，需要改变左右按键，即语词和对应的男性性别属性关联，按键盘右键，和对应的女性性别属性关联，按键盘左键。被试被分成遗忘组和记忆组，遗忘组在经历 block1 后，计算机显示屏出现蓝屏，并出现错误提示信息，主试告诉被试忘掉词表 1 中形成的按键联结，接着重启计算机程序，继续完成 block2 和 block3 中的按键反应；记忆组在经历 block1 后，计算机屏幕显示让被试告知主试完成了 block1 的按键反应。主试得知被试完成后，要求被试记住刚才他们的按键反应规则，并继续完成 block2 和 block3 的按键反应。在这项研究中，行为规则是在当前的任务中即时形成的，那么对于一些更加牢固的具有天生反应倾向的行为习惯，是否也会受到有意遗忘指令的影响而发生改变呢？在随后的研究中，研究者考察了数字空间表征的联合反应编码（spatial-numerical association of response code，SNARC），这种行为倾向被认为是人们所具有的一种比较固化的，根据心理数字线所形成的数字心理表征，即对小于 5 的阿拉伯数字按左键反应快，对大于 5 的阿拉伯数字按右键反应快（Dehaene et al.，1993）。研究者首先在 block1 中让被试对 1～4 的阿拉伯数字按左键，对 6～9 的阿拉伯数字按右键；接着在 block2 中设计了单词的元辅音按键任务，在 block3 中让被试对 1～4、6～9 的阿拉伯数字进行奇偶判断。这样做的目的是：block1 中所形成的小数按左键、大数按右键将有一半发生改变，即反转按键，称为不相容任务；另一半不发生改变，称为相容任务。在 block3 中，不安排元辅音任务，避免发生任务转换可能造成的按键干扰。同样，在被试经历 block1 的按键反应后，一半被试经历遗忘线索，另一半被试经历记忆线索。两项研究均发现，当经历遗忘线索后，在 block3 的任务中，不相容的任务的反应时与相容任务的反应时差异不显著，即在最初 block1 阶段形成的固化的按键模式受到遗忘线索的影响，而使被试降低了反应速度。这表明，当在 block1 中人们形成了某种比较牢固的反应倾向，对习惯化反应的记忆依赖于能否通达编码情境（Wood & Neal，2007）。遗忘线索削弱了对先前编码情境的通达。即使是习惯化的行为反应，在经历遗忘线索后，当 block 中的反应情境改变后，也会削弱先前的反应倾向。

五、有意遗忘效应的源记忆研究

（一）词表法有意遗忘中的源记忆研究

在有意遗忘中，被试除了会表现出不能回忆出记过词表中的单词外，还会表现出不记得单词是来源于哪个词表，或者将不属于词表中的单词误认为在学习阶段出现过，这均属于源记忆错误。误将词表 1 中的单词认为出现在词表 2 中，或者将词表 2 中的单词误认为出现在词表 1 中，这属于词表区分错误，误以为没学习过的单词却出现在词表中，这属于误入错误。

词表区分错误反映了被试对记忆单词与已有的情境联结关系发生了错误搭配，即错误地恢复了单词所对应的情境，也就是虽然能够辨识出词表学习情境的存在，但是情境中的具体细节已经被遗忘，或者可以这样认为，提取的单词虽然没有被损毁，但是单词所存储的特定情境被损毁了。误入错误反映了被试虽然能够辨识出情境，但是情境中存储的单词被削弱，因而会错误地将没有学过的单词归于存在于词表中。词表区分错误反映了对于给定的单词，提取情境的失败；而闯入错误反映了对于给定的两个词表的情境，提取单词的失败。

从单词—情境的联结角度看，在有意遗忘范式中，一般情况下，单词始终处于注意焦点位置，情境处于非焦点位置。在回忆阶段，被试需要直接通达注意焦点中的单词，或者通过情境来恢复注意焦点下的单词。这反映了学习过的单词与已知的情境的联结，是焦点单词通达非焦点情境的联结。由于遗忘线索的作用，单词通达情境的联结通道难以通达，导致单词可能会率先通达，而情境通道却被阻塞，导致被试选择了错误的通道，就发生了词表区分错误。如果学习情境顺利地通达了，然而情境的强度有限，不能很好地支持单词的通达，就发生了误入错误。从本质上说，两种错误均反映了情境与单词联结的失败。词表区分错误和闯入错误之间是什么关系呢？一些研究发现，遗忘组比记忆组会发生更多的词表区分错误，同时遗忘组比记忆组会发生更少的闯入错误（Gottlob & Golding，2007）；另一些研究发现，虽然遗忘组比记忆组发生更多的词表区分错误，但是闯入错误也更多（Golding & Gottlob，2005）。由于现有的研究比较少，两种错误是否受到共同因素的影响，还需要深入研究。

（二）项目法有意遗忘中的源记忆研究

无论是词表法有意遗忘还是单字法有意遗忘，主要关注的都是所有学习的词汇总体在最后测验中的成绩。然而，被试虽然对遗忘线索下项目的记忆成绩更差，但是对于项目的来源——遗忘还是记忆线索，是否也存在显著的记忆差别呢？

一些实验证据表明，记忆线索更容易被错误地回忆为是遗忘线索，但是也有实验证据表明遗忘线索更容易被错误地识别为记忆线索。例如，Goernert 等在 2006 年的研究中，给被试呈现 40 张图片，其中一半图片在观看后给予遗忘线索，另一半图片在观看后给予记忆线索。回忆阶段，被试需要尽可能多地报告所记起的图片，还需要把报告的图片归类为是遗忘线索下的图片还是记忆线索下的图片。结果发现，被试将记忆线索下的图片归于遗忘线索的比例要远远超过将遗忘线索下的图片归于记忆线索的比例。

这样的结果可能是被试采取更加谨慎的策略加工所致。由于要求被试更加精确地归类，被试会采取比较保守的归类策略，更多地将项目归于在遗忘线索下学习过。另外，线索归类任务是在记忆测验之后进行的，记忆测验中要求被试回忆所有的项目，这样极有可能会造成被试偏向于报告一种线索而不报告另一种线索。

Icht 等在 2013 年的研究中，采用了更加巧妙的方法考察这一问题。为了考察被试是否会无意识地将记起的项目归于遗忘线索，研究者在实验一中，采取项目法有意遗忘范式，即 78 个希伯来语单词，一半呈现后给予遗忘线索，另一半呈现后给予记忆线索。在最后的测验阶段，将被试分成两组：在包含测验组，给出单词的 3 个首字母，要求被试用词表中出现的单词完成词干补笔任务；在排除测验组，要求被试用不在词表中出现的单词完成词干补笔任务。结果发现，在包含测验中，使用记忆线索下完成补笔的单词比例更高；在排除测验中，虽然要求被试使用非词表中的单词完成补笔，然而被试仍然会使用词表中的单词来补笔，并且使用遗忘线索下的单词的比例要高于记忆线索下的单词的比例。后续的实验发现，当使用更长的词表时，或者要求被试只使用词表中遗忘线索的单词完成补笔任务，此时单词完成补笔的比例仍高于使用记忆线索下完成补笔的比例。

根据 Goernert 等 2006 年提出的观点，每个学习项目在编码后，都有一定的痕迹强度。每个学习项目有两个痕迹强度：通达性和标识性。当外显测验需要被试报告学习项目时，项目需要超过它的通达阈限才能激活，然而标识性的激活和通达性的激活并不是同步的。标识性的激活需要一定的外显线索才能实现。结合选择性复述理论的观点，遗忘线索和记忆线索首先造成被试在心理上分离了两类项目——需要被忘记的项目和需要被记忆的项目，即在这一过程中两类线索实际上起到了标识作用，接着被试只选择性地复述了记忆线索下的项目。标识性的加工过程在被试头脑中是伴随着项目的加工形成的，并且遗忘线索的标识是显著区别于经过在词表 1 情境中复述过项目的标识的，当需要被试直接提取遗忘线索标识时，它会因不易受到记忆线索标识而被提取。

六、有意遗忘效应的选择性

有意遗忘效应的选择性，是指在多词表学习的有意遗忘范式中，当遗忘线索出现时，只要求被试遗忘特定的词表，实际上被试也会忘掉在该词表之前的其他词表中的词。如果有意遗忘效应具有选择性，那么遗忘线索只对特定的词表有效果，即遗忘线索不会作用于之前学过的其他词表。相比记忆线索下的其他词表，在遗忘线索下对之前学过的其他词表不会产生遗忘。如果有意遗忘效应不具有选择性，那么对遗忘线索前呈现的其他词表也会产生遗忘，相比记忆线索下的其他词表，对在遗忘线索下之前学过的其他词表的回忆率更低。

目前，对有意遗忘效应的主流理论解释选择性复述假说、情境转换说和抑制说会对这一结果有不同的预期。选择性复述假说会预期被试是会继续复述与记忆线索有关的项目，保持更好的存储，而对遗忘线索下的项目会停止复述，所以该假说预期有意遗忘效应具有选择性，遗忘线索只对特定的词表产生作用。情境转换说则预期有意遗忘效应不具有选择性，因为遗忘线索发出后，之前所学过的所有词表的情境也就不再和当前的测验情境相匹配，对遗忘线索前每个学过的词表均会产生遗忘。抑制说本身只假设编码阶段遗忘线索发出后，执行控制机制会发挥作用，抑制遗忘线索针对的项目的激活，但是抑制说不能预期遗忘线索之前学过的其他词表是否也会产生有意遗忘的代价。

Sahakyan 在 2004 年使用三词表有意遗忘范式，考察了有意遗忘的选择性问题。每个词表中的词不具有语义相关性（实验一）或者具有语义相关性（实验二），被试被随机分成三组，分别是记忆—记忆—记忆组、遗忘—记忆—记忆组、记忆—遗忘—记忆组。在记忆—记忆—记忆组中，每学完一个词表后，均要求被试记住前面学过的词表，在遗忘—记忆—记忆组中，学完词表 1 后，告知被试这个词表只是练习，遗忘词表 1，去记忆词表 2。在记忆完词表 2 后，保持住记忆，再去记忆词表 3。在记忆—遗忘—记忆组中，要求被试在学习完词表 1 后，保持对词表 1 的记忆，再去学习词表 2。词表 2 记完后，告知被试，这个词表不用保持记忆，忘掉这个词表学过的内容，再去学习和记忆词表 3。实验发现，相比记忆—记忆—记忆组，遗忘—记忆—记忆组对词表 1 产生了有意遗忘的代价；记忆—遗忘—记忆组对词表 2 产生了有意遗忘的代价。更为重要的是，记忆—遗忘—记忆组对词表 1 也产生了有意遗忘的代价。研究者的解释是，当遗忘线索发出后，之前两个词表的编码情境均不再匹配测验情境，因而对两个词表均产生了显著的有意遗忘的代价。这项研究结果说明，有意遗忘效应不具有选择性。当遗忘指令发出后，被试对遗忘线索前所有的项目均会产生遗忘。

Delaney 等在 2009 年的研究中却给出了相反的证据。在他们的研究中，使用了两词表的经典有意遗忘的范式，被试的学习材料是主谓宾的结构句。词表 1 包含 16 个句子，这些句子描述的是虚拟主角（Alex 或 Tom）做一些事情。一半被试学习和记忆的句子中，Alex 或 Tom 做的事情是与主题相关的，例如，Tom 是一个喜欢冰雪运动的作家，呈现的语句是，“Tom writes in a study.”“Tom went skiing.”等。Alex 是一个顾家的律师，呈现的语句是“Alex works late hours.”“Tom has two kids.”等。另一半被试学习和记忆的句子中，Alex 或 Tom 做的事情是和主题没有任何关联的，如“Tom watched television.”“Alex brushed his teeth.”等。所有被试学习的词表 2 的 14 个句子描述的均是另一个主角做的一些与主题无关的事情。在遗忘组中，主试要求被试遗忘词表 1 中的一个主角所做的事情，而保持对词表 1 中另一个主角的记忆；在记忆组中，主试要求被试记忆词表 1 中的两个主角所做的事情。结果发现，在主题关联的情况下，遗忘组的遗忘代价没有出现，即和记忆组相比，遗忘组被试对要求忘掉的主角事件的回忆正确率未显著下降；在主题无关联的情况下，遗忘组的遗忘代价出现了，即和记忆组相比，遗忘组被试对要求忘掉的主角事件的回忆正确率显著降低了。这项研究说明，有意遗忘的选择性是存在的，存在的前提是学习过的句子所描述的事件不具有主题关联性。

在 2013 年的研究中，Kliegl 等在三词表学习范式中，通过变换词表中视觉呈现单词的颜色或听觉呈现的单词的发音，考察了有意遗忘的选择性。研究者认为，不同词表中单词的颜色属性或者单词的发音属性，均属于编码情境的范畴。在实验一中，一半被试处于记忆—记忆—记忆组（分别记忆 3 个词表），另一半被试处于记忆—遗忘—记忆组（记忆词表 1，遗忘词表 2，记忆词表 3）。在每组中，又有一半被试处于相同情境条件下：词表 1 和词表 2 中单词的编码颜色相同；另一半被试处于不同情境条件下：词表 1 和词表 2 中单词的编码颜色不同。实验结果显示，无论处于相同还是不同情境，对于词表 2 而言，均产生了有意遗忘的代价。更为重要的是，对于词表 1 而言，记忆—记忆—记忆组的被试和记忆—遗忘—记忆组的被试的回忆成绩无显著差异。这初步说明，有意遗忘效应具有选择性，只在特定的词表 2 上表现出了有意遗忘的代价，在词表 2 之前的词表 1 上没有表现出有意遗忘的代价。在实验二中，除了包括记忆—记忆—记忆组、记忆—遗忘—记忆组外，还包括遗忘—遗忘—记忆组（学习完词表 1 和词表 2 后，遗忘词表 1 和词表 2，再去学习和记忆词表 3）。另外一处不同是，听觉呈现单词，操纵的情境变量是呈现单词的发音。在相同情境下，词表 1 和词表 2 的单词均由相同的男声或女声的发音读出；在不同情境下，词表 1 的单词和词表 2

的单词听觉编码分别是由不同性别的发声来获得。研究者假设，如果有意遗忘具有高度的选择性，那么对于词表 2 而言，会出现有意遗忘的代价，即记忆—遗忘—记忆组和遗忘—遗忘—记忆组被试的回忆成绩会显著低于记忆—记忆—记忆组；就词表 1 而言，也会出现有意遗忘的代价，即遗忘—遗忘—记忆组的回忆成绩会显著低于记忆—记忆—记忆组和记忆—遗忘—记忆组，并且记忆—记忆—记忆组和记忆—遗忘—记忆组的回忆成绩差异不显著。实验结果验证了有意遗忘效应具有选择性这一假设。

第四节 有意遗忘效应的多领域研究

一、有意遗忘效应与时间估计

（一）时间估计研究中的事件回忆说与情境转换说

在回忆事件数量与对回忆事件所经历的时间长度关系的研究中，有两种截然不同的观点。事件记忆说认为，人们在发生事件和回忆事件之间的时间间隔中回忆起的事件越多，他们对事件所经历的时间估计就越长。例如，如果在时间间隔中被试回忆出做了八道工序，相比回忆出做了四道工序，被试会认为经历了更长的时间（Ornstein，1969）。然而，情境转换说认为，在相同长度的时间间隔内，若被试经历了认知转换任务，就会高估所经历的时间的长度（Block & Reed，1978）。例如，在 Block 和 Reed 1978 年的研究中，一半被试执行深加工任务（数一下描述属于人们身体部分这一类别的词的数量，如肩膀），另一半被试执行浅加工任务（数一下属于是大写字母形式的词的数量，如 BASEMENT）。与事件记忆说不符的是，虽然在深加工下被试回忆出了更多的词，但是深浅加工下被试对时间估计的长度是相等的。在接下来的实验中，研究者变换了两种任务：①混合认知任务，也就是被试要交替完成深加工和浅加工任务；②非混合认知任务，也就是被试先完成单独的浅加工任务，再完成单独的深加工任务，或者顺序相反地完成两种任务。研究者认为，在混合认知任务中，被试要不停地转换认知加工，认知情境要发生不断的变化，所以会高估加工的时间，实验结果也证明了这一结论。在后续的研究中，研究者还发现，对于两个词表，如果在不同的环境中学习，相比在相同的环境中学习，被试会认为先学习的词表经历的时间更长（Block，1982）。

（二）检验时间估计两种学说合理性的有意遗忘效应证据

事件回忆说和情境转换说对于有意遗忘效应的启示是，事件回忆说与有意遗忘的抑制说存在紧密的关联，即如果如抑制说假设的那样，在学习词表时，遗忘组的被试在面对遗忘线索时，抑制了学习词的激活，即出现了有意遗忘的代价，而有意遗忘的收益却没有出现，被试对学习词表中单词的回忆率下降，那么对词表中的项目总的学习时间的估计会缩短，即低估学习时间。另一种可能是，在词表法有意遗忘中，先学习词表的代价出现，后学习词表的收益也出现了，所以总的回忆的词表项目的数量在遗忘和记忆组前后抵消，因而回忆的项目总量不变，对词表中项目学习时间的估计，两组相差不大。但是关于时间估计的情境转换说和关于有意遗忘效应的情境转换说却会做出相反的预测。由于情境转换说认为被试会抛弃先学习词表的情境，进而更有效地将新学习的项目绑定在后来学习的词表情境上，所以当情境发生分割时，在分割的情境中会令被试高估学习时间。

有研究者使用三词表的有意遗忘学习范式，来检验何种假说更为合理（Sahakyan et al.，2013）。被试连续学习 3 个词表，提前告诉被试在最后的测验中只测验一个词表。在遗忘组，被试连续学习 3 个词表。在学习完词表 1 后，告诉被试这个词表可能会在最后的测验中出现。在学习完词表 2 后，要求被试忘掉刚刚学过的词表 2 和已经学过的词表 1，接着学习完词表 3。在记忆组，被试也是连续学习 3 个词表，并且学习完每个词表后，均告诉被试词表可能会在最后的测验中出现。在两组被试学习完毕后，先让两组被试估计词表学习的时间，然后再进行回忆测验。每个组各有一半的人测验词表 2，另一半的人测验词表 3。实验结果发现，词表 2 的测验结果出现了有意遗忘的代价；词表 3 的测验结果出现了有意遗忘的收益。对于学习单词的时间估计，被试会高估对词表中单词的学习时间，与情境转换说相符。

接着，研究者又进一步使用了 list-before-last 研究范式来考察情境转换说是否会引起被试高估学习时间。在该范式中，研究者让被试连续学习若干个词表，每个词表学习后，都让被试回忆上一个词表的内容（词表 1 除外）（Shiffrin，1970）。研究者使用这一范式，让被试连续学习 3 个词表，在学习完词表 2 后，将被试分成两组：重新学习组和提取练习组。在重新学习组中，被试在学习完词表 2 后，重新学习词表 1；在提取练习组中，在学习完词表 2 后，给出词表 1 中单词的前两个字母，让被试提取先前学过的词表 1 中的单词。研究者假设，提取练习组由于提取情境与词表 1 开始的学习情境存在着较大差别，词表的经历情境发生了重大变化，因而根据情境转换说，情境转换会造成其对转换前的词表 2 中单词回忆数量的减少，进而会高估词表单词的学习时间。实验结果也证明了研究假设：提取练习组对词表 2 中单词的回忆率要显著低于重新学习组，并且提取练习组也比重新学习组对学习时间的估计更长。

总的来看，这些结果表明，在有意遗忘效应发生过程中，出现了情境转换过程，当发生情境转换的时候，被试对词表中单词的学习时间的估计会增加。

二、临床样本的有意遗忘效应

（一）精神分裂症等群体中的有意遗忘效应

在词表法有意遗忘中，被试在遗忘线索下对词表 1 的回忆率要低于记忆线索，部分学者认为这是抑制机制产生的结果（Elmes et al.，1968）；Sahakyan 等研究者则认为并没有抑制这一过程产生，而是由于情境转换造成的词表 1 的遗忘代价（Sahakyan & Kelley，2002；Sahakyan & Delaney，2003）。在临床被试的身上是否会出现有意遗忘效应，两种假设也会做出基于不同认知过程的预测：临床被试的抑制功能存在缺陷，所以会在需要抑制机制的有意遗忘任务中表现出缺陷，造成遗忘线索下的单词更不易被压抑；临床被试也可能会存在很难将学习项目绑定在情境表征上的缺陷。这些临床样本以精神分裂症患者、焦虑患者、抑郁症患者和 ADHD 患者为代表。

在一些研究报告中，研究者将精神分裂症患者也视为在记忆和执行控制中存在缺损（Hoff & Krennan，2002）。根据抑制说，如果有意遗忘任务反映了抑制过程，那么这些患者也会表现出有意遗忘效应的受损，即有意遗忘的代价和收益均会受损。Racsmány 等（2008）的研究初步发现，与正常群体相比，精神分裂症患者既没有表现出有意遗忘的遗忘代价，也没有表现出有意遗忘的记忆收益。

Sorizano 等（2009）对精神分裂症患者进行了仔细的分类，研究发现不同类型的精神分裂症患者的有意遗忘效应是不同的，当患者组的幻觉表现不太明显时，有意遗忘效应是明显的。具体而言，研究者检验了 3 种临床精神分裂症患者群体，即典型的精神分裂症患者、情感分裂性精神障碍患者和分裂样精神患者在词表法有意遗忘任务中的表现。研究者根据积极消极症候群量表所测的幻觉程度，将这些患者拆分成表现出明显的幻觉的精神分裂症患者和未表现出明显的幻觉的精神分裂症患者，对两组患者以及健康人群的记忆成绩进行了有意遗忘效应的分析。结果发现，患者组的回忆成绩均低于正常组。当患者存在明显的幻觉表现时，既没有表现出有意遗忘的代价，也没有表现出明显的有意遗忘的收益；当不存在明显的幻觉时，患者组和正常人群都表现出显著的有意遗忘的代价和收益。综合这些结果说明，幻觉的临床表现决定了患者组是否出现有意遗忘效应，而对于是否出现幻觉与抑制机制的关系尚不清楚。

Power 等 2000 年以在贝克抑郁量表上得分的高、低组患者为被试，测验了他们对消极形容词和积极形容词的有意遗忘效应。在实验一和实验二中，研究者并未设置记忆组，只是在遗忘组通过由对词表 2 的回忆率减去对词表 1 的回忆率来检验有意遗忘效应。结果发现，两种词汇在词表 2 中的回忆率均要高于词表 1。低得分组的被试回忆出了更多的积极词汇。在实验三中，选取了临床抑制典型组、高焦虑组和健康组，并且每个样本条件均匹配了遗忘组和记忆组两个条件。各个条件下的被试个数较少，所以结果的可靠性会受到质疑。实验的结果反映出每个样本条件下的被试均表现出了有意遗忘的趋向，但是高抑郁组对于负性词难以遗忘，可能是高抑郁组被试产生了更多的反刍意识，对负性词有更多的沉思而难以遗忘所致。

Lehman 和 Malmberg 2011 年基于更大的样本容量，以中性词语为实验材料，将抑郁组患者分成了遗忘组和记忆组，并将其成绩与正常群体进行了对比。实验结果发现，相比正常组，抑郁症患者产生了更大的有意遗忘的代价。研究者认为，这是因为抑郁症患者会产生反刍意识，这种反刍意识在遭遇遗忘线索后，会造成更大的情境转换效应，使得对词表单词反刍思考后的词表 2 的情境更不同于词表 1 的情境，从而产生更大的遗忘的代价。

对于焦虑患者，只有极少数的研究考察了这一群体的有意遗忘效应。Albu 在 2008 年以词表 1 中的焦虑相关词和词表 2 中的中性词为实验材料，研究结果发现正常群体中表现出显著的有意遗忘代价，而焦虑患者既没有表现出有意遗忘的代价，也没有表现出有意遗忘的收益。Vadnais 等在 2012 年考察了妇女产后的一般性焦虑障碍患者（genneralized anxiety disorder，GAD）的认知功能受损情况，结果发现患者的症状表现只与记忆容量有关，与执行功能没有显著的相关，即没有明显的证据表明患者表现出了抑制功能的受损。高焦虑障碍患者是不大倾向“思考别的什么事情”，即很难转换编码情境。这表明，焦虑障碍患者有完整的抑制能力，但是在转换情境上存在困难。

相当多的 ADHD 患者部分是因为执行功能障碍引起的（Barkley，1997），不能有效地抑制当前的认知目标。例如，在 think/no-think 范式和 stop-signal 范式中，被试不能有效抑制非注意思考的靶目标；或者不能停止对注意目标的编码或记忆（Depue et al.，2010）。如果正如执行控制机制在其他经典范式中表现出的那样，那么在有意遗忘范式中，被试也应该表现出受损的有意遗忘效应。然而，实验结果却不支持这一假设。有研究者采用词表法范式，对比了 8～15 岁的 ADHD 患者和非 ADHD 患者的有意遗忘效应（Gaultney et al.，1999）。研究者使用了词表法范式，发现两种人群均表现出同等程度的有意遗忘的代价和收益。

在另一项研究中，研究者分别采取偶然学习和非偶然学习的编码条件，来考察 ADHD 患者和大学生群体的有意遗忘效应的差异（White & Marks，2004）。在词表中，对一半词进行记忆，对另一半词进行愉悦度评定。对于大学生群体和 ADHD 患者分别设置了遗忘组和记忆组。结果发现，大学生群体无论进行何种加工，均产生了明显的有意遗忘效应的代价和收益。ADHD 群体的被试在记忆加工的单词中，表现出了显著的有意遗忘的代价：遗忘线索下被试对词表 1 的回忆率显著低于记忆线索下对词表 1 的回忆率（回忆率差异为 11%）；而在愉悦度评价方面，两者的回忆率差异在统计上是不显著的（回忆率差异为 6%）。从这两项证据来看，ADHD 患者在非偶然学习条件，即一般性的词表记忆任务中，没有表现出抑制缺陷，有意遗忘效应也和正常的群体的表现趋于一致，这表明对于 ADHD 患者的有意遗忘效应，不能仅仅归于抑制机制的缺陷。

（二）对临床样本有意遗忘效应的评价

对临床样本中有意遗忘效应的研究，有以下两个方面需要引起注意。

（1）部分研究中并未设置记忆组，只通过遗忘组在记忆线索下对词表 2 的回忆成绩减去遗忘线索下对词表 1 的回忆成绩来考察有意遗忘效应（Power et al.，2000）。这样做的问题在于，如果临床群体与其他正常群体相比较有意遗忘的代价与收益时，会存在问题。最大的问题是，如果失去比较的基线，就使得两个群体的有意遗忘效应难以解释。存在以下多种可能：①在比较的基线中，有意遗忘的记忆收益的比较基准是可参考的，表现为某群体对词表 1 的回忆率低（有意遗忘的代价低），而对词表 2 的回忆率，两群体无显著差异（有意遗忘的收益相等）。此时群体之间的有意遗忘效应差异可归于是遗忘代价不同引起的。②在比较的基线中，有意遗忘的遗忘代价的比较基准是可参考的，表现为对词表 1 的回忆率，两群体无显著差异（有意遗忘的遗忘代价相等），而对词表 2 的回忆率，某组更高（有意遗忘的收益更高），此时群体之间的有意遗忘效应差异可归于记忆收益不同引起的。③在比较群体中，对有意遗忘的代价和记忆收益的参考需慎重。某群体对词表 1 的回忆率要高于另外一群体，某群体对词表 2 的回忆率也要高于另一群体，但是两个群体对词表 2 的回忆率减去对词表 1 的回忆率的差异却不同，某群体的差异更大。在这种条件下，由于对两个词表的回忆率在两群体之间存在不同，没有相同的比较基线，所以很难比较有意遗忘效应。仅仅通过两种线索下对词表的回忆率之差来说明有意遗忘效应，是很难说清楚两群体究竟是在有意遗忘的代价还是在有意遗忘的收益上存在显著不同。

（2）有意遗忘中词表单词的数量和回忆。在一些临床群体的研究当中，由于被试的记忆功能受损，被试能回忆出的单词数量是非常少的，甚至出现回忆出 0 个单词的情况。这样与其他群体比较时，效应量会降低，因而在词表法有意遗忘研究中，每个词表中单词的数量要控制在 15 个左右甚至更少。在一些词表中，会混杂一些情绪色彩词和中性词。研究者在考察不同词表中的词的有意遗忘效应时，需要考虑情绪色彩词和中性词的输出顺序问题。因为临床患者存在某种程度的情感障碍，那么会对某些情绪色彩词比较敏感，会首先回忆这些词。那么，此时不同群体的有意遗忘效应差异中就混淆着输出不同类型词的差异。

除了这两个需要注意的问题之外，目前针对有意遗忘临床患者的有意遗忘效应的认知机制解释还十分混乱。一方面，研究者认为临床患者存在抑制功能缺陷，预期在遗忘线索下，被试更难以抑制词表 1 的激活，即词表 1 的遗忘代价是微弱的甚至不存在的。然而，正如前面所述，Lehman 和 Malmberg（2011b）的研究中的抑郁患者、Gaultney 等 1999 年研究中的 ADHD 患者、Sorizano 2009 年的研究中不存在显著幻觉的精神分裂症患者均表现出有意遗忘的代价，这些证据似乎反驳了抑制说，而 Albu 在 2008 年在以焦虑患者为样本的研究中却没有表现出有意遗忘的代价和收益，这项证据似乎又支持了抑制说。这些不太一致的证据很难揭示临床患者的抑制功能受损与有意遗忘效应之间的关系。如果用情境转换说去解释，又缺乏适用于临床群体在面对遗忘指令时是如何转换加工情境的认知过程的描述。因此，对临床群体的有意遗忘效应的认知机制的认识还十分薄弱，不仅在实验组别设置上存在不足，在记忆成绩的收集上存在缺陷，对内部的认知机制的解释也存在混乱和含糊不清。

三、情绪对有意遗忘的影响

情绪的表现形式可以总结为两种：一种是实验材料本身具有情绪性，被试对情绪性材料进行加工和处理；另一种是通过某种手段诱发被试的情绪状态，让被试在情绪状态下对实验材料进行加工和处理。在这两种表现形式下，情绪对于有意遗忘的影响都是值得研究的。

（一）实验材料的情绪性对有意遗忘的影响

McNally 等 2004 年对灾难创伤被试的研究发现，与灾难相关的情绪材料会导致被试的记忆深刻，因而不能被他们有意地遗忘。由此，研究者认为，有意遗忘效应会被材料的情绪性所影响。这是基于特殊群体的研究，那么可以推广到正常人身上吗？Wessel 和 Merckellbach 于 2006 年在有意遗忘范式下，要求正常个体对情绪词语和自传体记忆材料进行学习，测试结果表明有意遗忘效应在这两种实验材料下都出现了。还有研究者采用不同的刺激材料如图片验证了有意遗忘的效果，Payne 和 Corrigan 在 2007 年发现，正常个体可以遗忘中性图片，但不能遗忘正性和负性图片。

我国学者对情绪性记忆的有意遗忘也很关注，与外国学者更多使用词表法不同，我国学者的研究大多基于单字法。贾宏燕和梁栓荣在 2010 年的研究中发现，当刺激材料是文字时，中性和情绪性文字的有意遗忘效果存在差异，被试能够有意遗忘中性文字而不能有意遗忘情绪性文字。研究者通过比较发现，相对于中性的文字和图片材料，被试更不容易忘记负性的文字和图片材料（杨文静等，2012）。而且图片材料和文字材料有意遗忘的心理机制是不同的，前者是抑制控制，而后者是选择性编码。白学军等 2012 年以正性、负性和中性情绪词为实验材料，将实验材料按照效价进行了进一步的分类，发现正性、负性和中性情绪词均表现出显著的有意遗忘效应。

（二）被试的情绪状态对有意遗忘的影响

在很多时候，刺激本身并不存在情绪性，影响记忆和遗忘的是当时个体所处的情绪状态，所以通过人为地诱发情绪状态，来探究在不同情绪状态下被试有意遗忘的不同效果，便显得十分必要。Power 等在 2000 年的研究中发现，有意遗忘效应受被试自身情绪状态的影响。他们以抑郁症患者和焦虑症患者为对象进行研究，发现抑郁症患者对于要求遗忘的消极项目的提取更容易。Bäuml 和 Kuhbandner（2009）发现，在中性和负性情绪状态下，有意遗忘效应不会消失，但在正性情绪状态下，有意遗忘效应却消失了。我国学者白学军等 2012 年在研究中发现，个体对情绪信息的有意遗忘既受信息情绪性的影响，又受个体情绪状态的影响：在积极状态下，被试更多地遗忘负性情绪词，在消极情绪状态下，被试更多地遗忘中性词。

第五节 有意遗忘的发展研究

抑制控制能力是指个体追求一个认知表征目标时，用于抑制对无关刺激的反应的一种能力（Rothbart & Posner，1985），它是自我控制能力的重要组成部分，在个体认知、社会性发展过程中起着非常重要的作用。通常根据抑制对象的不同将抑制控制分为注意抑制、记忆抑制、动机抑制和行为抑制。已有的研究表明，儿童首先发展出动作和行为的抑制控制（Diamond，1990；Johnson，1995；Carver et al.，2001），之后才发展出工作记忆、规则转换等高级认知的抑制控制（Redick et al.，2007；Shing，2011；Brocki，2010）。记忆抑制一方面使个体排除长时记忆中的前摄干扰，另一方面使个体排除工作记忆中无关刺激的干扰。

抑制性控制能力同时被认为是有意遗忘的一个重要机制，自 Bjork 提出有意遗忘范式开始，有意遗忘的理论不断扩充和丰富，同时有意遗忘范式也被不断完善并应用到记忆抑制的研究中。目前，大量的国内外研究通过有意遗忘范式探讨有意抑制控制能力的发展，在儿童和成人领域都取得了进展，在一定程度上证明了有意遗忘中抑制性控制的发展性特点。

一、有意遗忘发展的早期研究

早期有关有意遗忘的发展性研究，比较有代表性的是 Foster 和 Gavelek 在 1983 年进行的研究，他们用 6 类有意义的图片（动物、服装、人、车辆、身体部位和工具）考察了一年级、三年级、五年级阅读迟缓（阅读障碍的一种）儿童和正常儿童的有意遗忘发展差异。阅读迟缓儿童的选取，先由教师推荐，然后经过测验（都市成就测验、皮博迪个人成就测验、爱荷华基本技能测验）和主试诊断确定。实验结果发现，需要记住的项目（to be remembered，TBR）和需要忘掉的项目（to be forgotten，TBF）的自由回忆成绩随着阅读能力和发展水平的增长而提高，同时阅读迟缓儿童 TBR 和 TBF 的回忆数量都比正常儿童少。Foster 等从编码的角度用选择性复述理论来进行解释，认为有意遗忘任务结果的差异是由选择性复述策略运用能力的差异造成的。

Bray 等在 1983 年的研究中提出，儿童对无关信息抑制能力的发展存在两个关键的过渡期：一个是 7～11 岁，这个阶段表现为个体在遗忘指导语下由无法抑制无关信息到有效抑制无关信息能力的出现；另一个是 11 岁到成人阶段，表现为能够按照遗忘指导语抑制无关信息，并且任务完成能力随着年龄的增长而增长。之后，Bray 等在 1985 年又进一步使用图片材料考察了 11 岁、15 岁、18 岁儿童及青少年在有意遗忘上的差异，结果发现，11 岁儿童能够表现出有意遗忘，即能够抑制 TBF 指令下图片的再认，但是抑制的数量（TBR 和 TBF 项目上的再认数量差异）显著少于 15 岁和 18 岁年龄组，Bray 等认为，儿童首先能够区分相关和不相关信息，然后才发展出运用选择性复述策略的能力，并且 11 岁儿童的选择性复述策略并不完善（与成年人存在质的差别）。

二、有意遗忘认知抑制的发展研究

Harnishfeger 和 Pope 在 1996 年的研究中，采用单词材料，用词表法对比研究了一年级学生、三年级学生、五年级学生和成人的有意遗忘差异。结果显示：一年级学生并不能在指令下抑制要求遗忘单词的回忆和再认（TBF 和 TBR 的差异均不显著）；三年级学生在自由回忆任务下，表现出对 TBF 的有效抑制。Harnishfeger 和 Pope 认为，三年级的学生表现出部分抑制的能力；而五年级的学生在两种任务下都能够有效抑制 TBF 的回忆和再认，并且成人完成任务的能力比五年级学生更强。Harnishfeger 和 Pope 认为，一年级学生几乎没有抑制能力，三年级学生在再认任务中 TBF 和 TBR 可能获得了同样程度的编码，而差别只在于提取时的抑制，即三年级学生表现出了一定的抑制能力，而五年级学生的抑制能力逐步接近成人。后来，Basden 在 1998 年的研究中也得出了同样的结论。

Lehman 在 1997 年又采用单字法对比研究了三年级学生、四年级学生、大学生的有意遗忘差异，实验包括自由回忆任务和词干补笔的内隐记忆任务。结果发现，不同年龄组在 TBR 项目上的回忆成绩都好于 TBF。Lehman 认为，在 TBR 上被试进行了选择性复述，而在 TBF 上被试通过提取抑制的方法压抑了对遗忘项目的回忆。我国学者陈曦在 1999 年的研究中也得到了同样的结果，在单字法条件下，儿童确实表现出有意的复述和对遗忘项目的提取抑制。后来，Lehman 又在 2001 年考察了二年级学生、五年级学生、大学生在语义相关词、类别相关图片上的有意遗忘差异，结果发现，通过词表法很容易观察到提取抑制造成的有意遗忘代价，但是在通过单字法进行的研究中，有意遗忘代价明显减小，然而依旧发现二年级学生 TBR 和 TBF 的回忆数量差异不大，三年级学生、大学生 TBR 的回忆量均高于 TBF 的回忆量。Lehman 在 2003 年的研究中指出，当对两个高度相关的词，一个实施记忆指令而另一个实施遗忘指令时，年龄较小的儿童很难忘记相关的词。就此 Lehman 提出了“无效抑制假说”，根据该假说，记忆的发展伴随着对无关信息编码的抑制能力的提高，即排除无关信息的干扰，释放更多的加工空间来对任务相关信息进行加工的能力在提高。研究者认为，在有意遗忘中，对遗忘指令下编码项目的抑制能力和对记忆指令下编码项目的选择性复述的能力共同组成了有意遗忘能力。

总体来看，儿童有意遗忘经历了从无抑制能力到抑制能力的出现（7～11 岁），而之后又发展出提取抑制能力（11 岁左右），再到选择性复述策略的运用。选择性复述策略是儿童有意遗忘能力发展的重要部分，并表现为从儿童阶段逐渐机械地运用选择性复述策略，再到成人阶段能够达到精通、熟练运用程度的特点（Lehman et al.，2001）。Lehmann 和 Hasselhorn 在 2007 年的研究中发现，低年级儿童（五年级以下）可以观察到的复述策略是低效能的，即每次只能复述一个项目。除此之外，Anderson 等在 1994 年提出有意遗忘可能存在多个抑制机制，所以，儿童对无关信息的有意遗忘，也可能存在注意抑制等其他机制的发展（Zacks & Hasher，1994）。

三、学习领域中有意遗忘的发展研究

学习领域的有意遗忘研究是一个很有价值的探索，我国学者开展了众多关于有意遗忘在学习领域的发展研究，其中最具代表性的是沈德立、宋耀武、白学军等进行的研究。沈德立、宋耀武、白学军在 2001 年选用有意义的汉字作为材料，通过字表法研究了二年级、四年级、六年级学生的有意遗忘发展情况。结果表明，小学生有意遗忘中的认知抑制能力是随着年龄增长而发展的，并且学习成绩好的学生的抑制能力明显好于学习成绩差的学生。

王恩国等在 2011 年研究了语困生、数困生和双困生的学习困难学生的有意遗忘，结果发现，在自由回忆测验和再认测验中，都存在有意遗忘，其机制符合提取抑制和编码的二元解释。对照组（语文和数学学习成绩都在 50%以上的学生）在实验中出现了有意遗忘，体现出较强的抑制能力和编码能力。学习困难学生没有表现出有意遗忘，这与他们在实验中没有表现出有效的抑制和编码有关。具体来讲，数困生与语困生具有一定的提取抑制能力和抑制干扰的能力，但发展还不成熟，双困生仅表现出一定的抑制干扰能力缺陷。

此外，李宝芬在 2005 年使用词表法范式，以汉字（如“把、到、要、怕”等）为实验材料，采用自由回忆的测试方法进行有意遗忘的发展研究，结果表明，小学五年级数困生与数学学优生在有意遗忘效应的表现上有差异，并且二者的差异体现在提取抑制能力上，学习成绩越好，抑制能力就越强。Aslan 和 Bäuml 在 2010 年用字表法有意遗忘范式对幼儿园、一年级、四年级学生和成人进行了调查，结果发现，在儿童时就存在有意遗忘能力，但是他们不能自发地使用。Augusti 和 Melinder 在 2012 年研究了中性和负性彩色图片对儿童有意遗忘的影响。他们对 65 名小学生（8～12 岁）进行了研究，结果发现，中性和负性图片的有意遗忘效应不受年龄的影响。

四、老年人的有意遗忘研究

关于老年人有意遗忘效应的相关理论解释，占主要地位的是基于抑制能力下降的解释。

早在1988年，Hasher和Zacks就提出抑制能力会随年龄的增长而下降的假设。1996年，Zacks等的研究结果显示，在即时回忆测验中，老年人（平均年龄70.5岁）回忆的TBF比年轻人（平均年龄19.3岁）更多。在延时任务中，需要更多时间来做出拒绝TBF的反应，这表明抑制能力随年龄的增长而降低，相比年轻人，老年人对无关信息的抑制能力较差，这个结果与他们的假设一致。但是通过再认任务对学习过的材料进行测试时，这种年龄差异并不是十分明显。Sego等在2006年的研究中也发现了同样的现象，老年人（平均年龄71.7岁）比年轻人（平均年龄18.7岁）对无关信息的抑制能力减退了，更具体地说，在单字法范式中，有意遗忘能力的减弱是因为当忘记线索出现时，很难对无关信息进行抑制（如TBF单词）；但是在词表法范式中，同样用再认的方式让被试对学习过的单词进行测试时，这种老化效应却不是十分明显。

Aguirre和Bjork在2014年使用选择性遗忘程序的词表法范式来对比研究老年人（平均年龄68.31岁）和年轻人（平均年龄20.50岁）的有意遗忘。在研究开始，给被试呈现包含两个人（Tom和Alex）特质信息的词表1，而在词表2中，给被试呈现另一人（Joe）的特质信息，在遗忘条件下让被试忘记词表1中属于Tom的特质。相比标准的有意遗忘词表法范式（在遗忘条件下让被试忘记词表1中所有人的特质），选择性遗忘程序需要更高的记忆抑制能力（认知控制），结果发现，老年人没有表现出选择性遗忘，即老年人的记忆抑制能力衰退了，结果导致选择性遗忘信息的能力减弱了。

记忆痕迹质量是在老化过程中有意遗忘效应减弱的另一种典型解释。Gamboz和Russo在2002年采用单字法进行了一项关于老年人（平均年龄68岁）与年轻人（平均年龄22岁）有意遗忘效应的对比研究。结果发现，在浅加工条件（呈现指令前要求对构成单词的字母计数）下，老年被试对TBR项目的回忆率低于年轻被试，而对TBF项目的回忆率高于年轻被试，即老年人的有意遗忘效应更小；然而，在深加工条件（呈现指令前要求判断单词的愉悦程度）下，两组被试表现出同等的有意遗忘效应，即老年被试对TBR项目和TBF项目的回忆率与年轻被试差异不大。Gamboz等认为，关于老年人抑制能力下降的理论解释并不是十分准确，更合理的解释是，老年人的情景记忆较差，使得老年人在编码信息时会产生更弱的记忆痕迹，而深加工增强了记忆痕迹的质量，这种编码条件使得老年人表现出与年轻人相同的有意遗忘的水平。

与Gamboz和Russo的研究不同的是，Sahakyan等在2008年使用词表法研究了老年人（平均年龄77岁）和年轻人（平均年龄20岁）有意遗忘效应的差异，研究进行了改变被试心理情境（mental context）的操纵。实验一中，一组被试学习完词表 1 后，为其呈现遗忘指令，为另一组被试呈现记忆指令，指令呈现之后（学习词表 2 之前），每组一半的被试被要求回忆经过小时候家庭院落的场景并对其进行 60s 的描述。结果发现，在加入心理情境操纵后，老年被试并没有表现出显著的有意遗忘现象。实验二中，Sahakyan 修正了遗忘指令，在给被试施予遗忘指令后，要求被试继续用策略去努力遗忘词表 1 中的项目，结果发现有意遗忘效应出现了年龄差异，即老年人比年轻人诱发的遗忘更少；当指令转变为“忽略对词表 1 记忆的关注”时，老年被试比年轻被试更显著地减弱了对词表 1 单词的关注，即产生了显著的有意遗忘效应。Sahakyan 等认为遗忘策略在有意遗忘中具有重要作用，老年人有意遗忘能力的降低，主要表现在策略被有意应用于遗忘时，使得记忆痕迹增强，反而遗忘更加困难，而通过对情境转换和注意的转移（修改遗忘策略），会使老年人更好地产生有意遗忘效应，情境转换和注意的转移削弱了记忆编码的痕迹。

Collette 等 2014 年在 Gamboz 和 Russo 研究的基础上，进一步对比研究了年轻人（平均年龄 22 岁）和老年人（平均年龄 68 岁）在短时间和长时间两种编码条件下的有意遗忘效应，研究同样采用单字法，测量方法包括自由回忆、再认和记住/知道/猜测判断。结果发现，当两组被试处于不同的编码条件下（即记忆痕迹不同）时，老年人表现出比年轻人更弱的有意遗忘效应；当被试处于同一种编码条件下（即记忆痕迹相同）时，各任务上两组的结果都相似；在记住/知道/猜测判断上，年轻人对 TBR 信息能更好地提取，记住得更多。Collette 等认为，以往观察到的老年人有意遗忘水平的下降，并不是来自抑制能力的下降，可能是老年人和年轻人的记忆编码过程有所不同，具体表现为老年人对词表进行编码时会受到认知加工速度随年龄降低的影响，尤其是自动化地使用深层、精细的编码策略能力的下降，使其对 TBR 信息的加工不充分。老年人可以通过两个方面的加工来提高记忆痕迹的编码质量：一方面是增加对每个记忆项目的复述时间；另一方面是采取比年轻被试更好的项目信息编码策略，从而产生对 TBR 项目更精细的记忆。

同时，还有研究者使用抽象词和具体词材料对比研究年轻人（平均年龄 20 岁）和老年人（平均年龄 70 岁）有意遗忘的差异。研究使用单字法，在学习阶段给被试呈现抽象词和具体词，之后让被试完成自由回忆和再认任务（Sayar，2014），结果发现，年轻被试在自由回忆任务中回忆抽象词汇的成绩更好，而老年被试在自由回忆和再认任务中回忆具体词汇的成绩更好。Sayar 认为，在编码性质上，年轻人更容易对抽象性质的材料产生较高质量的记忆痕迹，而老年人更容易对具体性质的材料产生较高质量的记忆痕迹。

此外，Bastin 等在 2012 年对有意遗忘神经机制的 fMRI 研究中发现，在情景记忆中，TBR 项目的成功编码和提取会引发内嗅皮层、海马回、前内侧前额皮质、左下顶叶皮质、后扣带回皮质和楔前叶等区域的显著激活，从而支持联合编码和提取的深加工过程。相比之下，TBF 项目的成功编码则和抑制注意与执行控制脑区的激活显著相关（右中额叶和后侧顶叶皮质），项目正确再认和熟悉性记忆加工过程与自上而下的注意加工有关。依据再认的双加工模型（dual-process model），熟悉性代表对一个事件“旧”的感觉，该加工方式同后内侧丘脑的激活有关；自上而下的注意加工代表了目标驱动的内源性加工过程，该加工方式同后侧顶内沟和前扣带回的激活有关。Rizio 和 Dennis 在 2013 年的研究中认为，在左下前额叶和内侧颞叶的编码过程有助于进行记忆活动，但是在右上颞叶和右下顶叶的抑制过程有助于进行遗忘活动。

第六节　有意遗忘进程的认知神经科学研究

一、α 波的去同步化和背外侧前额叶的激活

在有意遗忘研究中，遗忘线索可以看作是损毁了已经形成的词表 1 的记忆表征。脑波的同步化和去同步化过程，反映了神经突触对记忆表征损毁的冲动反应。当遗忘线索指引被试忘记刚刚学过的词表时，α 波的波幅大幅度降低，并且遗忘线索引起的正确回忆的项目个数越少，α 波去同步化过程就越明显（Weiss & Rappelsberger，2000）。这说明遗忘线索干扰记忆表征的程度越高，大脑皮质对此的冲动反应就会越明显。还有一项脑电研究证据支持重置编码假设，脑波的同步化在词表 2 最初的几个项目中确实得到了加强，然而伴随着编码项目的增加，脑波特别是 α 波的波幅下降了（Hanslmayr et al.，2012a；Hanslmayr & Staudigl，2013）。

除了 α 波的去同步化过程，另一个明显的神经标记是背外侧前额叶的激活。研究发现，当遗忘线索出现后，左背外侧前额叶血氧含量的增强伴随着 α 波的去同步化过程（Weiss & Rappelsberger，2000；Juergen & Nikolai，2011）。经颅磁刺激的研究也发现，遗忘线索出现时，左背外侧前额叶的活动降低了同步化活动的强度，显著增加了有意遗忘的强度（Hanslmayr et al.，2012b）。

背外侧前额叶的激活表明，当词表 1 已经形成的记忆表征被遗忘线索损毁而消退时，大脑中形成了主动控制这些记忆表征不再被显著激活的信号，表现为 α 波的去同步化过程。即是说，遗忘线索提醒被试要主动压抑已经存储的词表 1 中

的记忆表征，词表 1 中的记忆表征受到了遗忘线索的干扰开始消退。那么，主动控制的过程的本质是什么？考虑到对有意遗忘线索的理论解释中抑制说和情境转换说均具有合理性，那么主动压抑体现的是抑制还是转换情境呢？有研究证据表明，在任务转换过程中，背外侧前额叶的激活也十分明显（Monsell，2003），所以在有意遗忘中，背外侧前额叶的激活体现了情境转换过程是具有合理性的。因为这一脑区的加工体现了从词表 1 的加工情境转换到一个新的词表 2 的加工情境的变化过程。然而，另外一种理解是，这一转换仅仅是从复述词表 1 的任务到不复述词表 1 的任务的转换过程。一项间接的证据表明，任务转换典型地诱发了在额顶区 θ 波更广频域内的同步化过程（Sauseng et al.，2006），而非 α 波的去同步化过程。Sauseng 等的这项研究提出的问题是，任务转换可能反映的仅仅是认知任务的变化，而非情境的显著变化。所以，还需要更直接的证据对比任务转换和情境转换任务所产生的脑区变化是否表现出相似的脑区激活，如果相似脑区的激活可以被证实，那么就不能排除任务转换反映了情境转换这一假设，进而就可以推论有意遗忘反映了情境转换过程的心理现实性。然而，不可忽视的是，任务转换也和抑制加工的脑区存在重合（Koch et al.，2010），综合来看，背外侧前额叶的激活到底反映的是何种认知加工，还需要进一步澄清。

二、项目法有意遗忘的认知神经证据

在项目法有意遗忘中，在每个单词编码后，呈现遗忘线索或者记忆线索。遗忘线索的作用有两种：一种是遗忘线索阻止了编码单词的进一步复述，使得其记忆痕迹发生了自然的消退；另一种是主动抑制编码单词的激活。当前认知神经科学的实证研究结果对这两种看法均有支持。例如，在项目法中逐词呈现时，相比记忆线索，在遗忘线索下对单词加工的脑部活动与顶上皮质或额上皮质在休息阶段的血氧含量活动呈正向显著相关，这反映了在遗忘线索下有更大的机遇使得脑部活动处于休息状态（Raichle et al.，2010）。这项研究足以表明，脑皮层中神经冲动的削弱是记忆痕迹自然消退的过程。根据这项研究的结果推论，当遗忘线索发生时，编码过的项目经历的认知负荷应少于需要继续记忆保持项目的负荷。一项行为研究的证据反驳了这种可能性，在执行有意遗忘任务，并需要同时完成次级任务，遗忘线索发生时，相比记忆线索发生时，被试经历了更多的认知负载，并且执行次级任务时反应更慢（Fawcett et al.，2008，2010）。

另外，也有充足的证据表明存在对遗忘线索的项目进行主动控制的压抑加工，压抑加工的过程更像主动抑制的过程。首先，在遗忘线索发出后，前额区活动明显。例如，在遗忘线索发出后，右背外侧前额叶皮质有持续的正向波活动（Paz-Caballero et al.，2004）。相比记忆线索下的项目加工，右上/中前额回（布罗德曼 9/10）、右顶下小叶（布罗德曼 40）在进行遗忘线索下的项目加工时被更强地激活（Wylie et al.，2008；Nowicka et al.，2011；Rizio & Dennis，2013）。其次，前额区的活动与海马活动有紧密关系。在成功遗忘词表中的每个单词时，右背外侧前额叶皮质的活动强度可以预测左海马活动强度的减弱（Rizio & Dennis，2013）。这更可能是反映了右侧额区对内侧颞叶的编码活动施加了执行控制，导致其编码活动的强度减弱。同时，颅内电位的研究也表明，相比记忆线索，对于忘掉的单词，海马前侧的活动减弱了；要求遗忘而在测验阶段却被成功提取的单词，在海马旁回区却产生了刺激后 500ms 的正电位；遗忘线索触发了位于皮层和海马之间的鼻腔皮层活动的增加（Ludowig et al.，2010）。总之，这些强有力的证据挑战了消极的痕迹消退的观点。遗忘线索发出后，前额区被激活，同时海马的活动出现同步减弱，表明前额区的神经元主动抑制编码过的项目的激活，使得单词的编码情境遭受抑制。

尽管抑制说得到了一些认知神经科学证据的支持，但还是有一项强有力的证据对其提出了质疑。Fawcett 和 Taylor 在 2010 年的实验中，将停止信号反应范式（stop signal paradigm）与有意遗忘范式（实验一）和返回抑制范式（实验二）融合。在实验一中，屏幕中央呈现单词后，接着给予遗忘线索（低音）或者记忆线索（高音），随后让被试尽可能快地对出现的单词进行按键反应（浅色的圆形，表示 go 信号）或者阻止按键反应（深色的圆形，表示 no-go 信号）。在实验二中，屏幕会并排呈现 3 个方框，中间的方框首先呈现注视点，接着在左或者右侧的方框中呈现学习的单词，随后给予遗忘线索（低音）或者记忆线索（高音）。最后，在出现相同一侧方框或者对侧方框中出现 go 信号（中间方框深色的圆形，左侧或右侧出现星号）或者 no-go 信号（中间方框浅色的圆形，左侧或右侧出现星号）。实验结果发现，无论学习的单词在屏幕中央（实验一）还是屏幕的两侧（实验二）出现，学习单词给予的是遗忘线索还是记忆线索，对 go 信号的反应都快于对 no-go 信号的反应，即阻止冲动反应导致反应时间的延迟不会受到刺激呈现位置和编码指令的影响。但是关键的发现是，在对 no-go 信号进行反应时，遗忘线索下的反应速度与记忆线索下的反应速度差异不显著，这说明遗忘线索加快了停止信号反应的速度。如果抑制说是正确的，那么遗忘线索起到的应该是阻止学习项目激活的作用，导致项目的加工速度变慢，然而实验结果却相反。研究者认为，在编码阶段，当遗忘线索给出后，使得分配给被试学习单词的注意资源减少，当需要进行 no-go 信号反应时，减少的注意资源足以对出现的单词给予不按键反应。研究者认为遗忘线索对编码项目的加工是减少注意资源的过程，而非停止动作反应的抑制过程。

下篇

实证研究篇

本篇将从不同角度详细考察有意遗忘是如何影响学习的。工作记忆与有意遗忘之间存在紧密的联系，第四章考察了工作记忆中客体细节是如何比较的，随后在一些实证研究条件下充分研究了工作记忆对有意遗忘的影响，将其作为协变量或者控制变量予以考察。在其余的章节中，分别在合作学习情境、错误记忆、逆行记忆、语篇阅读、情境转换、听觉干扰、注意转换等条件下考察了有意遗忘是如何影响学习进程和学习效果的。

第四章 不同工作记忆容量下视觉客体细节比较的 ERP 研究

第一节 研究背景

保持工作记忆容量是视觉工作记忆表征的重要表现。在复杂的生活场景中，视觉工作记忆的容量是保持稳定的，已有研究证实视觉工作记忆只能精确地存储 3～4 个目标（Luck et al.，1997）。考察工作记忆容量使用最为广泛的一种研究范式是变化察觉范式（change detection paradigm）。

1974 年，Phillips 提出了变化察觉范式。该范式包括以下三个阶段：①样本序列阶段——向被试呈现一个或一组由一个特征（如圆形）或多个特征（如绿色圆形）组成的视觉刺激或样本序列；②保留间隔阶段（inter-stimuli interval，ISI）——记忆项消失后，屏幕只呈现背景色而无任何视觉信息，通过操纵此阶段的时间来测量被试保持记忆内容的时间；③检测序列阶段——向被试呈现一个或一组视觉刺激，要求被试判断检测项目与记忆中的刺激相比是否发生了变化，并做出“相同”或“不同”的反应。变化察觉范式通过正确记忆项目之后，将记忆表征与指定信息进行比较，才能做出正确反应。然后，操纵记忆项目的复杂程度或项目集合容量，观测错误数量的变化情况，以测量视觉工作记忆容量。Vogel 等在 2007 年采用固定掩蔽范式（consolidation masking paradigm）考察视觉工作记忆容量。固定掩蔽范式是在测试序列之后出现一个掩蔽，掩蔽能够损害变化觉察的准确率，使用这一范式可以考察不同工作记忆容量中客体的保持是如何受到掩蔽影响的。

Luck 和 Vogel 在 1997 年使用一次性变化察觉任务（one-shot change detection task）测量视觉工作记忆容量。研究中所使用的项目都是高亮、阈上颜色的高分辨率项目。这种要求的项目能保证研究限制的确实是记忆存储容量而不是知觉或判断标准等其他因素。使用集合容量 1～3 个项目组成的序列进行实验，研究结果均是随着集合容量的增大，准确率下降。最后，Luck 等认为视觉工作记忆容量可能非常有限——大概可以精确地存储 3～4 个目标，并且在发音抑制言语工作记忆的研究中也得到了同样的研究结果。

第二节　问题的提出

在工作记忆客体的比较过程中，既有有限容量的比较，又有无限容量的比较。Hyun 等在 2006 年的研究中，将颜色这一视觉客体特征作为线索，同时操纵客体方向的变化。研究者发现，客体的方向变化对颜色知觉的 N2pc 的波幅值和潜伏期产生了显著影响。高在峰（2009）的研究发现，即使无关维度在行为结果上不存在差异，在 N270 成分的波形上也会表现出工作记忆表征和知觉信息之间的冲突，即知觉阶段客体的部分特征会在视觉工作记忆中得到进一步的加工。

在本研究中，实验一采用变化觉察范式考察在视觉客体工作子集内有限容量和无限容量比较过程中，可能存在的 N2pc 和 N270 脑电成分的变化。研究二采用 Vogel 等提出的固定掩蔽范式来研究有限容量比较过程的机制（Vogel et al.，2006）。实验二，关注的脑电指标是 P3。P3 往往被认为与最终决策过程有关。如果有限容量的比较过程是决策过程，那么在视觉客体工作记忆和视知觉表征形成后及时掩蔽，就能保证反映无限容量比较过程的 N2pc 不受掩蔽的影响，而反映有限容量比较过程的 P3 的波幅会受到掩蔽的影响，正确率下降。

如果容量的比较过程是决策的过程，那么决策的依据是什么？容量比较过程可能是视觉工作记忆中视知觉客体细节信息的比较过程，即客体的细节是决策依据。如果使用含有细节的项目作为研究材料，若出现的 N2pc 伴随着比较项目数目的增加保持恒定，则说明细节对无限容量的比较过程没有影响。因为刺激的物理属性对 P3 波幅的影响较小，注意对 P3 的波幅有显著影响，所以在项目数相同的情况下，细节项目的增多不会使 P3 的波幅增大，则说明有限容量比较过程的职能是对细节信息进行加工。这验证了有限容量比较过程是通过对细节进行比较来做出判断的。两个实验的主要研究目的是探索视觉客体工作记忆子系统内部容量比较的认知过程。

第三节 实验一：变化觉察任务中测试序列变化项目的注意转移

一、方法

（一）被试的选取

被试为 16 名在校大学生，因为 1 名被试的数据无法剔除伪迹，故被剔除，最终有 15 人的数据为有效数据。被试视力或矫正视力均正常，色觉正常，左利手，年龄为 18～27 岁；身体健康，无神经系统疾病，无脑部病史，无精神病史；以前未参加过类似研究，研究完成后获得少量报酬。

（二）实验仪器和材料

研究使用的显示器为 17 英寸①液晶显示器，显示器分辨率为 1280×1024，刷新频率为 75Hz。ERP 使用 Neuroscan 公司的 Quik-Caps Medium 32 导氯化银电极帽，使用 Scan Version 4.3 系统记录脑电。研究在微暗照明的暗室中进行，被试双眼距离显示器 100cm。研究过程中，请被试尽量减少身体的移动，其眼睛与屏幕中央的白点齐平。

所有视觉刺激呈现在灰色（RGB：128）的背景上，样本序列和测试序列都包含 6 个项目，每个项目的大小为 0.39°×0.39°。6 个项目的呈现位置随机选择后保持不变。项目均用 Adobe Photoshop C5 软件编制，颜色分为红色（R：162，G：0，B：22）和绿色（R：32，G：120，B：18）两种，形状有圆形和五角星形。项目呈现于两个 3.3°×6.0°的范围内，这两个范围分别位于距离中心白（RGB：241）点 1.57° 的两侧。要求被试双手握住鼠标，用两手的拇指按鼠标的左右键进行反应，左右反应平衡设计。样本序列中记忆项以何种颜色开始，也进行平衡设计。

① 1 英寸≈0.0254 米。

（三）实验程序

该实验使用 3（集合容量：2、3、4）×2（trial 类型：变化、无变化）的被试内设计。基于 Luck 等的研究，我们认为视觉工作记忆表征和视知觉信息之间的比较是变化察觉任务的一个关键组成部分。采用变换察觉任务进行研究，实验流程如图 4-1 所示。

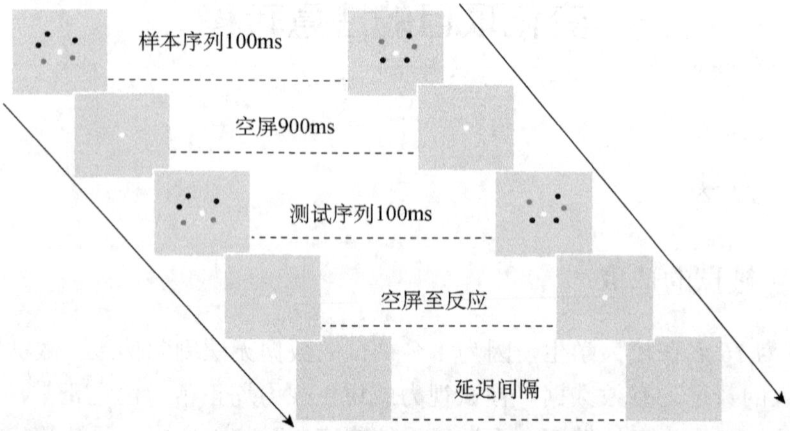

图 4-1 实验一刺激呈现示意图

正式研究共 540 个 trial，分为 4 个 block，其中 2 组为测试序列和样本序列相同，另 2 组为测试序列和样本序列不相同。测试序列和样本序列相同的 block 每个包含 90 个 trial，所以 180 个 trial 平均分配到集合容量上，每个集合容量有 60 个 trial。测试序列和样本序列不相同的 block 每个包含 180 个 trial，其中 90 个 trial 变化在左视野，90 个 trial 变化在右视野，每个视野上各集合容量也保证 60 个 trial。达到测试序列的 2/3 trial 是变化的，1/3 trial 是没有变化的。根据随机数码表安排变化出现的位置。每个 trial 的呈现顺序和时间安排为：样本序列 100ms，空屏 900ms，测试序列 100ms，空屏直到被试按鼠标的左、右键进行反应。

测试序列和样本序列相同的两个 block 分别使用红色、绿色作为线索，项目数（2～4 个）随机呈现。两组有测试序列和样本序列不同的 block 中，1 个 block 使用红色作为线索，红色项目数（2～4 个）随机呈现，每一 trial 中只有 1 个红色项目的形状发生改变；1 个 block 使用绿色作为线索，绿色项目数（2～4 个）随机呈现，每个 trial 中只有 1 个绿色项目的形状发生改变；非注意项目不会改变。

指导语中规定 block 中需要注意的项目颜色，所以 4 个 block 有两种指导语。正式研究开始之前，被试进行充分的练习。练习与正式研究部分的要求完全相同。使用 E-prime2.0 收集被试任务完成的正确率和反应时。在数据收集完毕之后，检查数据的有效性，并将数据导入统计软件 SPSS19.0 中进行分析，并对不满足球形检验的统计效应采用 Greenhouse-Geisser 法矫正 p 值。

（四）脑电记录

使用 32 导电极帽，记录数据以右侧乳突为参考电极，离线数据分析时转换为左、右乳突平均参考。水平眼电（horizontal electrooculogram，HEOG）是通过双眼外侧 2 个水平电极监控眼动。垂直眼电（verical electrooculogram，VEOG）是通过左眼上下 2 个电极监控眨眼。使用 NuAmps Digital 7181 型放大器放大，滤波带宽为 0.01～80Hz，A/D 采样率为 250Hz。每个电极的电阻需要降低到 5 kΩ 或者更低。单个被试的数据有 25%以上（含 25%）无效，被剔除。为了保证变化项目确实存储在记忆中，剔除行为数据中错误反应试次相对应的脑电部分。

研究关心的是 N2pc 和 P3 这两个脑电成分。N2pc 一般是只在对侧（项目出现的视野与电极的位置是对侧）150～300ms 出现的一个负波。对 N2pc 成分的分析，采用对侧减无变化或同侧（项目出现的视野与电极的位置是同侧）减无变化。这种相减的方法可以排除与变化觉察没有关系的 ERP 成分，直接比较同侧和对侧的反应。在分析 N2pc 的潜伏期时，只选择对侧波形进行分析，对集合容量和导联进行重复测量方差分析。对侧波是通过以下过程获得的（以 T5、T6 电极为例）：叠加变化项目在左侧时 T6 上的脑电与变化项目在右侧时 T5 上的脑电，获得对侧脑电波形。时间锁定在测试序列开始。与峰振幅相比，平均振幅对噪声的敏感度更低，对 N2pc 波幅采用平均振幅测量。在总平均之后确定时间窗口，但由于个别被试差异较大，对个别被试的时间窗口放宽，个别被试的时间窗口最大范围为 150～300ms。P3 成分分析的方法与 N2pc 成分分析的方法相同，不同的是，P3 是同侧和对侧都会在 300ms 左右出现的正波。所以对于 P3，个别被试的最大范围时间窗口为 250～600ms。离线数据采用 Scan4.5 分析，波幅在±80μV 区间之外的 trial 在叠加前剔除，截取 200～600ms 的脑电，以刺激呈现前 200ms 为脑电的基线进行分析。

二、实验结果与分析

行为数据结果如表 4-1 所示。

表 4-1　不同 trial 类型下 3 种集合容量的反应时　　单位：ms

反应时	变化		无变化	
	M	*SD*	*M*	*SD*
集合容量 2	380.97	65.79	407.37	47.97
集合容量 3	452.10	42.27	418.09	65.61
集合容量 4	489.89	68.08	422.11	64.31

对反应时和正确率分别进行 3（集合容量：2、3、4）×2（trial 类型：变化、无变化）的两因素重复测量方差分析，结果发现，集合容量主效应显著，F（2，28）= 39.01，p<0.01，随着集合容量的增加，反应所需要的时间也相应增加；trial 类型主效应显著，F（1，14）=5.17，p<0.05；trial 类型和集合容量之间的交互作用显著，F（2，28）=14.76，p<0.01；进一步的简单效应检验发现，变化 trial 中随着项目数的增加，反应时增加显著，F（2，28）=38.99，p<0.01，无变化 trial 中随着项目数的增加，反应时增加不显著，F（2，28）=1.176，p>0.05。在集合容量为 3 和 4 的 trial 上，无变化的反应时比变化的反应时短，表现出同快效应（fast-same effect）。

不同条件下正确率的结果如表 4-2 所示。研究结果显示，集合容量主效应显著，F（2，28）=25.55，p<0.01，随着集合容量的增加，正确率下降；trial 类型主效应不显著，F（1，14）=3.02，p>0.05；trial 类型和集合容量之间的交互作用显著，F（2，28）=20.86，p<0.01；进一步的简单效应检验发现，变化 trial 中随着项目数的增加，正确率降低显著，F（2，28）= 60.73，p<0.01，无变化 trial 中随着项目数的增加，正确率降低不显著，F（2，28）= 0.37，p>0.05。

表 4-2　不同 trial 类型下 3 种集合容量的正确率　　单位：%

正确率	变化		无变化	
	M	*SD*	*M*	*SD*
集合容量 2	98.87	0.98	95.77	2.14
集合容量 3	93.17	2.92	95.08	2.78
集合容量 4	90.06	3.80	94.94	4.57

脑电数据结果如下。

为了独立出测试序列变化觉察相关的 ERP 成分，采用对侧减无变化或同侧（项目出现的视野与电极的位置是同侧）减无变化。同时，脑电数据的统计均使用相减之后的波形计算潜伏期和波幅，后面两个研究的脑电数据处理与此相同。

对 N2pc 的潜伏期进行 3（集合容量：2、3、4）×2（电极点：T5、T6）的重复测量方差分析，结果发现，集合容量主效应不显著，F（2，28）=0.53，p>0.05，集合容量为 2、3、4 的潜伏期分别为 190ms、192ms、185ms，N2pc 的潜伏期表现出集合恒定；电极点主效应显著，F（1，14）=5.27，p<0.05，因为在对数据进行统计之前，已经对同侧和对侧电极进行了叠加，T5 代表同侧脑电潜伏期，T6 代表对侧脑电潜伏期，T5 与 T6 之间的显著差异表明了 N2pc 的存在；集合容量与电极点之间的交互作用不显著，F（2，28）=2.38，p>0.05。波幅的集合容量差异不显著，F（2，28）=0.98，p>0.05；电极点主效应显著，F（1，14）=13.74，p<0.05；

集合容量与电极点之间的交互作用不显著，F（2，28）=2.42，p>0.05。N2pc 在集合容量为 2、3、4 时，潜伏期和振幅均无显著差异，表明是跨集合恒定，从而证明了在视觉信息和视觉工作记忆的比较过程中，存在一个无限容量的比较过程。

对 P3 的潜伏期进行 3（集合容量：2、3、4）×2（电极点：T5、T6）的两因素重复测量方差分析，结果发现，集合容量主效应显著，F（2，28）=8.48，p<0.05，集合容量为 2、3、4 的潜伏期分别为 332ms、327ms、365ms，集合容量在 P3 的潜伏期上差异显著；电极点主效应不显著，F（1，14）=0.84，p>0.05；集合容量与电极点之间的交互作用不显著，F（2，28）=1.14，p>0.05。波幅的集合容量差异不显著，F（2，28）=1.06，p>0.05；电极点主效应显著，F（1，14）=20.59，p<0.05；集合容量与电极点之间的交互作用不显著，F（2，28）=3.11，p>0.05。

三、讨论

本研究结果显示，在视知觉和视觉工作记忆比较的过程中，确实存在有限容量和无限容量的比较过程。N2pc 恒定的潜伏期表明，确实存在无限容量的比较过程。研究中，N2pc 成分表现出来的潜伏期、波幅值都与特征出现的视觉搜索研究结果相一致。当搜索的目标转换为缺失特质时，N2pc 的成分渐缓，时间延后。这种不同暗示着从测试序列开始到注意转移之间的时间总和变化性是很强的。这种时间范围的变化可以被认为是有限容量的过程。因此，变化觉察任务中对变化的察觉与视觉搜索任务中对目标特质出现的察觉是非常相似的。

相对而言，集合容量在 P3 潜伏期上的显著差异和反应时都证明，存在着第二个比较过程——一个随着集合容量增加而改变的有限容量的比较过程。如前所述，这可能是集合容量的变化调动了注意资源的分配。集合容量增大并没有使花费的时间增加特别多，可能是由于这个过程只是将注意到的项目与视觉工作记忆表征进行比较，而不是连同其他的项目一起进行比较。这个阶段进行的是比较视知觉信息的过程和视觉工作记忆过程，理由是当视觉工作记忆表征的信息量增加时，反应时间也相应地延长。当然被试可能不会只比较注意的项目，也可能是进行了一遍重复检查，即使这种完全的重复检查看起来没什么意义。

还有一个值得考虑的问题：无限容量和有限容量是相互独立的两个过程，还是在无限容量比较的过程中就已经开始了有限容量的比较？下面的研究在实验一的基础之上加入掩蔽，试图打断有限容量的比较过程。

第四节　实验二：视觉客体工作记忆容量比较过程的研究

一、方法

（一）被试的选取

被试为16名在校大学生，年龄为18～27岁，视力或矫正视力正常，无视力损伤。

（二）实验仪器和材料

研究使用的器材、研究操作的环境均与实验一相同。

视觉刺激呈现在灰色（RGB：128）的背景上，样本序列和测试序列都包含6个项目，每个项目的大小为0.39°×0.39°。6个项目的呈现位置随机选择后保持不变。项目均用Adobe Photoshop C5软件编制，颜色分为红色（R：162，G：0，B：22）和绿色（R：32，G：120，B：18）两种，形状有圆形和五角星形。项目呈现于两个3.3°×6.0°的范围内，这两个范围分别位于距离中心白（RGB：241）点1.57°的两侧。掩蔽四色正方形由4个0.35°×0.35°的小正方形组成，颜色为黑色（R：66，G：66，B：66）、蓝色（R：15，G：35，B：180）、青色（R：64，G：120，B：159）、红色（R：162，G：0，B：22）。对被试的反应要求同实验一。

（三）实验程序

该实验使用2（trial类型：变化、无变化）×2（掩蔽类型：掩蔽、无掩蔽）的被试内设计。采用Vogel等提出的固定掩蔽范式。固定掩蔽范式是在测试序列之后出现一个掩蔽，掩蔽能够损害变化觉察的准确率。在测试序列之后加一个掩蔽，在样本序列之后有足够的延时，N2pc对应的无限容量成分应该不受掩蔽的影响，而有限容量的比较这一过程将会受到影响，表现为P3和反应时被掩蔽影响，变化察觉的准确率下降。

该实验为了达到分离有限容量和无限容量两个比较过程的目的，在保证样本序列已经形成视觉工作记忆表征的前提下，希望在无限容量比较过程完成的同时，对掩蔽有限容量进行比较，所以选择呈现测试序列 50ms，延迟 50ms 后掩蔽。实验流程如图 4-2 所示。

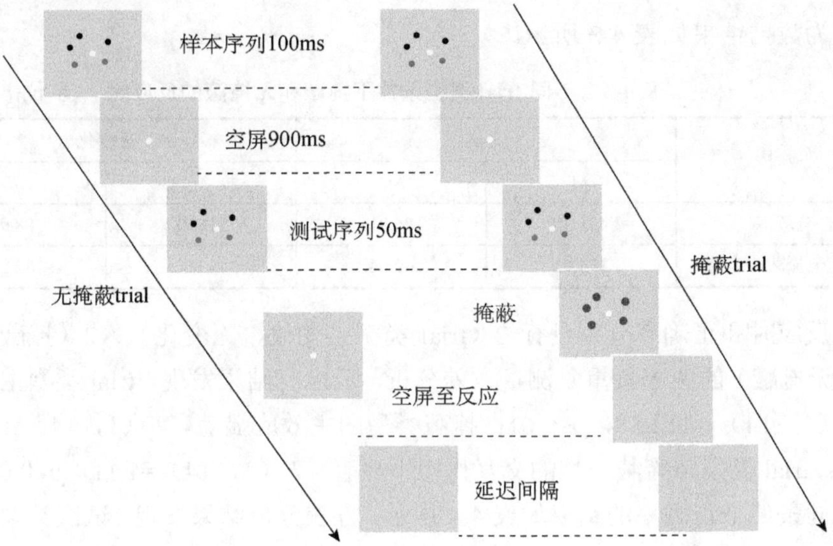

图 4-2 实验二流程图

正式研究共 360 个 trial，分为 6 个 block，其中 3 组有掩蔽，另 3 组无掩蔽。在掩蔽的 3 个 block 中，1 个 block 为测试序列和样本序列相同，2 个 block 为测试序列和样本序列不相同；在 2 个测试序列和样本序列不同的 block 中，1 个为变化在左视野，1 个为变化在右视野。在无掩蔽的 3 个 block 中，1 个 block 为测试序列和样本序列相同，2 个 block 为测试序列和样本序列不相同；在 2 个测试序列和样本序列不同的 block 中，1 个为变化在左视野，1 个为变化在右视野。达到测试序列的 2/3 trial 是变化的，1/3 trial 是没有变化的，同时保证每种条件下有 60 个 trial。trial 的呈现顺序和时间安排有以下两种：第一种，呈现样本序列 100ms，空屏 900ms，测试序列 50ms，空屏直到被试按键反应；第二种，呈现样本序列 100ms，空屏 900ms，测试序列 50ms，延迟间隔掩蔽 50ms，空屏直到被试按键进行反应。

测试序列和样本序列的安排等与实验一相同。

（四）脑电记录

脑电记录方法与实验一相同。

二、实验结果与分析

行为数据结果如表 4-3 所示。

表 4-3　不同 trial 类型条件下掩蔽和无掩蔽的反应时　　单位：ms

反应时	变化		无变化	
	M	*SD*	*M*	*SD*
掩蔽	431.39	86.81	516.88	88.98
无掩蔽	374.05	69.04	443.85	82.22

对反应时和正确率分别进行 2（trial 类型：变化、无变化）×2（掩蔽类型：掩蔽、无掩蔽）的两因素重复测量方差分析，反应时结果发现，trial 类型主效应显著，F（1，14）= 112.38，p<0.01；掩蔽类型的主效应显著，F（1，14）= 70.75，p<0.01；trial 类型与掩蔽类型的交互作用不显著，F（1，14）=1.11，p>0.05。

不同条件下正确率的结果如表 4-4 所示。方差分析结果发现：试次类型主效应显著，F（1，14）= 26.23，p<0.01；掩蔽类型的主效应显著，F（1，14）= 38.93，p<0.01，掩蔽条件下的正确率显著降低；trial 类型与掩蔽类型的交互作用显著，F（1，14）=21.16，p<0.01。简单效应的分析表明，在正确率上，trial 类型的主效应显著，F（1，14）= 61.34，p<0.01；掩蔽类型的主效应显著，F（1，14）=34.83，p<0.01；trial 类型与掩蔽类型的交互作用显著，F（1，14）= 9.30，p<0.05。掩蔽 trial 条件下的正确率在 80%以上，可能是因为发生了基于内隐学习的判断过程。

表 4-4　不同 trial 类型条件下掩蔽和无掩蔽的正确率　　单位：%

正确率	变化		无变化	
	M	*SD*	*M*	*SD*
掩蔽	94.12	4.16	82.05	6.40
无掩蔽	98.89	1.25	94.17	5.80

脑电数据结果如下。

对 N2pc 的潜伏期进行 2（掩蔽类型：掩蔽、无掩蔽）×2（电极点：T5、T6）的重复测量方差分析，结果发现，掩蔽类型主效应不显著，F（1，14）=1.90，p>0.05，说明掩蔽的存在对 N2pc 的潜伏期没有影响，即掩蔽不会影响无限容量的比较过程；电极点主效应不显著，$F(3, 42)=1.42$，$p>0.05$；集合容量与电极点之间的交互作用显著，$F(3, 42)=4.24$，$p<0.05$。波幅的集合容量差异不显著，$F(1, 14)=0.32$，$p>0.05$；电极点主效应显著，$F(3, 42)=15.77$，$p<0.01$；集合容量与电极点之间的交互作用不显著，$F(3, 42)=2.61$，$p>0.05$。研究结果表明：在掩蔽条件下，不同集合容量的潜伏期没有发生显著变化。

对 P3 的潜伏期进行 2（掩蔽类型：掩蔽、无掩蔽）×2（电极点：T5、T6）的重复测量方差分析，结果发现，掩蔽类型的主效应不显著，$F(1, 14)=2.42$，$p>0.05$；电极点主效应不显著，$F(3, 42)=2.80$，$p>0.05$；掩蔽类型与电极点之间的交互作用不显著，$F(1, 14)=3.23$，$p>0.05$。P3 波幅的掩蔽效应显著，$F(1, 14)=7.99$，$p<0.05$；电极点主效应不显著，$F(1, 14)=0.25$，$p>0.05$；集合容量与电极点之间的交互作用不显著，$F(1, 14)=2.04$，$p>0.05$。P3 潜伏期上掩蔽的主效应不显著，表明加入掩蔽后，第二个比较过程开始的时间不会发生改变，这说明加入的掩蔽没有引入新的加工过程。已经经过相减的 P3 波幅值上的显著差异则说明，掩蔽的过程成功地干扰了第一个比较过程的进行，从而证明两个比较过程是相互独立的。

三、讨论

虽然和预期中被试完全不能看清楚测试序列的内容相反，15 名被试中有 8 人报告能够看清楚测试序列的内容，但在正确率上仍然存在显著差异，掩蔽类型准确率低于无掩蔽类型。因此，实验二的结果表明，在比较过程中插入掩蔽能够有效地阻断有限容量的比较过程。N2pc 的潜伏期没有受到掩蔽的影响，而 P3 和行为反应时、正确率均受到了影响，那么反应时的增加、正确率的降低都应该是发生在有限容量的比较的过程中。同时，这也暗示着在掩蔽出现之前，第一个比较过程就相应地结束了。而被试报告测试序列的内容能够看清楚并且掩蔽 trial 的准确率在 80%以上，则证明被试能够对测试序列进行加工。那么，无限容量的比较过程就应该是与视觉客体工作记忆存储同时发生的。第二个比较过程是在完成视知觉表征之后才开始进行的。第二个过程是第一个过程的延续，但两个过程在加工时间进程上没有相互交叠。在研究安排上，能够保证成功表征视觉工作记忆和视知觉信息。从 N2pc 成分来看，第一个无限容量的比较过程能够顺利执行，并且比较过程几乎不涉及决策过程。但从 P3 成分的潜伏期来看，第二个有限容量的比较过程确实受到了掩蔽的影响，这可能是掩蔽破坏了决策过程导致的。从行为数据的结果来看，加入掩蔽本身可能会使认知加工时间变长，但在掩蔽类型上，在无掩蔽 trial 的正确率显著高于掩蔽 trial 的结果可以表明，决策阶段的判断依据被破坏。而掩蔽的主要作用就是干扰信息的进一步加工，这就不得不进一步检验细节信息是否是第二个比较过程的比较内容。实验三的研究目的就是解答这个问题。

第五节　实验三：视知觉细节信息、基本信息在比较过程中的机制研究

一、方法

（一）被试的选取

被试为 16 名在校大学生，年龄为 18～27 岁，视力或矫正视力正常，无视力损伤。

（二）实验仪器和材料

研究使用的器材、研究环境同实验一。

屏幕背景为灰色（RGB：128），使用圆环状兰道环作为细节信息。样本序列和测试序列都包含 6 个项目，每个项目的大小为 0.39° ×0.39°。6 个项目的位置随机选择后保持不变。项目均用 Adobe Photoshop C5 软件编制，颜色分为红色（R：162，G：0，B：22）和绿色（R：32，G：120，B：18）。兰道环边厚 0.1cm，开口大小 0.1°，开口方向有 0°、270° 两种。项目呈现于两个 3.3° ×6.0° 的范围内，这两个范围分别位于距离中心白（RGB：241）点 1.57° 的两侧。被试反应要求同实验一。

（三）实验程序

实验程序如图 4-3 所示，除了使用兰道环代替圆形，其他均与实验一相同。对被试的反应要求同实验一。

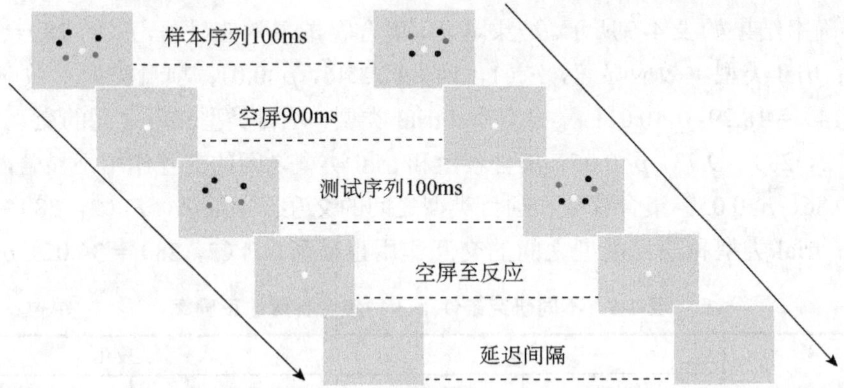

图 4-3 实验三流程图

（四）脑电记录

除去个别被试 N2pc 的最大时间窗口范围为 200～300ms 外，其余均与实验一相同。

二、实验结果与分析

行为数据结果如下。

因研究安排均与实验一的研究相同，所以将实验一的研究结果作为基本信息的数据。对反应时和正确率分别进行 3（集合容量：2、3、4）×2（trial 类型：变化、无变化）×2（项目类型：细节信息、基本信息）的三因素重复测量方差分析，反应时结果如表 4-5 所示。方差分析结果显示：集合容量主效应显著，F（2，28）= 78.83，$p<0.01$；trial 类型主效应不显著，F（1，14）= 0.61，$p>0.05$；项目类型主效应显著，F（1，14）=30.52，$p<0.01$；集合容量、trial 类型、项目类型三者之间的交互作用不显著，F（2，28）=1.06，$p>0.05$；集合容量和 trial 类型之间的交互作用显著，F（2，28）=30.66，$p<0.01$；集合容量和项目类型之间的交互作用显著，F（2，28）=11.85，$p<0.05$；trial 类型和项目类型之间的交互作用也显著，F（1，14）= 37.80，$p<0.01$。

表 4-5 不同研究条件下 3 种集合容量的反应时 单位：ms

反应时	变化				无变化			
	细节信息		基本信息		细节信息		基本信息	
	M	*SD*	*M*	*SD*	*M*	*SD*	*M*	*SD*
集合容量 2	445.66	75.93	380.97	65.79	522.99	65.55	407.37	47.97
集合容量 3	472.27	66.23	452.10	42.27	563.14	58.53	418.09	65.61
集合容量 4	490.39	72.23	489.89	68.08	577.29	51.86	422.11	64.31

正确率结果如表 4-6 所示。结果显示，集合容量主效应显著，$F(2, 28) = 16.27$，$p<0.01$；trial 类型主效应显著，$F(1, 14) = 23.46$，$p<0.01$；项目类型主效应显著，$F(1, 14) = 18.29$，$p<0.01$；集合容量、trial 类型、项目类型三者之间的交互作用显著，$F(2, 28) = 9.73$，$p<0.05$；集合容量和 trial 类型之间的交互作用不显著，$F(2, 28) = 0.86$，$p>0.05$；集合容量和项目类型之间的交互作用显著，$F(2, 28) = 3.61$，$p<0.05$；trial 类型和项目类型之间的交互作用也显著，$F(2, 28) = 36.02$，$p<0.01$。

表 4-6　不同研究条件下 3 种集合容量的正确率　　单位：%

正确率	变化				无变化			
	细节信息		基本信息		细节信息		基本信息	
	M	*SD*	*M*	*SD*	*M*	*SD*	*M*	*SD*
集合容量 2	96.04	3.47	98.87	0.98	86.26	8.36	95.77	2.14
集合容量 3	94.49	5.41	93.17	2.92	79.37	11.08	95.08	2.78
集合容量 4	92.97	6.21	90.06	3.80	81.47	6.64	94.94	4.57

脑电数据结果如下。

对 N2pc 的潜伏期进行 3（集合容量：2、3、4）×2（电极点：T5、T6）×2（项目类型：细节特质、基本特质）的三因素测量方差分析，结果发现，集合容量主效应不显著，$F(2, 28) = 0.05$，$p>0.05$；电极点主效应显著，$F(1, 14) = 26.166$，$p<0.01$；项目类型主效应显著，$F(1, 14) = 47.27$，$p<0.05$，这说明 N2pc 潜伏期的开始时间在细节特质和基本特质这两种项目类型上存在差异；集合容量、电极点、项目类型三者之间的交互作用不显著，$F(2, 28) = 2.13$，$p>0.05$，这说明虽然在两种项目的加工上，N2pc 潜伏期开始的时间存在差异，但在项目类型的两个水平上，潜伏期开始的时间恒定；集合容量和电极点之间的交互作用不显著，$F(2, 28) = 1.36$，$p>0.05$，这说明同侧、对侧脑电和集合容量之间没有交互作用；集合容量和项目类型之间的交互作用不显著，$F(2, 28) = 0.59$，$p>0.05$；电极点和项目类型之间的交互作用不显著，$F(2, 28) = 3.68$，$p>0.05$。对于 N2pc 波幅而言，集合容量的主效应不显著，$F(2, 28) = 1.36$，$p>0.05$；电极点主效应显著，$F(1, 14) = 129.68$，$p<0.01$；项目类型主效应显著，$F(1, 14) = 4.78$，$p<0.05$，这说明项目类型的两个水平在 N2pc 波幅上有显著差异；各项均无交互作用。

对 P3 的潜伏期进行 3（集合容量：2、3、4）×2（电极点：T5、T6）×2（项目类型：细节信息、详细信息）的三因素重复测量方差分析，结果发现，集合容量主效应显著，$F(2, 28) = 7.19$，$p<0.05$；电极点主效应不显著，$F(1, 14) = 4.31$，$p>0.05$；项目类型主效应显著，$F(1, 14) = 192.372$，$p<0.05$；集合容量、电极点、项目类型三者之间的交互作用不显著，$F(2, 28) = 0.33$，$p>0.05$；集合容量和电极点之间的交互作用不显著，$F(2, 28) = 1.89$，$p>0.05$；集合容量和项目类型之间的交互作用不显著，$F(2, 28) = 0.21$，$p>0.05$；电极点和项目类型之间的交互作用显著，$F(1, 14) = 5.14$，$p<0.05$，这说明脑电的同侧、对侧和项目类型之间有交互作用。对于 P3 波幅而言，集合容量的主效应不显著，$F(2, 28) = 0.61$，$p>0.05$；电极点主效应显著，$F(1, 14) = 6.31$，$p<0.05$；项目类型主效应不显著，$F(1, 14) = 0.22$，$p>0.05$；只有电极点和项目类型之间的交互作用显著，$F(1, 14) = 7.15$，$p<0.05$。

三、讨论

研究结果显示，反应时和正确率均在项目类型上差异显著，细节信息比基本信息项所需要的反应时更长，正确率更低。这与 Johnson 等的研究结果一致，他们认为简单并且规则的特质容易记忆，从而能提高觉察变化的成功率（Johnson et al.，2009）。实验三中 N2pc 和 P3 的潜伏期、波幅在集合容量上的统计结果与实验一一致，表明视觉客体工作记忆表征和视知觉信息的比较过程均存在无限容量和有限容量的比较。

N2pc 的潜伏期和振幅在项目类型上均存在显著差异，并且都在细节信息水平上显著高于基本信息水平，但在细节信息和基本信息两个水平上集合容量又都存在显著差异。这说明无限容量的比较过程不是以细节信息作为标准，但是细节信息会增加无限容量比较过程的负荷。这有可能是因为细节的增加使得注意资源消耗相对增多，造成了潜伏期提前。但通过研究结果能够清晰地判断，即使是注意资源有所增加，这个比较的过程也始终是平行搜索过程，即是无限容量的比较过程。N2pc 潜伏期和波幅的显著差异证明，细节信息能够制约无限容量的比较过程，但不能否认无限容量比较过程的存在。Alvarez 和 Cavanagh 认为，波幅的平缓程度能够代表信息的加工深度。从实验三的 N2pc 波幅值来看，能够发现细节信息 trial 的波形更为平缓，可见加工的深度并没有增加，反而是对细节的加工有所减少。由此可见，细节信息并不是无限容量比较的内容范围（Alvarez et al.，2004）。

P3 潜伏期在项目类型上差异显著，细节信息潜伏期开始的时间早于基本信息潜伏期。P3 的潜伏期随任务难度的增加而延长，因此与基本信息相比，细节信息任务反而更容易完成。P3 波幅的差异不显著，说明细节信息和基本信息在需要注意的资源上没有差异，表明有限容量比较过程能够对细节信息进行有效的加工，所以不会造成波幅上的差异。但需要注意的是，细节信息的波形更为陡峭，表明加工程度较深。综合 P3 潜伏期和波幅，可以判断细节信息是有限容量的比较内容，从而证实了实验三对细节信息是有限容量比较过程内容的假设。

第六节 综合讨论

一、有限和无限工作记忆容量视觉信息的比较过程

以往的研究大多将颜色作为视觉客体工作记忆的一部分，将方向作为视觉空间工作记忆的一部分，验证视觉系统是否能够通过有限和无限容量的比较过程，以完成视知觉信息和视觉工作中表征的比较。在这个前提基础上，本章尝试独立探讨视觉客体工作记忆内部验证了视觉工作记忆表征和视知觉信息在比较过程中分为无限容量和有限容量两个部分，并且研究结果理想，能够证明这种尝试的可行性。

三个实验研究以通过控制视觉客体工作记忆中存储客体的数量，来实现比较过程的容量改变，诱发 N2pc、P3 的潜伏期、波幅的改变。在行为数据方面，以反应时、正确率作为指标。

实验一发现，在集合容量 3、4 上，无变化的 trial 比变化 trial 反应时短，即出现了同快效应。同快效应的出现表明，研究的基本前提——变化觉察任务是一种特殊的视觉搜索成立。N2pc 的潜伏期在不同集合容量下保持稳定，表明在视觉客体工作记忆表征比较视知觉信息的过程中，存在无限容量比较过程。P3 的潜伏期随集合容量的增加而后移，证明随着集合容量的增加，注意资源消耗增加，表明在视觉客体工作记忆表征比较视知觉信息的过程中，存在有限容量比较过程。因此，可以确定视觉客体工作记忆与视觉空间工作记忆分离之后，也存在无限容量、有限容量的比较过程。从这个角度分析，实验结果也表明，视觉客体工作记忆与视觉空间工作记忆是两个独立的系统。

实验二发现，掩蔽的加入使正确率下降，N2pc 的潜伏期没有差异，P3 的潜伏期、波幅均差异显著，证明无限容量和有限容量的比较过程是相互独立的过程，有限容量比较过程紧随无限容量比较之后，有限容量的比较过程是决策的过程。

实验三进一步探讨了两个比较过程的机制，发现 N2pc 的潜伏期、波幅在项目类型上均差异显著。Luck 等提出的模糊解决理论（ambiguity resolution theory，ART）认为 N2pc 反映了对特征识别的抑制过程（Luck，2005；Luck & Hillyard，1994）。

根据这个理论，N2pc 表现出来的是当客体的特征不容易分辨时，注意资源对所识别出的特征进行抑制的过程。抑制机制的存在使目标的相似程度决定了 N2pc 的波幅大小。因此，客体相似程度的增加，能够使 N2pc 波幅增大。也有研究者以 N2pc 作为衡量被试对客体不同特征觉察能力的指标，考察了视觉系统对多个客体的注意分配情况（Mazza & Caramazza，2011）。实验从 N2pc 潜伏期、波幅在集合容量上差异均不显著的角度分析，发现无限容量比较过程仍然存在，于是，可以得出无限容量比较过程受客体细节信息制约的结论。

二、变化觉察范式和视觉搜索范式的比较

比较过程的基本观点建立在经典的视觉搜索范式之上。视觉搜索范式的搜索序列中会呈现一系列的目标。如前所述，变化觉察范式可以被认为是一种特殊的视觉搜索范式，两者都能让被试发觉测试序列与样本序列之间的不同。同时，现有的研究也认为变化的变化觉察范式和单一特质的视觉搜索范式是相似的。总结起来，变化觉察范式和视觉搜索范式有以下几点相似之处。

两者都是使用无限容量的平行搜索来察觉单一变化信息。在实验二中，结果发现与集合容量对应的 N2pc 的坡度都非常平缓，这与视觉搜索的无限容量平行比较过程是相一致的（Wolfe & Horowitz，2004）。值得注意的是，容量的限制并不意味着这种比较的过程不精确（Palmer，1998）。更何况前人的研究已经表明，在视觉工作记忆比较这个前提下，即使信息正确、视觉工作记忆正确表征，被试也有可能对变化判断错误（Mitroff，et al.，2004；Simons & Rensink，2005）。此外，样本序列和测试序列中项目的相似程度也会增加辨别的难度。这就像平行视觉搜索任务中的无关信息也会影响反应时一样。两者都是在项目改变时引起注意转移。在变化觉察范式中，N2pc 成分反映了视觉特征在对侧脑区的加工。而对于视觉搜索，早在 1995 年就有研究者采用行为研究和 ERP 技术证实视觉搜索范式中注意资源会转移到具有特定特征的目标刺激上（Luck & Hillyard，1995）。特征整合理论（feature integration theory）认为，察觉目标是不需要注意的。但是即使是不需要，被试的注意资源也会在信息目标上有所消耗（Treisman，1988）。事实上，即使同时执行两项高注意资源消耗的任务，被试还是能够辨别目标。如实验三，在高注意资源消耗的前提下，大多数被试的正确率也能达到近 80%（Luck & Ford，1998）。所以，是不是注意资源没有消耗在变化的项目上，变化察觉任务就不能精确执行了呢？这是一个值得进一步研究的问题，期待在以后的研究中进一步探讨。

两者均是通过呈现特征来辨别目标，而非不通过任何特征来辨别目标。在相

同集合容量的前提下，信息越鲜明，反应时越短。在实验三中，项目类型在反应时上的显著差异也证明了这一点。两者的结果均表明，注意资源受到需要辨别信息数量的限制。Wolfe 的指导搜索模型也证明了客体特征数量会影响注意资源搜索的数量和方向（Wolfe，1994）。

进一步来说，视觉搜索也能够揭示无限容量比较过程是通过定义特征来完成快速搜索目标的。定义特征可以使用更少的注意资源，并根据定义特征进行快速的并行搜索。变化觉察范式是研究视觉搜索有限容量的重要范式。视觉搜索范式和变化觉察范式相比较，前者在很大程度上取决于正确选项的特殊性，后者则是取决于测试序列的视觉信息和视觉工作记忆表征的比较。因此，这也使得视觉搜索的理论不能直接被应用于变化觉察范式中。

同时，使用颜色和方向作为视觉的平行信息，近些年来开始被心理学家所使用。在视觉搜索任务中，这两种平行信息可以使被试迅速决定呈现的刺激是否包含目标特性，从而正确地对刺激做出反应。即在平行信息分析阶段，这种对信息的搜索能够使输出的信息明确且正确。相对于视觉搜索，变化觉察必须使用两个序列的呈现方法，一个序列用来进行视觉工作记忆的表征，另一个序列用来进行视知觉信息的输入。视觉工作记忆的表征已经被证实是一种对客体信息进行整合、分析的高级表征过程（Luck & Vogel，1997），并且高级表征存储在下颞皮质和前额区，而不是前、中视觉区（Miller et al.，1996）。视觉搜索范式中的信息存储被假定为平行存储。变化觉察范式中测试序列中的视知觉信息表征与此相同，也被假定为这些信息平行存储，但两者之间也存在区别，即变化觉察范式对测试序列的表征是发生在视觉前、中皮质。在执行变化察觉任务时，被试是在视觉工作记忆表征和视知觉信息之间寻找不同。另外，变化觉察任务侧重抑制对无关客体记忆的能力以达到辨别判断，视觉搜索任务则侧重对无关视知觉信息的抑制能力以达到快速辨别目标，即变化觉察任务的重点在记忆系统，而视觉搜索任务的重点在知觉系统。

那么，变化觉察任务的记忆表征分辨和视觉搜索任务的视知觉察觉是不是相似的呢？N2pc 的潜伏期在不同集合容量下保持稳定，表明变化在觉察任务中分辨记忆表征和在视觉搜索任务中搜索视觉特征存在相似之外。

如果假设样本序列视觉工作记忆表征和测试序列知觉表征之间的分辨与视觉搜索序列的特征觉察是相似的，那么就可以用系列搜索来解释任何相同任务的难度高于任何不同任务。在视觉搜索的研究中，平行出现的任务只能通过呈现特征来识别，而不能通过特征的缺失来识别。例如，Q 很容易在 O 中被觉察出来，就是因为 Q 多出来一条线，而 O 在 Q 中就不好被觉察出来。如果视觉工作记忆表征和视知觉之间是按照单一信息进行比较的，那么一个不同的特征只能在所有的项目中识别出一处不同，不出现信息则选择不出项目。因此，O很难在众多的Q中被识别出来。任何不同任务要求被试判断呈现项目中的唯一不同，而任何相同任务则要求被试判断呈现项目中的独特特征是否缺失。因此，如果变化觉察是按照多个信息比较，则任何不同任务和任何相同任务的效应应该都是与事实相反的。

在分辨变化觉察范式和视觉搜索范式的同时，还应该说明以下两点。第一，无限容量的比较过程在有限容量比较过程之前。这一点能够通过实验中N2pc的潜伏期没有显著差异、P3的潜伏期差异显著以及反应时的差异来说明。在指导语中告知被试反应的准确率比反应速度重要，这就使研究的结果尽可能是来源于无限容量的比较过程而不是注意转移。在这样的条件下，反应时随着集合容量的增加而增加，能够证实有限容量比较过程的存在。特别需要注意的是，变化觉察任务和视觉搜索任务中都存在按键反应和觉察变化两者对有限的注意资源的竞争。在视觉搜索范式中，可以通过前期无限容量的过程把有限的注意资源集中在一个项目上，这就缩短了反应时间。第二，同快效应也是必须要考虑的因素。实验一采用变化觉察范式进行研究，但是也出现了同快效应。这就如同在视觉搜索任务中，被试在目标缺失的trial比目标出现的trial中反应时更短。但事实上即使用再明显的目标，被试在目标缺失的trial也会比目标呈现的trial中反应时长。

该实验探索了视觉工作记忆表征和视知觉信息之间比较过程的一个方面，研究结果说明简单信息的视觉搜索任务与变化觉察任务相似。同时，也证明无限容量过程可以觉察变化，但决策过程是在有限容量过程中完成的，而决策的标准是客体的细节信息。另外，该实验也证明了客体的信息负载量可以限制有限容量的比较过程。该实验为将来进行的视觉工作记忆和变化觉察范式研究提供了理论支持和参考，并希望能够给视知觉的研究提供新的思路。

第七节 结 论

（1）在视觉客体工作记忆中，视知觉信息比较过程存在无限容量和有限容量的比较，先进行无限容量的比较，后进行有限容量的比较。

（2）有限容量比较过程是决策过程。对视觉工作记忆的知觉客体进行表征后，有限容量比较过程受到干扰，决策过程也会相应地受到干扰。

（3）无限容量比较过程受客体细节信息的制约。有限容量决策过程的依据是客体的细节。信息负载量增加会同时对无限容量和有限容量比较过程造成影响。

第五章　合作学习情境下监控者监控发音任务中的有意遗忘效应

第一节　问题的提出

与一般记忆或学习的实验中着重对记忆的认知功能的研究不同，记忆的另一方面——遗忘的认知过程与功能越来越受到重视。遗忘具有很多积极价值，例如，它可以帮助人们适应当前的生活或工作，忘记不适宜或过时的信息。它还可以让人避免在情绪上受到负面信息的侵扰，让有限的记忆资源最大化地被利用，优化相关信息的提取（Barnier et al.，2007），遗忘可以提高记忆能力（Bjork，1989）。

众多研究者采取有意遗忘范式考察了对材料选择性地进行遗忘和记忆的特点。该范式是 Bjork 等在 1972 年提出的，典型过程是被试单独学习前后两个词表。遗忘组每个被试记完词表 1 的词后，接受“遗忘”指令，让其忘掉词表 1 的词，接着去记词表 2 的词；记忆组每个被试接受“记忆”指令，让其保持对词表 1 项目的记忆，接着再记词表 2 的词。被试学完词表后，安排短时间的分心任务，以控制距测验时间更近的对词表 2 的记忆印象对实验结果的影响，最后进行再认或回忆测验。该范式中，“遗忘”指令和“记忆”指令均导致被试有意地遗忘和记忆特定词表中的词。有意遗忘效应通常表现为遗忘的代价（对于词表 1 的词，遗忘组的记忆效果差于记忆组的记忆效果）和记忆收益（对于词表 2 的词，遗忘组的记忆效果要好于记忆组的记忆效果）（Bjork et al.，1996；Pastötter et al.，2012）。

大多数有意遗忘研究都以单独的个体为实验对象，从选择性复述角度（Bjork & Geiselman 1978）、抑制角度（Harnishfeger & Pope，1996）或情境转换角度（Sahakyan & Delaney，2003）探讨了产生有意遗忘效应的机制。然而，现实中很多信息不仅需要单独的个体完成加工，也需要群组成员在共同完成任务的过程中去记忆或遗忘。若有些信息是有差错或不符合当前需要的，如何能够让群组成员遗忘特定信息，规避这些信息的消极影响呢？若确有任务需要，又需恢复被遗忘的信息，如何能做到？该实验旨在运用有意遗忘的范式考察是否能实现此目的。

对于群组成员之间信息的记忆或遗忘，已有研究较多围绕着群组成员合作学习与记忆的关系进行了探讨（Johansson et al.，2000；Barnier et al.，2008；Blumen & Rajaram，2009）。合作学习一般需要具备两个要素：首先，合作学习双方有共同的学习目标；其次，合作学习双方需要完成相同或不同的任务，以达成合作学习的目标（Johnson et al.，1991）。在合作学习的当前研究中，第一个方面考察了小组内成员的熟悉程度对记忆是否存在影响：当一组相互熟识的人共同对信息进行回忆时，每个人从不同的领域提取信息并共享信息，这使得共同回忆的效果要比陌生人共同回忆的效果更好（Johansson et al.，2000）。第二个方面考察了以小组为单位的学习和个体单独学习后记忆效果的差异：当以小组为单位进行合作学习后，合作小组的记忆成绩要比个体的记忆成绩更好（Barnier et al.，2008；Blumen & Rajaram，2009），即使是临床测试记忆水平较差的老年人，在合作完成任务后，记忆测试成绩也会提高到和年轻人一样好（Derksen et al.，2015）。研究者认为，以合作小组为单位学习材料时，小组成员会对材料形成相似的认知结构，该结构为小组成员在回忆测试时提供了更加丰富的线索，该线索可以提高小组成员的回忆成绩（Harris et al.，2013）。第三个方面考察了设置合作小组成员角色分工的重要性。例如，在复述记忆材料的任务中，常用的角色有：①朗读者，负责朗读复述结果；②记录员，负责记录复述结果和复述顺序；③准确性监控者，负责纠正复述中的错误；④观察员，关注小组成员的活动细节。角色分工增强了小组成员的相互依赖，使得成员受到共同目标的强烈吸引，是提高小组学习效果的重要手段（Johnson D W & Johnson R T，2005，2009）。

以往研究较多关注了合作学习中如何提高群组成员的记忆水平，以取得更好的记忆成绩，但对群组成员遗忘与合作学习的关系研究甚少。有研究发现，单独的个体仅仅对词表的词进行愉悦度评定，并不要求有意地记忆，当实施有意遗忘范式中的加工指令后，产生了有意遗忘效应（Geiselman et al.，1983；Sahakyan & Delaney，2005）。既然单独个体的无意识学习产生了有意遗忘效应，那么在合作学习情境下，若创设的条件合适，也应能让群组成员的无意识学习产生有意遗忘效应，在适当情形下也应能恢复遗忘信息的提取。这么做的现实意义在于：若一些信息是消极、负面甚至影响身心健康的，无意识学习而非主动加工特定的信息，可以尽可能地弱化这些信息的消极影响，在遭遇有意加工指令后，可实现对这些特定信息的遗忘。而当遗忘的信息在某些条件下又具有了利用价值时，找到恢复提取遗忘信息的方法也十分必要。

在该实验中，我们从三个方面创设条件以考察在合作学习情境中的有意遗忘效应。首先，由于合作学习中要存在共同目标，并且朗读和监控朗读效果的角色分工可提升共同学习成绩，因而实验中设置建立留学生的语音库这样的共同目标，并让留学生朗读单字，大学生监控其对单字的发音质量。其次，由于群组成员相似的认知结构是产生共同学习效果的重要原因，在该实验中推论成员加工材料的深度彼此差异不大时，认知结构容易接近，因而设置大学生进行深层发音监控（监控朗读者的发音是否准确）或浅层发音监控（监控朗读者的发音是否流畅）；让留学生的朗读活动接受有意遗忘或记忆的深加工指令。若这一推论成立，那么深加工指令更易对深层发音监控而非浅层发音监控产生影响。最后，若监控发音中的确发生了有意遗忘效应，进一步探讨合作学习情境下如何恢复监控者被遗忘的单字。合作成员受到共同目标的吸引是产生合作学习效果的重要原因，所以推论若测验阶段让朗读者重新朗读单字，监控者也努力恢复单字的提取，那么建立语音库的共同目标又重新有了双方的参与，共同目标会重新发生作用，朗读者的单字发音会促进监控者恢复提取被遗忘的单字。综上所述，该实验做出两点假设：①相比发音流畅性浅层监控任务，发音准确性这一深层监控任务更易受到朗读者的有意加工指令的影响，产生有意遗忘效应；②测验阶段，朗读者重读单字会促进监控者恢复提取被遗忘的单字。

第二节 实验一：合作学习中针对协助者的有意加工指令对监控者监控任务的影响

一、方法

（一）被试的选取

招募某大学 1 名苏丹黑人留学生作为实验协助者，年龄 22 岁，在某大学留学生学院汉语言文学专业学习 2 年，取得中等汉语水平证书。他预先知道并配合实验意图，接受字表学习的有意加工指令，但非真正去有意遗忘学习，他根据自身的发音水平读字表中的单字。

被试为随机选取的某大学在校大学生 80 名，男女各一半，右利手，视力或矫正视力正常，平均年龄为 20.80±1.03 岁。大学生监控黑人留学生的发音质量，不对单字进行记忆，属于无意识学习。被试被随机分成四组，每组处于一种实验条件下。实验结束后，给予被试一份小礼品。

（二）实验仪器和材料

实验刺激呈现在计算机屏幕上，被试和协助者为一组同时进行，被试与协助者坐在计算机前方，距离屏幕约 50cm。

学习和测验的单字来自范宁等（2012）研究中所使用字库中的单字，选取了字频为 80～180 次/百万、笔画数为 7～12 画的汉语单字 132 个。单字在屏幕上以 4 号宋体呈现，每次呈现 1 个单字，学习阶段呈现 68 个单字，其中 64 个为真正学习单字，余下 4 个为缓冲单字，在测试阶段不出现。测试阶段加入 64 个新单字，共呈现 128 个再认单字。

实验程序采用 E-prime 软件统一编写和进行数据的收集。

（三）实验设计

实验采用的是 2（有意加工指令：记忆、遗忘）×2（监控任务类型：流畅性发音、准确性发音）的完全随机实验设计，每种实验结合条件下各 20 人。

（四）实验程序

实验分为学习阶段和测验阶段，一次实验的合作学习成员包括作为协助者的留学生和 1 名作为监控者的大学生被试。

在学习阶段，协助者和监控者都坐在距离计算机屏幕约 50cm 处，要求双方都注视屏幕。首先，屏幕呈现指导语，告知双方本次实验的目的是建立留学生单字的语音库而结成一个临时合作小组，在合作小组中留学生的任务是对出现的单字进行发音朗读并记忆，之后会有测验，需要对出现过的单字进行再认；大学生只需要按照自己的感觉判断留学生是否完成了任务，也就是监控留学生的发音是否流畅（即监控发音是否有明显停顿）或是否准确。特别强调双方对本次任务完成都很重要，需各自认真完成自己的任务，才能保证成绩的有效。双方都明白后，按任意键开始实验。

实验正式开始后，屏幕中央出现一个 500ms 的注视点，注视点消失后会逐个呈现单字，每个单字呈现 1500ms，单字之间为 800ms 空屏。依次呈现 34 个单字，第一列字表结束之后，出现遗忘指令（告诉留学生这列字表只是为熟悉实验程序做的练习，请忘记这列字表，并努力记忆下列字表中的单字）或记忆指令（告诉留学生学完第一列字表后，按照相应的方式读、记接下来的第二列字表中的单字）。之后，按相同方式呈现第二列字表的 34 个单字。学习过程中一共出现 68 个单字，其中 64 个为正式实验单字，4 个为缓冲单字，在测验阶段不会出现。学习过程如图 5-1 所示。

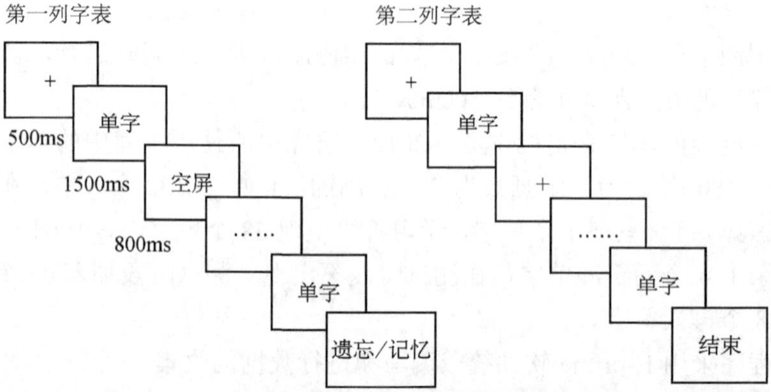

图 5-1　学习阶段单次实验流程图

在实验一的合作过程中，协助者留学生的任务始终为发音，并会告知其实验后会进行测试（但实际上并未对其进行测试）；大学生被试作为监控者要么判断留学生的读音是否流畅，并在打分表上以“√/×”做记录，要么判断留学生的读音是否准确，同样在打分表上以“√/×”做记录。两种判断均不涉及标准答案，只要求监控者按照第一印象做出判断即可。

学习阶段结束后，大学生被试进行 1min 的三位阿拉伯数字倒减 3 的分心任务，之后出乎他们的意料——对其进行单字再认测验。测验阶段，屏幕上每次出现一个单字，包括之前出现过的 64 个单字和 64 个新字，一共出现 128 个单字。被试双手握住鼠标，以大拇指进行按键反应，每个单字呈现 3000ms，在 3000ms 内被试认为在学习阶段见过该单字——无论当时给出了遗忘指令还是记忆指令——就按鼠标左键，认为没有出现过就按鼠标右键。被试做出按键反应后，屏幕上会出现下一个单字，如果被试在 3000ms 内没有做出反应，屏幕上也将自动出现下一个单字。

二、实验结果与分析

笔者参照前人的分析过程（Sahakyan & James，2013），分别对字表 1、字表 2 中的单字再认正确率及拒绝新字正确率进行 2（指令类型：遗忘、记住）×2（任务类型：监控准确、监控流畅）的完全随机方差分析，结果如下。

字表 1 的分析结果如表 5-1 所示。

表 5-1 实验一不同条件下字表 1 单字的再认正确率（$M\pm SD$）

项目	准确性监控任务	流畅性监控任务
记忆	0.69±0.08	0.56±0.11
遗忘	0.56±0.11	0.53±0.13

对字表 1 中单字的再认成绩剔除了各实验条件下 $M\pm2.5SD$ 之外的极端 trial 的数据 1 个，共得到 79 名被试的有效数据。方差分析结果显示，指令类型主效应显著，F（1，78）=8.856，$p<0.05$，说明在合作学习情境下监控者出现了有意遗忘效应，即当出现要求协助者遗忘字表 1 中单字的指令时，作为监控者的被试对字表 1 单字再认回忆的正确率（M=0.545）显著低于出现记忆单字指令的情况（M=0.625）；任务类型主效应显著，F（1，78）=11.289，$p<0.05$，说明监控准确条件下的再认正确率（M=0.625）显著高于监控流畅条件（M=0.545）；指令类型和任务类型的交互作用显著，F（1，78）=4.064，$p<0.05$。

进一步的简单效应分析显示，在进行较浅层次监控时，即监控流畅性发音时，遗忘指令和记忆指令下监控者的再认成绩差异不显著，未出现有意遗忘效应，F（1，78）= 0.455，$p>0.05$。而在进行较深层次的监控时，即监控发音准确性时，有意加工指令对监控者的影响显著，F（1，78）=12.624，$p<0.05$，记忆指令下单字的再认成绩（M=0.69）显著高于遗忘指令下单字的再认成绩（M=0.56）。综合这些结果说明，在合作学习小组中，深层监控产生了有意遗忘的代价，但浅层监控没有产生有意遗忘的代价。

字表 2 的分析结果如表 5-2 所示。

表 5-2 实验一不同条件下字表 2 单字的再认正确率（$M\pm SD$）

项目	准确性监控任务	流畅性监控任务
记忆	0.67±0.13	0.60±0.14
遗忘	0.74±0.12	0.57±0.15

另外，对监控者在字表 2 的单字上的再认成绩进行了方差分析。实验结果只发现任务类型主效应显著，F（1，79）=15.780，$p<0.05$，即监控者监控发音准确性任务时的再认正确率（M=0.71）显著高于监控发音流畅性任务时的再认正确率（M=0.59）；指令类型主效应不显著，F（1，79）= 0.510，$p>0.05$；指令类型和任务类型的交互作用不显著，F（1，79）= 2.654，$p>0.05$。综合这些结果说明，在合作学习小组中，无论针对协助者的是记忆指令还是遗忘指令，都不会使得监控者产生有意遗忘的收益。

新字的分析结果如表 5-3 所示。

表 5-3　实验一不同条件下拒绝新字的正确率（$M \pm SD$）

项目	准确性监控任务	流畅性监控任务
记忆	0.87±0.07	0.80±0.12
遗忘	0.84±0.11	0.83±0.10

对不同条件下拒绝新字的正确率进行方差分析。剔除各条件下 $M \pm 2.5SD$ 之外的极端数据 1 个，共得到 79 名被试的有效数据。方差分析结果显示，指令类型主效应不显著，F（1，79）= 0.012，$p>0.05$；任务类型主效应不显著，F（1，79）= 2.198，$p>0.05$；两者的交互作用不显著，F（1，79）= 0.151，$p>0.05$。

实验一的结果初步表明：虽然未要求监控者对单字进行遗忘或记忆，但是监控者也会产生有意遗忘效应，并且有意遗忘效应受到了不同监控任务深度的影响：监控者进行深层次的准确性监控，会受到针对协助者的有意遗忘指令的影响，即记忆指令下单字的再认正确率显著高于遗忘指令。在实验二中，我们将进一步考察监控者发生有意遗忘的条件。实验一中，监控者在学习阶段的情境是有协助者发音的参与，而测验阶段是自己独自进行测验，所以造成监控者产生有意遗忘的原因似乎与学习—测试情境的不匹配有关。那么，如果测验阶段也复原学习阶段的情境，即监控者在测验阶段也有协助者发音的参与，有意遗忘效应是否仍然存在呢？为了探讨这一问题，我们进行了实验二。

第三节　实验二：学习者对词表的深度加工对监控者的有意遗忘效应的影响

实验一表明：在合作学习情境下，当学习者对材料采取较深程度的认知加工（准确性发音）后，监控者的记忆水平要显著高于学习者在较浅认知任务（流畅性发音）条件下的记忆水平，并且在学习者的较深认知任务条件下，监控者也受到指令的影响，出现了有意遗忘效应。但是通过对实验一两字表的分析，结果只发现了监控者在对字表 1 的再认回忆正确率上存在差异，但是两种指令下对字表 2 的再认回忆正确率不存在差异，即只出现有意遗忘的代价，没有出现有意遗忘的收益。因此，本实验设计让学习者对材料进行更深层次的认知加工任务，推论这种条件下监控者也会受到更大的影响，即不仅出现有意遗忘的代价，也会出现有意遗忘的收益。

一、方法

（一）被试

随机选取某大学 40 名在校大学生作为被试，每组 20 名，男女生各一半。右利手，视力或矫正视力正常，平均年龄为 19.86±1.36 岁。实验结束后，给予被试一份小礼品。

（二）实验仪器和材料

与实验一相同。

（三）实验设计

实验为被试间单因素两水平（指令：记忆、遗忘）实验设计。

（四）实验程序

实验程序与实验一相同，留学生助手和被试在一个学习小组参加实验。实验分为学习阶段和测验阶段。在学习阶段，依然学习 68 个单字，每个单字呈现 1500ms。与实验一不同的是，在本次实验中，当屏幕出现汉语单字时，留学生助手不仅要对出现的汉字进行发音，还要说出他认为该单字为抽象字还是具体字，这一任务的设置是为了让学习者对材料进行更深层次的加工。被试作为监控者只需要判断留学生对于汉字词性的判断是否正确，并在打分表上以“√/×”做记录。该判断不涉及标准答案，要求被试按照自己第一印象做出判断即可。学习阶段的其他内容与实验一相同。分心任务和测验阶段与实验一相同。

二、实验结果与分析

字表 1 在各条件下的描述性统计结果如表 5-4 所示。

表 5-4　不同条件下对字表 1 单字的再认正确率（$M \pm SD$）

项目	记忆指令	遗忘指令
词性判断任务	0.78±0.10	0.64±0.11

对字表 1 再认测验的 40 个 trial 数据进行独立样本 t 检验，剔除 M±2.5SD 之外的极端值 1 个，得到表 5-4 所示结果。结果显示，在两种指令下，对字表 1 的再认正确率差异显著，t（37）= 4.034，p<0.001，也就是说出现了有意遗忘的代价。

字表 2 在各条件下的描述性统计结果如表 5-5 所示。

表 5-5　不同条件下对字表 2 单字的再认正确率（$M \pm SD$）

项目	记忆指令	遗忘指令
词性判断任务	0.76±0.10	0.85±0.07

对字表 2 再认测验的 40 个 trial 数据进行独立样本 t 检验，剔除 $M\pm2.5SD$ 之外的极端值 1 个，得到表 5-5 所示结果。结果显示，在两种指令下对字表 2 的再认正确率差异显著，t（37）=−3.828，$p<0.001$，也就是说出现了有意遗忘的收益。

新字在各条件下的描述性统计结果如表 5-6 所示。

表 5-6　不同条件下拒绝新字的再认正确率（$M \pm SD$）

项目	记忆指令	遗忘指令
词性判断任务	0.77±0.16	0.78±0.18

对字表 2 再认测验的 40 个 trial 数据进行独立样本 t 检验，剔除 $M\pm2.5SD$ 之外的极端值 1 个，得到表 5-6 所示结果。结果显示，在两种指令下拒绝新字的再认正确率差异不显著，t（37）= −0.213，$p>0.05$。

从以上结果可以看出，当进一步加深学习者对单字的认知加工程度后，监控者受到指令的影响，不仅出现有意遗忘的代价，并且和预期一致，也出现了有意遗忘的收益。实验二与实验一的设计完全相同，只是进一步加深了学习者的认知加工任务，因此将实验一的结果作为基线，与实验二进行联合分析，进一步探讨学习者认知加工深度对监控者有意遗忘效应的影响。

实验一与实验二结果的联合分析如下。

对字表 1 再认测验的 120 个 trial 数据进行 2（指令类型：记忆、遗忘）×3（任务类型：监控流畅发音、监控准确发音、词性判断）的方差分析，剔除 $M\pm2.5\ SD$ 之外的极端值 1 个。结果发现，指令类型主效应显著，F(1，118) = 22.229，$p<0.05$，$\eta_p^2=0.164$，这个结果说明在三种任务类型下，监控者都出现了有意遗忘的代价，即当提示留学生遗忘字表 1 中的单字时，作为监控者的被试在测验阶段对字表 1 中单字再认回忆的正确率（58.1%）显著低于要求记忆的情况（67.2%）；任务类型的主效应显著，F（2，118）= 24.044，$p<0.05$，$\eta_p^2=0.299$，这个结果说明，在三种任务类型下，监控者的回忆结果也具有显著差异，具体结果为在学习者对材料进行最深程度的认知加工即词性判断时，监控者的回忆正确率最高（70.9%），当学习者的任务类型为准确性发音时，监控者的回忆正确率次高（62.5%），当学习者对学习材料进行最浅程度的加工即流畅性发音时，监控者的回忆正确率是最低的（54.3%）。除此之外，还发现了指令类型和任务类型的交互作用边缘显著，F（2，118）= 3.083，$p=0.05$，$\eta_p^2=0.052$。

因为指令类别和任务类型的交互作用显著，所以进行简单效应分析得出进一步的结果，在学习者完成三种不同深度的认知加工任务时，监控者出现的有意遗忘效应也是不同的：学习者对材料进行最浅程度的认知加工即流畅性发音时，提示留学生的记忆或遗忘指令对监控者的影响并不显著，$F(1, 118)=0.471$，$p>0.05$，$\eta_p^2=0.004$，记忆指令和遗忘指令下，监控者对字表 1 单字回忆的正确率分别为 55.5%和 53.1%，也就是说监控者没有出现有意遗忘效应；当学习者对材料进行较深程度的认知加工即准确性发音时，提示留学生的记忆或遗忘指令对监控者的影响显著，$F(1, 118)=13.064$，$p<0.05$，$\eta_p^2=0.104$，记忆指令和遗忘指令下被试对字表 1 单字回忆的正确率分别为 68.6%和 58.4%。简单效应分析得出，当学习者完成准确性发音任务时，监控者也受到了指令的影响，达到了显著的有意遗忘效应；当学习者对材料进行最深程度的认知加工即词性判断时，提示学习者的记忆或遗忘指令对监控者的影响也同样显著，$F(1, 118)=15.151$，$p<0.05$，$\eta_p^2=0.118$，记忆指令和遗忘指令下被试对字表 1 单字回忆的正确率分别为 77.5%和 64.4%，也就是说监控者同样出现了显著的有意遗忘效应。这一组实验结果重复了实验一的结果，也与实验假设一致，即当以小组为单位进行学习时，监控者会出现有意遗忘效应，并且监控者的有意遗忘效应随着学习者对材料认知加工程度的加深而增强。

对字表 2 再认测验的 120 个 trial 数据进行 2（指令类型：记忆、遗忘）×3（任务类型：监控流畅发音、监控准确发音、词性判断）的方差分析，剔除 $M\pm2.5SD$ 之外的极端值 4 个。指令类型的主效应显著，$F(1, 115)=6.394$，$p<0.05$，$\eta_p^2=0.055$，这说明有意遗忘的收益显著；任务类型的主效应显著，$F(2, 115)=28.499$，$p<0.05$，$\eta_p^2=0.341$。这说明当学习者对材料进行三种不同深度的认知加工后，不同加工任务下对字表 2 单字回忆的正确率存在显著差异：在学习者对单字进行流畅性发音的情境下，监控者对字表 2 单字回忆的正确率为 62.4%；在学习者对单字进行准确性发音的情境下，监控者对字表 2 单字回忆的正确率为 70.8%；但在学习者对单字进行认知加工程度最深的词性判断监控情境下，监控者对字表 2 单字回忆的正确率最高为 80.1%；同时指令类型和合作类型的交互作用显著，$F(2, 115)=4.238$，$p<0.05$，$\eta_p^2=0.072$。

因为指令类别和任务类型的交互作用显著，所以进行简单效应分析得出进一步的结果。在学习者完成三种不同深度的认知加工任务时，监控者出现的有意遗忘效应也是不同的：当学习者对材料进行最浅程度的认知加工即流畅性发音时，提示留学生的记忆或遗忘指令对监控者的影响并不显著，$F(1, 115)=0.753$，$p>0.05$，$\eta_p^2=0.007$，记忆指令和遗忘指令下，监控者对字表 2 单字回忆的正确率分别为 60.9%和 63.9%，也就是说有意遗忘的收益并不显著；而当学习者对材料进行较深程度的认知加工即准确性发音时，提示留学生的记忆或遗忘指令对监控者的影响显著，

F（1，115）= 4.961，p<0.05，η_p^2=0.043，记忆指令和遗忘指令下，监控者对字表 2 单字回忆的正确率分别为 67.2%和 74.4%。简单效应分析得出，当学习者完成准确性发音任务时，监控者也受到了指令的影响，出现了显著的有意遗忘效应；当学习者对材料进行最深程度的认知加工即词性判断时，提示学习者的记忆或遗忘指令对监控者的影响也同样显著，F（1，115）= 9.906，p<0.05，η_p^2=0.083。记忆指令和遗忘指令下，监控者对字表 2 单字回忆的正确率分别为 75.0%和 85.2%，也就是说监控者同样出现了显著的有意遗忘效应。

对拒绝新字测试的 120 个试次数据进行 2（指令类型：记忆、遗忘）×3（任务类型：监控流畅发音、监控准确发音、词性判断）的方差分析，剔除 M±2.5 SD 之外的极端值 7 个。结果显示，指令类型主效应不显著，F(1，112)= 0.112，p>0.05，η_p^2=0.001；任务类型主效应不显著，F（2，112）= 1.583，p>0.05，η_p^2=0.029；指令类型和任务类型的交互作用不显著，F（2，112）= 0.426，p>0.05，η_p^2=0.016。

在本实验中，在学习阶段增加了一种学习者对材料更深的加工任务——词性判断任务，对合作学习情境下监控者的有意遗忘效应进行了进一步的探索。实验结果与实验假设一致：随着学习者对学习材料进行的加工程度加深，监控者的记忆也显著提高。另外，在本次实验中，当学习者采用较深程度的加工任务时，监控者出现了有意遗忘的代价，同时还出现了有意遗忘的收益。实验进一步证明，在合作学习小组中，当学习者完成更深程度的加工任务时，监控者也会受到指令的影响，从而出现有意遗忘效应。

第四节　实验三：合作学习中复原学习情境对监控者监控任务的影响

一、方法

（一）被试的选取

随机选取某大学 80 名在校学生作为被试，男女各半。右利手，视力或矫正视力正常，平均年龄为 20.04±1.28 岁。被试被随机分成四组，每组 20 人。实验结束后，给予被试一份小礼品。

（二）实验仪器和材料

与实验一相同。

（三）实验设计

与实验一相同。

（四）实验程序

整个学习阶段，实验程序、分心任务与实验一相同。与实验一不同的是，在再认测验阶段，当屏幕上出现汉语单字时，留学生也要对出现的单字进行发音，要求监控者在听到留学生的发音后，判断屏幕中的单字是否出现过，并在3000ms内按相应的按键做出反应即可。

二、实验结果与分析

对实验三的结果采用 2（指令类型：记住、遗忘）×2（任务类型：监控发音准确性、监控发音流畅性）的完全随机方差分析，结果如下。

字表 1 的分析结果如表 5-7 所示。

表 5-7　实验三不同条件下字表 1 单字的再认正确率（$M\pm SD$）

项目	准确性监控任务	流畅性监控任务
记忆	0.72±0.08	0.61±0.11
遗忘	0.72±0.12	0.62±0.10

对字表 1 的单字再认正确率进行方差分析，任务类型主效应显著，F（1，79）= 19.33，p<0.05，即在恢复了学习阶段的情境后，深层次监控（监控准确性发音）下对字表 1 的再认正确率（M=0.72）要显著高于浅层次监控（流畅性发音）下的再认正确率（M=0.61）；指令主效应不显著，F（1，79）=0.141，p > 0.05；指令和任务类型的交互作用不显著，F（1，79）= 0.001，p>0.05。结果说明，当复原了学习阶段的情境后，深浅监控任务会对监控者的再认成绩有显著影响，但是监控者对字表 1 的再认正确率不再受到指令的影响，没有出现有意遗忘效应。

字表 2 的分析结果如表 5-8 所示。

表 5-8　实验三不同条件下字表 2 单字的再认正确率（$M\pm SD$）

项目	准确性监控任务	流畅性监控任务
记忆	0.73±0.10	0.65±0.13
遗忘	0.74±0.11	0.65±0.15

对字表 2 单字的再认成绩进行方差分析，结果发现，任务类型主效应显著，$F(1, 79)=9.787$，$p<0.05$，即在恢复了学习阶段的情境后，深层次地监控准确性任务下对字表 2 的再认正确率（$M=0.73$）要显著高于浅层流畅性监控任务下的再认正确率（$M=0.65$）；指令主效应不显著，$F(1, 79)=0.048$，$p>0.05$；指令和任务类型的交互作用不显著，$F(1, 79)=0.027$，$p>0.05$。结果说明，当复原了学习阶段的情境后，监控者对字表 2 回忆的再认正确率不再受到指令的影响，没有出现有意遗忘效应。

新字的分析结果如表 5-9 所示。

表 5-9　实验三不同条件下拒绝新字的再认正确率（$M \pm SD$）

项目	准确性监控任务	流畅性监控任务
记忆	0.89±0.08	0.87±0.09
遗忘	0.88±0.08	0.85±0.05

对拒绝新字的 80 个有效数据进行 2（指令类型：记住、遗忘）×2（任务类型：监控发音准确性、监控发音流畅性）的方差分析，剔除了 $M\pm2.5SD$ 之外的极端值 2 个，得到表 5-9 所示结果。分析结果显示，任务类型主效应不显著，$F(1, 77)=1.312$，$p>0.05$；指令主效应不显著，$F(1, 77)=0.403$，$p>0.05$；指令和任务类型的交互作用不显著，$F(1, 77)=0.283$，$p>0.05$。

实验三的结果说明，学习阶段的情境复原后，监控者对单字的再认成绩虽然还受到监控任务深浅的影响，但并不会受到指令的影响，不会出现有意遗忘效应。实验三与实验一的条件仅在测验阶段是否复原学习阶段的情境方面出现差异，因而可以认为复原学习情境对于重新激活监控者在遗忘指令下对单字的记忆是有显著作用的。

第五节　综合讨论

一、合作学习情境中监控者在不同深浅层次监控任务中的有意遗忘效应

实验一的结果表明，虽然有意加工指令是针对协助者的，但是监控发音准确性的深层监控者会按照指令要求记住或忘掉单字，表现出有意遗忘效应，即遗忘

指令下的单字难以恢复提取；监控流畅性的浅层监控者却未表现出有意遗忘效应。这一发现在以下几方面不同于先前的研究：首先，有意遗忘的方式不同。Sakhakyan和Delaney（2005）的研究基于独立的个体，在评价单字愉悦度的无意识学习时发现，单字的记忆成绩会受到有意加工指令的影响，而本实验则将这一影响扩展到群组成员的合作学习情境中，接受有意加工指令和进行无意识学习的成员不是同一人。其次，合作学习内容的加工方式不同。先前研究中关注的是合作成员主动并且共同记忆学习内容的效果，以提高群组的记忆成绩为共同目标（Barnier et al.，2008；Harris et al.，2013），而本实验则考虑了合作学习与被遗忘信息的关系，共同目标并未包含要遗忘的特定信息，是成员在无意识学习时遗忘了特定的信息。最后，合作学习成员的任务不同。该实验中协助者接受有意加工指令，而监控者没有被要求遗忘任何信息，主试也没有要求监控者学习后进行测验。同时，先前研究中的群组成员均是共同要记忆特定的内容，并且明确要求进行合作学习后要进行测验。

尽管存在以上诸多不同之处，但产生这一实验结果的原因离不开合作学习情境中共同合作目标的作用，以及有意加工指令在合作情境中的作用。首先，该实验的合作学习设置了建立留学生语音库这一共同目标，共同目标让合作成员之间产生了积极的相互依赖，双方彼此默契配合才能实现这一目标。这种依赖可以让小组内成员形成一种只有紧密联系在一起才可以成功的知觉（Johnson D W & Johnson R T，2009）。借助于共同目标，协助者的有意加工指令会影响监控者的无意识学习效果。

另外，借助于共同目标，有意加工指令也的确发挥了其有指向性的遗忘特定信息的功能，这一功能的发挥是加工方式共享的结果。有研究发现，合作成员在编码时采取更加相似的编码策略，形成相似的认知结构。当小组成员间进行编码策略共享时，更有利于提高记忆效果（Finlay et al.，2000）。在该实验中，共享的加工方式也产生了作用。该实验推论，由于共同合作目标的吸引，监控者主观认为协助者选择性记忆或遗忘单字是极为重要的，并误以为协助者遵从了指令要求。当监控任务是深度监控发音的准确性时，监控者感知到的协助者的深加工和自己实际监控任务的深加工方式产生了相互融合。监控者在深层监控的同时，会共享其所认为的协助者对字表的深加工方式，进而也会共享协助者的单字记忆或遗忘指令，因而表现出了相比记忆指令，在遗忘指令下更易遗忘字表1中单字的结果。当监控者完成监控发音流畅性这一浅层任务时，协助者对字表进行的却是选择性遗忘或记忆的深加工。监控者监控发音流畅性的浅层加工信息和感知的记忆或遗忘单字的深加工信息的加工深度不匹配。两种信息不易产生汇聚，共享编码的可能性降低了，因而监控者不易受到有意加工指令的影响。该实验发现的共享加工方式在表现形式上区别于以往的研究。之前的研究多是要求被试在学习阶段有意识地告诉其他合作成员，自己在记忆单字时采用的是哪种编码策略，这种形式是对主动有意识的深加工方式的共享。而本实验中主试并未主动要求被试共享加工方式，协助者仅仅是配合实验意图去接受有意加工指令，监控者在共同目标的吸引下感知的深加工方式与自身的深层监控加工产生了共享，但这并没有妨碍有意加工指令对监控者产生显著影响。

二、合作学习情境中复原学习情境对监控者字表学习的影响

实验二比实验一更进一步，考虑了如何在合作任务中恢复被遗忘的信息。在实验二的测验阶段，加入了留学生协助者的发音这一因素以达到恢复实验学习情境的目的。结果发现，深层监控下的再认正确率显著高于浅层监控下的再认正确率。这样的结果，一方面符合编码—提取一致性原则，即恢复深层监控时的编码情境比恢复浅层监控时的编码情境更匹配需要努力提取单字表征的测验情境。从另一个角度看，合作小组成员在记忆时容易形成相似的认知结构（Harris et al., 2013），所以在深层监控下，与之相似的记忆或遗忘单字的深加工指令的作用更大，单字也更易提取。

结果还发现，情境恢复后，监控者不再受到协助者有意加工指令的影响，也不再出现有意遗忘效应。该实验推论，这是因为监控者表现出的有意遗忘效应依赖于阻断学习的情境这一重要因素。监控者进行深度监控时，在受到遗忘指令的影响后，测验时被遗忘单字的编码情境被阻隔，被遗忘的单字难以激活。当恢复合作学习情境后，朗读者朗读单字，监控者有了重新激活遗忘单字的机会，遭受遗忘指令被压抑激活的单字学习情境重新激活了。建立留学生的语音库这一共同目标，又重新有了双方的参与，共同目标在恢复的情境中促进了单字的重新提取，因而监控者不再表现出有意遗忘效应。

三、合作学习情境中监控者的有意遗忘效应的现实意义

实验一和实验二的结果给予我们的启示是：首先，在现实的人际沟通中，对于需要群组成员避免遭受影响的信息，可通过对协助者施加遗忘指令，让监控者无意识地受到遗忘指令的影响的方式来实现。其现实意义在于，消极、负面或干扰信息往往是成员不愿意亲自主动加工的，这样的方式可在没有主动编码加工的条件下削弱这些信息的消极影响，尽可能地规避负面信息的干扰，保护身心健康。

其次，这一结果对教学过程也有一定的影响。在教学过程中，合作学习小组不应该仅仅让小组成员机械性地对材料进行表面的浅加工，而要在目标的设置上让小组成员对学习内容进行更深入的理解加工，这样能更好地达到合作学习小组成员避免无关信息干扰的效果。

实验三的结果给予我们的启示是：在现实教学中，当非有意学习的合作成员需要恢复某种重要的信息时，教师或同伴可以不急于将答案告知该成员，而是通过提示合作线索的方式去促进其恢复记忆。启发成员回忆在学习时的情境，引导该成员提取学习时另一方的合作任务信息，这样的方法可有效恢复对遗忘信息的提取。

第六节　结　　论

该实验得出以下主要结论。

（1）在合作学习情境下，不直接接受有意加工指令的监控者仍出现有意遗忘效应。

（2）监控者的有意遗忘效应受到了监控任务的影响：与浅层次监控任务相比，在深层次监控任务情境下，监控者更易受到指令的影响，出现有意遗忘效应。

（3）监控者的有意遗忘效应也受到了学习情境的影响：当在测试阶段复原学习情境后，监控者不再出现有意遗忘效应。

第六章　有意遗忘条件下项目的加工深度和情境对错误记忆的影响

第一节　问题的提出

错误记忆是指错误地声明以前未呈现过的词或从未发生过的事曾经呈现或发生过（Loftus & Pickrell，1995）。研究者常采用 DRM（Deese-Roediger-McDermott）范式研究错误记忆。DRM 范式指在使用存在语义关联的词语词表诱发错误记忆的实验中，发现在被试学习该类词表后，没学习的关键诱词容易被错误再认。例如，DRM 词表中的词包括“力量、父亲、丈夫、雄性”，“男人”就是这个词表的关键诱词，即使“男人”这个词没有出现，被试也容易做出“学过”的判断。

错误记忆是如何产生的，以及通过何种手段减少错误记忆，是错误记忆研究的热点问题。对于错误记忆产生的理论解释，具有代表性的是模糊痕迹理论（fuzzy trace theory，FTT）（Brainerd & Reyna，2005）和联合激活理论（associative activation theory，AAT）（Howe et al.，2009）。模糊痕迹理论认为，DRM 词表在编码时产生两种记忆痕迹：字面痕迹和主旨痕迹。字面痕迹与项目特定的浅层信息有关（如语音、颜色），主旨痕迹是和语义有关的信息（如整体的主题），被试不断地对有关联的语词进行记忆，主旨痕迹在逐渐增强，诱发了错误记忆。联合激活理论认为所编码的项目组成了相同的联结网络，在联结网络中被试依靠自身的知识库自动化地对项目产生语义联结。关键诱词与这些项目重复发生语义联结，被反复地自动激活而产生错误记忆，所以错误记忆产生于编码项目自动化的激活扩散。近年来，研究者开始试图运用这两种理论，从通过指导语的预警、重复学习等角度来研究影响错误记忆的因素。例如，李宏英等（2008）的研究发现，在指导语中预先告知被试避免识别未出现的有强语义关联的词，该预警方法不能有效减少错误记忆，预警不能改变主旨痕迹或限制语义的自动激活扩散。也有研究者发现，在团体学习中，个体学习者重复学习特定情境下的材料，增强了主旨痕迹之间的区分性和增加可回忆细节，可减少回忆团体中他人描述的错误细节（McNabb & Meade，2014）。

除这些影响因素外，项目自身的加工深度与错误记忆的关系也被研究者所关注。部分研究表明，深层加工和浅层加工都可诱发错误记忆，深层加工诱发的错误记忆更多（Rhodes & Anastasi，2000），但也有实证研究表明只有深层加工能够诱发错误记忆（Toglia et al.，1999）。另一个不可忽视的因素是项目的加工情境。错误记忆导致的回忆偏差也与情境的波动有关。当项目加工的心境与测试情境的心境匹配时，例如，积极心境下测验积极情绪色彩的DRM词，会诱发更多的错误记忆（Ruci et al.，2009；张蔚蔚等，2012）。还有研究者认为错误记忆词表整体构成了一个学习情境，当实验条件为关键诱词与两个不同主旨痕迹的词表分别有语义联系时，一个情境下关键诱词的回忆不会诱发另一个情境下 DRM 词的回忆（Guinther & Dougher，2014）。

本实验也将从项目自身的加工深度和加工情境的角度去考察其与错误记忆的关系。与先前研究不同的是，本实验尝试通过有意遗忘的方式，影响项目自身的加工与加工情境来减少错误记忆。有意遗忘作为一种被广泛使用的实验范式，它通过特定的指令来达到避免无关信息干扰，促进相关信息提取的目的（Bjork，1972）。在单字法有意遗忘中，在项目呈现后给予记忆指令或遗忘指令来达到对特定项目的提取，以达到对其他项目遗忘的目的。在字表法有意遗忘中，在前后需学习的两个字表之间插入遗忘指令以忘记字表 1 的项目，或插入记忆指令以记住字表 1 的项目，之后再要求被试记忆第二个字表。部分研究者已尝试通过有意遗忘来减少 DRM 词表关键诱词的错误再认，但研究结果不一致。Seamon 等（2002）的研究发现，有意遗忘不能减少对关键诱词的错误回忆。该研究使用字表法，在遗忘指令和记忆指令之后均插入了 1min 的休息，可能会混入额外的变量（如被试可采用隐藏的复述）干扰实验结果。白学军等（2014）弥补了 Seamon 等（2002）研究的不足，采用了规范的字表法有意遗忘指令，结果发现有意遗忘引发了错误记忆。Lee（2008）采用单字法，主要通过控制 DRM 词表中遗忘指令下的词的数量来减少错误记忆，当所有 DRM 词均处于遗忘指令时，确实减少了关键诱词的错误记忆，这可被认为是遗忘指令减少语义相互激活的强度去抑制关键诱词激活语义相关词所致。但该实验中每个 trial 中的词是听觉呈现 1s 并随后跟随听觉指令 1s，每个 trial 之间没有间隔，导致很有可能上一个 trial 中的遗忘指令或记忆指令会影响下一个 trial 中对项目的编码。

本实验首先弥补了 Lee（2008）的实验中的缺陷，每个 trial 均有注视点提醒一个新 trial 的开始，控制前一个实验中的指令对后一个实验的影响。此外，还将深入探讨有意遗忘是通过何种方式来影响 DRM 词的错误记忆的。另外，Seamon 等（2002）采用的是字表法有意遗忘方法，在被试通过遗忘指令忘掉前面 DRM 词表的同时，项目本身的加工和项目的加工情境均被遗忘，这样操作的疑问是：到底是有意遗忘的遗忘指令抑制了项目本身的激活，还是抑制了词表加工情境的激活，还是两者均被抑制，还是一方能有效抑制，另一方不能有效抑制，但相互抵消后仍被抑制从而减少错误记忆？难以确定。在本实验中，将在单字法有意遗忘条件下考虑更精细地分别操纵项目的加工深度（实验一）和项目所处的加工情境（实验二），从而影响错误记忆。

在实验一中，首先考虑项目自身的加工深度。虽然关于项目自身的加工深度对错误记忆的影响还存在争议（Rhodes & Anastasi，2000；Toglia et al.，1999），但若有意遗忘条件影响了项目的加工深度，进而影响了错误记忆，则可间接表明项目的加工深度在有意遗忘条件下是影响错误记忆的一个重要因素。在实验二中，从另一角度——在有意遗忘条件下通过操纵 DRM 词表的加工情境，来影响错误记忆。如前所述，加工时的心境情境和词表的整体主旨情境会影响错误记忆（Ruci et al.，2009；Guinther & Dougher，2014）。此外，在 Sahakyan 等（2008b）以非 DRM 词表的普通词表为材料的有意遗忘研究中，发现在集中情境下呈现单字（集中呈现遗忘指令和记忆指令下的词），较间隔情境下呈现单字（间隔呈现遗忘指令和记忆指令下的词）能够降低有意遗忘的数量。考虑到有意遗忘条件下两种情境的作用不同，在实验二中将考察在有意遗忘条件下项目加工的集中情境和随机情境是否会影响对 DRM 词的错误记忆。

第二节　实验一：有意遗忘条件下项目的加工深度对错误记忆的影响

一、实验方法

（一）被试的选取

选取某大学本科生 40 人（男 20 人，女 20 人）作为被试，平均年龄为 18.9±1.18 岁。所有被试均未参加过类似实验，并自愿参加本实验。实验结束后，为被试提供小礼品。

（二）实验材料

学习词表：借鉴 Stadelr 等（1999）研究中的 10 个 DRM 词表，预实验发现所用词表能诱发明显的错误记忆。所选取的 DRM 词表中，TBR 词（要求记住的项目）和 TBF 词（要求遗忘的项目）各半。

测验词表：再认阶段共 80 个词，每列词表在再认时各包含 8 个词，包括学习词 4 个（2 个 TBR 词和 2 个 TBF 词）、关键诱词 1 个、无关词 3 个。这样 10 个词表中学习词共 40 个（20 个 TBR 词和 20 个 TBF 词）、关键诱词共 10 个、无关词 30 个。学习过的词与没学习过的词各 40 个，保持平衡。

（三）实验设计

本实验采用 2×2 的混合实验设计，自变量一为加工深度（深加工、浅加工），为组间变量。深加工指对词语语义的加工，要求被试对词语的词性进行判断；浅加工指对词语知觉特征的加工，要求被试对词语的字体进行判断。自变量二为有意遗忘指令（R、F），为组内变量。R 条件指在学习阶段让被试必须记住的词（TBR 词）；F 条件是在学习阶段让被试必须忘记的词（TBF 词）。

因变量是被试的再认成绩，包括对学习词（TBR 词和 TBF 词）的再认正确率和对关键诱词的错误再认率。

（四）实验仪器

用 E-prime2.0 编制实验程序，用 IBM 笔记本电脑呈现实验刺激，用 SPSS15.0 软件进行统计分析。

（五）实验程序

首先，进行记忆广度测试，目的是控制基础记忆能力对实验结果的影响。借鉴张武田等（1987）测量记忆广度的方法，并结合本实验用单字法有意遗忘范式的特点，事先准备好刺激材料，即 3～8 个单字。在实验过程中，在每个注视点之后，逐个呈现单字，每个单字呈现 2s，一个单字消失后立即呈现另一个单字，所有刺激呈现完，让被试按照呈现顺序说出刺激内容。如果被试正确说出 6 个单字，却没有通过 7 个单字测试，则记忆广度至少是 6，但达不到 7，于是取两数的中点计分 6.5（杨治良，1998），将记忆广度作为协变量进行分析。

随后，进入正式实验，包括练习阶段、学习阶段、干扰阶段和再认阶段。

为了使被试熟悉实验流程，在学习之前选取 8 个非实验词让被试进行练习。待确认被试明确实验流程后，结束练习，进入正式的学习阶段。

将被试随机分为浅加工组和深加工组，每组 20 人。浅加工组在词语呈现后进行字体判断，如果该词是黑体，则口头报告“黑”；如果该词是楷体，则口头报告“楷”。深加工组呈现词语的字体与浅加工组一致，但要求被试进行词性判断，如果该词是名词，则口头报告“是”，否则报告“否”。两组被试判断后呈现“R”或“F”指示符，要求被试记住或忘记之前的词。

学习阶段，先后向被试呈现 10 个词表，每个词表包括 12 个学习词，每个词表包含 12 个 trial。每个 trial 的实验流程是：先向被试呈现一个 500ms 的注视点“+”，再呈现 1000ms 的学习词，之后进行深浅加工判断，判断的最长时限是 1500ms。随后随机呈现 1500ms 的“R”或“F”指示符各 6 个，指示符消失后再进行下一个 trial。“R”表示必须记住前面的词，“F”表示必须忘记前面的词。每个词表间隔 2000ms，如此反复直至实验结束。

干扰阶段，要求被试完成 1min 的四位数倒减 3 任务。

再认阶段，告知被试无论在学习阶段要求记住的词还是要求忘记的词，只要在学习阶段学习过就按 F 键，未学过按 J 键，按键后自动进入下一次，要求被试尽快进行判断，深浅加工组测试时字的字体与学习阶段保持一致。

二、实验结果与分析

采用 SPSS15.0 软件对不同加工深度下学习项目（包括 R 词和 F 词）的再认正确率和关键诱词的错误再认率进行统计分析。描述性统计结果如表 6-1 所示。

表 6-1　不同加工深度下 3 种类型词的再认正确率和关键诱词的错误再认率（$M\pm SD$）

项目类型	加工深度	
	深加工	浅加工
TBR 词（要求记忆的词）	0.88±0.08	0.66±0.12
TBF 词（要求忘记的词）	0.77±0.11	0.64±0.13
lure 词（没学过的关键诱词）	0.68±0.13	0.53±0.14

注：TBR 词（要求记忆的词）和 TBF（要求忘记的词）两行的数据是再认正确率；lure 词（没学过的关键诱词）所在行的数据是错误再认率，后同

对学习词的再认正确率进行 2（加工深度：深加工、浅加工）×2（有意遗忘指令：记住、遗忘）的混合方差分析，将记忆广度作为协变量纳入方差分析方程。首先，对斜率的同质性进行检验，可知指令和记忆广度的交互作用不显著，F（1，36）= 0.152，p>0.05，η_p^2=0.055，不同指令下记忆广度对学习词的再认正确率的影响差异不显著，可进行后续的协方差分析。进一步分析可知，加工深度的主效应显著，F（1，37）=27.021，p<0.001，η_p^2=0.422；指令的主效应显著，F（1，37）=4.964，p<0.05，η_p^2=0.118；指令和加工深度的交互作用显著，F(1，37)=12.251，p<0.001，η_p^2=0.249。简单效应分析表明，在深加工条件下，TBR 词的再认正确率（M=0.88）显著高于 TBF 词（M=0.77），F（1，37）=29.122，p<0.001；在浅加工条件下，二者的差异不显著，F（1，37）=0.186，p>0.05。

对关键诱词的错误再认率进行自变量为加工深度、协变量为记忆广度的单因素协方差分析。斜率的同质性检验表明，加工深度和记忆广度的交互作用不显著，F（1，36）=0.926，p>0.05，η_p^2=0.025，可进行后续的协方差分析。分析可知，协变量记忆广度的主效应不显著，F（1，37）=0.273，p>0.05，η_p^2=0.007；加工深度的主效应显著，F（1，37）=10.890，p<0.01，η_p^2=0.227；深加工组的错误再认率（M=0.68）显著高于浅加工组（M=0.53）。

进一步考察在不同加工条件下对TBR词和TBF词与关键诱词的错误再认率的相关关系。在深加工条件下，对TBR词的再认正确率与关键诱词的错误再认率相关显著，r（20）=0.589，p<0.01；对TBF词的再认正确率与关键诱词的错误再认率也相关显著，r（20）=0.572，p<0.01；在浅加工条件下，对TBR词的再认正确率与关键诱词的错误再认率相关不显著，r（20）=−0.98，p>0.05；对TBF词的再认正确率与关键诱词的错误再认率相关不显著，r（20）=0.06，p>0.05。

综合来看，有意遗忘指令确实影响了项目的加工深度，进而影响了错误记忆。对于学过的真实词，当TBR词和TBF词同处于深加工条件下时，TBR词的再认正确率高于TBF词；当TBR词和TBF词同处于浅加工条件下时，TBR词的再认正确率与TBF词无差异；对于关键诱词，在进行有意遗忘操纵后，深加工条件下的关键诱词的再认正确率显著高于浅加工条件。相关分析表明，当TBR词和TBF词同处于深加工条件下时，两者的再认正确率与关键诱词的再认正确率密切相关，当TBR词和TBF词同处于浅加工条件下时，两者的再认正确率与关键诱词的再认正确率无密切联系。

第三节　实验二：有意遗忘条件下项目的加工情境对错误记忆的影响

一、实验方法

（一）被试的选取

选取某大学学生40人（男21人，女19人）作为被试，平均年龄为18.85±1.15岁。被试均无参加类似实验的经历，实验后，给予被试一份小礼品。

（二）实验材料

学习词表和测验词表同实验一。

（三）实验设计

本实验采用 2（项目的加工情境：随机情境、集中情境）×2（有意遗忘指令：记住、遗忘）的混合实验设计，自变量一为项目的加工情境（随机情境、集中情境）为组间变量。随机情境组每个词表中的 6 个记住词和 6 个忘记词随机呈现；集中情境组每个词表中的 6 个记住词和 6 个忘记词依次呈现，并在顺序上保持平衡（先呈现 6 个忘记词，后呈现 6 个记住词，或者顺序相反）。自变量二为有意遗忘指令（记住、遗忘），为组内变量。因变量是被试的再认成绩，包括对学习词的再认正确率和关键诱词的错误再认率。

（四）实验仪器

实验仪器同实验一。

（五）实验程序

记忆广度测试、练习阶段、再认阶段的实验程序与实验一相同。其区别在于，在学习阶段，每个词语均为黑体，呈现后以空屏代替深浅加工判断。每个词语呈现的流程是：先向被试呈现一个 500ms 的注视点"+"，再呈现 1000ms 的学习词，学习词消失之后呈现 500ms 的空屏，随后随机呈现"R""F"指示符，指示符 1500ms 后消失，再进行下一个 trial。

二、实验结果与分析

不同加工情境下的描述性统计结果如表 6-2 所示。

表 6-2　不同加工情境下学习词再认正确率和关键诱词错误再认率（$M \pm SD$）

项目类型	加工情境	
	随机	集中
TBR 词（要求记忆的词）	0.82±0.17	0.82±0.08
TBF 词（要求忘记的词）	0.64±0.19	0.66±0.16
lure 词（没学过的关键诱词）	0.68±0.16	0.69±0.13

对学习词的再认正确率进行 2（加工情境：随机、集中）×2（有意遗忘指令：

记住、遗忘）的混合方差分析。其中，记忆广度作为协变量纳入方差分析方程。对斜率的同质性进行检验，可知加工情境和记忆广度的交互作用不显著，F（1，36）= 0.049，$p>0.05$，$\eta_p^2=0.001$，不同加工情境下记忆广度对学习词的再认正确率影响的差异不显著，可进行后续的协方差分析。进一步分析可知，加工情境的主效应不显著，F（1，37）=0.070，$p>0.05$，$\eta_p^2=0.002$；指令的主效应显著，F（1，37）=4.087，$p<0.05$，$\eta_p^2=0.100$，对 TBR 词的回忆率（M=0.82）显著高于 TBF 词（M=0.64）；指令和加工情境的交互作用不显著，F（1，37）=0.448，$p>0.05$，$\eta_p^2=0.012$。

对关键诱词的错误再认进行单因素协方差分析前，先对斜率的同质性进行检验，可知加工情境和记忆广度的交互作用不显著，F（1，36）=0.547，$p>0.05$，$\eta_p^2=0.015$，可进行后续的协方差分析。经过分析可知，记忆广度的主效应不显著，F（1，37）= 1.528，$p>0.05$，$\eta_p^2=0.040$；加工情境的主效应不显著，F（1，37）= 0.07，$p>0.05$，$\eta_p^2=0.002$，集中加工情境条件下的错误再认率（M=0.69）与随机加工情境下（M=0.68）无显著差异。

进一步考察在不同加工情境下对TBR词和TBF词的再认正确率与对关键诱词的错误再认率的相关关系，在随机加工情境下，对 TBR 词的再认正确率与对关键诱词的错误再认率呈显著正相关，r（20）=0.521，$p<0.05$；对 TBF 词的再认正确率与对关键诱词的错误再认率呈显著正相关，r（20）=0.545，$p<0.05$。在集中加工情境下，对 TBR 词的再认正确率与对关键诱词的错误再认率呈显著正相关，r（20）=0.739，$p<0.01$；对 TBF 词的再认正确率与对关键诱词的错误再认率呈显著正相关，r（20）=0.679，$p<0.01$。

综合来看，有意遗忘指令在一定程度上影响了项目的加工情境，进而影响了错误记忆。对于学过的真实词，无论处于集中情境还是随机情境，对 TBR 词的正确再认率均高于 TBF 词。对于关键诱词，虽然两种情境在有意遗忘条件下的错误再认率没有表现出差别，并且在集中情境、随机情境下对 TBR 词和 TBF 词的再认率均与关键诱词的再认率呈正相关，但是在集中情境下，TBR 词和 TBF 词的正相关关系数值均要高于随机情境下的正相关关系数值，说明在有意遗忘条件下，相比随机情境，集中情境下对学习词的再认与对关键诱词的再认关系更密切。

第四节 综 合 讨 论

在错误记忆研究中，模糊痕迹理论（Brainerd & Reyna，2005）和联合激活理论（Howe et al.，2009）分别从项目痕迹——字面痕迹和语意的激活扩散方面解释了错误记忆的产生。近些年来，研究者开始重视减少错误记忆的途径，有意遗忘的方法是理解错误记忆编码的一种途径（Marche et al.，2005）。本实验考察了有意遗忘条件是如何通过影响项目自身的加工和项目的加工情境而影响错误记忆的。

一、有意遗忘条件下项目的加工深度对错误记忆的影响

在实验一中，有意遗忘条件下的记忆指令和遗忘指令作用于深加工项目和浅加工项目，结果发现，对于学过的词，深加工项目会受到指令的显著影响，遗忘指令下的项目受到抑制，降低了对学习词的再认正确率；浅加工项目不会受到指令的显著影响，遗忘指令的项目没有受到抑制，与记忆指令下的再认正确率无显著不同。对于关键诱词，在有意遗忘指令的操纵下，深加工条件较浅加工条件下关键诱词的错误再认率更高，并且在有意遗忘指令下，成功再认的深加工 TBR 词越多，解除抑制重新激活的深加工 TBF 词越多，关键诱词的错误再认率越高；反之，成功再认的深加工 TBR 词越少，解除抑制重新激活的深加工 TBF 词越少，错误再认的关键诱词也越少；而浅加工的 TBR 词和 TBF 词与错误再认的关键诱词之间无紧密关联。这些研究结果表明，对于深加工的项目，有意遗忘可有效抑制对学习词的正确再认，并且有意遗忘对 TBR 词和 TBF 词抑制激活的程度越深，越能抑制关键诱词的出现。

虽然先前的研究对于项目的深浅加工是否会影响错误记忆的结论并不一致（Rhodes & Anastasi，2000；Toglia et al.，1999），但本实验没有囿于这些研究中字表长度、项目呈现时间等因素的不同，而是从有意遗忘条件入手，发现有意遗忘指令能够敏感地作用于深加工项目，降低对深加工项目的错误再认率。这一作用途径是有意遗忘指令限制主旨痕迹激活产生的。结合有意遗忘条件，模糊痕迹理论较联合激活理论能够更合理地解释这一结果。模糊痕迹理论把项目自身的加工痕迹区分为字面痕迹和主旨痕迹，并且认为主旨痕迹的加强是导致有意遗忘的重要原因（Brainerd & Reyna，2005）。本实验中，很明显深加工较浅加工会在被试的头脑中存储了更强的主旨痕迹，有意遗忘指令施于主旨痕迹，记忆指令和遗忘指令分别扮演了加深主旨痕迹和抑制主旨痕迹的角色。在再认阶段，记忆指令下加深的主旨痕迹再次被成功提取的程度越高，遗忘指令下抑制的主旨痕迹被解除抑制的程度越高，关键诱词就越容易出现；相反，如果这两类主旨痕迹不能被有效地重新恢复，关键诱词也就不易出现。

联合激活理论则认为语义的自动化激活扩散是产生错误记忆的重要原因（Howe et al.，2009）。考虑到这一理论强调语义的自动化扩散，所以本实验推测，

尽管浅加工比深加工、语义加工的深度要浅，但是由于自动化的加工是快速弥散的扩散过程，测验阶段在语词提取后，语义也能快速与关键诱词产生联结。因而按照该理论，深加工和浅加工条件下对关键诱词的错误再认应该均与有意遗忘指令下对 TBR 词和 TBF 词的提取有密切关系。有意遗忘指令下自动化激活扩散后的 DRM 语词网络激活的程度越高，导致 TBR 词和 TBF 词提取的可能性越大，关键诱词也就越容易出现；反之，则会降低关键诱词的再认率。但是实验结果与这一预测相悖，只有深加工的项目表现出受到有意遗忘指令的显著影响。

二、有意遗忘条件下项目的加工情境对错误记忆的影响

在实验二中，有意遗忘条件下的记忆指令和遗忘指令作用于项目的集中呈现情境和随机呈现情境。结果发现，对于学过的词，无论是集中加工情境还是随机加工情境，遗忘指令下的学习项目都受到抑制，降低了对学习词的再认正确率；对于关键诱词，在有意遗忘指令的操纵下，两种情境下对关键诱词的错误再认率无显著差异，并且在有意遗忘指令下，测验时成功提取的 TBR 词越多，解除抑制重新激活的 TBF 词越多，对关键诱词的错误再认率越高，反之则越少。但需要注意的是，在有意遗忘条件下，集中呈现的 TBR 词和 TBF 词的恢复提取的数量与关键诱词的错误再认的相关程度较随机呈现更高，这说明对于集中呈现的 DRM 项目，接受记忆和遗忘指令后，与之关联的 DRM 词同时改变的语义强度更大，记忆指令和遗忘指令下的项目越不容易被恢复提取，越能抑制关键诱词的出现。

在 Sahakyan 等（2008b）的研究中，以非 DRM 词表的词为研究对象，发现间隔呈现会增强项目的存储强度，每间隔呈现一次，会增强一定数量的情境存储强度，当施予记忆指令和遗忘指令后，间隔呈现情境被削弱的程度越大，而集中呈现项目不会增强项目的情境存储强度。实验结果也的确发现，两种情境均会诱发有意遗忘，但间隔呈现诱发了更强的有意遗忘。与本书实验结果不同的是，该实验发现 DRM 词表集中加工情境相比随机加工情境（随机加工情境类似于 Sahakyan 等实验中的间隔呈现情境），对有意遗忘词的恢复提取与对关键诱词的错误再认的关联更强，即遗忘指令下学过的 DRM 词被抑制得越强，关键诱词也会像遗忘指令下的 DRM 词一样被抑制激活。造成两实验结果差异的原因在于，本实验中使用了 DRM 词表而非无语义关联的一般词表。词与词之间有较强的语义关联，在一起集中呈现记忆指令或遗忘指令下的编码项目，会集中加速项目之间语义扩散的网络强度或集中减弱这一强度。而间隔呈现记忆指令和遗忘指令，语义在被记忆指令激活后又会受到遗忘指令的阻隔，随后又被激活，重复这样的过程，语义网络激

活的强度时增时降，语义的扩散受到限制，所以集中情境与有意遗忘条件下对不同项目提取的关联更紧密。

在有意遗忘条件下，模糊痕迹理论和联合激活理论同样会预期产生不同的实验结果。根据联合激活理论，在语义自动激活扩散后，遗忘指令下集中在一起呈现的项目会集中受到遗忘指令的影响，自动激活扩散的范围会受到限制，降低遗忘指令下关键诱词的激活；反之，记忆指令集中在一起则会加速和加强语义网络的扩散，加大关键诱词与 DRM 词联通的可能性。在测验阶段，增强的 TBR 语义网络和解除抑制重新激活的 TBF 语义网络被恢复提取的数量越多，关键诱词越容易出现，反之则关键诱词会受到抑制。然而，根据模糊痕迹理论，主旨痕迹无论是在集中情境还是非集中情境，只要项目的学习数量不变，主旨痕迹加深的程度都是一样的，因而无论集中情境还是随机情境对关键诱词再认的影响程度应是一样的。实验二的结果更支持联合激活理论，因为在有意遗忘条件下，集中情境下对 TBR 词和 TBF 词的正确再认和对关键诱词的错误再认的关联更紧密。

第五节　结　论

（1）在有意遗忘条件下，深加工的学习项目会受到有意遗忘条件的影响而抑制正确再认，关键诱词的错误再认与深加工的学习项目的恢复提取密切相关。浅加工的学习项目不易受到有意遗忘条件的影响。

（2）在有意遗忘条件下，集中加工情境和随机加工情境下的学习项目均会受到遗忘指令的影响而抑制正确再认，相比随机加工情境，集中加工情境下关键诱词的错误再认与有意遗忘条件下学习项目的正确再认的关联更紧密。

第七章　逆行记忆条件下情绪图片加工对汉字有意遗忘的影响

第一节　问题的提出

情绪对于记忆的影响一直是心理学研究者讨论不休的话题，有大量的实验结果可以证明，个体对情绪性材料的记忆更加深刻，这与人们的生活实际也是非常契合的。在日常生活中，无论是让人感到高兴还是悲伤的事件，都会让人久久不能忘怀。我们有时候也会发现，有些信息本身并不具有多么明显的情绪色彩，但是它却随着时光流逝在人的脑海中存留了下来，这可能是因为在这些无情绪信息出现后发生的情绪事件促进了对其的记忆，也就是情绪的逆行性记忆增强效应对记忆产生了作用。相对而言，情绪也会影响遗忘的过程。在有意遗忘的研究中，研究者通过赋予材料情绪性或者诱发被试的情绪状态探讨了情绪对遗忘的影响，大部分研究结果表明，情绪会在一定程度上削弱有意遗忘效应。那么，情绪对记忆的逆行性作用会不会影响有意遗忘效应呢？有些信息忘不掉，不是因为信息本身具有情绪性，而是因为这些信息出现后又发生了一些情绪事件促进了对其的记忆。从情绪性记忆的有意遗忘效应研究来看，无论是赋予实验材料情绪性还是诱发被试的情绪状态，情绪都同时影响了记忆的编码和巩固阶段。而情绪的逆行性记忆增强效应强调的是情绪对巩固阶段的作用，这种单纯对记忆巩固阶段的作用是否会对有意遗忘产生不同的影响，值得进一步探究。

情绪的逆行性记忆增强是情绪唤醒出现在中性刺激编码后的巩固阶段，情绪唤醒可以通过图片、音乐、视频甚至药物实现，因此使用学习后处理范式来研究这一效应是十分合适的。Anderson 等（2006）在对中性图片学习后，使用情绪图片诱发情绪研究了这一效应。实验分为两个阶段。在学习阶段，用到的实验材料分为两种，一种是被称为测试事件的中性图片，另一种是被称为调节事件的情绪图片，情绪图片均选自国际情绪图系统（international affective picture system，IAPS），按照效价分为正性、中性和负性情绪图片。测试事件在后面的再认测验中会作为测试项目出现，而调节事件的作用是诱发被试的情绪。在学习阶段，会给被试先后呈现测试事件和调节事件，在调节事件呈现的同时，会要求被试对调节事件的情绪强度做评定。在调节事件后，会有一个箭头判断的侧抑制任务，以求在下一个中性测试事件呈现前，被试的情绪可以恢复到中性水平。在再认阶段，会要求被试对先前呈现的测试事件和调节事件进行再认。这一范式通过先呈现情绪中性的刺激（测试事件），后呈现诱发情绪唤醒的场景刺激（调节事件），以及在每组测试—调节事件呈现后插入侧抑制任务，从而成功地分离了情绪对记忆编码阶段和编码后巩固阶段的影响。通过这一范式，Anderson 等发现了中性事件发生后出现的情绪唤醒会促进被试对先前中性事件的记忆巩固，也就是出现了情绪的逆行性记忆增强效应。

根据前人对逆行性增强效应以及有意遗忘的研究，有两个问题值得进一步探讨。第一，先前研究中的测试事件和调节事件均是图片性质的，那么汉字性质的测试事件是否也会出现逆行性增强效应？之所以提出这一问题，是因为根据 Pavio 的双重编码理论，人脑中存在两种不同的编码系统：视象系统和语言系统。视象系统对图像性质的材料进行编码，而语言系统对字符性质的材料进行编码，两种系统一般具有独立性，当加工的材料具有参照关系时，两个系统会产生相互影响。例如，字符“苹果”可以激活表象“苹果”，视象“苹果”产生的表象“苹果”也可以激活字符“苹果”。但是在逆行性增强研究中，汉字和随后的情绪图片指称的材料不具有参照性，那么在汉字后呈现图片这一操作是否仍然会出现逆行性增强效应？第二，如果出现了逆行性的某种记忆效果，那么在词表法的有意遗忘中，逆行性记忆效果是否会影响词表法有意遗忘？即逆向性的记忆对遗忘或记忆指令下的汉字的影响是否是相同的？针对这两个问题，本研究将情绪的逆行性增强的实验范式引入词表法有意遗忘中，在词表中的汉字后呈现情绪图片，再用侧抑制任务控制情绪图片对后面汉字的影响，从而考察情绪的这种逆行性作用是否会影响对汉字的有意遗忘效应。为此，笔者提出了以下研究假设。

（1）在汉字后呈现的不同情绪效价的图片影响汉字记忆的效果不同，正性和负性情绪图片会增强被试对前面汉字的记忆，而中性情绪图片则不会。

（2）中性情绪图片前的汉字的记忆出现有意遗忘效应，而正性和负性情绪图片前的汉字则没有出现有意遗忘效应。

（3）每张情绪图片的三个汉字受情绪图片的影响不同，距离情绪图片越近的汉字，记忆增强效果越明显。

（4）在汉字后呈现的情绪图片对汉字的逆行性作用以及对汉字有意遗忘的影响不依赖于与特定图片内容相关的情绪，而是依赖于弥散性的情绪。

本实验的研究意义在于：①探讨情绪的逆行性记忆增强效应在不同性质的测试事件与调节事件之间是否存在，拓展情绪的逆行性记忆增强效应的应用范围。②以往对于情绪性记忆的有意遗忘研究考察的都是被试在即时的情绪下有意遗忘的效果，情绪的作用主要体现在编码阶段。当前的研究让被试在学习后再诱发情绪，通过逆行性记忆增强效应影响有意遗忘，这对全面考察情绪对记忆不同阶段和有意遗忘的作用有重要的理论意义。③考察在情绪的逆行性记忆增强以及对有意遗忘的影响中起作用的是弥散性的情绪还是蕴含在特定内容图片中的情绪，为解释情绪对记忆的影响机制提供了新的角度。④从现实角度来看，通过研究逆行性记忆增强效应对于有意遗忘的影响，可以解释为什么有些无意义的信息存在于记忆中忘不掉。在学习领域，可以指导学生忘记无关信息，记住学习内容，更好地利用心理资源和记忆容量；在临床方面，可以通过帮助患者消除情绪对于无意义信息的影响，从而避免其对无意义信息的深刻记忆和反复回忆。

第二节　实验一：逆行性记忆条件下情绪图片的效价对汉字有意遗忘的影响

实验一将情绪的逆行性记忆增强范式中的操作引入词表法有意遗忘范式中，即在词表中的中性汉字后呈现不同情绪效价的图片，考察这种情绪刺激对先前中性项目的加工是否会对有意遗忘效应产生影响。

一、实验方法

（一）被试的选取

48 名被试均来自国内某大学，其中男生 23 人，女生 25 人，被试平均年龄为 21.10±2.25 岁。所有被试均为自愿参加，右利手且视力（或矫正视力）正常，无生理及精神疾病。实验后，给予其礼品作为报酬。

（二）实验材料

实验材料包括学习材料与测试材料两类。学习材料包含单字和情绪图片，单字为 90 个笔画数接近的中频汉字，选自范宁等（2012）研究中评定出的 730 个备选汉字。情绪图片选自国际情绪图片库。其中情绪图片经过对效价和唤醒度的评定，从正性、中性、负性三个效价分别选出 10 张图片，每张图片下呈现一行字“你体验到的情绪类型是：1 为正性、2 为中性、3 为负性”。图片统一修改为 Windows 格式，24 位，为 1024×768 规格的 bmp 图片。

测试材料是在学习材料 90 个单字基础上增加 1 倍的 180 个笔画数接近的中频汉字。

（三）实验设计

本实验采用 3（情绪图片效价：正性、中性、负性）×3（汉字位置：A、B、C）×2（指令：记忆指令、遗忘指令）的混合设计，情绪图片效价和汉字位置为组内变量，指令为组间变量，因变量为再认成绩。

（四）实验仪器

通过 E-prime2.0 编写实验程序，在 HP LE2001w 显示屏上呈现实验材料，被试通过键盘反应完成实验任务。所有实验材料的呈现、计时及被试反应时的数据收集都由计算机控制。

（五）实验程序

实验程序分为学习阶段、干扰阶段和再认测验阶段。在学习阶段，首先，被试按照要求坐在距离计算机屏幕 60cm 的正前方，将视线集中在屏幕上。在进行正式实验前，首先完成无关刺激的练习任务，在被试了解实验程序后，正式开始实验。实验中，会先后给被试呈现两个词表，每个词表包含 45 个单字和 15 张情绪图片（15 张情绪图片中包含正性、中性和负性情绪图片各 5 张）。每个词表含有 15 个 trial，在每个 trial 中首先给被试呈现一个 500ms 的注视点“+”，之后呈现单字，每个单字呈现时间为 1500ms，字与字之间的时间间隔为 500ms，每 3 个单字后出现一张情绪图片，图片呈现时间为 3000ms，被试需要对该图片的情绪效价做出正性、中性还是负性的评定并按键，正性是 1，中性是 2，负性是 3。图片呈现结束后，被试要完成一个侧抑制任务，判断上下排列的三个箭头里中间箭头的方向，一共四组，每组呈现 1000ms，共需 4000ms。通过这样的操作，可以使被试诱发的情绪在下一组单字呈现前恢复到中性水平。学习完词表 1 后，进行词表 2 的学习，在两个词表之间呈现指导语，指导语分为记住指导语和忘记指导语。记住指导语是“前面的词表学习完了，请你记住它，接下来开始学习新的词表”；忘记指导语是“前面学习的词表只是对实验程序的测试，请你忘记它，下面开始正式学习”。词表 2 的学习过程与词表 1 完全相同，实验一的流程如图 7-1 所示。

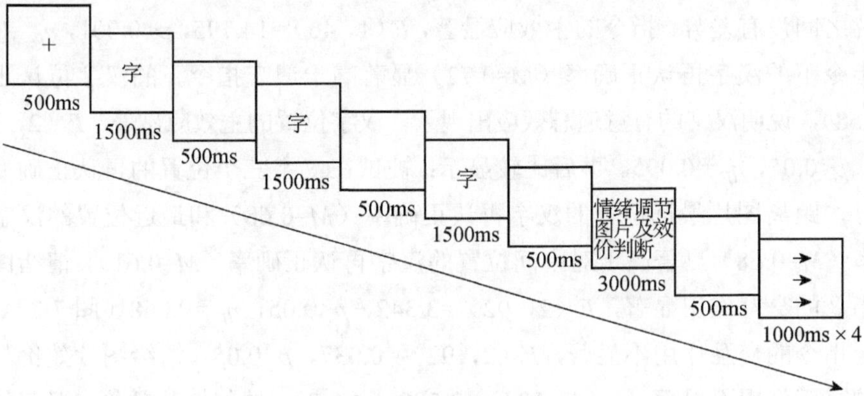

图 7-1　实验一流程图

两个词表学习完毕后，进入实验的干扰阶段，要求被试完成 1min 的两位数倒减 3 任务。

干扰阶段结束后进行再认测验，要求被试对随机呈现的单字进行再认判断：如果是前面两个词表中出现过的按“F”键，如果没有出现过按“J”键。每个单字呈现 3000ms，如果不做反应，超时后即跳过。

二、实验结果与分析

在词表法有意遗忘范式下，记忆组和遗忘组都学习两个字表，而分析有意遗忘效应时，侧重的是不同指令下字表 1 之间的比较和字表 2 之间的比较，因此这里将分别分析字表 1 和字表 2 中汉字的再认正确率。为了进一步考察在汉字后呈不同情绪图片的性质对不同位置汉字的影响，对于在对情绪图片呈现前汉字的呈现位置，人为命名为 A、B、C，即每三个汉字与随后呈现的图片组成的配对中，第一个汉字位置为 A，第二个汉字位置为 B，第三个汉字位置为 C。这样可以综合考察汉字的位置、指令和情绪图片性质对有意遗忘的影响。

（一）记忆组和遗忘组对字表 1 汉字的再认正确率分析

不同指令下，字表 1 中不同情绪、不同位置的汉字再认正确率如表 7-1 所示。对汉字再认正确率的混合方差分析结果如表 7-2 所示。由表 7-2 可知，情绪图片效价的主效应显著，F（2，92）=3.184，$p<0.05$，$\eta_p^2=0.065$，正性情绪图片前呈现的汉字的再认正确率（M=0.68）和负性情绪图片前呈现的汉字的再认正确率（M=0.67）均显著高于中性情绪图片前呈现的汉字的再认正确率（M=0.62），且正性和负性情绪图片之间没有差异。指令的主效应显著，F（1，46）=14.795，$p<0.001$，$\eta_p^2=0.243$，记忆指令下的汉字再认正确率（M=0.72）显著高于遗忘指令下的汉字再认正确率（M=0.58），说明汉字的有意遗忘效应出现了。汉字位置的主效应显著，F（2，92）=4.825，$p<0.05$，$\eta_p^2=0.095$。事后比较显示：被试在汉字三个位置的再认正确率上存在差异，距离图片最远位置的汉字再认正确率（M=0.68）和最近位置的汉字再认正确率（M=0.68）显著高于对中间位置的汉字再认正确率（M=0.61）。情绪图片效价和指令的交互作用显著，F（2，92）=3.342，$p<0.05$，$\eta_p^2=0.068$（图 7-2）。汉字位置与指令的交互作用不显著，F（2，92）=0.037，$p>0.05$。情绪图片效价与汉字位置的交互作用不显著，F（4，184）=2.298，$p>0.05$。情绪图片效价、汉字位置与指令三者的交互作用不显著，F（4，184）=2.042，$p>0.05$。

表 7-1　不同指令下字表 1 中不同情绪、不同位置的汉字再认正确率（$M\pm SD$）

指令	汉字位置	记忆	遗忘
正	A	0.75±0.19	0.58±0.27
	B	0.69±0.23	0.64±0.23
	C	0.80±0.20	0.62±0.25
中	A	0.68±0.15	0.57±0.25
	B	0.62±0.20	0.53±0.24
	C	0.68±0.18	0.63±0.18
负	A	0.79±0.18	0.66±0.32
	B	0.72±0.28	0.43±0.26
	C	0.78±0.22	0.56±0.27

表 7-2　字表 1 中情绪图片效价、汉字位置以及指令对汉字再认正确率影响的方差分析

因变量	变异来源	Ⅲ型平方和	df	均方	F	p
再认正确率	情绪图片效价	0.267	2	0.134	3.184	0.046
	汉字位置	0.492	2	0.246	4.825	0.010
	指令	2.202	1	2.202	14.795	0.000
	情绪图片效价×指令	0.281	2	0.140	3.342	0.040
	汉字位置×指令	0.004	2	0.002	0.037	0.964
	情绪图片效价×汉字位置	0.319	4	0.080	2.298	0.061
	情绪图片效价×汉字位置×指令	0.284	4	0.071	2.042	0.090

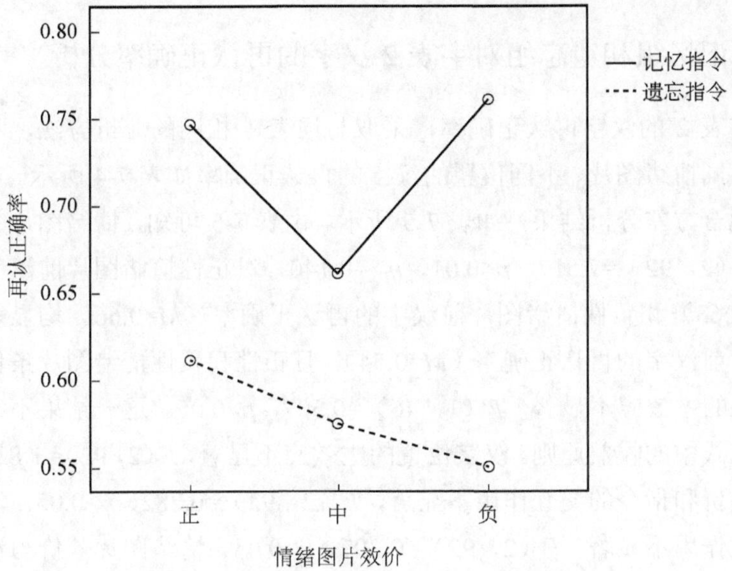

图 7-2　字表 1 情绪图片效价和指令的交互作用

情绪图片效价与指令的交互作用显著，所以进一步对指令的不同水平做简单效应分析（表 7-3）。结合不同指令和不同情绪图片效价下的平均再认正确率进行分析，在记忆指令下，对正性情绪图片前呈现的汉字的再认正确率（M=0.75）和对负性情绪图片前呈现的汉字的再认正确率（M=0.76）均显著高于对中性情绪图片前呈现的汉字的再认正确率（M=0.66），p<0.05，且正性和负性情绪图片条件之间不存在差异。然而，在遗忘指令下，与三种情绪图片配对的汉字再认正确率之间不存在显著差异。以上结果表明，汉字呈现后的情绪图片促进汉字记忆只存在于记忆指令下，而在遗忘指令下，这种记忆增强效果消失了。

表 7-3　字表 1 中情绪图片效价和指令交互作用的简单效应分析

指令	情绪图片效价		均值差值	*SE*	*p*
记忆	正	中	0.085*	0.031	0.025
		负	−0.015	0.026	1.000
	中	正	−0.085*	0.031	0.025
		负	−0.100	0.040	0.048
	负	正	0.015	0.026	1.000
		中	0.100*	0.040	0.048
遗忘	正	中	0.036	0.033	0.842
		负	0.061	0.029	0.119
	中	正	−0.036	0.033	0.842
		负	0.024	0.043	1.000
	负	正	−0.061	0.029	0.119
		中	−0.024	0.043	1.000

***p<0.001，**p<0.01，*p<0.05，下同

（二）记忆组和遗忘组对字表 2 汉字的再认正确率分析

对于字表 2 的汉字再认正确率，采取与词表 1 相同的分析方法，不同指令下字表 2 中不同情绪图片、不同位置的汉字的再认正确率如表 7-4 所示。对汉字再认正确率的混合方差分析结果，如表 7-5 所示。由表 7-5 可知，情绪图片效价的主效应显著，F（2，92）=7.517，p<0.01，η_p^2=0.140，对正性情绪图片前汉字的再认正确率（M=0.63）和负性情绪图片前汉字的再认正确率（M=0.66）均显著高于对中性情绪图片前汉字的再认正确率（M=0.54），且正性和负性情绪图片条件之间没有差异。指令的主效应不显著，F（1，46）=0.507，p>0.05。这一结果不符合词表法有意遗忘范式中的收益原则。汉字位置的主效应不显著，F（2，92）=1.899，p>0.05。情绪图片效价和指令的交互作用不显著，F（2，92）=0.282，p>0.05。汉字位置与指令的交互作用不显著，F（2，92）=0.397，p>0.05。情绪图片效价与汉字位置的交互作用不显著，F（4，184）= 0.635，p>0.05。情绪图片效价、汉字位置与指令三者的交互作用不显著，F（4，184）=1.675，p>0.05。

表 7-4　不同指令下字表 2 中不同情绪图片、不同位置的汉字的再认正确率（$M\pm SD$）

指令	汉字位置	记忆	遗忘
正	A	0.65±0.27	0.61±0.26
	B	0.65±0.26	0.65±0.21
	C	0.57±0.27	0.65±0.28
中	A	0.52±0.25	0.65±0.22
	B	0.55±0.22	0.56±0.23
	C	0.48±0.21	0.50±0.22
负	A	0.70±0.28	0.65±0.23
	B	0.62±0.22	0.68±0.21
	C	0.62±0.32	0.67±0.24

表 7-5　字表 2 中情绪图片效价、汉字位置以及指令对汉字再认正确率影响的方差分析

因变量	变异来源	III型平方和	df	均方	F	p
再认正确率	情绪图片效价	1.039	2	0.520	7.517	0.001
	汉字位置	0.169	2	0.084	1.899	0.156
	指令	0.082	1	0.082	0.507	0.480
	情绪图片效价×指令	0.039	2	0.020	0.282	0.755
	汉字位置×指令	0.035	2	0.018	0.397	0.673
	情绪图片效价×汉字位置	0.102	4	0.026	0.635	0.638
	情绪图片效价×汉字位置×指令	0.270	4	0.068	1.675	0.158

实验一的结果，首先支持了情绪的逆行性记忆增强效应，与 Anderson 等在 2006 年的研究结果一致的是，被试对正性和负性情绪图片前汉字的记忆效果要好于中

性情绪图片前的汉字，表明在汉字之后呈现情绪图片达到了实验操纵的目的，情绪作用发生在汉字编码后的巩固阶段，从而增强了被试对汉字的记忆。其次，通过对不同位置的汉字再认正确率的分析，虽然字表 1 中不同位置的汉字再认效果有所不同，但是整体来看，在集中学习 3 个汉字后给予情绪刺激的结果表明，情绪增强了对所有汉字的记忆，而并没有出现位置序列效应。最后，记忆组和遗忘组的汉字再认正确率在字表 1 上存在的差异符合有意遗忘中的代价原则，在 3 种情绪图片的影响下，这种代价效果都出现了。这与假设的正性和负性情绪图片对汉字的记忆增强作用会削弱有意遗忘甚至导致有意遗忘效应的消失是相悖的，相比中性情绪图片前的汉字，正性和负性情绪图片前的汉字有意遗忘效应更强，所以可以说在汉字后呈现的正性和负性情绪图片增强了被试对汉字的有意遗忘效应。

第三节　实验二：测验阶段情绪线索对逆行性记忆条件下汉字有意遗忘的影响

实验一结果的分析表明，汉字呈现后的情绪图片的不同效价会对汉字的记忆产生不同的效果：正性和负性情绪图片会增强对前面汉字的记忆，而中性情绪图片则不会，这种不同的效果会进一步导致汉字有意遗忘效应的差异。由于汉字与情绪图片在学习时是成组出现的，那么被试在记忆编码时就难免会将两者作为一个 block 同时进行编码。这样被试在回忆测试阶段就可能先想到与汉字配对出现的图片，再判断汉字是否在学习阶段出现过，也就是说，情绪图片会作为一种线索来增强被试对汉字的记忆。如果说情绪图片真的起到了线索的作用，那么这种作用是要求情绪与图片内容特异性结合在一起才能促进记忆，还是说情绪是弥散性的，并不依赖特定的图片内容就可以促进记忆？

在实验二中，考虑在测试阶段的汉字前增加了与学习阶段图片情绪效价相同但内容不同的图片作为线索，这样可以抑制被试在再认测验时回忆起学习阶段的图片，使得只有一种弥散性的情绪线索对被试的回忆起作用。如果说被试对正性和负性情绪图片前汉字的记忆效果依然增强了，那么说明情绪的逆行性记忆增强效应依赖的仅仅是情绪本身而不需要特定的图片内容，从而可以进一步影响有意遗忘效应。反之，如果汉字记忆增强的效果消失了，就说明回忆时必须要求情绪与特定的图片内容相结合才能起到线索的作用。

一、实验方法

（一）被试的选取

35 名被试均来自国内某大学，其中男生 15 人，女生 20 人，被试平均年龄为 18.77±1.14 岁。所有被试均为自愿参加，右利手且视力（或矫正视力）正常，无生理及精神疾病。实验后，给予其礼品作为报酬。

（二）实验材料

在学习阶段，实验材料同实验一，再认测验阶段的单字与实验一相同，不同的是增加了 30 张与学习阶段呈现的情绪图片效价及唤醒度相同但内容不同的图片，每张图片与实验一中的情绪图片一一对应。在再认测验中，每张图片与 6 个单字一一配对出现，其中 3 个单字是实验一中与该图片对应的情绪图片在一个 trial 中出现的，另外 3 个单字是没有学习过的，也就是说每张图片共会出现 6 次。

（三）实验设计

本实验采用 3（情绪图片效价：正性、中性、负性）×（汉字位置：A、B、C）×2（指令：记忆、遗忘）的混合设计，情绪图片效价和汉字位置为组内变量，指令为组间变量，再认成绩为因变量。

（四）实验仪器

通过 E-prime2.0 编写实验程序，在 HP LE2001w 显示屏上呈现实验材料，被试通过键盘反应完成实验任务。所有实验材料的呈现、计时及被试的反应时数据的收集，均由计算机控制。

（五）实验程序

实验程序同样分为学习阶段、干扰阶段和再认测验阶段。其中，学习阶段和干扰阶段与实验一完全相同。不同的是，在再认测验阶段，每个单字呈现前会出现一张情绪图片，要求被试对单字做再认判断，如果单字在前面两个词表中出现过按“F”键，如果没有出现过按“J”键。图 7-3 为再认测验流程。

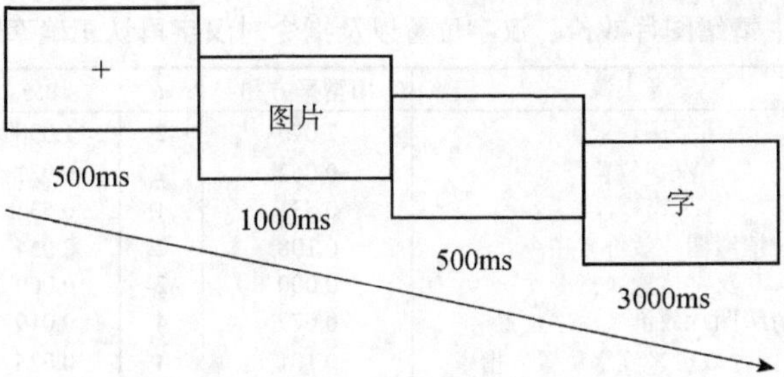

图 7-3　实验二再认测验流程图

二、实验结果与分析

（一）记忆组和遗忘组在不同情绪下对词表 1 汉字的再认正确率

不同指令下，对词表 1 中不同情绪图片前不同位置汉字的再认正确率如表 7-6 所示。情绪图片效价、汉字位置以及指令对汉字再认正确率影响的方差分析结果如表 7-7 所示。由表 7-7 可知，情绪图片效价的主效应显著，F（2，66）=19.538，p<0.001，η_p^2=0.372，对正性情绪图片前汉字的再认正确率（M=0.74）和负性情绪图片前汉字的再认正确率（M=0.74）均显著高于对中性情绪图片前汉字的再认正确率（M=0.57），且对正性情绪与负性情绪条件之间图片的再认率不存在显著差异。指令的主效应显著，F（1，33）=12.602，p<0.05，η_p^2=0.276，说明遗忘指令导致被试对汉字出现了有意遗忘效应。汉字位置的主效应不显著，F（2，66）=0.618，p>0.05，表明汉字呈现后情绪图片对汉字的逆行性记忆增强不存在序列位置效应。情绪图片效价和指令的交互作用不显著，F（2，66）=1.021，p>0.05。汉字位置与指令的交互作用不显著，F（2，66）=0.003，p>0.05。情绪图片效价与汉字位置的交互作用不显著，F（4，132）=0.534，p>0.05。情绪图片效价、汉字位置与指令三者的交互作用不显著，F（4，132）=0.700，p>0.05。

表 7-6　不同指令下词表 1 中不同情绪图片前不同位置汉字的再认正确率（$M \pm SD$）

情绪效价	汉字位置	记忆	遗忘
正	A	0.81±0.22	0.74±0.16
	B	0.73±0.16	0.69±0.17
	C	0.76±0.18	0.71±0.20
中	A	0.68±0.22	0.51±0.22
	B	0.63±0.24	0.53±0.28
	C	0.60±0.18	0.46±0.34
负	A	0.74±0.16	0.74±0.20
	B	0.80±0.15	0.67±0.19
	C	0.76±0.15	0.72±0.21

表 7-7　词表 1 中情绪图片效价、汉字位置以及指令对汉字再认正确率影响的方差分析

因变量	变异来源	III型平方和	*df*	均方	*F*	*p*
再认正确率	情绪图片效价	2.075	2	1.038	19.538	0.000
	汉字位置	0.062	2	0.031	0.618	0.542
	指令	0.531	1	0.531	12.602	0.001
	情绪图片效价×指令	0.108	2	0.054	1.021	0.366
	汉字位置×指令	0.000	2	0.000	0.003	0.997
	情绪图片效价×汉字位置	0.077	4	0.019	0.534	0.711
	情绪图片效价×汉字位置×指令	0.101	4	0.025	0.700	0.594

（二）记忆组和遗忘组在不同情绪下对词表 2 汉字的再认正确率

不同指令下，对词表 2 中不同情绪图片前不同位置汉字的再认正确率如表 7-8 所示。情绪图片效价、汉字位置以及指令对汉字再认正确率影响的方差分析结果如表 7-9 所示。由表 7-9 可知，情绪图片效价的主效应边缘显著，F（2，66）=3.124，p=0.051，$\eta_p{}^2$=0.086。指令的主效应不显著，F（1，33）=0.216，p>0.05。记忆指令下对汉字的再认正确率与遗忘指令下对汉字的再认正确率没有显著差异。汉字位置的主效应不显著，F（2，66）=0.936，p>0.05，表明汉字呈现后情绪图片对汉字的逆行性记忆增强不存在序列位置效应。情绪图片效价和指令的交互作用不显著，F（2，66）=0.135，p>0.05。汉字位置和指令的交互作用不显著，F（2，66）=1.252，p>0.05。情绪图片效价和汉字位置的交互作用不显著，F（4，132）=1.941，p>0.05。情绪图片效价、汉字位置与指令三者的交互作用不显著，F(4，132)=0.096，p>0.05。

表 7-8　不同指令下词表 2 中不同情绪图片前不同位置汉字的再认正确率（$M \pm SD$）

情绪效价	汉字位置	记忆组	遗忘组
正	A	0.71±0.22	0.74±0.16
	B	0.74±0.14	0.69±0.17
	C	0.61±0.25	0.71±0.20
中	A	0.65±0.28	0.72±0.21
	B	0.61±0.15	0.60±0.27
	C	0.56±0.21	0.61±0.25
负	A	0.61±0.30	0.67±0.19
	B	0.73±0.20	0.68±0.29
	C	0.70±0.21	0.73±0.15

表 7-9　词表 2 中情绪图片效价、汉字位置以及指令对汉字再认正确率影响的方差分析

因变量	变异来源	III型平方和	*df*	均方	*F*	*p*
再认正确率	情绪图片效价	0.276	2	0.138	3.124	0.051
	汉字位置	0.072	2	0.036	0.936	0.397
	指令	0.024	1	0.024	0.216	0.645
	情绪图片效价×指令	0.012	2	0.006	0.135	0.874
	汉字位置×指令	0.097	2	0.048	1.252	0.293
	情绪图片效价×汉字位置	0.348	4	0.087	1.941	0.107
	情绪图片效价×汉字位置×指令	0.017	4	0.004	0.096	0.984

通过在再认测验中每个汉字前增加一个与学习阶段情绪相同、内容不同的图片，排除图片内容在回忆过程中的线索作用，使得只有弥散性的情绪作为线索在回忆过程中起作用。结果表明，正性和负性情绪图片对汉字的记忆增强作用仍然明显。与实验一结果不同的是，在遗忘指令下，正性和负性情绪图片依然增强了被试对汉字的记忆。这说明情绪图片对之前汉字的记忆增强以及进一步对汉字有意遗忘的影响并不依赖于与特定图片内容相关的情绪。在回忆过程中，弥散性的情绪便可以作为线索，并且这种弥散性的情绪线索可以将正性和负性情绪下的汉字记忆从遗忘指令的抑制中释放出来。与实验一中被试对 3 种情绪图片前的汉字均出现有意遗忘效应不同的是，实验二中被试对只有中性情绪图片前的汉字出现了显著的有意遗忘效应，而对正性和负性情绪图片前的汉字没有出现有意遗忘效应。一定程度上，可以说弥散性的情绪线索会损害情绪的逆行性记忆增强效应影响下对汉字的有意遗忘。

第四节 综合讨论

一、情绪图片对汉字的逆行性记忆增强的影响

通过实验数据可知，被试对负性和正性情绪图片前汉字的再认正确率显著高于对中性情绪图片前汉字的再认正确率，且负性和正性情绪条件下不存在差异，这与 Anderson 等对情绪的逆行性记忆增强效应的研究结果是相同的。该实验采取学习后处理范式，在汉字出现后向被试呈现情绪图片，从而诱发被试的情绪，这与 Anderson 等在中性面孔图片后呈现情绪图片的操作是有所不同的。使用面孔图片可能会引起自变量的混淆，而使用评定好的汉字可以有效排除无关变量的干扰，由此实验中所表明的汉字学习后的情绪图片对汉字记忆的影响可以有力地证明情绪的逆行性记忆增强效应出现了。

二、情绪图片逆行性记忆中的有意遗忘机制

当前对有意遗忘的研究中，对有意遗忘机制的解释主要有三种，分别是选

择性复述理论、提取抑制理论和情境转换理论。单字法有意遗忘的机制主要是选择性复述，这种机制认为被试把项目保留在意识中，直到看到指令告诉他们对项目做什么，如果指令是记忆，他们开始对项目进行精细的编码；反之，遗忘的指令会导致被试停止对项目的进一步加工。然而，当研究范式变为词表法有意遗忘时，三种理论均可基于不同角度对有意遗忘效应进行解释。选择性复述理论认为，在词表 2 编码过程中，记忆指令下的被试会对词表 1 和词表 2 中的项目进行练习，而在忘记条件下，遗忘指令会导致词表 2 项目选择性复述的激活，这就在词表 1 代价的基础上增强了稍后对词表 2 的回忆（Bjork，1970）。提取抑制理论认为，遗忘指令会抑制词表 1 的项目，从而减弱词表 1 项目的通达性，同时增强词表 2 项目的通达性（Geiselman et al.，1983）。情境转换理论认为，遗忘指令会引发被试内心情境的变化，这种编码和提取时的情境不匹配，会损害其对词表 1 的回忆，而情境冲突的干扰减少会增强其对词表 2 的回忆（Sahakyan & Kelley，2002；Sahakyan & Delaney，2003）。

实验一的结果表明，与正性、中性和负性情绪图片配对的汉字均出现了有意遗忘效应，并且在正性和负性情绪图片的影响下，先前汉字的有意遗忘效应更强，这个结果与前人对情绪性记忆的有意遗忘研究的结果有所不同。在 Barnier 等（2007）的研究中，中性材料出现了标准的有意遗忘效应，而负性情绪材料没有出现有意遗忘效应。另外，Michael 和 Barbara（2008）对情绪词的有意遗忘效应进行了研究，结果表明，被试对词表 1 中的情绪词特别是负性单词的记忆效果要更好，遗忘指令难以抑制对其的记忆，情绪材料会削弱有意遗忘效应。

实验一的结果可以用提取抑制理论来解释，在字表 1 的学习中，情绪图片对汉字产生了记忆增强的效果，记忆指令下的汉字再认正确率数据可以支持这一点。然而，字表 1 学习后的遗忘指令会对先前学习的内容产生抑制，无论图片的情绪类型如何，在提取时对字表 1 内容的通达完全被阻止了。该实验与先前实验的不同在于，汉字本身没有情绪性，是通过汉字后呈现的情绪图片对汉字产生情绪影响的。这种情绪影响作用在巩固阶段，而材料本身的情绪性从编码阶段便产生了影响，所以本实验中的情绪增强相较情绪材料较不牢固，更容易受到指令的影响。另外，情境转换理论也可以在一定程度上解释当前实验的结果，在记忆指令条件下完成学习与测试时，对记忆的要求在情境上是一致的，而在遗忘指令下字表 1 的情境相较测试记忆的要求在情境上出现了变化，于是会对被试对字表 1 的记忆产生损害，这种损害不会因为情绪图片的不同而产生变化。

实验二的结果也可以通过提取抑制理论来解释，由结果可知，在汉字后呈现的正性和负性情绪图片对汉字的影响是不依赖于图片内容本身的，虽然遗忘指令会抑制对字表 1 项目的通达，但是正性和负性弥散性的情绪线索可以将字表 1 的项目从这种抑制中释放出来，从而削弱有意遗忘效应。

三、研究不足与展望

本研究改变了情绪的逆行性记忆增强效应的传统范式，在词表法有意遗忘范式的框架下，每3个一组的汉字呈现后，用不同情绪的图片来诱发被试的情绪，从而实现情绪对汉字的逆行性作用，这种实验设计可以在一定程度上验证情绪的这种逆行性作用对词表法有意遗忘的影响。然而，在单字法有意遗忘范式下是否会出现同样的效果，还未得到验证。由于单字法有意遗忘范式本身对于时间控制的要求很高，而情绪唤醒又需要一定的时间，那么如何才能让情绪对于每一个项目都产生逆行性作用，便需要进行进一步的考虑和设计。在未来的研究中，如果能在单字法有意遗忘范式下得出情绪的逆行性作用对有意遗忘的影响结果，那么将会进一步扩充情绪记忆的有意遗忘研究范围，完善情绪的逆行性作用对有意遗忘的影响研究，也可以从不同角度对有意遗忘的理论机制进行解释。

本研究得出的结论是：不同情绪的逆行性作用在回忆时依赖的线索不同。在今后的实验中，可以尝试将记忆过程中人的大脑处理不同情绪时的神经机制作为研究对象，来考察当依赖线索不同时，大脑神经机制的加工通路与诱发不同情绪的关系。

另外，本研究以图片为调节事件，以汉字为测试事件，对情绪的逆行记忆增强效应和有意遗忘效应进行了研究。情绪的诱发形式和学习材料的性质有很多种，不同的情绪诱发形式和不同的学习材料、不同的测验形式可能会得出不同的结论，这需要进行更广范围的探索。例如，本实验只对外显记忆进行了探讨，内隐记忆中是否会出现同样的效果，还有待进一步研究。

第五节　结　　论

在本研究中，我们探讨了在汉字后呈现情绪图片的效价对汉字有意遗忘的影响，以及在这个过程中情绪线索和图片线索所起到的作用，得出了以下结论。

（1）正性和负性情绪图片都会增强对汉字的记忆，但是在遗忘指令下这种增强效果消失了。即对于要求记住的内容，正性和负性情绪均产生了情绪的逆行性记忆增强效应，而要求忘记的内容没有出现这种效应。

（2）正性、中性和负性情绪下都出现了显著的有意遗忘效应，与正性和负性情绪图片配对的汉字的有意遗忘效应强于中性图片，即情绪的逆行性记忆增强会同时增强有意遗忘。

（3）这种汉字呈现后情绪对有意遗忘的影响可以用提取抑制理论来解释，遗忘指令抑制了被试对要求遗忘的项目的提取，在汉字后呈现不同情绪效价图片条件下的抑制程度是相同的。

（4）情绪的逆行性记忆增强效应依赖于弥散性的情绪线索，而不依赖于必须与特定图片内容相关的情绪。弥散性的正性和负性情绪线索可以释放遗忘指令对汉字产生的认知抑制状态。

第八章　语篇中时间参照与时间点对整合事件有意遗忘的影响

第一节　研 究 背 景

语篇阅读是从书面信息中提取语义，并将这些语义进行整合的过程（张必隐，2004）。提取及整合语义的过程不仅是单个语词意义的获得过程，也是对语篇整体内容的深入理解过程。Kintsch 和 Van Dijk 提出了情境模型（situation model）的概念，即与读者先前知识整合而成的、更深层理解的文本表征，它是语篇整体情境的表征（Kintsch et al.，1978）。建构情境模型时，读者关于世界的知识、关于语言的知识以及读者个人经历的知识，均会参与情境模型的建构。

事件标记假设（event-indexing hypothesis）进一步阐释了情境模型加工的内在机理（Zwaan et al.，1995）。该假设认为阅读中时间、空间、主角、目标和因果 5 个标记是更新情境模型的线索。读者读到新的事件若包含某一维度的信息，该信息与先前读到事件的信息共享同一维度，那么读者就会顺利地更新其情境模型；否则读者会放弃原有模型而建立一个新的模型。自事件标记假设提出后，研究者围绕各标记以及标记之间如何影响阅读加工展开了大量研究，其中时间标记如何被加工一直是研究的热点。

一、时间转换

时间是事件标记假设中的一个重要标记，对于时间标记的研究主要围绕着时间转换和时间持续的研究展开。在时间转换研究中，事件标记假设不能很好地解释不共享同一时间情境下的时间转换事件加工之间的差异，因而研究者又基于大量实证研究分别提出了印象假设（Hopper，1979）、场景模型（Anderson et al.，1983）、强印象假设（Zwaan，1996）和二阶段模型（何先友等，2011）。

Hopper（1979）提出，读者把语篇事件出现的先后顺序默认为事件发生的先后顺序，也就是先描述的事件就是先发生的，之后描述的事件就是在先描述的事件之后发生的，这就是印象假设。但是该假设不能很好地解释不同转换长度事件的差异。比如，“小明在家里看电视，他觉得电视内容很无聊，最后选择了看一个老电影，一会儿以后（短时间转换）/一小时以后（中时间转换）/一天以后（长时间转换），他去睡觉了”。三种转换都遵循了事件顺序发生的原则，但是 Anderson 等（1983）发现转换句的时间是存在显著差异的，印象假设不能很好地解释这一差异。Anderson 等研究者认为，分割的 block，如场景是建构情境的元素。时间线索就是场景的线索，场景的变化会引起不同情境建构的差异，前后两个事件在同一场景内（如短时转换和中时转换），时间线索的更新是顺利的，不在同一场景内的事件（如长时转换）更新会变得困难，读者就会建构新的场景。根据场景模型，转换句的阅读时间表现为短时（一会儿以后）=中时（一小时以后）<长时（一天以后）。Zwaan 在 1996 年则继续扩展了印象假设，他认为顺序发生并且紧接着连续发生的事件是读者默认加工的时间次序，有较大时间间隔的词（如“一小时以后”或“一天以后”）引导读者破坏了这一次序，读者更新时间线索会非常困难，从而导致阅读时间的延长。强印象假设预测转换句的阅读时间表现为：短时（一会儿以后）<中时（一小时以后）=长时（一天以后）。

何先友等（2011）的一系列实验则将时间转换的研究推向了深入。其通过眼动实验发现，时间转换加工的早期阶段是保持前后转换事件语词连贯性的加工；晚期阶段是情境模型的完成，进行的是对先前信息的整合和前后信息的相互通达的加工。另外一些实证研究则考察了影响时间转换加工的因素，例如，研究者进一步发现，事件框架会影响时间转换的更新，在事件框架内，时间转换不能引起情景模型的更新（何先友等，2013；赵雪汝等，2014）；空间线索的更新也能够易化时间转换的加工（何先友等，2013）。郭艳彪等（2013）则采用事件分割范式发现，时间转换作为事件单元转换的线索，只有在明确标志事件更新的情况下，才能引发读者对情境模型的更新。

二、时间持续

时间维度的另一个研究热点是关于时间持续的研究。一个持续发生的描述性事件即时间持续事件（例如，乔治夫妇争吵了两个小时），当读者不断对一系列事件进行建构时，先前描述事件的持续时间长短使得该事件与当前事件之间形成时间距离。时间距离区别于客观距离，它是人们主观感知到的从上一事件发生到当前阅读的事件之间的时间长度。

时间维度的持续性特点是早期关于时间方向性研究的深入。先前的研究者认为，人们的头脑中存在着一条内隐的心理时间线（mental time line），它代表着时间信息的加工从过去流逝到现在并指向未来的时间方向（Lakoff et al.，1999）。不同国家人们的书写习惯不同，会形成占主导地位的书写方式，书写方式的不同与人们对书面材料中时间信息的加工方向密切相关。例如，英国人会形成由右至左的时间线，而希伯来人和阿拉伯人会形成由左至右的时间线（Fuhrman & Boroditsky，2010）；中国人既存在从左至右的时间线，也存在由上至下的时间线（Fuhrman et al.，2011；Bergen & Chan，2012）。

时间持续性研究最主要的发现是动态表征观的提出和由时间持续性加工产生的时间距离远近效应。动态表征观可看成是心理时间线在语篇中的拓展，因为动态表征观具体描绘了在心理时间线上，时间上先后发生的一系列事件在持续发生的方向上是如何进一步被动态编码加工的（Claus & Kelter，2006）。该理论认为，被试对于语篇中的故事事件进行的是一个时间连贯的加工，故事事件的内在持续时间被动态性地编码到一个连贯的序列中，这一过程叫追踪。该事件的内在持续时间越长，读者追踪该事件进展的时间越长，即时间距离越长，读者重新激活并整合在这一持续事件之前事件的时间就越长，这叫作时间距离远近效应，例如，在语篇中，呈现一系列的描述性事件："凯恩向妻子允诺要戒酒。突然他们争吵起来。他们争吵了 10 分钟/他们争吵了 3 个小时。凯恩很后悔允诺戒酒。"在该例子中，最后一句是照应句，通过重指词"戒酒"实现了第一句和最后一句的激活和整合。时间持续句的主观经历事件的时间长短会影响激活和整合的速度。争吵 3 个小时相比争吵 10 分钟的时间距离更长，使得读者更难以激活和整合前后的情境，争吵 3 个小时下照应句的阅读时间会显著延长。郭艳彪等（2014）则发现，在近时间距离条件下支持顺序假设，并发现时间距离是影响读者对倒叙信息进行表征的重要因素。

三、时间参照

在语篇阅读中，除了时间转换和时间持续，还有一个重要的因素就是时间参照。时间参照是语篇中表达时间信息的一种重要形式，是前后描述的两事件在经历时间上存在重合的情况。比如，例 1："王燕哭得很伤心。今天她和男友分手了。她想要改变自己。这个月她换了个新的发型。""今天"是在"这个月"之中的，"今天"和"这个月"是时间参照的关系。时间参照与时间转换和时间持续的区别有以下几个方面：①语言线索不同，时间转换条件中有“以后”“之后”这样的时间转换词；时间持续条件是由动词引发的时间持续来引导读者的追踪加工，如“争吵了两个小时”，而时间参照中不存在明显的时间转换和时间持续的语言线索。②时间参照包含着一种隐含的时间关系，这种关系包含着隐藏的时间转换或者时间持续，比如，在例 1 中，“今天分手”的事件跳转到“这个月换发型”上，类似于时间转换。再看例 2：“姜敏这个月参加了校奥数的选拔比赛。当月的 10 号/30 号，她得知自己被淘汰了。”在该例中，确定的日期隐含着该月度过了一段时间，类似于时间持续。③时间参照中隐藏了时间位置关系。时间位置关系是由时间参照词产生的，时间参照词是建立后一事件与前一事件时间之间关系的词，例如，例 1 中“这个月”这一时间参照词形成了与前一事件中“今天”和后一个事件中“这个月”的时间位置关系，即“今天”的事件是在“这个月”之内发生的。在例 2 中，后一事件中的参照词“当月”与前一事件中的“这个月”也形成了参照关系，先前“这个月”的某一事件距离当前事件“当月的 10 号/30 号”发生的事件有一段时间。

Gennari 在 2004 年对时间参照的特点进行了句子理解研究。她发现，在转述性质的主从句中，参照条件下从句中表示主角状态的动词前的时间副词的加工速度快于无参照条件，并且参照加工优势不受主从句之间隐藏的时间距离的影响。例如，“今天老师说小红这星期/这个月/上星期/上个月生病了”，参照条件下对“月和星期”的加工速度快于无参照条件下对“月和星期”的加工速度。但是当从句中的动词表示事件的变化时，时间参照的加工优势不存在，而只有主从句之间的时间距离起作用。例如，“今天报纸报道说这星期/这个月/上星期/上个月警察击毙了一名毒贩”，参照和无参照条件下对“月”的加工速度均要快于“星期”。

该研究初步发现，时间参照和时间距离会对句子的加工起到某种作用。然而，据查阅到的相关文献，除该项研究外，对于时间参照更深入的研究甚少。对于语篇中的时间参照研究，值得从以下几个方面进一步深入：①Gennari（2004）的研究对象是转述型的时间参照（例如，报纸今天报道、老师今天说等），但是语篇中的参照关系更多的并不是转述性质的，而是语篇主角直接执行某事件，无须转述。关于直接完成某事件形成的时间参照是如何被加工的，这方面的研究还十分缺乏。②Gennari（2004）的研究材料是单句，那么从语篇角度解释时间参照自身加工的性质，以及时间参照对语篇先前事件的激活和前后事件所形成的情境模型整合的影响，这方面的研究也十分缺乏。③Gennari（2004）的研究仅仅发现了时间参照与时间距离之间的某种联系。那么时间参照是否与时间转换存在某种关系？时间参照与非转述性质的时间距离是否也存在某种关系？时间参照与时间转换、时间持续加工的相同点和不同点是什么？关于这些方面，在先前的研究中均没有给予清晰的说明，对语篇中时间参照的加工特点的研究显得十分薄弱。

第二节 问题的提出

语篇中关于时间标记的时间转换和时间持续的研究较多，关于时间参照的研究还很少，而且现有的关于时间转换和时间持续的研究假设都不能解释时间参照在语篇阅读中的加工。而 Gennari（2004）的研究对象仅仅是转述型的时间参照（例如，报纸今天报道、老师今天说等），不是主角直接进行的时间事件，具有局限性，并且是单句的研究。语篇阅读中非转述性质的时间参照事件是如何加工的，它自身的加工特点是什么，又如何影响语篇中其他事件的加工，也无从得知，其与时间转换、时间距离加工的联系与区别是什么，更是无从得知。

本实验中将比较深入地探讨语篇中的时间参照自身是如何被加工的，并进一步探讨时间参照如何影响语篇中先前事件的激活和整合。在时间参照中，由于时间参照关系产生的时间转换关系或时间距离关系是两个基本要素。这涉及由时间参照关系约束的隐含时间距离的加工，当前的实验假设时间参照具有类似于时间距离（以下简称为“似时间转换”）的特点。在“姜敏这个月参加了校奥数的选拔比赛。当月的 10 号/30 号，她得知自己被淘汰了”这个例子中，由于后一事件有明显的时间发生点，这隐藏了这个月度过了一段较短时间或较长时间，然后发生了姜敏被淘汰这一事件。那么这样的时间参照是否会类似于时间持续的加工，进而产生时间距离远近效应？即时间参照的加工与时间距离具备了一定的相似性，是否还具有自身的加工特点？对于这个问题，我们在实验中将通过眼动技术来考察。

对于这一问题，主要考察读者是否会觉知到这种内隐的时间持续产生的时间距离远近效应，进而考察这种时间距离远近效应是否会受到时间参照的约束。应该注意到，Claus 和 Kelter（2006）先前关于时间距离的研究是基于主角的持续性事件产生的，如“他们争吵了 10 分钟”，即主角做了某事，该事件持续多长时间。而该实验中的时间距离是由隐含的时间长度自然延续产生的，例如，上一句是“这个月”主角做了某事，当前的句子是“当月的 10 号/30 号”，这隐含着这个月度过了一段时间，直到这个月 10 号或 30 号。它不同于先前研究中由动词产生的时间持续事件的语言表述形式。因此，需要通过实时阅读技术来考察这一时间距离远近效应是否真实存在，以及受到哪些因素的影响。

第三节　实验：时间参照和时间点早晚对照应句事件有意遗忘的影响

该实验假设，如果语篇中的当前事件有了精确的时间参照点，被试会内隐感知到前一事件与含时间参照点的当前事件之间的时间长度，随之形成内隐的时间距离，当被试受到内隐时间距离的影响时，会出现时间距离远近效应。例如，“上个月老王和老张因为宅基地施工的事争吵了一次。这个月的 10 号/30 号，双方达成了和解”。后一句有可以确定事件发生的时间点，所以被试可以感知到隐含的事件所经过的时间长度，那么就会出现时间距离远近效应，即隐含的时间长度会影响这两句之前事件信息的通达，时间距离越远，先前的事件信息就越难以通达。

为了验证此假设，我们在实验中操纵时间参照点早晚这一因素。例如，当前事件——“当月的 10 号/30 号”所发生的事件与前一事件——“这个月”所发生的事件是时间参照的，“当月的 10 号”是距离当前事件较远的早时间参照点，与当前事件形成较远的时间距离；“当月的 30 号”是距离当前事件较近的晚时间参照点，与当前事件形成较近的时间距离。另外，操纵时间参照是否发生（例如，上个月所发生的事件与当月没有参照关系，当月所发生的事件与这个月存在参照关系）这一因素，来考察是否存在时间参照，以及时间点早晚是如何影响前后事件整合的，即考察时间参照是否具有时间距离远近效应以及影响这一效应的因素。本实验将采用眼动技术，采集并记录被试对照应句阅读的眼动指标，以考察时间参照关系的加工是否表现出类似于时间距离的特点。

一、实验方法

（一）被试的选取

被试为某综合大学本科生 36 名，其中男生 16 人，女生 20 人，平均年龄为 20.1±1.3 岁。视力正常，母语为汉语，无阅读障碍，所有被试均未参加过类似的实验。实验结束后，会赠送其一份精美礼品。

（二）实验材料

1. 实验材料的编制

参考 Clause 和 Kelter（2006）研究中的含时间持续因素的语篇材料结构，同时考虑了时间参照与否和时间参照点早晚两个因素，编制当前的实验语篇。每个语篇均由 9 个句子组成，在文章的结束有一个关于文章内容的问题。前两句介绍主角和事件（例如，老张承包了村里的两亩①山地。他打算种植一些中草药），第 3 句是包含关键词的事件（例如，村民老王却往地里乱扔砂石，阻止他种植。“砂石”是关键词），关键词是一个由两个字组成的名词；第 4 句和第 5 句是关键句，第 4 句里面出现时间参照条件的时间副词，包括存在“时间参照”（这个月）或者不存在“时间参照”（上个月），比如，“他们上个月交涉了一次”。第 5 句里面出现时间点条件，包括“时间点早”（10 号）或者“时间点晚”（30 号），比如，“这个月 10 号，双方闹僵了，要打官司”。第 4 句和第 5 句可以组成 4 个版本，分别是“时间参照—时间点早”（这个月—当月的 10 号）、“时间参照—时间点晚”（这个月—当月的 30 号）、“无时间参照—时间点早”（上个月—这个月 10 号）、“无时间参照—时间点晚”（上个月—这个月 30 号）。第 6 句是填充句，这句话的内容可以和前文连接起来，承上启下，过渡自然。第 7 句为照应句，里面包括前面第 3 句中出现的关键词，这样通过关键词，第 3 句的事件与第 7 句的事件形成照应。最后两句是结束句，表示语篇的自然结束。语篇阅读完之后，最后有一个阅读理解句子，让被试根据文章内容和自己的理解判断该句是否符合原文意思。按照这种方法编制 8 个初始实验语篇和另外 8 个填充语篇，填充语篇不同于实验语篇，不包含明显的时间信息的词语，以分散被试对时间信息的注意。阅读理解句子被判断为正确和错误的比例在两种语篇中是相等的。

2. 实验材料合理性的评定

选取某大学 32 名本科生评定实验语篇的合理性，被试需要对每个语篇内容的合理性进行李克特 5 点评分，1 表示非常不合理，5 表示非常合理。

评定结果表明，在“时间参照—时间点早”（这个月—当月的 10 号）条件下，文章的合理性的评定均数是 3.27±1.20；在“时间参照—时间点晚”（这个月—当月的 30 号）下，文章的合理性的评定均数是 3.32±1.26；在“无时间参照—时间点早”（上个月—这个月 10 号）下，文章的合理性的评定均数是 3.32±1.18；在“无时间参照—时间点晚”（上个月—这个月 30 号）下，文章的合理性的评定均数是 3.30±1.14。进行方差分析，结果表明，四种实验条件下文章的合理性没有显著差异，F（3，252）=0.040，p>0.05。这样就保证了实验材料的合理性，从而不会影

① 1 亩≈666.7 平方米。

响实验结果。

3. 实验材料的分配

编写了 8 个初始的实验语篇，每个实验语篇有 4 个版本，分别是版本 1："时间参照—时间点早"（这个月—当月的 10 号）、版本 2："时间参照—时间点晚"（这个月—当月的 30 号）、版本 3："无时间参照—时间点早"（上个月—这个月 10 号）、版本 4："无时间参照—时间点晚"（上个月—这个月 30 号）。这样共有 32 个最终的实验语篇。将 32 个最终的实验语篇分成 4 组，每组 8 个实验语篇。分配的原则是：每组中只出现相同实验语篇的一个版本，这样每组中同一个版本的实验语篇有 2 篇，4 个版本共 8 个最终实验语篇。分配完实验语篇后，每组中再加入相同的 8 个填充语篇，将 16 个语篇随机呈现给被试阅读，每个被试阅读其中一组实验材料。

实验材料举例如下：

老张承包了村里的两亩山地。

他打算种植一些中草药。

村民老王却往地里乱扔砂石（关键词），阻止他种植。

四种实验条件如下：

时间参照—时间点早：他们这个月交涉了一次。当月的 10 号，双方闹僵了，要打官司。

时间参照—时间点晚：他们这个月交涉了一次。当月的 30 号，双方闹僵了，要打官司。

无时间参照—时间点早：他们上个月交涉了一次。这个月 10 号，双方闹僵了，要打官司。

无时间参照—时间点晚：他们上个月交涉了一次。这个月 30 号，双方闹僵了，要打官司。

老张认为旁人无权干涉自己种地。

照应句：老王往他地里扔砂石（照应词）更是犯法的。

村长出来调解这件事，认为老张是对的。

他最终如愿以偿，种上了药材。

判断句：有村民阻止老张种植中草药。

（三）实验设计

实验采用 2（是否存在时间参照关系：存在、不存在）×2（时间点：早、晚）的重复测量的实验设计。共有 8 个实验语篇和 8 个填充语篇。每个实验语篇均有时间参照—时间点早、时间参照—时间点晚、无时间参照—时间点早和无时间参照—时间点晚 4 个版本。每个被试会读到每个语篇中的一个版本。向被试呈现整个语篇，被试逐行阅读每个语句，因变量是被试对照应句阅读的眼动指标，在每个语篇结束后，会有一个阅读理解问题，考察被试是否仔细阅读了语篇。

（四）实验仪器

本实验采用的仪器是 SR Research 的 Eyelink II 型眼动仪，采样频率设置为 250Hz，采用瞳孔+角膜模式。显示器为 DELL-19 英寸纯平显示器，刷新频率为 85Hz，分辨率为 1024×768。实验过程中，有两台计算机，一台作为被试机，向被试呈现实验材料，另一台作为主试机，主试可以通过这台计算机控制实验的进程，也可以通过这台计算机观察被试的注视轨迹。在实验过程中，眼动仪保持不变，被试和计算机屏幕之间的间隔为 70cm 左右。实验使用 Experiment Builder 软件编制实验程序。

（五）实验程序

实验开始之后，向被试呈现欢迎画面和实验的总指导语，告诉被试眼动实验的要求和注意事项，然后就进入实验的练习阶段。在这里向被试呈现两个练习语篇来熟悉实验流程，每个语篇都是整篇呈现的，语篇的最后一句话是判断句。被试需要逐行自然地阅读语篇，并根据所读内容对最后一个判断句进行正误判断，符合原文意思的按“J”键，不符合原文意思的按“F”键，在阅读过程中提醒被试不能先看问题再回头看文章，主试通过观察主试机上的眼动轨迹来判断被试的阅读顺序，如果阅读顺序不正确，要提醒被试进行调整。如果被试掌握了实验流程，就可以进行下一个步骤，如果被试没有掌握，则重复练习直到能够掌握实验流程。

之后，进入校准阶段，校准包括刻度（calibration，C）检验、效度（validation，V）检验和漂移（drift，D）检验。校准是逐步进行的，只有所有校准完成之后，才能进入正式实验阶段。

在正式实验阶段，每个语篇呈现之前都要再次进行校准，校准成功后才能进入阅读阶段，语篇也是整篇呈现的，最后有一个判断句需要被试对其进行按键反应，每一个语篇呈现之前都要进行校准，才能继续阅读下一个语篇。因为阅读时间比较长，所以告诉被试如果感觉眼睛疲劳可以告知主试，主试可以让被试暂停实验，闭上眼睛休息，但是要注意提醒被试在休息时头部不能动，休息结束后，想要重新开始实验，要再次进行校准。

二、实验结果与分析

在正式分析数据之前，首先分析被试对句子判断的正确率，如果被试判断的正确率低于 85%，那么删除这个被试的所有数据，这样剔除了 4 名被试的数据；然后以各实验条件下的所有眼动指标的均值加减 2.5 个标准差为标准，删除在该标准之外的极端数据，并删除首遍阅读时间短于 80ms 的被试的数据。然后，对数据进行重复测量的方差分析，包括基于被试的检验（F_1）和基于项目的检验（F_2）。

眼动分析指标分别为首遍阅读时间、首遍注视次数、回视路径时间、总注视次数、总阅读时间。对照应句的眼动指标进行 2（时间参照：有时间参照、无时间参照）×2（时间点：时间点早、时间点晚）的重复测量方差分析，结果如表 8-1 和表 8-2 所示。首遍阅读时间，指的是读者对当前兴趣区上的注视点完成第一遍阅读的总时间（闫国利，2013）。首遍阅读时间代表的是在阅读过程中读者阅读信息的加工速度，时间越短，表示加工速度越快。首遍注视次数，指的是对于当前兴趣区而言在进行第一遍阅读时所包含的注视点的数量。首遍注视次数代表的是信息加工的难度，注视点次数越多，说明这些信息越难理解和加工（Lefton，1979；闫国利，2013）。首遍阅读时间和首遍注视次数都是早期加工指标。回视路径时间是晚期加工指标，指读者对于当前兴趣区进行的加工时间和重读所用的时间之和，回视路径时间是反映句子的精细加工过程的指标（陈庆荣，2010；Calvo，2001；Rayner，2004；闫国利，2013）。总注视次数是当前兴趣区的所有注视点的个数（沈德立等，2010；闫国利，2013）。总阅读时间是读者对于当前兴趣区进行阅读时，对所有注视点所持续的时间进行加和得到的总的时间（白学军等，2014；闫国利，2013）。

表 8-1　4 种实验条件下照应句的眼动指标（基于被试）

项目	时间参照		无时间参照	
	时间点早	时间点晚	时间点早	时间点晚
首遍阅读时间	1191.87±633.69	1302.21±813.78	1273.81±637.87	1252.65±724.58
首遍注视次数	5.30±2.52	5.41±3.34	5.50±2.61	5.49±2.84
回视路径时间	1787.43±766.35	1896.60±838.77	1872.16±657.66	1651.04±626.76
总阅读时间	1780.65±767.50	1889.81±837.79	1865.38±647.07	1644.26±633.26
总注视次数	7.90±3.12	8.02±3.14	7.91±2.54	7.42±2.51

表 8-2　4 种实验条件下照应句的眼动指标（基于项目）

项目	时间参照		无时间参照	
	时间点早	时间点晚	时间点早	时间点晚
首遍阅读时间	1207.64±273.21	1272.95±270.32	1245.70±171.53	1288.42±226.39
首遍注视次数	5.30±0.68	5.64±1.47	5.46±0.69	5.60±0.91
回视路径时间	1849.47±320.34	1950.74±340.69	1913.22±297.24	1719.81±335.15
总阅读时间	1847.49±296.09	1950.74±308.15	1913.24±227.48	1716.01±312.37
总注视次数	8.35±1.68	8.38±1.42	8.10±1.02	7.60±0.99

对照应句的首遍阅读时间进行重复测量方差分析，结果发现，时间参照条件的主效应不显著，F_1（1，59）=0.05，p>0.05，F_2（1，28）=0.10，p>0.05；时间点的主效应不显著，F_1（1，59）=0.30，p>0.05，F_2（1，28）=0.41，p>0.05；时间参照条件和时间参照点的交互作用不显著，F_1（1，59）=0.95，p>0.05，F_2（1，28）=0.02，p>0.05。

对照应句的首遍注视次数进行重复测量方差分析，结果发现，时间参照条件的主效应不显著，F_1（1，61）=0.19，p>0.05，F_2（1，28）= 0.03，p>0.05；时间点的主效应不显著，F_1（1，63）=0.03，p>0.05，F_2（1，28）= 0.45，p>0.05；时间参照条件和时间点的交互作用不显著，F_1（1，63）=0.03，p>0.05，F_2（1，28）= 0.08，p>0.05。

对照应句的回视路径时间进行重复测量方差分析，结果发现，时间参照条件的主效应不显著，F_1（1，58）=1.40，p>0.05，F_2（1，28）=0.53，p>0.05；时间点的主效应不显著，F_1（1，58）=0.44，p>0.05，F_2（1，28）=0.16，p>0.05；时间参照条件和时间点的交互作用显著，F_1（1，58）=5.80，p<0.05，F_2（1，28）=5.66，p<0.05。进一步的简单效应分析发现，基于被试进行分析时，当无时间参照时，F_1（1，58）= 4.20，p<0.05，时间点早的反应时（M=1872.16）显著长于时间点晚的反应时（M=1651.04）；当存在时间参照时，F_1（1，58）=0.99，p>0.05，时间点早的反应时（M=1787.43）与时间点晚的反应时（M=1896.60）无显著差异。这表明，当不存在时间参照时，时间参照点越近，产生的时间距离越远，被试越难以重新激活包含关键词的先前事件，也难以进行前后情境的整合，产生了时间距离远近效应。

对照应句的总阅读时间进行重复测量方差分析，结果发现，时间参照条件的主效应不显著，F_1（1，58）=1.40，p>0.05，F_2（1，28）=0.69，p>0.05；时间点的主效应不显著，F_1（1，58）=0.44，p>0.05，F_2（1，28）=0.21，p>0.05；基于被试分析的时间参照条件和时间点的交互作用显著，F_1（1，58）=5.89，p<0.05，F_2（1，28）=2.18，p>0.05。进一步的简单效应分析发现，基于被试进行分析时，当不存在时间参照时，F_1（1，58）=4.28，p<0.05，时间点早的反应时（M=1865.38）显著长于时间点晚的反应时（M=1644.26）；当存在时间参照时，F_1（1，58）=0.99，p>0.05，时间点早的反应时（M=1780.65）与时间点晚的反应时（M=1889.81）无显著差异。这同样表明，在无时间参照时，时间点越近，产生的时间距离越远，被试越难以重新激活和整合包含关键词的事件，进而产生了时间距离远近效应。

对照应句的总注视次数进行 2（时间参照：有时间参照、无时间参照）×2（时间点：时间点早、时间点晚）的重复测量方差分析，结果发现，时间参照条件的主效应不显著，F_1（1，57）=0.85，p>0.05，F_2（1，28）=1.24，p>0.05；时间点的主效应不显著，F_1（1，57）=0.29，p>0.05，F_2（1，28）=0.26，p>0.05；时间参照条件和时间点的交互作用不显著，F_1（1，57）=1.56，p>0.05，F_2（1，28）=0.34，p>0.05。

通过照应句的阅读来考察时间距离远近效应，是阅读心理研究中经常采用的方法。沿用了该范式，照应事件与有无时间参照前的那一事件均存在关键词（如“砂石”），两个事件之间根据存在时间参照与否和时间点早晚之间的关系产生了不同的时间距离。时间距离越远，那么在照应事件重新激活“砂石”这一关键名词进而整合包含相同关键词的先前事件、照应事件的情境模型的时间会越长。与先前研究不同的是，先前主要考察的是主角持续做某事产生的时间距离远近效应（Claus et al.，2006），而本实验考察的是语篇中是否存在对不同时间参照和时间点早晚关系的加工而产生的时间距离远近效应。

实验有以下几个发现：首先，时间参照与否和时间点早晚可以产生时间距离远近效应，被试通过时间点早晚以及时间参照与否可以建立语篇“现在”的事件（当前描述的事件）所经历的时间距离，进而产生时间距离远近效应。这一发现极大地延伸了心理时间线（Lakoff et al.，1999）这一概念，也拓展了动态表征观（Claus & Kelter，2006）。先前的实证研究发现，东方人特别是中国人存在由上而下的心理时间线（Bergen & Chan，2012），即被试会按照从上至下的方向认为“过去”事件、“现在”事件及“将来”事件是依次在时间线上展开的。动态表征观进一步发现，通过对主角动词诱发的持续时间的感知，被试会将过去事件、现在事件编码成一个连贯的心理表征。某事件持续的时间越长，被试重新激活照应句中的关键词进而先后整合这些事件的情境模型的时间也越长，即存在时间距离远近效应（Claus et al.，2006）。但这些研究中的被试主要是以英语或德语为母语的，语篇心理时间线的方向是左右方向；时间距离远近效应也是由于持续性动词（例如，两人争吵了两个小时）的延续时间而产生的。实验发现，在垂直的上下心理时间方向上，在时间不相叠时，被试沿着心理时间线移动产生的主观时间长度越长，被试会产生越远的时间距离。早在 1947 年，Reichenbach 就认为当进行语篇阅读时，被试当前读到的描述性事件是一个“now（即现在）”发生的时间参照点。根据动态表征观，距离“现在”所经历的持续时间越长，重新激活时间持续事件之前的那一事件的时间也越长。实验发现，在垂直方向上，当无时间参照时，上个月距离“现在”即“这个月”的时间距离会形成由上及下的垂直时间距离的远近。根据参照点的概念，语篇中的“现在”是这个月发生的事件。那么这个月 10 号是月的早参照，被试所感知的月初事件距离“现在”这个月的时间距离也越长；30 号是月的晚参照，被试感知的月末事件的时间距离“现在”这个月的时间距离较短，就如自己亲身经历的这个月刚刚发生的事件一样。所以，时间距离越远，从“上个月”做某事推进到“这个月”做某事，返回重新激活“上个月”之前事件的关键词的时间也越长，进而整合包含相同关键词的先前事件和照应事件的时间也越长。眼动指标中的回视路径时间和总阅读时间强有力地表明，当时间不相叠时，较早的时间参照导致由照应句事件重新返回激活先前包含关键词的事件的加工时间显著延长了，整合包含关键词的事件和当前照应事件的总阅读时间也显著延长了。根据这一发现，把这一现象命名为无参照-垂直-距离远近效应（no overlap-vertical-distance effect，NVD），即在时间不相叠的情况下，垂直心理时间线上的时间参照点早晚产生的时间距离远近效应，这一效应体现出了类似于时间距离远近效应的特点。

其次，实验结果还发现，时间参照与否和时间点诱发的时间距离远近效应的存在是有条件的。在存在时间参照时，时间参照点的远近没有产生时间距离远近效应。这一发现是时间参照这一复杂加工制约了时间参照点早晚诱发的时间距离远近效应的结果。当有时间参照时，在心理时间线上，上一事件是“这个月”做某事，随后推进到“当月的 10 号/30 号”做某事。由于被试迅速激活了时间是相叠的关系，其会对上一事件中“这个月”的事件与“当月的 10 号/30 号”的事件进行快速整合。这一相叠产生的整合加工限制了时间点早晚产生的距离远近的加工，距离远近的加工不能充分发挥作用，因而在存在时间参照条件下，时间点的早晚不会产生时间距离远近效应。反映在回视路径时间和总阅读时间上，就是无论在这个月的参照点是早（这个月 10 号）还是晚（这个月 30 号），重新返回激活关键词所包含的事件以及整合包含同样关键词的照应事件和当前事件的时间均没有显著差异。

第四节　综合讨论

实验发现了时间参照加工的无参照-垂直-距离远近效应。当时间参照词有明确的时间参照点早晚时（例如，“这个月”的 10 号/30 号主角做了某事），被试会在垂直的心理时间线上，根据前一事件的时间（如“上个月”或“这个月”）和当前的时间参照点（10 号或 30 号）确定事件之间的时间距离。在无时间参照条件下，时间距离越长，被试重新激活时间参照后的照应事件中关键词的时间，进而整合照应事件和包含相同关键词的先前事件的时间也越长。例如，在时间不相叠条件下，相比这个月早的时间参照点“这个月的 10 号”，这个月晚的时间参照点“这个月的 30 号”发生的事件是距离“这个月”较近的，因而被试从这一时间点返回到“上个月”事件的时间距离也较短，重新激活这一时间距离之前包含关键词的事件的时间也较短，整合时间距离前后包含同一关键词的事件的时间也较短。在存在时间参照条件下，前一事件“这个月”的事件与后一事件“这个月的 10 号/30 号”能够快速整合，无论时间参照是早还是晚，被试都会建构“这个月”所发生事件的整体情境，进而限制了时间参照点早晚产生的时间距离远近效应，返回激活“这个月”之前的事件，均是以“这个月”整体为参照点的，因而不再存在时间距离远近效应。

实验中所发现的无参照-垂直-距离远近效应是先前动态表征观所不能解释的。动态表征观认为读者追踪的时间持续事件是以主角动词的延续性为特征而展开的事件。例如，“乔治夫妇争吵了两个小时”。“争吵”这一动词的延续时间形成了距离当前事件的时间距离的远近，但是它并不能解释在没有具体描述动词持续时间的条件下所形成的时间距离远近效应。在本实验中，先前事件是“上个月”的某事件，当前事件是时间参照点“这个月 10 号/30 号”发生的事件，时间参照事件中的动词是一样的，没有提及具体的延续时间，因而动态表征观难以解释为什么在这样的条件下会出现时间距离远近效应。

本实验推论，中国被试大学生根据心理时间线建构了上下的在垂直方向上不断推进的时间事件。当明确标识了早晚时间点时，其沿着这一时间线会感知到这一时间点与无时间参照条件的事件之间的时间距离，进而产生时间距离远近效应。然而，当上一事件与含时间参照的事件存在时间参照时，被试所感知到的时间距离远近受到了时间参照的限制，不再发生作用。我们把这一认知过程的推论称为无参照-时间距离观，这一观点极大地拓展了动态表征观，解释了在无时间参照条件下时间点的早晚如何形成时间距离远近效应这一现象。时间参照的加工是一条独特的时间信息加工通路，这条通路有似时间转换（类似于时间转换）的加工分支和似时间距离（类似于时间距离）的加工分支。当时间参照词只是一个模糊的时间范围时，如“这个月的 10 号/30 号”，这一明确的参照点使得被试能沿着内隐的心理时间线，感受到所阅读的事件在时间线上的精确移动，并移动到一个精确的时间点，此时被试会形成连续性的时间距离，进而形成时间距离远近效应。

第五节　结　　论

当时间参照词是明确的时间点时，在无时间参照条件下，时间点越早，被试越会感知到与当前事件的时间距离较远，形成时间距离远近效应。在存在时间参照条件下，时间参照约束了时间点早晚产生的时间距离，不再出现时间距离远近效应。

第九章　外部情境和内部情境转换对有意遗忘的影响

第一节　问题的提出

首先，Masicampo 和 Sahakyan（2014）的研究中提出的促进恢复假说（facilitated reinstatement hypothesis）认为，编码时想象另一情境是对提取情境线索的一种练习，能促进被试对所需信息的提取和整合，抵御遗忘。想象另一情境可以抵御外部情境转换造成的遗忘（Sahakyan，2004），该实验推测，想象另一情境同样也可以抵御内部情境转换造成的遗忘。Sahakyan 等（2002）提出情境转换理论来解释有意遗忘效应，认为遗忘指令相当于一个内部情境的转换，从而导致对词表 1 的遗忘。因此，我们在编码时加入想象情境的任务，进一步验证想象另一情境对内部情境转换造成的遗忘（如有意遗忘）的抵御作用。

其次，促进恢复假说认为，编码时想象任何一个另外的情境，结果都会抵御遗忘。然而，Brinegar（2013）仅验证了编码时想象熟悉的情境会抵御遗忘。在 Sahakyan（2004）的研究中，想象任务也仅采用想象熟悉的情境和想象当下情境的转换体，结果这两种想象情境均会抵御遗忘。从提取记忆的角度来看，想象熟悉的情境和想象当下情境的转换体虽然都需要在长时记忆中提取，但是在时间上都与编码信息靠近，所以在提取信息时，搜索的时空范围较小。如果在编码时想象一个时空上与当下编码信息较远的远距离情境，结果会如何呢？因此，想象熟悉的情境任务和想象远距离的情境任务对遗忘的抵御作用是否有差异，需要进一步验证。

最后，当把有意遗忘应用到现实生活里的实际问题中时，往往外部物理地点会发生改变，不能保持学习与测试时的物理环境的一致性。在学习过程中，词表之间的遗忘指令已经给被试带来了内部情境转换，那么测试时外部物理情境的转换是否会影响有意遗忘效应，仍有待证实。

在具体研究过程中，我们通过 4 个实验探讨了情境转换对有意遗忘的影响。在回忆正确率的分析中，以有意遗忘的代价和收益为指标，预期编码时想象另一情境会抵御词表法有意遗忘范式中遗忘指令造成的遗忘，影响有意遗忘效应的代价和收益的获得；不同的想象任务对有意遗忘的影响会有差异；外部情境转换会降低无想象任务组的回忆正确率，但是依旧可以产生有意遗忘效应，即不影响有意遗忘效应的代价和收益的获得。

实验一假设，在外部情境不转换的情况下，编码时想象另一情境会对遗忘指令产生抵御作用，促进回忆，影响有意遗忘效应。

实验二假设，在外部情境不转换的情况下，想象熟悉的 B 情境对遗忘指令的抵御作用会强于想象远距离情境对遗忘指令的抵御作用。

实验三假设，想象任务组在既有内部情境转换又有外部情境转换的情况下，提取信息的编码和测试情境匹配度较差，此时想象情境任务对遗忘指令会产生更大的抵御作用。

实验四假设，在既有内部情境转换又有外部情境转换的情况下，不同的想象任务对遗忘指令的抵御作用差异不会显著。

第二节　实验一：有无想象任务在学习、测试地点一致时对有意遗忘的影响

以中高词频名词为实验材料，采用词表法有意遗忘范式，选取 120 名大学生作为被试，在编码时一部分被试无想象任务，另一部分被试想象熟悉的 B 情境，探讨在学习和测验地点一致即外部情境不转换的情况下，有无想象任务对有意遗忘的影响。

一、实验方法

（一）被试的选取

被试为某大学的 120 名本科大学生，男生 54 人，女生 66 人，平均年龄为 19.1±1.10 岁，所有被试听力均正常。根据实验条件将其随机分为 4 组，即无想象

遗忘组（学测一致[①]）、无想象记忆组（学测一致）、想象熟悉的 B 情境遗忘组（学测一致）、想象熟悉的 B 情境记忆组（学测一致），每组 30 人。

（二）实验材料的编制

从汉语情感词语系统（王一牛等，2008）中选取 24 个中高词频的名词作为实验材料，随机组成两个词表，词表 1、词表 2 分别包含 12 个名词。设定 A 地、B 地、C 地三个不同的总体外部情境，分别为封闭的实验室、实验楼附近的草坪、社团活动楼的大厅。具体环境设置如下：A 地设为实验室，实验室里有一张大的白色长方形桌子放在实验室中央，桌子的一侧摆放着 5 把椅子。实验室前面的黑板上面写着“欢迎参加本实验”，黑板前的讲桌上摆放着花瓶，里面插着一束仿真的百合花。教室的后面有一个白色书橱，里面摆放两列书籍。空气中弥漫着百合的香气。实验室拉着窗帘，顶灯散发着鹅黄色的灯光。B 地是离实验楼不远的草坪，选自草坪比较安静的一角，避免来来往往的行人的影响。草坪上铺有一张绿色的瑜伽垫，附近有一座石像，草坪远处有两排灌木丛和一个安静的湖。C 地是社团活动楼的大厅，大厅的墙壁上挂着宣传画，大厅一角有一个大的长方形玻璃茶几，茶几上摆放着一些一次性纸杯，茶几旁摆放着 6 把椅子。所有实验均选择在白天晴朗的天气进行。

（三）实验设计

实验采用 2（词表：词表 1、词表 2）×2（组别：记忆组、遗忘组）×2（想象任务：无想象任务、想象熟悉的 B 情境）的三因素混合设计。词表为组内变量，有两个水平，分别为词表 1 和词表 2；组别为组间变量，有两个水平，分别为记忆组和遗忘组；想象任务为组间变量，有两个水平，分别为无想象任务和想象熟悉的 B 情境任务。

（四）实验程序

实验有两位主试：一位室内主试，一位室外主试。实验前，为被试准备好答题纸和黑色水笔。

无想象任务组的实验分为两步：第一，学习阶段。主试令被试闭上眼睛，在 A 地实验室里对两个词表的词语进行听力学习，在词表之间给予记忆或者遗忘指令。第二，测试阶段。学习结束后，令被试睁开眼睛进行 60s 的分心任务，然后在 A 地进行回忆测试。

---

① 指学习地点与测试地点一致，下同。

想象熟悉的 B 情境组的实验分为三步：第一，熟悉情境阶段。由室外主试带领被试熟悉 B 环境，从而在学习阶段作为熟悉情境去想象它。第二，学习阶段。室内主试令被试闭上眼睛，想象刚刚熟悉了的 B 情境，时长 2min。之后，继续闭着眼睛保持想象，想象着自己身处在 B 情境中进行后面的听力记忆学习。第三阶段，测试阶段。学习结束后，令被试睁开眼睛进行 60s 的分心任务，然后在 A 地进行回忆测试。

具体来讲，在第一阶段中，室内主试在 A 地迎接被试并给出指导语："同学们好，欢迎参加本实验！我们将进行一个关于记忆的测验。首先，我们将在室外进行一个 2min 的感官训练，请尽可能调动你所有的感觉器官来熟悉室外的情境。之后我们返回到本实验室，闭着眼睛倾听并学习两个词表的词语，学习过程由我来朗读每个词语，请你听并记忆，学习过程请保持注意力集中，不要做一些与实验无关的动作。之后我们会对学习结果进行测试。"确认被试明白实验程序且没有疑问后，室外主试带领被试来到 B 地，要求被试坐在瑜伽垫上进行感官训练。在这个过程中，室外主试会简单地引导被试去注意 B 情境中的一些事物，包括石像、灌木丛和湖等，鼓励被试调动视觉、嗅觉和躯体感觉等进行全方位感受，时长 2min。结束后，带领被试返回 A 地实验室进行接下来的学习，返回过程中令被试默数自己从 B 地到达 A 地的脚步数，返回时间控制在 90s。

第二阶段，学习阶段。回到室内，室内主试要求被试坐好，闭上眼睛想象刚刚熟悉的 B 情境，并想象自己现在是置身在 B 情境中，告知被试尽其所能，想象得越生动、形象越好，时长 2min。然后，令被试继续闭着眼睛保持想象，想象自己是置身在 B 情境完成下面的听力学习的。主试站在黑板前朗读词表 1 的词语，每个词语 5s，朗读完词表 1 后，如果是遗忘指令，则告知被试："这是练习阶段，无须记忆，目的是请你熟悉流程，接下来我们将进行真正的词语词表学习。"如果是记忆指令，则告知被试："请记住这些词语，接下来我们将进行第二个词表的学习。"然后朗读词表 2，同样每个词语 5s。在给予被试遗忘或记忆指令的同时，主试还会提醒被试保持想象，即现在身处 B 情境里进行听力学习。

第三阶段，回忆测试阶段。测试阶段依旧在 A 地进行。学习完两个词表后，要求被试睁开眼睛，在准备好的稿纸上进行 60s 的两位数倒减 3 的分心任务。然后，要求被试在答题纸上尽可能多地写下所听到的两个词表中的词语，不考虑词语在词表中出现的顺序，不考虑错别字，时长 3min。

最后，测试结束后，令所有被试口头汇报所想象的情境，检查被试进行想象的真实性以及想象程度。剔除没有按指令进行实验的被试的成绩。

实验基本流程如图 9-1 所示。

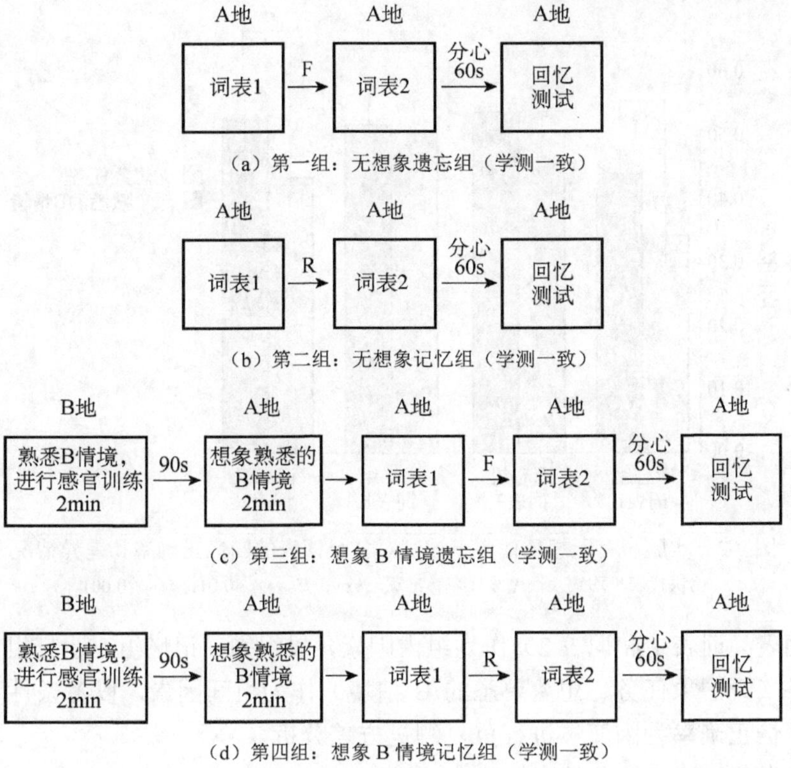

图 9-1　实验一流程图

“F”指遗忘指令，“R”指记住指令，下同

二、实验结果与分析

实验结束后，令被试口头报告所想象的情境，剔除没有按要求完成想象任务的被试数据，对每组的回忆正确率进行统计分析。

在学习和测试的外部情境不转换的情况下，无想象任务组和想象熟悉的 B 情境组的被试对前后两个词表的回忆正确率如表 9-1 所示，无想象任务和想象熟悉的 B 情境被试对各个词表的回忆正确率如图 9-2 所示。

表 9-1　无想象任务组和想象熟悉的 B 情境组在学测一致时的回忆正确率（*M*±*SD*）

项目	词表 1		词表 2	
	遗忘组	记忆组	遗忘组	记忆组
无想象任务	0.34±0.13	0.51±0.13	0.50±0.09	0.44±0.13
想象熟悉的 B 情境	0.44±0.10	0.52±0.12	0.54±0.13	0.53±0.13

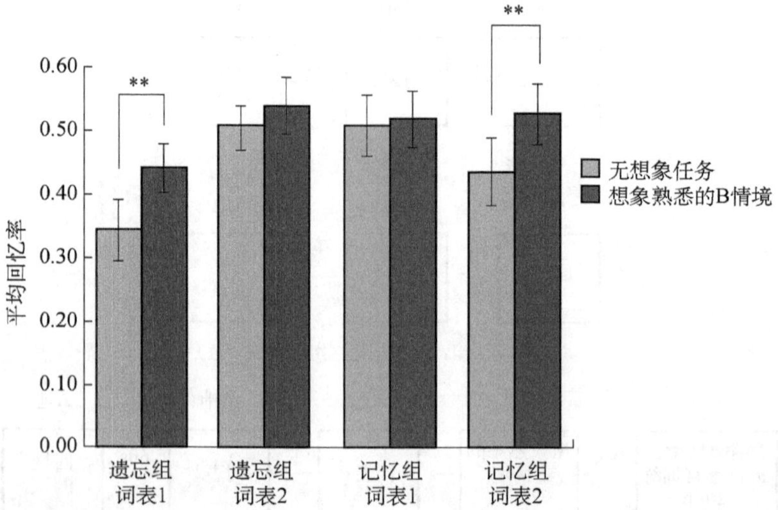

图 9-2　实验一有无想象任务下被试对各个词表的回忆正确率和差异情况

色块代表平均数，误差线代表标准误，$*p<0.05$，$**p<0.01$，$***p<0.001$

以词表（词表 1 和词表 2）作为组内因素，以组别（记忆组、遗忘组）和有无想象任务（无想象任务、想象熟悉的 B 情境）作为组间因素，以各条件下的词表词语的回忆正确率为因变量进行重复测量方差分析。

结果发现，词表的主效应显著，$F(1, 116)=9.607$，$p<0.01$，$\eta_p^2=0.076$，被试对词表 2 的回忆正确率（$M=0.50$）显著高于对词表 1 的回忆正确率（$M=0.45$）。组别的主效应显著，$F(1, 116)=5.992$，$p<0.05$，$\eta_p^2=0.049$，记忆组的回忆正确率（$M=0.50$）显著高于遗忘组的回忆正确率（$M=0.46$）。想象任务的主效应极其显著，$F(1, 116)=12.437$，$p<0.001$，$\eta_p^2=0.097$，想象熟悉的 B 情境的回忆正确率（$M=0.51$）显著高于无想象任务的回忆正确率（$M=0.45$）。词表和组别的交互作用极其显著，$F(1, 116)=26.687$，$p<0.001$，$\eta_p^2=0.187$，表明组别对词表 1 和词表 2 的回忆正确率的影响极其显著。词表和想象任务的交互作用不显著，$F(1, 116)=0.099$，$p>0.05$。组别和想象任务的交互作用不显著，$F(1, 116)=0.208$，$p>0.05$。词表、组别和想象任务三者的交互作用显著，$F(1, 116)=5.249$，$p<0.05$，$\eta_p^2=0.043$，表明有无想象任务对不同组别的前后两个词表的回忆正确率的影响显著。

进一步对有交互作用的因素进行简单效应分析，结果显示，词表和组别的交互作用极其显著，其简单效应分析结果表明，对于词表 1 而言，遗忘组与记忆组对词表 1 的回忆正确率差异显著，$F(1, 116)=29.286$，$p<0.001$，$\eta_p^2=0.202$，记忆组对词表 1 的回忆正确率（$M=0.51$）显著高于遗忘组对词表 1 的回忆正确率（$M=0.39$）。对于词表 2 而言，遗忘组和记忆组对词表 2 的回忆正确率差异不显著，

F（1，116）= 2.802，$p>0.05$。

词表、组别和想象情境三者的交互作用显著，对其进行简单效应分析，结果发现，当词表为词表 1 时，组别为遗忘组，有无想象任务的回忆正确率差异非常显著，F（1，116）=9.480，$p<0.01$，$\eta_p^2=0.076$，想象熟悉的 B 情境的回忆正确率（M=0.44）高于无想象任务的回忆正确率（M=0.34）。当词表为词表 1 时，组别为记忆组，有无想象任务的回忆正确率差异不显著，F（1，116）=0.124，$p>0.05$，想象熟悉的 B 情境的回忆正确率（M=0.52）与无想象任务的回忆正确率（M=0.51）无显著差异。当词表为词表 2 时，组别为遗忘组，有无想象任务的回忆正确率差异不显著，F（1，116）=1.208，$p>0.05$，想象熟悉的 B 情境的回忆正确率（M=0.54）与无想象任务的回忆正确率（M=0.50）无显著差异。当词表为词表 2 时，组别为记忆组，有无想象任务的回忆正确率差异非常显著，F（1，116）=7.784，$p<0.01$，想象熟悉的 B 情境的回忆正确率（M=0.53）高于无想象任务的回忆正确率（M= 0.44），$\eta_p^2=0.063$。

三、讨论

在词表法有意遗忘范式中，遗忘组和记忆组均学习词表 1 和词表 2 两个词表，遵循有意遗忘的代价和收益原则，当遗忘组对词表 1 的回忆正确率显著低于记忆组对词表 1 的回忆正确率时，则认为获得了有意遗忘的代价；当遗忘组对词表 2 的回忆正确率高于记忆组对词表 2 的回忆正确率时，则认为获得了有意遗忘的收益。代价和收益两者出现其一，就认为产生了有意遗忘效应。

在实验一中，在学习和测试外部情境一致的情况下，运用词表法有意遗忘范式对有无想象情境对有意遗忘的影响进行了探讨。实验结果表明，在学习和测试的外部情境一致的情况下，无想象情境任务组产生了有意遗忘效应，既获得了有意遗忘的代价，又获得了有意遗忘的收益。具体表现为：在无想象任务中，遗忘组对词表 1 的回忆正确率与记忆组对词表 1 的回忆正确率的差异极其显著，$p<0.001$，获得了有意遗忘的代价；遗忘组对词表 2 的回忆正确率与记忆组对词表 2 的回忆正确率差异显著，$p<0.05$，获得了有意遗忘的收益。在学习和测试外部情境一致的情况下，有想象情境任务组在编码时想象熟悉的 B 情境，之后会产生有意遗忘效应，但只获得了有意遗忘的代价，没有获得有意遗忘的收益。具体表现为：在想象熟悉的 B 情境中，遗忘组对词表 1 的回忆正确率与记忆组对词表 1 的回忆正确率差异非常显著，$p<0.01$，获得了有意遗忘的代价；而遗忘组对词表 2 的回忆正确率与记忆组对词表 2 的回忆正确率的差异不显著，$p>0.05$，没有获得有意遗忘的收益。因此，在学习和测试的外部情境不转换的情况下，编码时想象熟悉的 B 情境会产生有意遗忘效应，只获得有意遗忘的代价，没有获得有意遗忘的收益。

通过对有无想象任务在外部情境不转换条件下的回忆正确率进行比较，我们发现在编码时加入想象情境的任务，结果会减弱有意遗忘的代价和收益，甚至使其消失。

首先，观察有意遗忘的代价。在无想象任务中，遗忘组对词表 1 的回忆正确率与记忆组对词表 1 的回忆正确率的差异极其显著，$p<0.001$，获得有意遗忘的代价；而在想象熟悉的 B 情境中，遗忘组对词表 1 的回忆正确率与记忆组对词表 1 的回忆正确率差异非常显著，$p<0.01$，获得了有意遗忘的代价。由此看来，加入想象情境后，遗忘组对词表 1 的回忆正确率与记忆组对词表 1 的回忆正确率的差异缩小，由极其显著缩小至非常显著。从回忆正确率可知，这是因为加入想象任务后，提高了遗忘组对词表 1 的回忆正确率，在想象熟悉的 B 情境下，遗忘组对词表 1 的回忆正确率高于无想象任务下遗忘组对词表 1 的回忆正确率，$p<0.001$。但是加入想象任务对记忆组对词表 1 的回忆正确率的影响不显著，想象熟悉的 B 情境下记忆组对词表 1 的回忆正确率与无想象任务下记忆组对词表 1 的回忆正确率差异不显著，$p>0.05$。因此，加入想象任务后，减弱了有意遗忘的代价，也就是说，编码时想象熟悉的 B 情境对遗忘指令具有一定的抵御作用，影响了有意遗忘代价的获得。

其次，观察有意遗忘的收益。在无想象任务中，遗忘组对词表 2 的回忆正确率与记忆组对词表 2 的回忆正确率差异显著，$p<0.05$，获得了有意遗忘的收益；而在想象熟悉的 B 情境中，遗忘组对词表 2 的回忆正确率与记忆组对词表 2 的回忆正确率的差异不显著，$p>0.05$，没有获得有意遗忘的收益。由此看来，加入想象情境后，遗忘组对词表 2 的回忆正确率与记忆组对词表 2 的回忆正确率的差异缩小，由差异显著缩小到差异不显著。从回忆正确率可知，这是因为加入想象任务后，提高了记忆组对词表 2 的回忆正确率，在想象熟悉的 B 情境中，记忆组对词表 2 的回忆正确率高于无想象任务中记忆组对词表 2 的回忆正确率，$p<0.01$。但是加入想象任务后，对遗忘组对词表 2 的回忆正确率的影响不显著，在想象熟悉的 B 情境中，遗忘组对词表 2 的回忆正确率与无想象任务中遗忘组对词表 2 的回忆正确率差异不显著，$p>0.05$。因此，加入想象任务后，没有获得有意遗忘的收益，也就是说，编码时想象熟悉的 B 情境提高了记忆组的回忆正确率，影响了有意遗忘收益的获得。

实验一的结果发现，编码时想象熟悉的 B 情境对内部情境转换造成的遗忘也起到抵御作用，并提高了记忆组的回忆正确率。这一结果支持了促进恢复假说（Sahakyan，2004），即编码时想象另一情境是对提取情境线索的事先练习，在测试情境与编码情境不一致时，能促进对所要提取信息的情境的检索与提取，抵御遗忘，促进记忆。

根据 Brinegar 等（2013）和 Sahakyan（2004）的研究，在实验一中加入的想象任务，采用想象熟悉的 B 情境，在学习词表之前，先令被试熟悉 B 情境，然后引导被试想象 B 情境。相比想象其他的情境，想象熟悉的 B 情境更好控制。此外，已有研究者比较了无想象任务组与想象熟悉的 B 情境组，来考察想象任务对外部情境转换造成的遗忘的抵御作用。实验一中，比较了无想象任务组与想象熟悉的 B 情境组，来考察想象任务对内情境转换造成的遗忘的抵御作用，与前人研究的条件一致，结果印证了相关研究结论：“想象另一情境会抵御情境转换造成的遗忘。”

此外，在想象熟悉的 B 情境中，遗忘组对词表 2 的回忆正确率与无想象任务遗忘组对词表 2 的回忆正确率的差异不显著，根据情境转换理论，这是由于想象任务提高了遗忘组对词表 1 的回忆正确率，遗忘组对词表 2 的回忆正确率受到词表 1 的前摄干扰，从而回忆正确率没有显著提高。具体来看，Sahakyan 等（2002）提出情境转换理论来解释有意遗忘的机制，该理论认为遗忘组中的遗忘指令使被试改变了内部情境，从而使接下来遗忘组对词表 2 的学习处于一个新的情境当中，由于减少了来自词表 1 的前摄干扰，所以遗忘组对词表 2 的回忆正确率提高。而在编码时加入想象任务的情况下，想象另一情境会对遗忘指令产生抵御作用，提高了想象熟悉的 B 情境下遗忘组对词表 1 的回忆正确率，因此想象 B 情境下遗忘组对词表 2 的回忆会受到词表 1 的前摄干扰，相对而言其回忆正确率没有很大程度的提高，从而想象熟悉的 B 情境下遗忘组对词表 2 的回忆正确率与无想象情境下对词表 2 的回忆正确率的差异不显著。对于想象熟悉的 B 情境，记忆组对词表 1 的回忆正确率与无想象任务下记忆组对词表 1 的回忆正确率的差异不显著，但是在想象熟悉的 B 情境下，记忆组的回忆正确率高于无想象任务下记忆组的回忆正确率。根据促进恢复假说，记忆组对词表 1 与词表 2 的编码情境与测试情境都相匹配，在提取时想象任务促进了整个记忆组的情境线索的提取与恢复，从而提高了记忆组的回忆正确率。这也与 Masicampo 和 Sahakyan（2014）的研究结论“编码时想象另一情境会提高回忆成绩，促进记忆”相一致。

由此可见，在学习和测试的外部情境一致的情况下，编码时想象熟悉的 B 情境对有意遗忘产生影响，减弱了有意遗忘的代价，没有获得有意遗忘的收益。那么不同的想象情境对有意遗忘的影响是否不同？在实验二中，在学习和测试的外部情境一致的情况下，令被试在编码时想象远距离情境，进一步探讨编码时不同的想象任务对有意遗忘的影响。

第三节　实验二：不同的想象任务在学习、测试地点一致时对有意遗忘的影响

以中高词频名词为实验材料，采用词表法有意遗忘范式，令学习和测试地点一致，选用想象远距离情境的任务，与实验一想象熟悉的 B 情境做对比，探讨在学习、测试地点一致即外部情境不转换的情况下，不同的想象任务对有意遗忘的影响。

一、实验方法

（一）被试的选取

被试为某大学的 60 名大学生，男生 21 人，女生 39 人，平均年龄为 19.6±1.4 岁，所有被试听力均正常。根据实验条件将其随机分为两组，即想象远距离情境遗忘组（学测一致）、想象远距离情境记忆组（学测一致），每组 30 人。

实验材料、实验设备同实验一。

（二）实验设计

联合实验一中的想象熟悉的 B 情境遗忘组（学测一致）和记忆组（学测一致），进行 2（词表：词表 1、词表 2）×2（组别：记忆组、遗忘组）×2（想象不同的情境：想象远距离情境、想象熟悉的 B 情境）的三因素混合设计。词表为组内变量，有两个水平，分别为词表 1 和词表 2；组别为组间变量，有两个水平，分别为记忆组和遗忘组；想象不同的情境为组间变量，联合实验共有两个水平，分别为实验二的想象远距离情境和实验一的想象熟悉的 B 情境。

（三）实验程序

实验分三步，与实验一中想象熟悉的 B 情境中遗忘组与记忆组（学测一致）的实验程序相同，不同的是，在进行听力学习前，令被试想象额外的远距离情境。

具体过程如下：首先，室外主试带领被试来到 B 地进行感官训练，时长 2min。然后，返回 A 地实验室，中途过程控制在 90s。然后，在学习阶段，室内主试要求

被试闭上眼睛，引导被试想象年幼时去外婆家的情境，想象自己现在不是处于 A 地实验室而是身处在外婆的老房子里面，鼓励被试想象得越生动形象越好，时长 2min。然后，要求被试继续保持想象，进行后面两个词表的听力学习。最后在 A 地实验室进行回忆测试。

实验基本流程如图 9-3 所示。

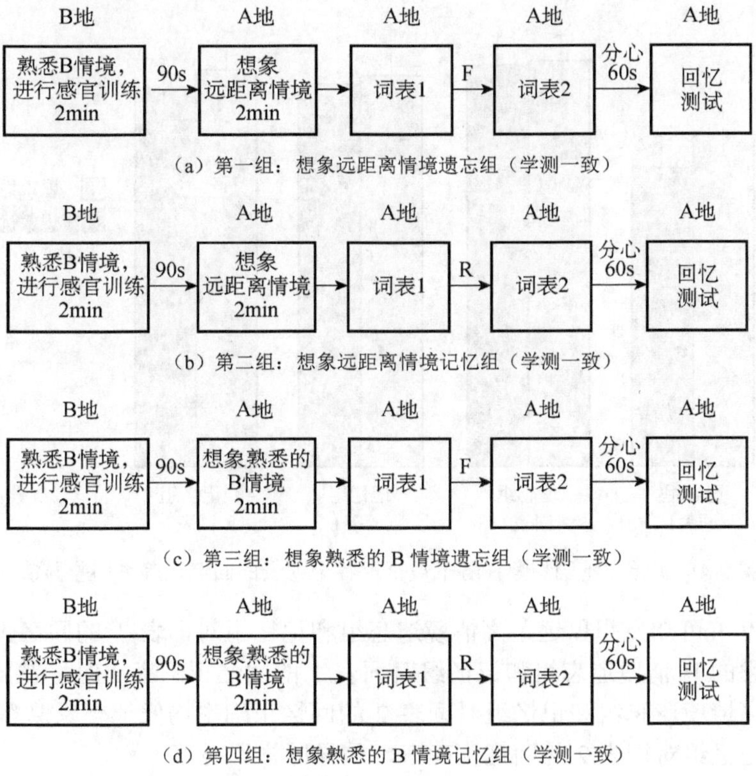

图 9-3 实验二流程图

二、实验结果与分析

实验结束后，令被试口头报告所想象的情境，剔除没有按要求完成想象任务的被试的数据，对各组的回忆正确率进行统计分析。在学习和测试的外部情境不转换的情况下，想象远距离情境被试对前后两个词表的回忆正确率如表 9-2 所示。联合实验一中想象熟悉的 B 情境组（学测一致），比较两种不同想象任务下被试对各个词表的回忆正确率，以及在不同想象任务中，被试对各个词表的回忆正确率之间是否有差异，如图 9-4 所示。

表 9-2　想象不同情境被试在学测一致时的回忆正确率（*M*±*SD*）

项目	词表 1		词表 2	
	遗忘组	记忆组	遗忘组	记忆组
想象远距离情境	0.40±0.12	0.51±0.10	0.54±0.14	0.51±0.12
想象熟悉的 B 情境	0.44±0.10	0.52±0.12	0.54±0.13	0.53±0.13

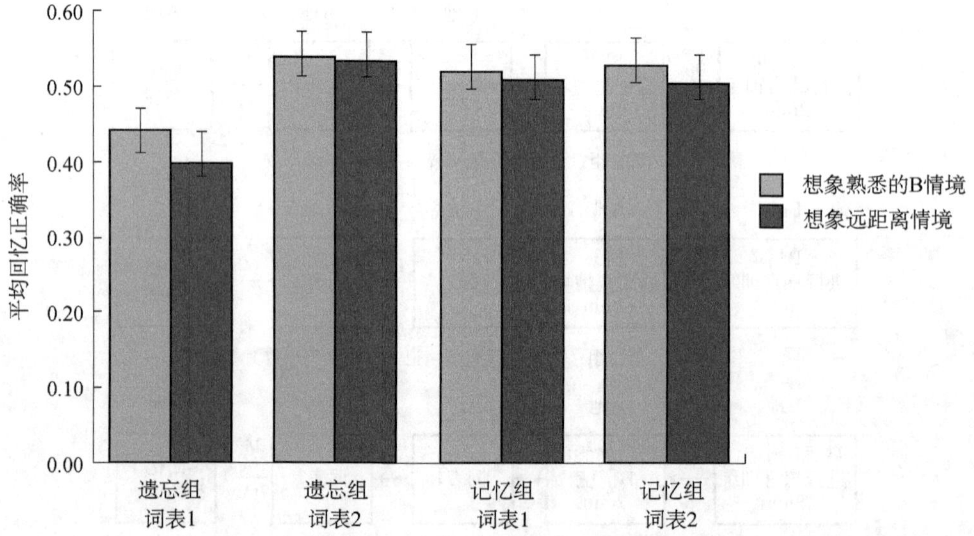

图 9-4　实验二不同想象任务下被试对各个词表的回忆正确率和差异情况

由图 9-4 可知，想象远距离情境遗忘组和记忆组对词表 1 的回忆正确率均低于想象熟悉的 B 情境遗忘组和记忆组对词表 1 的回忆正确率，但是差异不显著。想象远距离情境遗忘组和记忆组对词表 2 的回忆正确率均低于想象熟悉的 B 情境遗忘组和记忆组对词表 2 的回忆正确率，差异同样不显著。

联合想象熟悉的 B 情境组（学测一致），在学测一致情况下对不同的想象任务进行重复测量方差分析，词表（词表 1 和词表 2）作为组内因素，组别（记忆组和遗忘组）和想象任务（想象远距离情境任务和想象熟悉的 B 情境任务）作为组间因素。结果发现，词表的主效应极其显著，F（1，116）=18.294，p<0.001，η_p^2=0.136，对词表 2 的回忆正确率（M=0.53）显著高于对词表 1 的回忆正确率（M=0.47）。组别的主效应显著，F（1，116）=5.348，p<0.05，η_p^2=0.044，记忆组的回忆正确率（M=0.52）显著高于遗忘组的回忆正确率（M=0.48）。想象任务的主效应不显著，F（1，116）=1.651，p>0.05，表明不同想象任务下被试的回忆正确率差异不显著。词表和组别的交互作用显著，F(1，116）=16.632，p < 0.001，η_p^2=0.125，表明组别对词表 1 和词表 2 的回忆正确率的影响极其显著。组别与想象任务的交互作用不显著，F（1，116）=0.066，p>0.05，表明不同的想象任务对遗忘组和记忆组的回忆正确率没有显著影响。词表与想象任务的交互作用不显著，$F(1, 116)=0.247$，$p>0.05$，表明不同的想象任务对词表1和词表2的回忆正确率没有显著影响。词表、组别和想象任务三者的交互作用不显著，$F(1, 116)=0.801$，$p>0.05$，表明不同的想象任务对不同组别的前后两个词表的回忆正确率没有显著影响。

进一步对有交互作用的因素进行简单效应分析，结果发现，组别和词表的交互作用显著。简单效应分析结果表明，对于词表1而言，遗忘组和记忆组对词表1的回忆正确率差异极其显著，$F(1, 117)=22.216$，$p<0.001$，$\eta_p^2=0.160$，遗忘组对词表1的回忆正确率（$M=0.42$）显著低于记忆组对词表1的回忆正确率（$M=0.51$）。对于词表2而言，遗忘组和记忆组对词表2的回忆正确率差异不显著，$F(1, 117)=0.742$，$p>0.05$。

三、讨论

实验二探讨了在学习和测试外部情境一致的情况下，不同想象任务对有意遗忘的影响。实验二的结果表明，在想象远距离情境中，遗忘组对词表1的回忆正确率与记忆组对词表1的回忆正确率的差异极其显著，$p<0.001$，获得了有意遗忘的代价；遗忘组对词表2的回忆正确率与记忆组对词表2的回忆正确率的差异不显著，$p>0.05$，没有获得有意遗忘的收益。

将想象远距离情境任务与想象熟悉的B情境任务进行比较发现，想象熟悉的B情境被试对前后词表的回忆正确率均高于想象远距离情境被试对前后词表的回忆正确率，但是差异均不显著，$p<0.05$。具体来看，在想象熟悉的B情境中，遗忘组对词表1的回忆正确率与记忆组对词表1的回忆正确率差异非常显著，$p<0.01$；在想象远距离情境中，遗忘组对词表1的回忆正确率与记忆组对词表1的回忆正确率差异极其显著，$p<0.001$。这表明，在外部情境不转换的情况下，想象熟悉的B情境对遗忘指令的抵御作用强于想象远距离情境对遗忘指令的抵御作用。结果支持了实验假设。从提取情境线索的时间来看，想象熟悉的情境或者近距离的情境与当下需要提取的信息在时间上更靠近，从而时间相关程度更高，因此在提取时会自动更加直接快速地检索到相关情境，所以对遗忘指令的抵御作用表现得更显著。而想象远距离情境尽管也是一种提取线索的练习，但是与当下需要提取的信息时间相关程度比较低、跨度大，因而对遗忘指令的抵御作用表现得相对弱一些。

此外，想象远距离情境与想象熟悉的B情境均没有获得有意遗忘的收益，且各词表之间的差异均不显著。这表明，在对有意遗忘代价的影响上，不同的想象任务之间没有显著差异。不同的想象任务都会促进记忆，提高回忆率，这一结果与Sahayan（2004）的研究结果相一致。根据促进恢复假说，编码时想象另一情境是对情境线索提取的一种练习，因此在没有情境转换的情况下，想象任务有利于情境线索的提取和恢复，进而促进对项目的回忆。

综上来看，在学习和测试的外部情境一致的情况下，编码时想象远距离情境对有意遗忘有影响，获得了有意遗忘的代价，没有获得有意遗忘的收益。同时，想象远距离任务对遗忘指令造成的遗忘的抵御作用弱于想象熟悉情境任务对其的抵御作用。但是，编码时想象不同的情境都会促进记忆。在实验三中，将加入外部情境转换，即令学习和测试的外部情境不一致，进一步探讨情境转换对有意遗忘效应的影响。

第四节　实验三：有无想象任务在学习、测试地点不一致时对有意遗忘的影响

以中高词频名词为实验材料，采用词表法有意遗忘范式，令学习和测试的地点不一致，探讨在学习、测试地点不一致时，即外部情境转换的情况下，有无想象任务对有意遗忘的影响。

一、实验方法

（一）被试的选取

被试为某大学的 120 名本科学生，男 56 人，女 64 人，平均年龄为 19.3±1.2 岁，所有被试听力均正常。根据实验条件将其随机分为 4 组，即无想象遗忘组（学测不一致）、无想象记忆组（学测不一致）、想象熟悉的 B 情境遗忘组（学测不一致）和想象熟悉的 B 情境记忆组（学测不一致），每组 30 人。

实验材料、实验设备同实验一。

（二）实验设计

实验采用 2（词表：词表 1、词表 2）×2（组别：记忆组、遗忘组）×2（想象任务：无想象任务、想象熟悉的 B 情境任务）的三因素混合设计。词表为组内变量，有两个水平，分别为词表 1 和词表 2；组别为组间变量，有两个水平，分别为记忆组和遗忘组；想象任务为组间变量，有两个水平，分别为无想象任务和想象熟悉的 B 情境任务。

（三）实验程序

无想象任务组的实验分为两步：第一，学习阶段。主试令被试闭上眼睛，在 A

地实验室里学习两个词表的词语，在词表之间给予记忆或者遗忘指令。第二，测试阶段。学习结束后，令被试睁开眼睛进行 60s 的分心任务，然后由室外主试带被试到陌生的新情境 C 地进行回忆测试。

想象熟悉的 B 情境组的实验分为三步，前两步与实验一中想象熟悉的 B 情境遗忘组/记忆组（学测一致）相同。不同的是，在第三步测试阶段改变外部情境，实验三中的想象熟悉的 B 情境遗忘组/记忆组（学测不一致），由室外主试带领被试到陌生的新情境 C 地进行回忆测试。

具体过程为：首先，室外主试带领被试来到 B 地进行感官训练，时长 2min。之后，返回 A 地实验室，中途过程控制在 90s。然后，进入学习阶段，室内主试要求被试闭上眼睛，想象刚刚熟悉的 B 情境，时长 2min。之后保持想象，进行两个词表的听力学习，词表之间给予遗忘指令或者记忆指令。学习完进入第三阶段，要求被试睁开眼睛，由室外主试带领被试到达完全崭新的新情境 C 地，在 C 地进行回忆测试。从 A 地到 C 地的过程中，要求被试默数自己的脚步数，计算两地有多少步，时间控制在 60s。最后，令被试在 C 地进行回忆测试。

实验基本流程如图 9-5 所示。

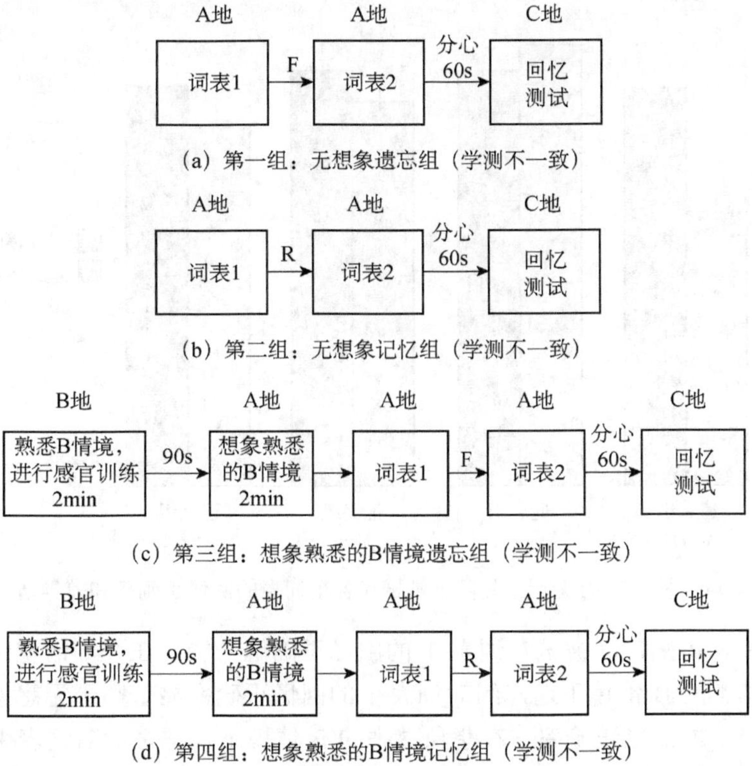

（a）第一组：无想象遗忘组（学测不一致）

（b）第二组：无想象记忆组（学测不一致）

（c）第三组：想象熟悉的B情境遗忘组（学测不一致）

（d）第四组：想象熟悉的B情境记忆组（学测不一致）

图 9-5　实验三流程图

二、实验结果与分析

实验结束后，令被试口头报告所想象的情境，剔除没有按要求完成想象任务的被试的数据，对各组的回忆正确率进行统计分析。

在学习和测试的外部情境转换的情况下，无想象任务组和想象熟悉的 B 情境组的被试对前后两个词表的回忆正确率如表 9-3 所示，无想象任务组和想象熟悉的 B 情境组的被试对各个列表的回忆正确率如图 9-6 所示。

表 9-3　无想象任务组和想象熟悉的 B 情境组的被试在学测不一致情况下的回忆正确率（*M*±*SD*）

项目	词表 1		词表 2	
	遗忘组	记忆组	遗忘组	记忆组
无想象任务	0.32±0.08	0.45±0.12	0.52±0.11	0.42±0.10
想象熟悉的 B 情境	0.47±0.11	0.49±0.12	0.49±0.12	0.47±0.14

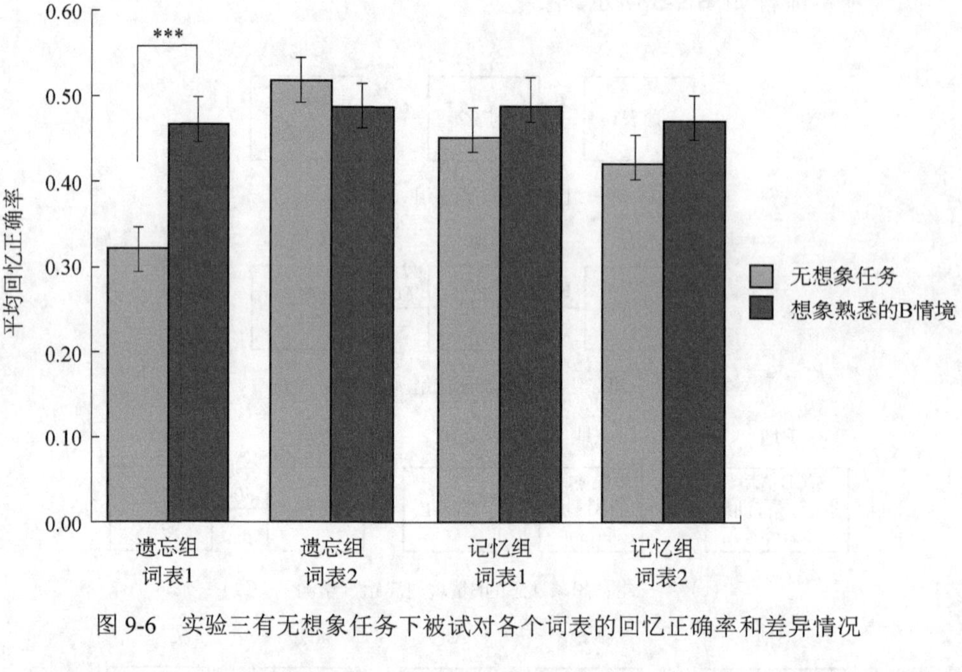

图 9-6　实验三有无想象任务下被试对各个词表的回忆正确率和差异情况

由图 9-6 可知，从被试对词表 1 的回忆正确率来看，在外部情境转换的情况下，想象熟悉的 B 情境下遗忘组对词表 1 的回忆正确率显著高于无想象任务下遗忘组对词表 1 的回忆正确率。在想象熟悉的 B 情境下，记忆组对词表 1 的回忆正确率略高于无想象任务下记忆组对词表 1 的回忆正确率，但差异不显著。从对词

表 2 的回忆正确率来看，在外部情境转换的情况下，在想象熟悉的 B 情境下，遗忘组对词表 2 的回忆正确率略低于无想象任务下遗忘组对词表 2 的回忆正确率，但差异不显著。而想象熟悉的 B 情境下记忆组对词表 2 的回忆正确率高于无想象任务下记忆组对词表 2 的回忆正确率，但差异不显著。

在无想象任务和想象熟悉的 B 情境下，对学测不一致时的回忆率进行重复测量方差分析，将词表（词表 1 和词表 2）作为组内因素，将组别（记忆组和遗忘组）及有无想象任务（无想象任务和想象熟悉的 B 情境任务）作为组间因素。结果发现，词表的主效应显著，$F(1, 116)=9.945$，$p<0.01$，$\eta_p^2=0.079$，被试对词表 2 的回忆正确率（M=0.47）显著高于对词表 1 的回忆正确率（M=0.43）。组别的主效应不显著，$F(1, 116)=0.306$，$p>0.05$，表明遗忘组和记忆组的回忆正确率之间没有显著差异。想象任务的主效应显著，$F(1, 116)=9.645$，$p<0.01$，$\eta_p^2=0.077$，被试在想象熟悉的 B 情境时的回忆正确率（M=0.48）显著高于无想象任务的回忆正确率（M=0.43）。词表和想象任务的交互作用非常显著，$F(1, 116)=9.945$，$p<0.01$，$\eta_p^2=0.079$，表明有无想象任务对被试对词表 1 和词表 2 的回忆正确率的影响非常显著。词表和组别的交互作用极其显著，$F(1, 116)=25.783$，$p<0.001$，$\eta_p^2=0.182$，表明组别对被试对词表 1 和词表 2 的回忆正确率的影响极其显著。想象任务和组别的交互作用不显著，$F(1, 116)=0.147$，$p>0.05$，表明有无想象任务对遗忘组和记忆组的回忆正确率没有显著影响。词表、组别和想象任务三者的交互作用极其显著，$F(1, 116)=12.824$，$p<0.001$，$\eta_p^2=0.100$，表明有无想象任务对不同组别对两个词表的回忆正确率的影响极其显著。

进一步对有交互作用的因素进行简单效应分析，结果显示，词表和组别的交互作用非常显著。其简单效应分析结果表明，对词表 1 而言，遗忘组与记忆组对词表 1 的回忆正确率的差异极其显著，$F(1, 117)=13.580$，$p<0.001$，$\eta_p^2=0.104$，遗忘组对词表 1 的回忆正确率（M=0.39）显著低于记忆组对词表 1 的回忆正确率（M=0.47）。对于词表 2 而言，遗忘组和记忆组对词表 2 的回忆正确率的差异显著，$F(1, 117)=6.665$，$p<0.05$，$\eta_p^2=0.054$，遗忘组对词表 2 的回忆正确率（M=0.50）显著高于记忆组对词表 2 的回忆正确率（M=0.44）。

词表和想象任务的交互作用非常显著，其简单效应分析结果表明，对词表 1 而言，有无想象任务的被试对词表 1 的回忆正确率的差异极其显著，$F(1, 116)=20.285$，$p<0.001$，$\eta_p^2=0.155$，想象熟悉的 B 情境下被试对词表 1 的回忆正确率（M=0.48）显著高于无想象任务下被试对词表 1 的回忆正确率（M=0.39）。对于词表 2 而言，有无想象任务对被试对词表 2 的回忆正确率的影响不显著，$F(1, 116)=0.198$，$p>0.05$。

词表、组别和想象任务的交互作用极其显著，对其进行简单简单效应分析，结果发现，当词表为词表 1 时，组别为遗忘组，有无想象任务的回忆正确率的差异极其显著，想象熟悉的 B 情境的回忆正确率（M=0.47）高于无想象任务的回忆正确率（M=0.32），F（1，116）=26.492，p<0.001，η_p^2=0.186。当词表为词表 1 时，组别为记忆组，有无想象任务的回忆正确率的差异不显著，F(1，116)=1.920，p>0.05。想象熟悉的 B 情境的回忆正确率（M=0.49）与无想象任务的回忆正确率（M=0.45）无显著差异。当词表为词表 2 时，组别为遗忘组，有无想象任务的回忆正确率的差异不显著，想象熟悉的 B 情境的回忆正确率（M=0.49）与无想象任务的回忆正确率（M=0.52）无显著差异，F（1，116）= 0.979，p>0.05。当词表为词表 2 时，组别为记忆组，有无想象任务的回忆正确率的差异不显著，想象熟悉的 B 情境的回忆正确率（M=0.47）与无想象任务的回忆正确率（M=0.42）无显著差异，F（1，116）=2.622，p>0.05。

三、讨论

实验三中，在外部情境转换的情况下，运用词表法有意遗忘范式对有无想象情境对有意遗忘的影响进行了探讨。实验结果表明，在学习、测试地点不一致的情况下，无想象情境任务组产生了有意遗忘效应，既获得了有意遗忘的代价，又获得了有意遗忘的收益。具体表现为：在外部情境转换的情况下，无想象情境的遗忘组对词表 1 的回忆正确率与记忆组对词表 1 的回忆正确率的差异极其显著，p<0.001，获得了有意遗忘的代价；无想象情境的遗忘组对词表 2 的回忆正确率与记忆组对词表 2 的回忆正确率差异非常显著，p<0.01，获得了有意遗忘的收益。在学习、测验地点不一致的情况下，有想象情境任务组的被试在编码时想象熟悉的 B 情境，之后没有产生有意遗忘效应，既没有获得有意遗忘的代价，也没有获得有意遗忘的收益。具体表现为：在外部情境转换下，在想象熟悉的 B 情境下，遗忘组对词表 1 的回忆正确率与记忆组对词表 1 的回忆正确率差异不显著，p>0.05，没有获得有意遗忘的代价；在想象熟悉的 B 情境下，遗忘组对词表 2 的回忆正确率与记忆组对词表 2 的回忆正确率差异不显著，p>0.05，没有获得有意遗忘的收益。因此，在外部情境转换的情况下，编码时想象熟悉的 B 情境对有意遗忘产生影响，既没有获得有意遗忘的代价，也没有获得有意遗忘的收益。

实验三的结果表明，在编码时加入想象任务，不仅会抵御学习、测验地点不一致这一外部情境转换造成的遗忘，还会抵御遗忘指令这一内部情境转换造成的遗忘。

具体来看，在外部情境转换情况下，有无想象任务条件下，遗忘组对词表 1 的回忆正确率的差异极其显著，在想象熟悉的 B 情境下，遗忘组对词表 1 的回忆正确率高于无想象任务下遗忘组对词表 1 的回忆正确率，$p<0.001$。然而，有无想象任务对记忆组对词表 1 的回忆正确率的影响差异不显著，$p>0.05$。由此可知，在外部情境转换的情况下，编码时想象任务对遗忘指令产生抵御作用，提高了遗忘组对词表 1 的回忆正确率，最终影响了有意遗忘代价的获得。

此外，在外部情境转换的情况下，有无想象任务对遗忘组对词表 2 的回忆正确率的影响差异不显著，$p>0.05$；有无想象任务对记忆组对词表 2 的回忆正确率的影响差异不显著，$p>0.05$，从而导致想象熟悉的 B 情境没有获得收益。这是因为在外部情境转换的情况下，加入想象任务抵御了遗忘指令带来的遗忘，提高了遗忘组对词表 1 的回忆正确率，遗忘组对词表 2 的回忆正确率受到词表 1 的前摄干扰没有显著提高，从而没有获得有意遗忘的收益。

由图 9-6 可知，有无想象任务对记忆组对词表 1 的回忆正确率的影响差异不显著，对记忆组对词表 2 的回忆正确率的影响差异也不显著。将有无想象任务记忆组的回忆正确率进行单因素方差分析，结果发现，有无想象任务对记忆组的回忆正确率的影响差异显著，想象熟悉的 B 情境下记忆组的回忆正确率高于无想象任务下记忆组的回忆正确率，$p<0.05$。这一实验结果与 Masicampo 和 Sahayan（2014）的研究结果相一致。这表明编码时想象另一情境会抵御外部情境转换造成的遗忘，促进记忆。

综上来看，在学习和测试的外部情境转换的情况下，想象熟悉的 B 情境对遗忘指令带来的遗忘起到抵御作用，没有获得有意遗忘的代价；与此同时，想象熟悉的 B 情境对外部情境转换造成的遗忘也起到抵御作用，促进记忆，没有获得有意遗忘的收益。那么，在外部情境转换的情况下，不同的想象任务对有意遗忘的影响是否不同？在实验四中，将探讨在学习和测试的外部情境转换的情况下，不同的想象任务对有意遗忘的影响。

第五节　实验四：不同的想象任务在学习、测试地点不一致时对有意遗忘的影响

以中高词频名词为实验材料，采用词表法有意遗忘范式，令学习和测试的地点不一致，探讨在学习、测试地点不一致时，即外部情境转换的情况下，不同的想象

任务对有意遗忘的影响。

一、实验方法

（一）被试的选取

被试为某大学的 60 名大学生，男 25 人，女 35 人，平均年龄为 19.2±1.6 岁，所有被试听力均正常。根据实验条件将其随机分为两组，即想象远距离情境遗忘组（学测不一致）、想象远距离情境记忆组（学测不一致），每组 30 人。

实验材料、实验设备同实验一。

（二）实验设计

联合实验三中的想象熟悉的 B 情境任务（学测不一致），进行 2（组别：遗忘组、记忆组）×2（词表：词表 1、词表 2）×2（想象不同的情境：想象远距离情境、想象熟悉的 B 情境）的三因素混合设计。组别为组间变量，有两个水平，分别为记忆组和遗忘组；词表为组内变量，分别为词表 1 和词表 2；想象不同的情境为组间变量，有两个水平，分别为实验二中的想象远距离情境以及实验三中的想象熟悉的 B 情境。

（三）实验程序

实验分为三步，前两步与实验二中想象远距离情境的记忆组/遗忘组（学测一致）相同，只是在第三步测试阶段，室外主试带领被试来到完全崭新的地点 C 情境，进行回忆测试。

具体过程如下：首先，室外主试带领被试来到 B 地进行感官训练，时长 2min。然后，返回 A 地实验室，中途过程控制在 90s。之后，进入学习阶段，室内主试要求被试闭上眼睛，想象年幼时去外婆家的情境，想象自己当前就处于外婆的老房子里面，越生动形象越好，时长 2min。然后，保持想象，进行两个词表的听力学习。学习结束后，进入第三阶段，即测试阶段，由室外主试带领被试到达完全崭新的新情境 C 地，在 C 地进行回忆测试。从 A 地到 C 地的过程中，要求被试默数自己的脚步数，计算两地有多少步，时间控制在 60s。

实验基本流程如图 9-7 所示。

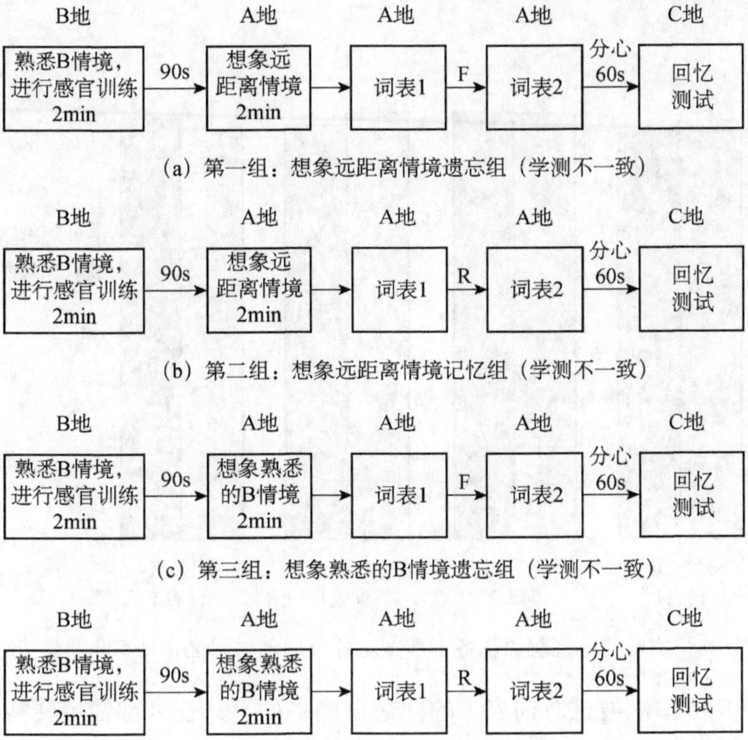

（a）第一组：想象远距离情境遗忘组（学测不一致）

（b）第二组：想象远距离情境记忆组（学测不一致）

（c）第三组：想象熟悉的B情境遗忘组（学测不一致）

（d）第四组：想象熟悉的B情境记忆组（学测不一致）

图 9-7　实验四流程图

二、实验结果与分析

实验结束后，令被试口头报告所想象的情境，剔除没有按要求完成想象任务的被试的数据，对各组的回忆正确率进行统计分析。

在学习和测试的外部情境转换的情况下，想象远距离情境下遗忘组和记忆组的回忆正确率如表 9-4 所示。联合实验三中想象熟悉的 B 情境组（学测不一致）进行比较，不同想象任务下被试对各个词表的回忆正确率如图 9-8 所示。

表 9-4　想象远距离情境在学测不一致时的回忆正确率（*M*±*SD*）

项目	词表 1		词表 2	
	遗忘组	记忆组	遗忘组	记忆组
想象远距离情境	0.46±0.11	0.46±0.10	0.49±0.10	0.48±0.11
想象熟悉的 B 情境	0.47±0.11	0.49±0.12	0.49±0.12	0.47±0.14

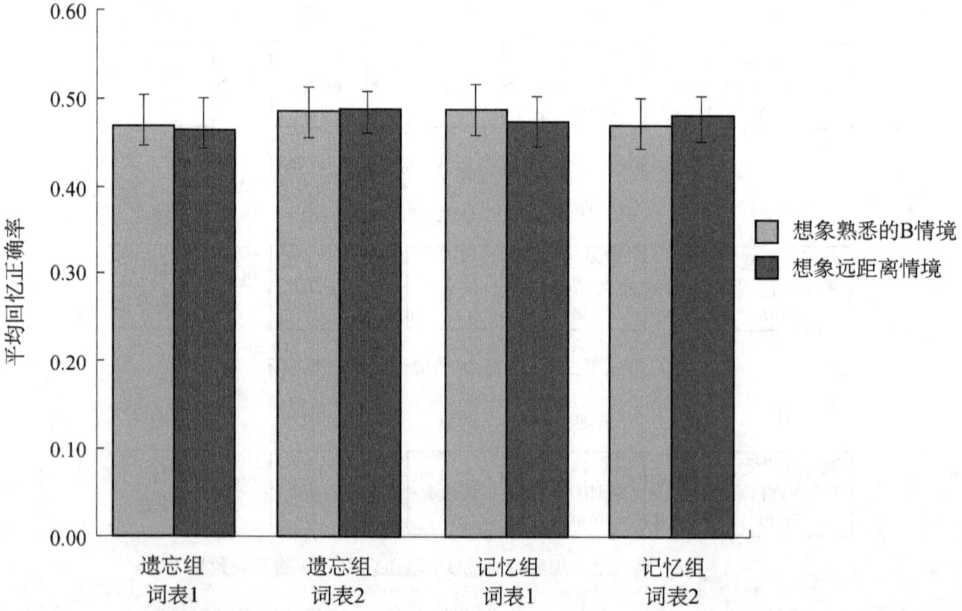

图 9-8　实验四不同想象任务下被试对各个词表的回忆正确率和差异情况

由图 9-8 可知，被试对词表 1 的回忆正确率如下：在外部情境转换的情况下，想象熟悉的 B 情境下遗忘组对词表 1 的回忆正确率与想象远距离情境下遗忘组对词表 1 的回忆正确率差异不显著，想象熟悉的 B 情境下记忆组对词表 1 的回忆正确率与想象远距离情境下记忆组对词表 1 的回忆正确率差异不显著。被试对词表 2 的回忆正确率如下：在外部情境转换的情况下，想象熟悉的 B 情境下遗忘组对词表 2 的回忆正确率与想象远距离情境下遗忘组对词表 2 的回忆正确率差异不显著，想象熟悉的 B 情境下记忆组对词表 2 的回忆正确率与想象远距离情境下记忆组对词表 2 的回忆正确率差异也不显著。

在外部情境转换的情况下，对不同的想象任务进行重复测量方差分析，将词表（词表 1 和词表 2）作为组内因素，组别（记忆组和遗忘组）和想象任务（想象远距离情境任务和想象熟悉的 B 情境任务）作为组间因素。结果发现，词表的主效应不显著，F（1，116）=0.343，p>0.05，表明被试对词表 1 和词表 2 的回忆正确率之间没有显著差异。组别的主效应不显著，F（1，116）=0.016，p>0.05，表明遗忘组和记忆组的回忆正确率之间没有显著差异。想象任务的主效应不显著，F（1，116）=0.002，p>0.05，表明有无想象任务下被试的回忆正确率没有显著差异。词表和想象任务的交互作用不显著，F（1，116）= 0.343，p>0.05，表明有无想象任务对被试对词表 1 和词表 2 的回忆正确率没有显著影响。词表和组别的交互作用不显著，F（1，116）=1.251，p>0.05，表明组别对被试对词表 1 和词表 2 的回忆正确率没有显著影响。想象任务和组别的交互作用不显著，$F(1, 116)=0.002$，$p>0.05$，表明有无想象任务对遗忘组和记忆组的回忆正确率没有显著影响。词表、组别和想象任务三者的交互作用不显著，$F(1, 116)=0.139$，$p>0.05$，表明有无想象任务对不同组别对两个词表的回忆正确率没有显著影响。

为了探讨外部情境的转换对有意遗忘的影响，将以上 4 个实验进行横向比较。采用单因素方差分析的方法对 4 个实验中被试对词表 1 的回忆正确率和对词表 2 的回忆正确率进行分析。在同一想象任务中，各个词表在学测一致和学测不一致两种情况下是否存在差异，如图 9-9 和图 9-10 所示。

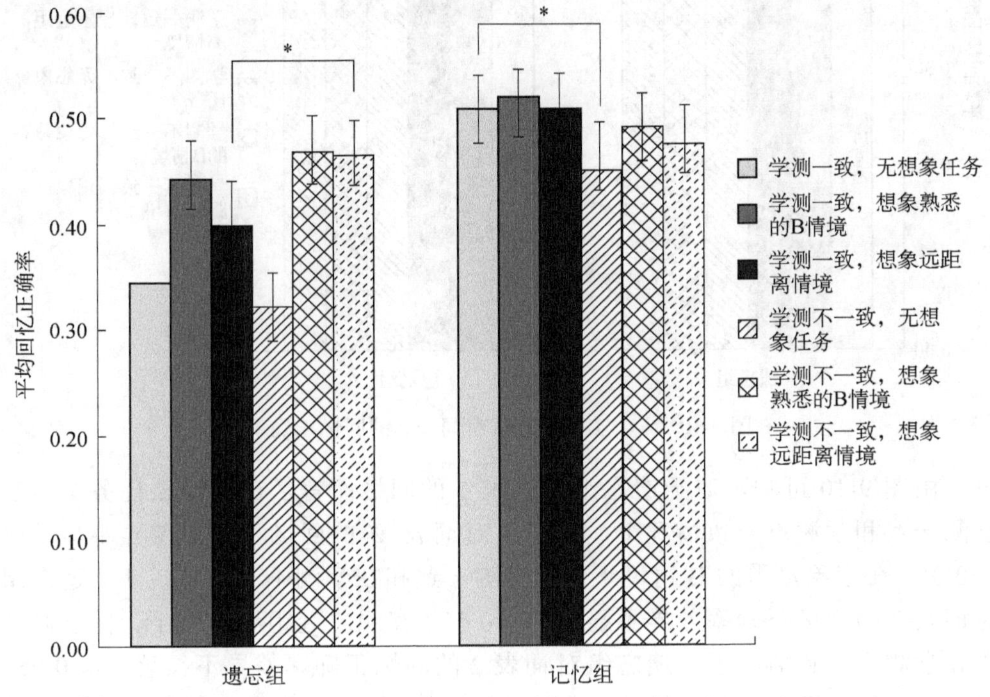

图 9-9　4 个实验中被试对词表 1 的回忆正确率

由图 9-9 可知，对于遗忘组对词表 1 的回忆而言，无想象任务中在学测一致和学测不一致情况下，遗忘组对词表 1 的回忆正确率差异不显著，$p>0.05$；在想象熟悉的 B 情境中，在学测一致和学测不一致情况下，遗忘组对词表 1 的回忆正确率差异不显著，$p>0.05$；在想象远距离情境中，在学测一致和学测不一致情况下，遗忘组对词表 1 的回忆正确率差异显著，$p<0.05$，学测一致时的回忆正确率（M=0.40）显著低于学测不一致时的回忆正确率（M=0.46）。对于记忆组对词表 1 的回忆而言，无想象任务中，在学测一致和学测不一致下，记忆组对词表 1 的回忆正确率差异显著，$p<0.05$，学测一致时的回忆正确率（M=0.51）显著高于学测不一致时的回忆

正确率（M=0.45）；在想象熟悉的 B 情境中，在学测一致和学测不一致情况下，记忆组对词表 1 的回忆正确率差异不显著，p>0.05；在想象远距离情境中，在学测一致和学测不一致情况下，记忆组对词表 1 的回忆正确率差异不显著，p>0.05。

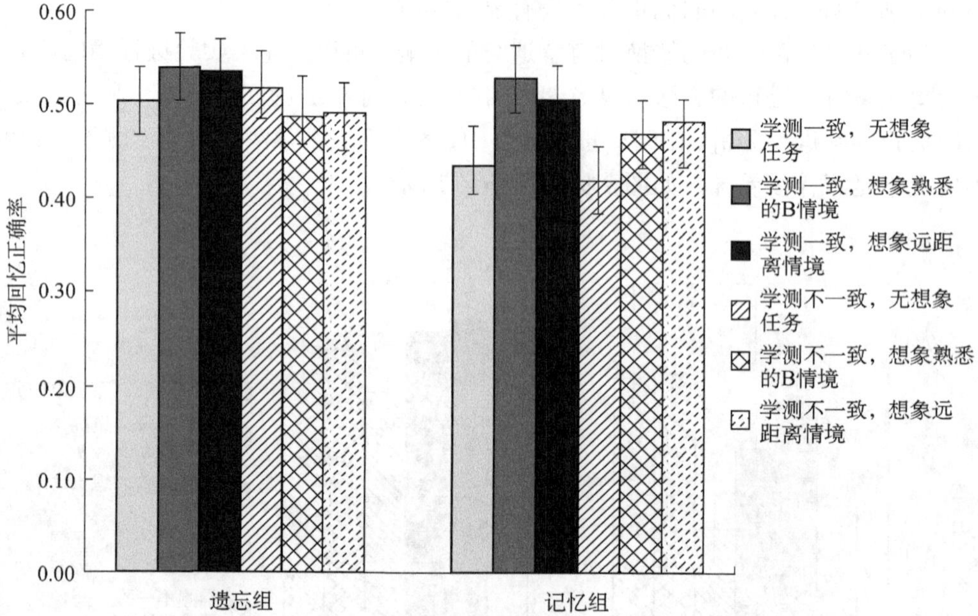

图 9-10　4 个实验中被试对词表 2 的回忆正确率

由图 9-10 可知，对于遗忘组对词表 2 的回忆而言，在无想象任务中，在学测一致和学测不一致情况下，遗忘组对词表 2 的回忆正确率差异不显著，p>0.05；在想象熟悉的 B 情境下，在学测一致和在学测不一致情况下，遗忘组对词表 2 的回忆正确率差异不显著，p>0.05；在想象远距离情境下，在学测一致和学测不一致情况下，遗忘组对词表 2 的回忆正确率差异不显著，p>0.05。对于记忆组对词表 2 的回忆而言，在无想象任务中，在学测一致和学测不一致情况下，记忆组对词表 2 的回忆正确率差异不显著，p>0.05；在想象熟悉的 B 情境中，在学测一致和学测不一致情况下，记忆组对词表 2 的回忆正确率差异不显著，p>0.05；在想象远距离情境中，在学测一致和学测不一致情况下，记忆组对词表 2 的回忆正确率差异不显著，p>0.05。

三、讨论

在实验四中，在外部情境转换的情况下，发现编码时想象远距离情境对有意遗忘会产生影响。在外部情境转换的情况下，想象远距离情境的遗忘组对词表 1 的回忆正确率与记忆组对词表 1 的回忆正确率差异不显著，$p>0.05$，没有获得有意遗忘的代价；想象远距离情境的遗忘组对词表 2 的回忆正确率与记忆组对词表 2 的回忆正确率差异不显著，$p>0.05$，没有获得有意遗忘的收益。实验结果表明，在外部情境转换的情况下，想象远距离情境对有意遗忘产生影响，既没有获得有意遗忘的代价，也没有获得有意遗忘的收益，与想象熟悉的 B 情境结果相同，即在外部情境转换的情况下，不同的想象任务对有意遗忘的影响没有显著差异。

将 4 个实验中被试对词表 1 和词表 2 的回忆正确率分别进行比较，发现无想象任务组在学测一致和学测不一致两种情况下，记忆组对词表 1 的回忆正确率差异显著，$p<0.05$，这是因为无想象任务下（学测不一致）的记忆组产生了“情境依赖遗忘”，当学习和测试的外部情境发生转换时，记忆组因学测情境不匹配而对词表 1 产生遗忘。然而，无想象任务中，在学测一致和学测不一致两种情况下，记忆组对词表 2 的回忆正确率差异不显著，由于回忆时的近因效应，从而记忆组对词表 2 的回忆正确率没有显著降低。

在想象熟悉的 B 情境中，在学测一致和学测不一致两种情况下，遗忘组和记忆组对两个词表的回忆差异不显著。这一结果支持了实验假设，编码时想象熟悉的 B 情境不仅可以抵御外部情境转换造成的遗忘，同时还可以抵御内部情境转换造成的遗忘。

在想象远距离情境下，在学测一致和学测不一致两种情况下，遗忘组对词表 1 的回忆正确率差异显著，$p<0.05$，这表明想象远距离情境在外部情境转换的情况下对遗忘指令的抵御作用，强于在外部情境不转换的情况下对遗忘指令的抵御作用。这是因为在外部情况转换的情况下，既有遗忘指令造成的内部情境转换，又有学测情境不一致造成的外部情境转换，需要提取的所有信息的编码情境与测试情境均不匹配，因此搜索情境线索的范围扩大，时间相关程度对所需提取的信息情境的影响较小，此时想象任务对线索的搜索与整合作用就会更为显著。所以在想象远距离情境任务中，学测不一致下遗忘组对词表 1 的回忆正确率高于学测一致下遗忘组对词表 1 的回忆正确率。进一步将想象熟悉的 B 情境（学测不一致）与想象远距离情境（学测不一致）下遗忘组和记忆组的回忆正确率进行比较，发现在外部情境转换的情况下，两种想象任务中遗忘组的回忆正确率差异不显著，记忆组的回忆正确率差异也不显著。这再一次表明，在外部情境转换的情况下，所有信息的编码情境与测试情境无法匹配，从而想象任务的时间相关度对线索的恢复影响不明显，所以不同的想象任务对有意遗忘效应的影响没有显著差异。

第六节　综 合 讨 论

一、有无想象情境对有意遗忘的影响

本章实验选取中高词频的名词作为实验材料，采用词表法有意遗忘范式，根据有意遗忘的代价和收益原则，探讨了外部情境转换和外部情境不转换两种情况下有无想象任务对有意遗忘的影响，以及不同想象任务对有意遗忘的影响。基于前人的研究，在编码时加入想象任务，能够更加全面地了解和把握情境在有意遗忘中的作用。

实验结果发现，在无想象任务中，无论在外部情境转换的情况下还是在外部情境不转换的情况下，均产生了有意遗忘效应，既获得了有意遗忘的收益，又获得了有意遗忘的代价。但是当编码时加入想象任务后，对有意遗忘效应产生了影响。在外部情境不转换的情况下，编码时想象另一情境只获得了有意遗忘的代价，没有获得有意遗忘的收益；在外部情境转换的情况下，编码时想象另一情境，既没有获得有意遗忘的代价，也没有获得有意遗忘的收益。

回顾以往的研究，Sahakyan 和 Kelley（2002，2004）提出了用情境转换理论来解释有意遗忘效应，首次将情境与有意遗忘效应联系起来。该理论解释了词表法范式中有意遗忘效应产生的内在机制，认为遗忘指令的出现导致被试在学习前后两个词表之间的情境发生转换，对词表 2 在新的情境下进行学习，之后测试的时候，词表 1 的编码情境与测试情境不一致而诱发遗忘。这表明，遗忘指令造成被试内部情境的转换，从而在测试时无法顺利检索到词表 1 的情境，降低了对其的回忆正确率。

Sahakyan 等（2004）对编码时想象另一情境对记忆的影响进行了研究，发现编码时想象另一情境会抵御学测不一致这种外部情境转换造成的遗忘，促进记忆。他们提出用促进恢复假说对此结果进行解释。该假说认为编码时想象另一情境，练习了被试对所需信息的情境线索的检索和整合，在接下来的回忆中，促进了被试对所需信息的情境的检索，从而能抵御外部情境转换造成的遗忘。基于前人的研究，我们在编码时让被试想象另一情境，结果表明想象任务同样对遗忘指令这一内部情境转换造成的遗忘产生抵御作用，削弱了有意遗忘效应，甚至使有意遗忘消失，再一次支持了促进恢复假说。编码时想象任务是提取情境的一种练习，从而促进了被试对所需情境的恢复与提取，抵御遗忘，促进记忆，从而影响了有意遗忘效应代价和收益的获得。因此，可以得出结论：编码时想象另一情境不仅能抵御外部情境转换造成的遗忘，同时能抵御内部情境转换造成的遗忘，即编码时想象另一情境对有意遗忘效应有抵御作用。

二、不同的想象情境对有意遗忘的影响

我们采用词表法有意遗忘范式，在外部情境不转换和外部情境转换两种情况下，令被试在编码时想象不同的情境，结果发现：在外部情境不转换的情况下，编码时想象熟悉的B情境，结果削弱了有意遗忘的代价，没有获得有意遗忘的收益，表明编码时想象熟悉的B情境对遗忘指令造成的遗忘有抵御作用，促进了记忆；而编码时想象远距离情境，结果获得了有意遗忘的代价，没有获得有意遗忘的收益。通过对两种想象任务的情况进行比较，实验发现不同想象任务中遗忘组对词表1的回忆正确率差异显著，想象远距离情境中遗忘组对词表1的回忆正确率低于想象熟悉的B情境中遗忘组对词表1的回忆正确率，其余各词表之间的差异均不显著。此结果表明，在外部情境不转换的情况下，对于记忆组，不同的想象任务对其的影响没有显著差异，结果均会促进记忆，提高回忆率；而对于遗忘组，编码时想象熟悉的B情境对遗忘指令的抵御作用强于想象远距离情境对遗忘指令的抵御作用。这是因为在外部情境不转换的情况下，遗忘指令下的词表的编码情境与测试情境不一致，而记忆指令下的词表的编码情境与测试情境一致，因此在提取信息时，被试会自发地先提取情境一致可以匹配的信息，然后提取情境不一致的信息。对于编码情境与测试情境一致的信息，在不同的想象任务中，被试在提取时没有显著差异，因此在不同的想象任务下，遗忘组对词表2与记忆组对前后两个词表的回忆正确率差异不显著。而对于编码情境与测试情境不一致的信息，不同的想象任务中对其的检索有差异，在提取完情境可以直接匹配的信息后，被试的检索范围会进一步扩大。此时熟悉的情境与当下需要提取的信息相关程度更高，时间上更靠近，所以相比之下，可以更加直接快速地检索和恢复；而远距离情境与当下所需提取的信息时间相关程度较低，从而在对情境的检索和恢复上表现得相对较弱。因此，在词表法有意遗忘范式中，不同的想象任务均会影响有意遗忘效应的产生，其中想象熟悉的B情境对遗忘指令的抵御作用表现得更强一些。

在外部情境转换的情况下，编码时想象熟悉的B情境和编码时想象远距离情

境，结果都没有产生有意遗忘效应，既没有获得有意遗忘的代价，也没有获得有意遗忘的收益。对两种想象任务中被试对前后两词表的回忆正确率进行比较，发现在两种想象任务中，被试对各个词表的回忆正确率的差异均不显著。在外部情境转换的情况下，既有遗忘指令造成的内部情境转换，又有学测不一致造成的外部情境转换，所有信息的编码情境与测试情境都不一致，无法直接匹配提取。因此，无论何种指令，在提取时，被试都会将之前编码时的情境作为一个整体情境进行检索，此时检索范围扩大化，时间相关程度对大范围提取工作的影响较小，因而两种不同想象任务在提取回忆上差异不显著。所以，我们可以得出结论：在外部情境转换的情况下，编码时想象熟悉的 B 情境和想象远距离情境对有意遗忘的影响没有显著差异，都会使有意遗忘效应消失，既不会获得有意遗忘的代价，也不会获得有意遗忘的收益。

三、外部情境转换对有意遗忘的影响

本实验的结果发现：在外部情境不转换的情况下，无想象任务组产生了有意遗忘效应。遗忘组对词表 1 的回忆正确率显著低于记忆组对词表 1 的回忆正确率，获得了有意遗忘的代价；遗忘组对词表 2 的回忆正确率显著高于记忆组对词表 2 的回忆正确率，获得了有意遗忘的收益。在外部情境转换的情况下，无想象任务组依然产生了有意遗忘效应。遗忘组对词表 1 的回忆正确率显著低于记忆组对词表 1 的回忆正确率，获得了有意遗忘的代价；遗忘组对词表 2 的回忆正确率显著高于记忆组对词表 2 的回忆正确率，获得了有意遗忘的收益。将无想象任务时记忆组和遗忘组分别在学测一致和学测不一致两种情况下对词表 1 的回忆成绩进行比较，对词表 2 的回忆成绩也进行比较，发现除了记忆组对词表 1 的回忆正确率差异显著外，其余条件下被试对词表的回忆正确率差异不显著。这是因为在无想象任务（学测不一致）中，记忆组由于外部情境的转换而产生了“情境依赖遗忘”，所以其回忆率显著低于无想象任务（学测一致）中记忆组的回忆正确率。但是，在无想象任务中，在学测一致和学测不一致两种情况下，遗忘组的回忆正确率差异不显著，表明外部情境转换对遗忘组没有产生显著影响。也就是说，当遗忘指令对被试造成内部情境的转换时，外部情境的转换对被试的影响就表现得不明显了。这表明，外部情境的转换不会影响词表法有意遗忘范式中有意遗忘效应的产生。

在外部情境不转换的情况下，编码时无论令被试想象熟悉的 B 情境还是令被试想象远距离情境，结果均产生有意遗忘效应，但是只获得有意遗忘的代价，没有获得有意遗忘的收益。在外部情境转换的情况下，编码时无论令被试想象熟悉的 B

情境还是令被试想象远距离情境，结果均没有产生有意遗忘效应，既没有获得有意遗忘的收益，也没有获得有意遗忘的代价。根据促进恢复假说，编码时想象另一情境是一种提取情境的练习，有了事先对情境线索的检索与整合的练习，就能促进被试对后来所需信息的提取和恢复，因此在外部情境转换的情况下，抵御了“情境依赖遗忘”，促进了对记忆组的回忆。而对于遗忘组来讲，在外部情境不转换的情况下，想象另一情境会促进其对所需信息的检索和恢复，从而对遗忘指令造成的遗忘产生一定的抵御作用；在外部情境转换的情况下，提取信息时所需检索的信息范围会扩大，此时想象另一情境对情境线索的恢复和整合作用会更显著，从而对遗忘指令的抵御作用更强，因此抵消了有意遗忘的效应。

因此，我们可以得出结论：外部情境转换对遗忘组对词表的回忆正确率没有显著影响，影响了记忆组对词表的回忆正确率。此外，外部情境的转换扩大了提取信息的搜索范围，从而使想象情境任务发挥了更强的检索和恢复作用，甚至抵消了有意遗忘效应。

四、内部情境转换与外部情境转换共同对有意遗忘的影响

根据 Sahayan 提出的情境转换理论，在有意遗忘范式中，遗忘指令的出现造成被试内部心境的转换，从记忆的心境转换到遗忘的心境。这种遗忘指令造成的内部心境的转换会导致遗忘，因为编码时的内部心境与测试时的内部心境不匹配，从而无法顺利提取信息。此时，实验中又加入外部情境转换，改变测试地点，使之与学习地点不同，结果发现遗忘组对词表的回忆正确率没有受到显著影响，记忆组对词表的回忆正确率受到的影响显著降低了，但是依然产生有意遗忘的效应。对于记忆组而言，由于只受到学测地点不一致带来的外部情境转换的影响，因而产生“情境依赖遗忘”。而对于遗忘组而言，既受到遗忘指令带来的内部情境转换的影响，又受到学测地点不一致带来的外部情境转换的影响，其结果与只受到内部情境转换的影响无显著差异，与只受到外部情境转换的影响差异显著，既受到内部情境转换又受到外部情境转换影响的被试对词表的回忆正确率显著低于只受外部情境转换影响的被试对词表的回忆正确率。简而言之，第一，受到内、外情境共同转换的影响的被试对词表的回忆正确率与只受到内部情境转换影响的被试对词表的回忆正确率差异不显著；第二，两者的回忆正确率均显著低于只受到外部情境转换的被试对词表的回忆正确率。对于结论的第一点，我们认为在所有情境转换中，内部心理情境转换占主导地位，一切形式状态的改变，只有造成内部情境转换时，才会对被试产生作用。被试在整个学习过程中内部心理情境占主导地位，学习词表 1 时被

试的内部心理情境为记忆情境，遗忘指令出现后被试的内部心理情境转换为遗忘情境，继续学习词表 2 时被试的内部心理情境再次切换为记忆情境，延续到要求回忆测试时，被试的内部情境一直是记忆情境，尽管测试时改变了学习和测试的地点，但是这种外部情境转换没有对被试造成影响，或者说没有对被试的内部心理情境产生影响，因此学习和测试地点是否改变对遗忘组对词表的回忆正确率没有显著影响。对于结论的第二点，在没有内部情境转换的记忆组中，在学习两个词表的整个过程中，被试都处于记忆的内部心理状态，当测试时地点发生改变时，这一外部情境转换会对被试的内部心理情境产生一些影响，但是相比遗忘指令对被试的内部心理情境的影响，学习和测试地点改变对被试的内部心理情境的影响较小，所以记忆组的回忆正确率会降低，但是依然高于遗忘组的回忆正确率。这说明，遗忘指令与学测地点改变对被试内部心理情境的影响是不同的。

编码时想象另一情境与遗忘指令对被试内部心理情境的影响也是不同的。这是因为被试在短时间内集中注意力进行学习，这一编码记忆的过程是一个整体的内部情境，而不是零散的个体。遗忘指令是在学习两个词表之间给予的，它的出现干扰了记忆情境这一整体，使记忆的内部情境变为遗忘的内部情境，从而导致被试在编码时因与测试时的内部情境的不同而产生遗忘。而想象另一情境是在整个学习过程之前进行的，不仅没有干扰到记忆情境这一整体，反而是一种检索提取情境的事先练习，所以促进了记忆。

因此，内部情境与外部情境具有多种形式，它们对人的内部心理情境的影响也均不相同。在复杂多样的内部情境转换和外部情境转换中，人的内部心理情境占主导地位，内部心理情境受到怎样的影响，决定着人的行为反应的方向。

五、情境转换对实际生活的影响

情境转换与我们的日常生活息息相关，情境对于我们对日常的学习和生活事件的记忆也具有重要意义。比如，在考试中，内部情境策略的转换是很有用的，在不同的教室里学习要比在同一教室里学习效果更好（Smith，1982）。在内部心理上，转换认知情境比转换自身的学习地点需要更多的策略控制，情境转换也被假定有潜伏的特点（Smith & Vela，2001）。研究者认为，人们在最初的情境下坚持专注于一个错误答案，而在潜伏期内情境发生转换能够减少对错误答案的提取。因此，当遇到难题时，持续性的研究可能带来的收效甚微，放下难题转而再进行解决，往往会使问题迎刃而解，即转换情境能够促进问题解决。

在实际生活中，有时需要有意制造有意遗忘，有时又需要令有意遗忘效应消失。

比如，目击者目睹负面事件的现场后，会自我暗示进行有意遗忘来减少痛苦，从而导致在回忆的时候记忆不清或遗漏细节。在目击事件后，当需要目击者恢复记忆中的目击事件时，回到目击现场的情境线索可以帮助目击者消除有意遗忘，促进回忆。

第七节　结　论

（1）编码时，想象另一情境会对有意遗忘产生影响。想象另一情境可以抵御遗忘指令造成的遗忘，削弱有意遗忘的代价，阻止获得有意遗忘的收益。

（2）在外部情境不转换的情况下，想象熟悉的 B 情境对遗忘指令的抵御作用强于想象远距离情境对遗忘指令的抵御作用；在外部情境转换的情况下，不同的想象任务对有意遗忘的影响没有显著差异。

（3）外部情境转换会对有意遗忘产生影响，降低了记忆组的回忆正确率，对遗忘组无显著影响。

第十章　认知灵活性对有意遗忘项目再认的影响

第一节　研 究 背 景

一、认知灵活性的概念及其测量

认知灵活性是执行控制功能的重要构成部分。研究认知灵活性，首先要对执行控制功能有一个大概的了解。执行控制功能没有明确的定义，但是各学者也有比较统一的看法：指的是在认知任务的加工过程中，对各种认知活动协调操作，以保证灵活、顺畅地完成任务。其本质就是对认知过程进行控制和调节，保证有序的认知活动。一般认为，它包括 3 个组成部分，即工作记忆、认知灵活性以及抑制控制，共分为 5 个加工过程，即计划、监控、注意和抑制、任务管理、工作记忆。其中，注意和抑制就是对处于焦点的信息分配注意资源，抑制无关信息的加工。作为工作记忆模型的核心，任务转换是 Baddeley 等提出的中央执行系统功能的一个重要方面（孙天义等，2009）。

认知灵活性理论（cognitive flexible theory）是斯皮罗（R. J. Spior）等提出的一种理论，反映了个体对认知规则的转换能力。认知灵活性是人们在处理复杂的任务（比如，多重任务处理、发现新变化和根据任务要求改变解决策略）时的一种特征。简单来说，就是个体面对不断变化的规则去适应新规则、解决问题的能力。认知灵活性具有两种形式：反应灵活性和自发灵活性。反应灵活性需要的是转变定式从而适应环境的要求；而自发灵活性需要在缺少外部线索的情况下，通过自身的探索产生两可反应定式。它的生理机制跟大脑前额叶相关，而前额叶的主要功能是对当前信息进行加工、整合及协调控制复杂的认知活动。而对复杂认知任务的完成，依赖的是前额叶皮层与其他皮层及皮层下区域之间的动态交互作用。

测量认知灵活性高低，最常用、最常见的方法就是威斯康星卡片分类测验（Wisconsin card sorting test，WCST）任务，是神经心理测定方法之一。该测验是1948年由Berg首先提出并使用的，后在1981年由Heaton进行了修订和扩充。该测验任务是在计算机上完成的。测验中，在计算机屏幕上方首先给被试呈现4张刺激卡（1个红色三角形、2个绿色五角星、3个黄色十字和4个蓝色圆形），屏幕中间是应答卡区域，而应答卡共包括128张卡片，按照颜色（红、黄、蓝、绿）、形状（十字、圆形、三角形、五角星）以及数量（1、2、3、4）绘制而成。将其依次呈现给被试，要求被试选出认为与应答卡相匹配的刺激卡，并用鼠标选中，选择之后系统会提示选择正确还是错误。每个应答卡都有三个匹配规律，即数量、颜色和形状，但是某个阶段只有一个规则是正确的。比如，第一张应答卡是一个绿色三角形，那么它可以和刺激卡1以形状和数量相匹配，或者和刺激卡2以颜色相匹配，并且被试要按照系统正确与否的提示来转换自己之前的匹配规则，直到提示正确。在进行一定数量的选择后，改变分类规则（即系统提示错误），被试需灵活地抑制前规则，尽快找出新的分类匹配规则，但是被试之前并没有被告知正确的匹配规则。该测试软件有总应答数、完成分类数、正确应答数、正确率、错误应答数、持续性错误数和非持续性错误数等13个标准。系统会根据指标对认知功能进行综合分析，将认知灵活性测试结果分为较差、中等、良好和优秀四个等级。本实验选择优秀和较差两组被试作为实验对象，分别称为高认知灵活性组、低认知灵活性组。

认知灵活性较高的个体能够快速抑制先前的任务需求进而转换到新的特定情境中。这就是要以最优的反应应对特定的任务情境，任务转换就是认知灵活性的重要成分之一。慕德芳和陈英和（2013）提出，在认知发展过程中，认知灵活性是执行功能里的一个重要调节因素，在他们的研究中就发现天才的学生比非天才的学生更容易打破定式，从而根据特定情境对任务进行转换和更新。

在威斯康星卡片分类测验中，判断认知灵活性的一个关键指标就是持续性错误。对于持续性错误产生的原因，有诸多的理论解释，如认知复杂性和控制理论、重新描述假设理论、消极启动理论、注意惯性理论、选择性注意理论、抑制理论和记忆理论等。但是从概念上来说，在卡片分类过程中，持续性错误的增加与抑制能力的缺失是密切相关的（Steinmetz & Houssemand，2011），当系统提示匹配错误时，个体能够抑制之前的分类规则，转换到新的匹配规则上，并能在接下来的分类规则改变时顺利进行转换，进而能在测试中取得好的成绩。这里就提到了转换，威斯康星卡片分类测验的核心就是规则的转换，如果对前一规则的抑制只是完成了任务的一部分，只有转换成功才算是真正完成了任务。但是认知抑制能力较差的个体不能顺利地做到抑制前转换阶段的思维倾向，会产生持续性错误，从而导致较差的成绩。所以，规则转换是认知灵活性的本质，是指根据需要，对通过记忆存储的信息灵活地进行改变，抑制控制包含在其中。

二、有意遗忘的执行控制机制及个体差异研究

Paller（1990）首先使用 ERP 对单字法有意遗忘进行了研究，记录分析的是编码阶段的脑电数据。行为数据的结果表明，记忆指令下的自由回忆和线索回忆的成绩好于遗忘指令，ERP 数据记录的学习阶段被试对记忆项目和遗忘项目的编码是有差异的，所以得出了被试对记忆项目进行了复述的结论。但是这次研究的记住或者遗忘指令是由刺激的颜色来呈现的，也就是刺激和指令同时呈现，这样就无法更明确地说明有意遗忘效应产生的原因。Paz-Caballero 和 Menor（1999）采用标准的有意遗忘研究范式进行了内隐和外显记忆测验，结果表明外显记忆测验中有明显的效应产生，而内隐记忆测验则没有。脑电数据表明，不同的指令产生的 ERP 是存在差异的，表明被试对两种指令进行了不同的加工，从侧面支持了编码理论。

Ullsperger（2000）在编码阶段将实验材料进行深、浅加工的分类，但是结果却表明只是编码上的差异不能解释有意遗忘效应产生的原因，而要求遗忘的项目好像被限制通达而导致更难提取。之后，Paz-Caballero 等（2004）认为，差异的来源是由于被试对要求遗忘的项目进行了有意抑制，而且是在不同指令出现之后发生的：记忆指令出现后，被试对相关材料进行了进一步的精细加工，而遗忘指令出现后，被试抑制了对相关材料的加工（陈宗阳，2011）。有研究也证实了遗忘的指令激活了右侧额区的主动抑制功能，支持编码阶段注意抑制活动的理论。Wylie 等在 2008 年采用 fMRI 技术对单字法有意遗忘进行了探究。脑电数据显示，相比 TBR-F（to be remembered，forgot，需要记住却忘记的）项目，TBF-F（to be forgot，forgot，需要忘记也的确忘记的）项目引起了更大海马旁回区和额上回的活动。相比 TBR-R（to be remembered，remembered，需要记住也的确记住的）项目，TBF-F 项目引起了额内侧回、颞中回、海马旁回和扣带回的活动，这表明有意遗忘在神经结构上与无意遗忘和有意记忆有很大的区别，向选择性复述理论提出了挑战，认为额区的有意抑制加工是有意遗忘效应产生的关键。

Nowicka 等（2009）通过新旧效应（正确识别的旧词相对于正确判断的新词产生更大的 LPC）和反转新旧效应（忘记旧词比正确拒绝新词的波幅更趋于负走向）阐述了在有意遗忘的编码和提取阶段发生了有效的抑制：采用单字法有意遗忘研究了 4 种情境下的脑电反应，发现在 500～750ms 的中央区和顶区，TBR 项目产生

了新旧效应，而 TBF 项目出现了反转新旧效应，结果得出两个阶段都发生了有效抑制，但是并不明确发生在哪个阶段。Vanhooff 等（2009）的内隐和外显测验实验进一步探究了这一问题，脑电结果发现，在顶区 TBR 项目比 TBF 项目出现了更大的新旧效应，说明相比熟悉性加工，不同指令削弱了有意识的提取加工，而 TBF-F 在顶区激活较少，表明抑制过程影响了这些要求遗忘的项目。

国内的有意遗忘神经科学研究也得到了发展，比较典型的是赵迪（2008）通过来源记忆和项目记忆的研究探索了有意遗忘在编码和提取阶段的脑电数据的特征：编码阶段指令的差异导致了 ERP 波幅的差异，在 250～400ms、400～600ms、600～800ms 记忆项目的波幅显著大于遗忘项目，认为相比遗忘指令，在得到记忆指令之后，被试投入了更多的认知资源进行注意和加工，从而支持选择性复述理论；在来源记忆（对指令背景的记忆）测验阶段发现了反映背景和语义信息加工整合困难程度的 N400 成分，并且结果显示 TBF 的波幅相比 TBR 下的波幅更趋向于负走向。

除了对有意遗忘效应产生的机制的解释研究外，许多人关注到了有意遗忘效应的个体差异，但是之前的研究大多是通过对特殊个体有无有意遗忘效应或者特殊个体与正常个体的对比来研究有意遗忘效应在正常个体和特殊个体之间的差异。比如，Cottencin 等（2007）的研究认为前额叶功能的缺失，执行抑制机制的缺少，使得抑郁症患者不能有效地抑制不相关信息，在有意遗忘的测试中，就会回忆起更多 TBF 项目。这与 Power 等（2000）的研究结果一致，即更严重的抑郁症患者回忆起更多要求遗忘的负性单词。但与 Dumont（2000）的研究结论相矛盾，即正常个体和抑郁症患者有相似的有意遗忘效应产生。Racsmány（2008）等对精神分裂症患者的研究表明，患者不能完成有意遗忘的任务，没有产生有意遗忘效应。他们认为精神分裂症患者的额叶功能损坏，与有意抑制息息相关的背外侧前额叶皮层是导致抑制能力低下的原因。Müller 等（2005）的研究不仅发现精神分裂症患者对要求忘记的项目回忆起来的较多，也对要求记忆的材料表现较差。杨海波等（2010）对震区创伤后应激障碍（post-traumatic stress disorder，PTSD）儿童和非震区儿童在情绪材料、与地震相关的图片等方面的研究则表明，前者的有意遗忘效应显著低于后者，认为是前者缺少对无关项目的抑制能力，即回忆起更多的要求遗忘的项目。谭洁青等在 2007 年对强迫症人群进行了研究，结果表明与缺少抑制的高 PTSD 患者一致，高强迫症患者的有意遗忘效应显著小于低强迫症患者。

上述研究都关注到了针对焦虑、抑郁、精神分裂症以及 PTSD 患者等特殊个体的有意遗忘差异研究，也研究了正常个体和特殊个体的效应差异，但是并没有得出相对一致的结论，并且这些实验多为一些行为绩效的研究，不能更明确地从神经机制的差异来解释这些问题。

从有意遗忘的上述解释机制来看，正常个体间也应该存在有意遗忘效应的差异。那么到底是上述理论中的哪种或者哪几种机制影响了有意遗忘效应在正常个体间的差异呢？结合有意遗忘研究范式和已有的得到大致认可的解释机制来看，除了编码阶段的复述理论外，最常用的解释就包括两大类：认知抑制和情境转换。其中，部分研究者认为对抑制机制作用于遗忘项目，使得测验阶段回忆起更少的遗忘项目，即认为有意遗忘效应是由于遗忘线索抑制遗忘项目激活产生的（Elmes et al.，1970；Geiselman et al.，1983；Zacks et al.，1996；Macleod，1989；陈曦，1999；宋耀武等，2003a）。这些研究认为抑制能力较强的个体能够回忆或者再认出更少的要求遗忘的项目。但是从另一方面考虑，在有意遗忘范式中，测验阶段是要求忽视学习阶段的指令来进行新旧判断，那么这意味着学习阶段要求遗忘或者记忆的指令在测验阶段不再发挥作用，因此在测验阶段，学习阶段中线索的作用在测验情境中发生了改变，可以看作在学习阶段遗忘或记忆指令引导的编码情境在测验阶段发生了转换。被试处于测验情境时，不再需要任何遗忘或者记忆指令，只需要再认项目即可，所以 Sahakyan 和 Kelley（2002）提出的针对词表法的情境转换理论也有可能适用于解释项目法中对遗忘项目或记忆项目的再认。针对这一假设，结合对正常个体间有意遗忘效应差异的研究，本研究选取了与认知抑制能力和规则转换能力密切相关的不同认知灵活性个体来探讨有意遗忘效应在正常个体间的差异。

第二节　问题的提出

有意遗忘效应反映了人们有意识地忘记不符合任务需要或者不利于身心健康的项目的认知过程。起初学者关注的是有意遗忘效应的解释机制，从选择性复述理论、抑制理论和情境转换理论来解释这种现象。例如，Macleod（1989）认为选择性复述理论指的就是被试在要求记忆的指令出现后对其相应项目进行了复述和更精细的加工，加深了记忆痕迹，使得在测验阶段能更快、更准确地再认或者回忆起记忆项目。被试有意遗忘效应的大小与其认知抑制能力的大小有关（宋耀武等，2003b），并且学优生与学差生的认知抑制能力是不同的，其有意遗忘效应的大小也不同（宋耀武等，2003b）。高贺明在 2013 年进行的实验也说明，遗忘需要占用更多的认知资源，是一个主动抑制的过程。在有意遗忘研究解释机制中，编码阶段的注意抑制理论和测验阶段的提取抑制理论都是被试对要求遗忘项目进行的一种主动抑制加工，是个体认知抑制能力的体现，指的就是抑制能力较强的个体在进行有意遗忘任务的时候会有较高的效应产生；认知抑制能力较差的个体对遗忘项目的抑制受到阻碍，不能完成有意遗忘的任务。Sahakyan 和 Kelley（2002）提出的情境转换理论也得到了大量的实证研究的支持，在 2002 年的研究中，他们认为编码和提取环境的错误搭配导致了有意遗忘效应的产生。

近年来，在解释机制逐步获得大家的认可后，更多的人开始关注到了有意遗忘效应在个体间的差异（Power et al.，2000；Dumont，2000；王大伟等，2006；谭洁青等，2007）。但是这些研究关注的是特殊个体的或者特殊个体和正常个体对比的有意遗忘效应的差异，鲜有研究对正常个体间有意遗忘效应的差异，以及产生差异的深层次认知机制进行探讨。鉴于此，本实验将与认知抑制和规则转换能力密切相关的认知灵活性作为研究有意遗忘效应在正常个体间差异的认知反应指标，并对这种差异产生的机制进行探讨。

第三节　实验一：学习与测验阶段材料一致条件下认知灵活性对有意遗忘效应的影响

一、实验方法

（一）被试的选取

采用威斯康星卡片分类测验对某大学 259 名大学生（女生 162 人，男生 97 人）进行认知灵活性高低筛选。最终，筛选出高、低认知灵活性被试各 40 人，平均年龄为 20.6±1.7 岁，对两组被试的短时记忆容量进行比较分析，差异不显著，F（1，41）=0.884，p>0.05。所有被试的视力或者矫正视力正常，均为右利手，无色盲，且从未参与过类似实验。实验后，给予被试一定的报酬。

（二）实验材料

本实验所采用的材料是汉语单字，参考有意遗忘相关文献材料的选择方法，从《现代汉语字频词典》中选取单字 336 个，记忆指令下和遗忘指令下各 88 个单字（每种指令下各有 8 个缓冲字，测验阶段不使用），新字 160 个。频率在每百万出现 100～

200 次的单字，需要记忆的单字、需要遗忘的单字和没有学过的新的单字三种单字的字频差异不显著，$F(2, 335)=0.720$，$p>0.05$，笔画差异不显著，$F(2, 335)=0.242$，$p>0.05$。短时记忆容量测验的材料选取标准相同。在计算机屏幕上以四号宋体字呈现。

（三）实验设计

实验采用 2（认知灵活性：高组、低组）×2（指令：遗忘、记忆）的混合实验设计。指令是被试内变量，认知灵活性是被试间变量，因变量是反应时和再认正确率以及脑电数据变化。

（四）实验仪器

（1）威斯康星卡片分类任务相关软件及程序，根据被试测试结果筛选出高组、低组。

（2）两台 Windows XP 系统的计算机，一台呈现通过 E-prime2.0 软件编写的实验程序和内容，并记录被试测验阶段的反应时和正确率。另一台使用 Scan 4.5 软件记录和收集离线脑电数据。被试通过鼠标进行反应来完成实验任务。

（五）实验程序

首先，筛选被试。根据威斯康星卡片分类测试任务的结果，对等级结果为优秀（高组）和较差（低组）的个体进行短时记忆容量测验。借鉴张武田和杨德庄（1987）测量记忆广度的方法和材料选取标准，并结合本实验用汉字材料单字法有意遗忘范式的特点进行测验。在实验过程中，在注视点之后，逐个呈现单字，每个单字呈现 2s，一个单字消失后立即呈现另一个单字，所有刺激呈现完，让被试按照呈现顺序说出刺激内容。如果被试正确说出 6 个单字，但没有通过 7 个单字测试，那记忆广度至少是 6，但达不到 7，于是取两数的中点计分 6.5。

接下来进行核心实验，分为学习阶段、干扰阶段和测验（再认）阶段。学习阶段如图 10-1 所示。被试按照要求坐在距离屏幕 60cm 的正前方，将视线集中在计算机屏幕上，材料以黑色背景白色字呈现。一共有 4 个 block，每个 block 以 1500ms 的注视点为开端，每个 block 里有 44 个 trial，每个 trial 里先呈现 1500ms 的单字，单字消失之后呈现 800ms 的遗忘或者记忆的指令，随机呈现。block 间有 30s 的休息时间。1min 的数学分心任务后，进入再认阶段，材料包括 160 个旧字和 160 个新字，共 320 个单字，新旧单字随机呈现。先呈现测验阶段的指导语：忽视学习阶段的指令，对认为是刚才出现的汉字按鼠标左键反应，对认为是新字的按鼠标右键反应，明确理解再认规则后按空格键开始实验。测验阶段将新旧字分成 4 个 block

呈现，每个block里包括80个trial（20个TBR项目、20个TBF项目和40个新字），被试的任务就是对每个trial里的单字进行新旧判断，每个block前是1500ms的注视点，block之间有30s的空屏休息时间。

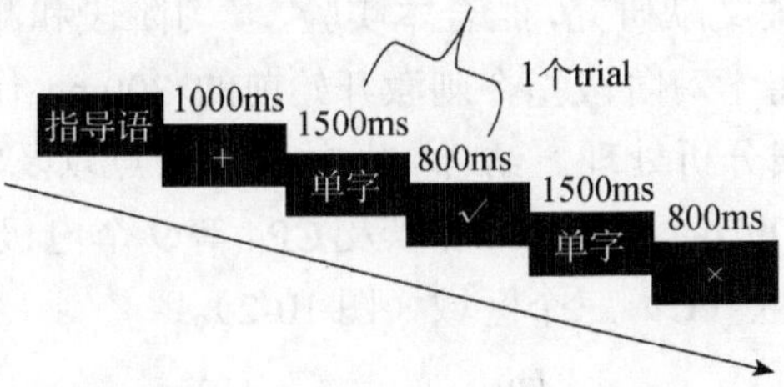

图10-1　实验一学习阶段流程图

（六）数据记录及计分标准

使用美国的Neuroscan公司开发的32导脑电采集分析系统，按照国际10～20系统扩展的32号Ag/AgC1电极的Quick-cap电极帽记录EEG数据。所有电极最初参考右乳突（A2），在离线分析时转换成以左右乳突的平均值作为参考。双眼外侧约1cm处放置左右水平眼电，左眼中部上下放置垂直眼电，中线前额处放置接地电极。脑电采样频率为1000Hz，低通滤波为0.05～30Hz，电极与头皮之间的电阻小于5000Ω。

本实验记录学习和测验阶段的脑电数据相关指标及测验阶段的行为数据和脑电数据相关指标。根据相关文献研究，结合本实验关注记忆指令和遗忘指令下两组差异的研究目的，对EEG数据进行分类叠加，选取记录3种情境下的数据，如TBR-R、TBF-R、TBF-F和CR（correct rejected，正确拒绝新字）的反应时和正确率，以及4种情景下的脑电数据的相关指标。

在正确率方面，记录上述4种条件下的反应，但以TBR-R和TBF-R的成绩作为再认率的数据分析指标。再认阶段正确再认旧词TBR-R和TBF-R各计1分，各自比上记住和遗忘指令下的总数，其他不计分，即各项得分/各项总词数=各项平均正确率；在反应时上，收集上述4种情境条件下的反应时，剔除反应时小于100ms以及大于2500ms的项目，得出被试每种情境下反应时的均值作为对比指标。

二、实验结果与分析

行为数据使用SPSS19.0软件进行分析，脑电数据采用SCAN4.5软件进行离线数据分析，重复测量方差分析中使用Greenhouse-Geisser法进行校正。对原始脑电叠加后进行离线分析，伴有眼动、眨眼、肌电等伪迹的数据均被排除，排除标准为±100μV，以总平均波幅作为参考。分析的 EEG 类型为：①编码阶段要求记忆指令出现后的 ERP 数据和要求遗忘指令出现后的 ERP 数据；②再认阶段分析 TBR-R、TBF-R 以及 TBF-F 3 种条件下的 ERP 数据。

参考有意遗忘相关文献研究，结合本实验，学习阶段和测验阶段的分析时程都是−200ms～800ms，将学习阶段指令刺激开始前的 200ms 作为脑电基线，对记录的连续 EEG 进行离线分析处理。结合实验的波形特点以及实验假设，选取 C3、CZ、C4、FC3、FCZ、FC4、CP3、CCZ 以及 CP4 等 9 个电极，分别代表额区（F）、额中区（FC）和中央区（C）三个区域（图 10-2）。

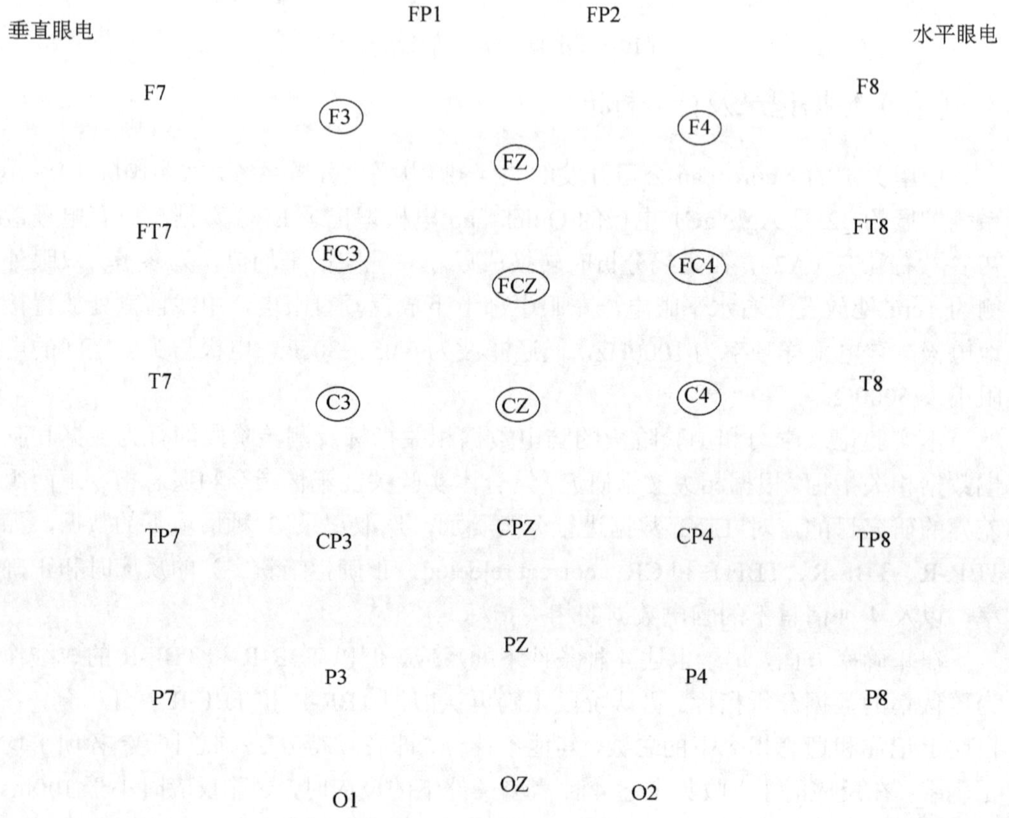

图 10-2　32 导电极分布图

行为反应结果如下。

实验一高、低组各有 21 名被试，以 TBR-R、TBF-R、TBF-F 和 CR 这 4 种条件下的正确率和反应时为指标对两组结果进行比较，高、低组被试的反应时与再认正确率在各个条件下的描述统计结果如表 10-1 所示，其中各个条件下的反应时分布如图 10-3 所示，各个条件下的再认正确率分布如图 10-4 所示。

表 10-1 不同认知灵活个体有意遗忘任务的再认正确率和反应时（$M±SD$）

组别	TBR-R		TBF-R		TBF-F		CR	
	正确率	反应时	正确率	反应时	正确率	反应时	正确率	反应时
高组	0.62±0.15	1041±164	0.35±0.1	1080±157	0.65±0.1	1139±215	0.83±0.07	1121±183
低组	0.64±0.16	1051±109	0.49±0.13	1090±101	0.51±0.13	1165±197	0.78±0.1	1132±155

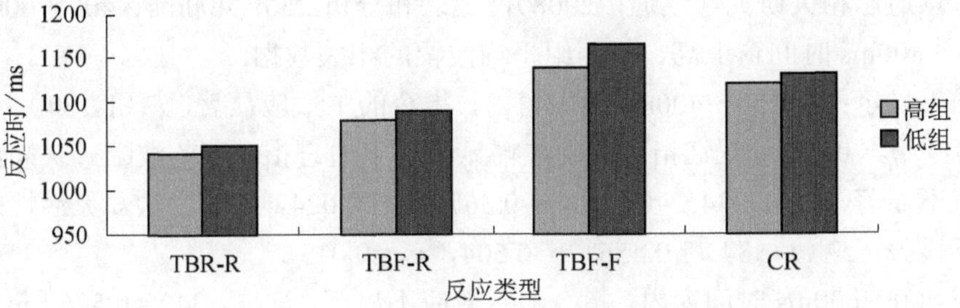

图 10-3 实验一中高、低灵活性个体有意遗忘任务反应时分布

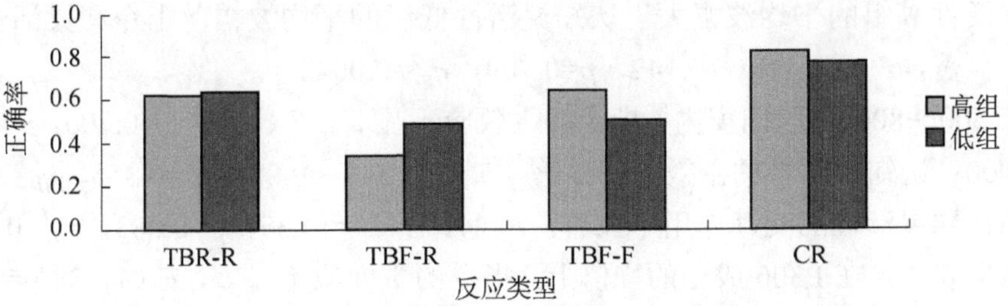

图 10-4 实验一中高、低灵活性个体有意遗忘任务再认正确率分布

对高、低灵活性个体反应时进行指令和灵活性的两因素重复测量方差分析，结果显示，指令的主效应显著，F（3，40）=11.9，p<0.05，η_p^2=0.156，TBR-R 的反应时明显短于 TBF-R、TBF-F 和 CR，TBF-F 的反应时最长。灵活性的主效应不显著，F（3，40）= 0.134，p=0.716，η_p^2=0.003。指令和灵活性的交互作用不显著，F（3，40）=0.061，p=0.947，η_p^2=0.002。

对测验阶段的再认正确率（TBR-R 和 TBF-R）和灵活性进行两因素重复测量方差分析，结果表明，指令的主效应显著，F（1，40）=127.719，p<0.001，η_p^2=0.762，TBR-R 显著高于 TBF-R，说明了有意遗忘效应的产生。认知灵活性的主效应显著，F（1，40）=4.79，p<0.05，η_p^2=0.107，高组的再认正确率显著低于低组的再认正确率；指令和灵活性的交互作用显著，F（1，40）=11.5，p<0.05，η_p^2=0.223，经过进一步简单效应分析发现，两组在 TBR-R 上差异不显著，p=0.677，在 TBF-R 上，高、低灵活性组的差异显著，p<0.001，低认知灵活性个体会再认出更多要求遗忘的单字，而高认知灵活性组在 TBF-R 上的再认正确率低。

ERP 结果如下。

在以 10%伪迹删除为标准，在控制有效 trial 的前提下，将高、低认知灵活性组各删除了 3 人，脑电的数据共对 18 个高灵活性和 18 个低灵活性个体进行分析比较。

学习阶段：本实验主要记录了学习阶段记忆和遗忘指令出现后的 ERP 波幅，根据有意遗忘相关研究（赵迪，2008），记录和分析 250～400ms、400～600ms 以及 600～800ms 时间窗上高、低两组平均波幅的相关数据。

结果显示：在 250～400ms 时间窗内，指令的主效应显著，F（1，34）=23.59，p<0.001，η_p^2=0.410；记忆指令下的波幅显著正于遗忘指令下的波幅。认知灵活性主效应不显著，F（1，34）=0.836，p=0.367，η_p^2=0.024，指令和认知灵活性的交互作用不显著，F（1，34）=0.456，p=0.504，η_p^2=0.013。

在 400～600ms 时间窗内，指令的主效应不显著，F（1，34）=0.526，p=0.473，η_p^2=0.015；认知灵活性的主效应边缘显著，F（1，34）=3.983，p=0.054，η_p^2=0.105，认知灵活性高组的平均波幅大于认知灵活性低组的平均波幅；指令和灵活性的主效应不显著，F（1，34）=0.142，p=0.709，η_p^2=0.004。

在 600～800ms 时间窗内，指令的主效应不显著，F（1，34）=0.006，p=0.936，η_p^2=0.000；认知灵活性的主效应不显著，F（1，34）=0.881，p=0.355，η_p^2=0.025；指令和认知灵活性的交互作用不显著，F（1，34）=14.37，p=0.083，η_p^2=0.083。

结果表明，在 P300 成分的峰值上，指令的主效应不显著，F（1，34）=2.193，p=0.111，η^2=0.061；认知灵活性的主效应不显著，F（1，34）=2.813，p=0.103，η_p^2=0.076；指令和灵活性的交互作用显著，F（1，34）=3.367，p<0.05，η_p^2=0.090。进一步简单效应分析表明，差异出现在 TBF-R（p<0.05）和 TBF-F（p<0.05）上，低灵活性个体 P300 的峰值在这两个条件下显著大于高认知灵活性个体。

在潜伏期上，指令主效应、灵活性主效应和两者的交互作用都不显著，$F_{指}$（1，34）=0.627，p=0.569，η_p^2=0.018，$F_{灵}$（1，34）=0.35，p=0.558，η_p^2=0.01，$F_{交}$（1，34）=0.366，p=0.738，η_p^2=0.011。在平均波幅上，指令的主效应不显著，F（1，34）=0.597，p=0.578，η_p^2=0.017，认知灵活性的主效应边缘显著，F（1，34）=2.971，p=0.094，η_p^2=0.08，低灵活性个体平均波幅大于高灵活性个体，两者的交互作用不显著，F（1，34）=0.636，p=0.555，η_p^2=0.018。

三、讨论

在实验一中，通过威斯康星卡片分类测试筛选出高、低认知灵活性个体进行典型的单字法有意遗忘任务，再认阶段的行为数据结果支持了我们的假设：认知灵活性对有意遗忘效应有显著的影响，也表明了正常个体间的有意遗忘效应存在差异，尤其表现在 TBF-R 上，低灵活性被试再认出了更多要求遗忘的项目，高灵活性被试的效应量更大。另外，可能是由于高认知灵活性组有较强的情境更新能力，一个很有趣的现象就是在 TBR-R 的表现上，虽无显著差异，但是认知灵活性低组均值要大于认知灵活性高组，这也表明了高、低认知灵活性个体的记忆能力是没有差异的，差异主要表现在了要求遗忘的项目上。

后来，我们对学习阶段的三个时间段的平均波幅和测验阶段高、低认知灵活性两组的 P300、N400 以及 600～800ms 平均波幅的差异进行了统计和分析。与以往结果一致（赵迪，2008；Macleod，1989；陈曦，1999），在学习阶段，指令出现后的 250～400ms 时间窗上，指令的主效应显著，记忆指令下的波幅比遗忘指令下显著更正，显示了被试在记忆指令下比遗忘指令下付出了更多的努力，表明被试对记忆指令下的单字进行了复述和更精细的加工，在 EEG 数据上侧面支持了选择性复述理论。而两组之间没有差异，表明高、低认知灵活性被试有意遗忘效应的差异主要表现在测验阶段。另外，在遗忘指令呈现后的 100～200ms，额区和额中区出现了一个明显的负成分，与 Paz-Caballero（2004）的发现一致，表明可能被试在这一时间窗内激活了额叶对要求遗忘项目早期的抑制活动。

测验阶段，两组的主要差异表现在 P300 峰值上：对遗忘指令下的 TBF-R 项目而言，低认知灵活性组被试的峰值显著大于高认知灵活性组。针对这个结果，可以从抑制来解释，这可能是由于高、低认知灵活性个体对要求遗忘项目不同的抑制能力导致了低认知灵活性个体再认出了更多的要求遗忘的材料，说明是抑制能力的差异使得高、低认知灵活性个体在有意遗忘任务中的表现不同；在 TBF-R 上，虽然都是遗忘失败，但是相对于高认知灵活性的被试，低认知灵活性的被试面对的是较大的背景修正量，需要付出更大的努力，耗费较多的认知资源来完成任务，P300 的波幅更大；而在 TBF-F 上，虽然都是成功地完成了有意遗忘的任务和要求，但是低认知灵活性被试为此付出的努力也是显著多于高认知灵活性被试的。这个结果与前期的抑制假设非常吻合：低认知灵活性个体由于其认知抑制能力较差，从学习阶段对遗忘项目抑制的不成功导致在测验阶段对遗忘项目的提取需要花费更多的认知资源，不能做到有效地抑制无关信息，导致再认出较多的遗忘项目。另外，P300 代表了情境更新和转换。但是仔细思考一下这个结果，再结合单字法有意遗忘研究范式，从学习阶段呈现要求记忆和要求遗忘两类项目后，到测验阶段要求忽视学习阶段记忆或者遗忘的指令，将认为学习过的单字作为旧字处理，将认为没有学习过的单字作为新字处理，其本身就是一种从抑制的遗忘情境到激活的记忆情境的更新和转换，而认知灵活性的本质就是转换理论，这样也可以认为由于高认知灵活性个体有较强的规则更新转换能力，所以从遗忘到记忆的转换中，P300 就会显著低于低认知灵活性组。

任务转换是认知冲突过程的反映，那么在接下来的实验二中，我们将人为改变编码和测验阶段的字体设置认知冲突，来进一步探讨影响这一效应差异产生的机制是抑制还是转换。

第四节　实验二：学习与测验阶段材料不一致条件下认知灵活性对有意遗忘效应的影响

实验一使用高、低不同的认知灵活性个体进行有意遗忘任务，结果表明，认知灵活性对有意遗忘效应有显著影响，有意遗忘效应在正常个体间也存在差异。对两组的脑电数据进行分析发现，这种差异有可能是由于高认知灵活性个体的抑制能力较强，但是 P300 也反映了背景修正更新量，所以造成这种差异的原因还有可能是由于认知灵活性高组被试有较强的情境转换能力。实验二在测验阶段，改变学习阶段材料的字体，对认知灵活性高、低组被试在一致和不一致条件下的反应进行记录和分析。N2 成分是对认知冲突的监控，本质代表的是认知转换。如果认知灵活性高组被试在测验阶段材料不一致条件下的 N2 成分的波幅明显负于认知灵活性低组，就说明其对冲突具有监控能力，从侧面证明了其具有较强的转换能力。如果在这个任务中，P300 在两组遗忘指令下没有显著差异，就能够认为认知灵活性对有意遗忘效应产生的差异，主要是由于认知灵活性高组的情境转换能力所导致的。

一、实验方法

（一）被试的选取

被试的筛选过程同实验一。筛选出高、低认知灵活性个体各 19 名进行实验二，其中男生 9 人，平均年龄为 21.9±2.7 岁，仍然对两组被试的短时记忆容量进行比较，结果差异不显著，F（1，36）=0.795，p>0.05。所有被试的视力或者矫正视力正常，无色盲，均为右利手。被试之前未参与过类似实验，实验后给予其一定的报酬。

（二）实验材料

实验二的材料选取方式以及测评标准同实验一，但是呈现过程中是一半黑体，一半楷体。学习阶段共呈现 260 个汉字（其中有 20 个作为缓冲汉字，在测验阶段不再使用），所以记忆和遗忘指令下各有 60 个黑体字和 60 个楷体字参与测验，并且在测验阶段，将每种指令下的每种字体的一半单字改为另一种字体。测验阶段加入 240 个新字（黑体字和楷体字各 120 个）。记忆组、遗忘组和新词 3 组单字字频差异不显著，$F(2, 603)=0.029$，$p>0.05$，笔画差异不显著，$F(2, 603)=0.019$，$p>0.05$。记忆和遗忘指令下的字体一致和字体不一致下的字频差异不显著，$F(1, 118)=0.198$，$p>0.05$，$F(1, 118)=0.308$，$p>0.05$，笔画差异不显著，$F(1, 118)=1.928$，$p>0.05$，$F(1, 118)=0.098$，$p>0.05$。单字在计算机屏幕上以 4 号黑体和楷体呈现。

（三）实验设计

实验采用 2（认知灵活性：高、低）× 2（指令：遗忘、记忆）× 2（一致性：一致、不一致）的三因素混合实验设计。其中指令和一致性是被试内变量，认知灵活性是被试间变量。一致性代表学习阶段和测验阶段材料的呈现字体是一致的，反之则反。因变量记录反应时和再认正确率以及脑电数据变化。

（四）实验仪器

同实验一。

（五）实验程序

核心实验过程如下。

被试按照要求坐在距离计算机屏幕 60cm 的正前方，将视线集中在计算机屏幕上，核心实验过程分为学习阶段、干扰阶段和测验阶段。学习阶段首先呈现指导语，被试明白实验要求之后按键盘任意键开始实验：一共有 5 个 block，每个 block 包括 52 个 trial，每个 trial 包括一个目标刺激和一个指令。每个 block 之前有 1000ms 的注视点，每个 trial 包括 1500ms 的材料刺激和 800ms 的指令。block 之间有 30s 的空屏休息时间。程序如下：每个 block 中记忆和遗忘指令下的材料数量相同，并且每种指令下的材料都是一半黑体呈现，一半楷体呈现。这样每个 block 包括黑体和楷体单字各 26 个，遗忘和记忆指令下各 26 个，共 260 个，时间约为 12min。然后是 1min 的干扰阶段，进行 1000 以内减 3 任务，要求被试在主试提前给予的 A4 纸上写下答案。第三个是再认阶段，加入 240 个新字，一半用楷体呈现，另一半用黑体呈现，测验阶段共呈现 480 个单字，要求被试忽视学习阶段的指令，对测验阶段呈现的单字材料进行新旧判断。在被试读懂指导语，清楚规则之后，按键盘任意键开始实验。实验分为 6 个 block，每个 block 包含 80 个单字，一半旧字，一半新字，每个 block 前是 1000ms 的注视点，block 间是 20s 的空屏休息时间。本阶段被试需要进行操作的就是当材料呈现时，如果认为已经学习过就按鼠标的左键，认为是新字的就按鼠标的右键。简单流程图与实验一相同。

（六）数据记录及计分标准

数据记录仪器及标准同实验一。

装有 E-prime 程序的计算机自动记录被试行为绩效的反应时和正确率，包括一致和不一致条件下的 TBR-R、TBF-R 4 种情境。由于实验二分析的是字体冲突条件下两组的差异反应，正确拒绝新词没有一致和不一致之分，所以实验二不再分析。脑电数据记录一致和不一致条件下的 TBR-R、TBF-R 和 TBF-F 共 3 类反应结果 6 种情境的数据。在正确率上，再认阶段正确再认出一致和不一致性旧词（TBR-R、TBF-R）各计 1 分，各自比上记忆和遗忘指令下的总数，其他不计分，即各项得分/各项总词数=各项平均正确率；在反应时上，收集上述 4 种情境条件下的反应时，剔除反应时小于 100ms 以及大于 2500ms 的项目，得出被试每种情境下反应时的均值作为对比指标。

脑电数据记录和分析参数同实验一。

二、实验结果与分析

行为结果如下。

我们记录和分析了认知灵活性高、低组各 19 名被试在一致和不一致条件下两种指令结果（TBR-R 和 TBF-R）的反应时和再认正确率的行为数据。认知灵活性高、低组被试反应时与正确率在各个条件下的描述性统计结果如表 10-2 所示，其中各个条件下的反应时分布如图 10-5 所示，各个条件下的再认正确率分布如图 10-6 所示。

表 10-2　实验二不同认知灵活性个体有意遗忘任务的再认正确率和反应时（*M*±*SD*）

组别	一致下的 TBR-R		不一致下的 TBF-R		一致下的 TBF-R		不一致下的 TBF-R	
	正确率	反应时	正确率	反应时	正确率	反应时	正确率	反应时
高组	0.60±0.15	1083±173	0.54±0.17	1048±151	0.29±0.13	1187±218	0.30±0.12	1113±183
低组	0.63±0.12	1047±181	0.64±0.14	1109±214	0.46±0.17	1171±204	0.45±0.17	1164±155

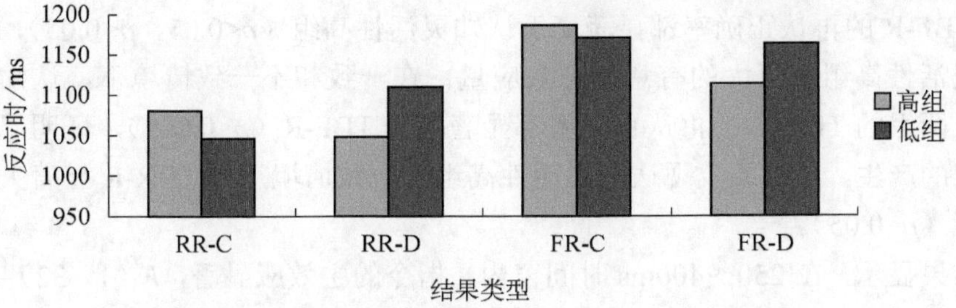

图 10-5 实验二高、低认知灵活性个体有意遗忘任务反应时分布

RR-C：remenbered and remembered，consistency，需要被试记住，被试也记住的单字，学测单字字体相一致；
RR-D：remenbered and remembered，discrepancy，需要被试记住，被试也记住的单字，学测单字字体不一致；
FR-C：forgot but remembered，consistency，需要被试忘掉，被试却记住的单字，学测单字字体相一致；
FR-D：forgot but remembered，discrepancy，需要被试忘掉，被试却记住的单字，学测单字字体不一致。下同

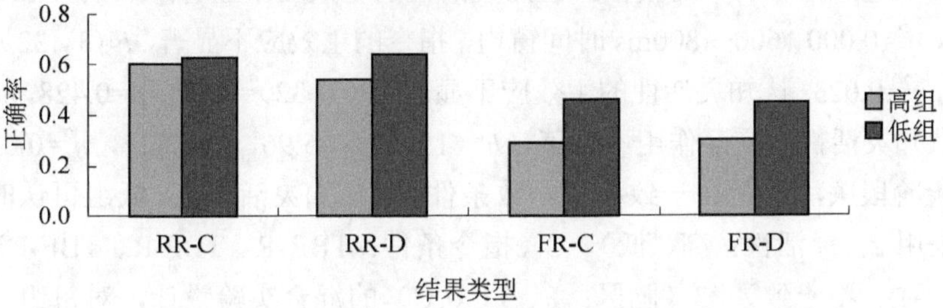

图 10-6 实验二高、低认知灵活性个体有意遗忘任务再认正确率分布

对一致和不一致条件下 TBR-R 和 TBF-R 下的反应时进行重复测量方差分析，结果表明，指令条件的主效应显著，F（1，36）=33.6，p<0.001，η_p^2=0.483，TBR-R 的反应时显著短于 TBF-R 的反应时。一致性和组别主效应不显著，F（1，36）=0.431，p=0.516，η_p^2=0.012，F（1，36）=0.031，p=0.861，η_p^2=0.001。指令、一致性和组别三者的交互作用显著，F（1，36）=5.369，p<0.05，η_p^2=0.130。进一步的简单效应分析表明：高认知灵活性个体不管是在一致条件还是不一致条件下，TBR-R 的反应时都短于 TBF-R（p<0.05）；低认知灵活个体在一致条件下，TBR-R 的反应时比 TBF-R 短（p<0.05）。

对测验阶段的再认正确率进行重复测量方差分析，结果表明，指令的主效应显著，F（1，36）=110.526，p<0.001，η_p^2=0.754，TBR-R 项目的再认正确率显著高于 TBF-R；一致性的主效应不显著，F（1，36）=1.993，p=0.167，η_p^2=0.052；灵活性的主效应显著，F（1，36）=7.181，p<0.05，η_p^2=0.166，认知灵活性低组的再认正确率显著高于认知灵活性高组；指令和组别的交互作用显著，F(1，36)=4.408，p<0.05，η_p^2=0.109。简单效应分析表明，认知灵活性高组的 TBF-R 显著小于认知灵活性低组（p<0.05）；指令、一致性和组别的交互作用显著，F（1，36）=6.375，p<0.05，η_p^2=0.150。简单效应分析表明，在一致和不一致的情境下，认知灵活性低

组的 TBF-R 的再认正确率都显著高于认知灵活性高组（$p<0.05$，$p<0.05$），说明了认知灵活性高组有更大的有意遗忘效应量；在一致和不一致情境下，认知灵活性高、低两组的 TBR-R 的再认正确率都显著高于 TBF-R（$p<0.001$），证明了有意遗忘效应的产生，另外还发现认知灵活性高组在一致情境下的 TBR-R 显著大于不一致情境（$p<0.05$）。

结果显示，在 250～400ms 时间窗内，指令的主效应显著，F（1，32）=15.59，$p<0.001$，$\eta^2=0.359$；记忆指令下的平均波幅显著大于遗忘指令下的平均波幅。认知灵活性的主效应不显著，F（1，32）= 0.785，$p = 0.382$，$\eta^2 = 0.043$。指令和认知灵活性的交互作用不显著，F（1，32）=0.083，$p=0.776$，$\eta^2=0.036$。400～600ms 时间窗内，指令的主效应显著，F（1，32）=5.820，$p<0.05$，$\eta^2=0.154$，记忆指令下的平均波幅大于遗忘指令的平均波幅；认知灵活性的主效应不显著，F（1，32）=0.00，$p=0.997$，$\eta^2=0.000$。600～800ms 时间窗内，指令的主效应不显著，F（1，32）=0.329，$p=0.852$，$\eta^2=0.023$；认知灵活性的主效应不显著，F（1，32）=0.791，$p=0.428$，$\eta^2=0.057$；指令和认知灵活性的交互作用不显著，F（1，32）=5.96，$p=0.827$，$\eta^2=0.025$。

测验阶段关注的是在一致和不一致条件下，认知灵活性高、低组再认时发生的差异，采用 2（灵活性：高、低）×3（指令条件：TBR-R、TBF-R、TBF-F）×2（一致性：一致、不一致）×3（脑区：F、FC、C）的混合实验设计，对每组一致和不一致条件下 TBR-R、TBF-R 和 TBF-F 的 EEG 数据进行分析和比较。

在 N2 成分上，对两组 4 种条件下潜伏期、峰值和平均波幅进行了统计和分析。结果表明，在潜伏期上，指令条件的主效应不显著，F（2，32）=1.263，$p=0.288$，$\eta_p^2=0.038$；一致性的主效应不显著，F（1，32）=0.518，$p=0.477$，$\eta_p^2=0.016$；灵活性的主效应不显著，F（2，32）=0.755，$p=0.391$，$\eta_p^2=0.023$；脑区的主效应显著，F（2，32）=4.107，$p<0.05$，$\eta_p^2=0.114$，额中区和中央区的差异显著，前者潜伏期显著长于后者。指令、一致性和组别的交互作用边缘显著，F（2，32）=7.681，$p=0.076$，$\eta_p^2=0.087$，进一步简单效应分析表明，认知灵活性高组在不一致条件下的 TBR-R 的潜伏期长于 TBF-R。峰值统计结果表明，指令的主效应不显著，F（2，32）=2.262，$p=0.122$，$\eta_p^2=0.066$；一致性的主效应不显著，F（1，32）=1.432，$p=0.240$，$\eta_p^2=0.043$；脑区的主效应不显著，F（2，32）=2.313，$p=0.134$，$\eta_p^2=0.067$；指令和灵活性的交互作用边缘显著，F（1，32）=3.140，$p=0.060$，$\eta_p^2=0.089$。简单效应分析显示，差异出现在认知灵活性高组中，TBR-R 的峰值显著低于 TBF-R（$p<0.05$）。平均波幅的结果显示，指令条件的主效应显著，F（2，32）=5.322，$p<0.01$，$\eta_p^2=0.143$，TBR-R 显著低于 TBF-R；一致性的主效应不显著，F（2，32）=0.969，$p=0.332$，$\eta_p^2=0.029$；脑区的主效应不显著，F（2，32）=1.385，$p=0.252$，$\eta_p^2=0.041$；灵活性的主效应不显著，F（1，32）=0.080，$p=0.78$，$\eta_p^2=0.002$；指令条件和灵活性的交

互作用显著，$F（2，32）=3.607$，$p<0.05$，$\eta_p^2=0.101$。简单效应分析显示，认知灵活性高组的TBR-R的平均波幅显著低于TBF-R和TBF-F（$p<0.05$，$p<0.05$）；指令条件、一致性和灵活性的交互作用显著，$F（2，32）=4.310$，$p<0.05$，$\eta_p^2=0.106$。进一步简单效应分析表明，认知灵活性高组不一致条件下的TBR-R的平均波幅显著低于认知灵活性低组，$p<0.05$，另外，认知灵活性高组在一致条件下的TBR-R的平均波幅显著低于TBF-R（$p<0.05$），在不一致条件下TBR-R的平均波幅显著低于TBF-R和TBF-F，$p<0.01$。

P300成分峰值的统计结果表明，指令条件的主效应显著，$F（2，32）=4.389$，$p<0.05$，$\eta_p^2=0.121$，TBR-R的峰值显著小于TBF-R；一致性的主效应不显著，$F（2，32）=0.487$，$p=0.49$，$\eta_p^2=0.015$；脑区的主效应不显著，$F（2，32）=2.024$，$p=0.162$，$\eta_p^2=0.059$；灵活性的主效应不显著，$F（1，32）=1.962$，$p=0.171$，$\eta_p^2=0.058$；指令条件和灵活性的交互作用边缘显著，$F（1，32）=8.979$，$p=0.079$，$\eta_p^2=0.077$，在TBR-R上认知灵活性高组峰值显著小于低组（$p<0.05$），高组TBR-R的峰值显著小于TBF-R；一致性和灵活性的交互作用显著，$F（1，32）=2.767$，$p<0.05$，$\eta_p^2=0.119$，高组不一致条件下的峰值边缘小于低组（$p=0.069$）；指令、一致性和组别的交互作用显著，$F（2，32）=3.859$，$p<0.05$，$\eta_p^2=0.159$，高组在一致和不一致条件下的TBR-R都小于低组（$p<0.05$）。潜伏期的统计结果表明，指令的主效应不显著，$F（2，32）=1.589$，$p=0.216$，$\eta_p^2=0.047$；一致性的主效应显著，$F（1，32）=5.29$，$p<0.05$，$\eta_p^2=0.142$，一致性条件下的潜伏期显著短于不一致条件；脑区的主效应显著，$F（2，32）=4.473$，$p<0.05$，$\eta_p^2=0.123$；灵活性的主效应不显著，$F（1，32）=0.767$，$p=0.388$，$\eta_p^2=0.023$；指令条件、一致性和灵活性的交互作用显著，$F（2，32）=3.518$，$p<0.05$，$\eta_p^2=0.099$。简单效应分析显示，认知灵活性高组在不一致条件下TBR-R的潜伏期要显著晚于低组，$p=0.05$，认知灵活性高组在一致性条件下TBF-R的潜伏期要显著长于认知灵活性低组，$p<0.05$，认知灵活性高组不一致条件下TBR-R的潜伏期显著长于TBF-R，$p=0.078$，且显著长于TBF-F，$p<0.01$，另外认知灵活性高组在一致条件下TBR-R的潜伏期短于不一致性条件，低组在一致性条件下TBF-R的潜伏期短于不一致性条件。

三、讨论

实验二探究的仍然是不同认知灵活性的个体有意遗忘效应的差异。不同于实验一标准的单字法有意遗忘范式，为了探索是抑制机制还是转换机制影响了不同认知灵活性个体的有意遗忘效应，实验二对范式稍作了一些改动：学习阶段的两种指令下的材料使用黑体和楷体两种字体进行呈现，而在测验阶段改变一半的字体，将未改变字体的视为一致性条件，将改变字体的视为不一致性条件。实验结果表明，在行为绩效的反应时上，两组没有显著差异，但是在指令上，TBR-R 的反应时显著短于 TBF-R，说明被试在再认要求记住的单字时的反应要快于再认要求忘记的单字。在再认率上，指令的主效应显著，TBR-R 的成绩显著高于 TBF-R，再次说明了有意遗忘效应的产生；灵活性的主效应显著，认知灵活性低组被试的再认率显著高于认知灵活性高组，主要表现在认知灵活性低组对 TBF-R 的再认正确率高于认知灵活性高组，所以再认正确率的行为数据说明高灵活性个体的有意遗忘能力更强。另外，认知灵活性高组在一致条件下对 TBR-R 的再认正确率要高于不一致条件，说明高灵活性被试有可能是监控到了字体的变化，以及不一致的字体对他们产生的影响。在再认正确率上体现出的问题，就是不同的认知灵活性个体的有意遗忘效应不同，认知灵活性高组有较强的有意遗忘能力。

再结合脑电数据，对两组 N2 的潜伏期、峰值和平均波幅进行了对比和分析。对于潜伏期，主要是认知灵活性高组在不一致条件下的 TBR-R 潜伏期要长于不一致条件下的 TBF-R，结合两者分析，这有可能是由于认知灵活性高组被试在学习阶段对要求遗忘的项目进行了遗忘，测验阶段的潜伏期要短于要求记忆但是字体产生冲突的 TBR-R，表明了认知灵活性高组具有较大的效应量和较强的冲突监控能力。两组差异最大的表现是在 N2 的平均波幅上：TBR-R 的波幅显著低于 TBF-R，说明被试对要求记忆的项目进行了成功存储与反应，认知灵活性高组在不一致条件下的 TBR-R 的平均波幅比认知灵活性低组在该条件下更趋于负走向，说明认知灵活性高组完成了对冲突字体的监控和转换。在 P300 成分上，TBR-R 和 TBF-R 条件下的峰值差异显著，但是两组之间并没有显著差异；对指令、一致性和组别的交互作用进行分析发现，认知灵活性高组在一致和不一致条件下的 TBR-R 上的峰值都显著小于认知灵活性低组，并且在遗忘指令下认知灵活性高组和认知灵活性低组的 TBF-R 上的峰值没有显著差异，TBF-F 上的峰值也没有显著差异，用认知抑制差异解释可能就更显得有些局限性。这个结果表明，针对实验一 P300 的解释，可能使用高灵活性个体较强的监控与转换能力看起来更为合理一些，而实验二中认知灵活性高组在 TBR-R 上对不一致字体的监控也更加说明了这一点。

第五节 综合讨论

对于有意遗忘的研究已有几十年之久，研究之初，学者对于这一现象更多关注的是它的产生机制，同样在学习阶段呈现的项目，为什么在测验阶段有的回忆起来较多，有的则回忆起来较少，单单只是因为指令的原因吗？因为指令更多指的是背景信息，最后要求回忆和再认的是项目内容，所以这存在一些疑虑，毕竟指令出现之前被试对材料是进行了同等水平加工的。测验阶段的成绩差异更多的是因为在指令出现后进行的不同加工，从而出现了选择性复述理论，指的就是对记忆指令下的材料进行了更加精细的加工，深刻的记忆痕迹使得被试在测验时更多地正确再认出了要求记忆的项目。但是后来学者 Macleod 在内隐记忆测验中也发现了类似现象，这说明不能单纯地从复述来解释，从而提出了抑制理论。抑制理论指的就是被试将要求遗忘的项目作为无关信息摒弃在工作记忆外，抑制无关项目，使得测验阶段更加难以提取，解释了效应的产生，它与 Zacks 等（1996）提出的注意抑制理论其实是具有相同意义和作用的——有了学习阶段的注意抑制，才会有测验阶段的提取抑制的存在。情境转换理论是 21 世纪初 Sahakyan 和 Kelley（2002）提出的针对字表有意遗忘效应的一种解释：当认真加工完一组字表项目后，突然被告知刚才的一组是没有任何意义的，需要被忘记，接下来专心记忆字表 2，这种内部心境上的改变影响了刚才被试对字表 1 的加工，从而使得在测验时忘记了更多字表 1 中的内容，它与抑制无关，只是情境转换带来的影响。但是仔细思考单字法的流程，整体来说，也是从记忆或者遗忘心境向记忆心境的转换。那么，是不是情境转换也仍然适用于单字法有意遗忘的机制呢？

在有意遗忘个体差异的研究中，大部分研究是在特殊个体，如抑郁症患者、焦虑患者甚至精神分裂症患者中通过项目法范式来考察的，但是得到的结果却不尽相同。例如，Cottencin 等（2008）在关于抑郁症患者的研究中认为，由于其抑制机制的缺失回忆起了更多要求遗忘的项目，产生了有意遗忘效应。Dumont（2000）对于正常个体和特殊个体的研究则证明，两者都有相似的有意遗忘效应产生。很少有人对正常个体间有意遗忘效应的差异进行研究。本实验借助 ERP 法，以不同的认知灵活性为对比，探究了正常个体间效应量的差异，结果表明有意遗忘效应在正常个体间也有显著的差异。

实验的结果表明，认知灵活性的高低显著影响了有意遗忘的效应量：认知灵活性高的个体再认出了更少的遗忘项目，出现了更大的效应量。对脑电结果进行分析，两组差异主要出现在了 TBF-R 和 TBF-F 两种情境下的 P300 峰值上：低认知灵活性被试在这两种情境下的峰值显著大于高认知灵活性被试。根据 P300 成分代表的意义，可以从抑制和情境更新转换两方面来分析这一结果。首先，这种结果可能是因为认知灵活性高组被试前期抑制到位，所以在测验阶段以较少的认知资源占用量来完成任务，P300 的波幅较小，体现的是抑制理论的差异。其次，从情境更新转换来解释似乎也很合理，从学习阶段呈现要求记忆和要求遗忘两类项目后到测验阶段要求忽视学习阶段记忆或者遗忘的指令，将认为学习过的单字作为旧字处理，将认为没有学习过的单字作为新字处理，其本身就是一种从记忆到记忆的重新激活，以及从抑制的遗忘情境到激活的记忆情境的更新和转换。而认知灵活性的本质就是规则转换理论，可以这样认为：高认知灵活性个体具有较强的规则更新转换能力，所以他们能够灵活地从学习阶段遗忘或记忆指令引导的编码情境转换到测验阶段忽略指令去再认单字这一测验情境转换中，其 P300 就会显著低于低认知灵活性的个体。对于这些结果，结合有意遗忘的研究机制和认知灵活性的特征来说，都可以认为是合理的。

为了更明确到底是抑制还是情境更新转换能力导致了认知灵活性对有意遗忘效应的影响，在接下来的研究中，我们人为设置了字体改变的前后冲突转换来验证影响机制。结果，在认知灵活性高组的 TBR-R 上出现了明显的 N2 效应，显示出认知灵活性高组对认知冲突的监控和转换机制，另外在这一阶段，认知灵活性高组在 P300 成分上的优势消失了，在峰值、潜伏期和平均波幅上，认知灵活性高、低组都没有显著差异，更加验证了转换机制的存在和作用。所以结合认知灵活性转换的本质和个体转换能力的差异来解释正常个体间有意遗忘效应的差异，可能更加合理一些。

第六节 结 论

本实验通过威斯康星卡片分类测验选取等级为优秀和较差的两个极端组，即高、低认知灵活性个体作为实验的被试，探讨认知灵活性对有意遗忘效应的影响是抑制机制还是转换机制。

结果表明：①有意遗忘效应在正常个体之间也有差异，认知灵活性的高低对有意遗忘效应有显著影响。②高认知灵活性个体具有较强的转换能力和情境更新能力，能够更有效地转换注意资源去激活需要记忆的项目。

第十一章　听觉干扰条件下视觉呈现单字的有意遗忘效应

第一节　研究背景

一、视听通道信息加工的研究概述

Joassin 等（2007）选用常用人名以及相对应的人的面孔和语音作为实验材料，对视听双感觉通道冲突信息加工的效应与机制进行研究。首先，在学习阶段，被试能够学习面孔信息或者听到的声音所联结的人名。在正式实验中，通过视觉和听觉两个通道同时呈现给被试之前学习过的面孔信息与听觉声音信息，要求被试对面孔和声音是否来自同一个人进行判断，即对视觉通道和听觉通道呈现的信息是否相一致进行判断。结果发现，与面孔与声音信息匹配条件相比，在不匹配的条件下，被试所需要的反应时更长。越来越多的研究者开始对视听双通道的加工进行研究，在研究中听觉刺激为房子的开门声、人的声音以及猴子的声音，视觉刺激为房子、猴子的面孔以及人脸的图片。然后，让被试对看到的图片与听到的刺激是否来自同一物体进行判断。结果显示，在视觉图片与听觉声音刺激不匹配的条件下，与相匹配的条件进行对比，匹配条件下被试需要的反应时更短。

当对视听双感觉通道的冲突信息加工进行研究时，很多研究者也会使用文字以及相应的声音作为刺激信息。李毕琴和张明（2012）通过实验探究了在视听双通道搜索范式中以白噪声作为奇异刺激，对空间方位不同的或者感觉通道不同的奇异刺激的注意捕获。研究者进行了两个实验，一个实验通过定位任务对刺激驱动注意捕获中的跨通道效应及其不对称性进行探讨，结果发现，来自视觉同一方位和不同方位的白噪声并没有捕获注意，而与听觉在同一侧的白噪声成功捕获了注意。另一个实验则通过检测任务更深入地对其进行研究，结果发现，无论是同方位还是不同方位的听觉白噪声都捕获了注意，而视觉的奇异刺激并不能捕获注意。

董方白（2013）采用两个实验探索内隐记忆的老化问题。实验一为两因素（年龄：青年组、老年组；实验条件：安静、听觉信息干扰）的设计，共选取 20 名被试，被试分别接受安静与干扰两种实验条件，并通过数字加工任务来控制被试注意力的分配。在实验二中，需要让被试对模糊句子的末尾单词（50 句听觉干扰数字加工的声音材料，50 句新的听觉材料）进行判断，结果发现两组被试都会受到听觉刺激的干扰，在干扰条件下进行数字加工任务所用的反应时增加了，所以说在被试的启动效应中实验条件所起作用的差异显著。实验二的结果表明：在对数字加工的反应时和单字的正确判断上，年龄这一因素起到了关键作用。相比新的听觉信息，被试能更准确地判断出学过的信息。另外，老年人对学过的句子的再认正确率要高于青年人。由此证明，老年人的内隐记忆并没有老化。

Andrés 等于 2006 年在视听觉 Oddball 范式中考察了听觉成绩干扰对视觉刺激的干扰的影响。在视觉刺激出现后，呈现一个事件无关的听觉刺激，要求被试对刺激物的方位或者特性进行判断，忽略听觉刺激。还有研究者将 Oddball 范式与线索提示范式结合，先呈现外周线索，继而呈现无关的听觉刺激，随后目标的位置分为一致和不一致两种情况。结果证明，在无预测外周视线条件下，无关的听觉刺激并不会干扰视觉刺激（Li et al.，2013）。无关听觉刺激会随着工作记忆负荷的增加，导致抑制作用无法充分发挥，由此偏差干扰效应产生。在外周视线索有效性非常高的条件下，在不同感觉通道中，无关听觉刺激的变化会干扰视觉刺激，并且工作记忆负荷越大，偏差干扰效应越强。

二、听觉通道的有意遗忘研究

先前的有意遗忘研究主要都是基于视觉通道的，与听觉通道有关的有意遗忘的研究比较少。

沈汪兵等（2009）运用两个字表法的实验探究了在听觉刺激下是否也存在有意遗忘效应，并对其机制进行了探讨。该研究借助高度依赖语音编码的听觉呈现材料进行，因变量分别是再认正确率及被试做出判断的反应时。结果表明，在控制个体差异后，有意遗忘效应显著。

Archer 和 Margolin 在 1970 年使用项目法有意遗忘范式，研究了唤醒度对有意遗忘的影响。在学习阶段，通过两个水平来进行，一个是使用标准的有意遗忘范式呈现项目，而另一个则是将时长为 1s 的 100db 的白噪声加入指令呈现前和呈现后，当学习阶段结束后，让被试在安静的环境下进行再认测验。结果证明，在噪声出现的条件下，被试对记住项目的再认成绩优于对忘记项目的再认成绩，白噪声的出现提高了被试对记住项目的再认成绩，但是对被试对忘记项目的再认并没有影响。

第二节 问题的提出

在遗忘研究中，可基本分成无意遗忘和主动遗忘研究两个基本的研究领域。在无意遗忘研究领域中，并没有外部指令去告诉被试压抑记忆项目的激活，然而通过选择性增强或提取竞争的认知过程会导致记忆项目的削弱，例如，提取诱发遗忘效应。有意遗忘效应属于主动地通过外部线索去压抑记忆过的项目的激活的过程，即属于主动遗忘的研究领域。对于有意遗忘效应，初学者主要更侧重于从选择性复述理论、抑制理论以及场合变化说对有意遗忘的解释机制进行探讨。选择性复述理论在 1982 年被 Bjork 等提出，所谓选择性复述理论即被试对于要求记住的项目进行更细致的编码和加工，而忽略了要求遗忘的项目，从而加深了对要求记住项目的记忆痕迹，在测试阶段的提取过程中，回忆或再认要求记住的项目比要求遗忘的项目速度更快，正确率也更高。随后提出的抑制说则认为主动抑制遗忘线索下项目的激活是产生有意遗忘效应的核心过程。这种抑制既有可能发生在学习阶段，即认知注意资源抑制了编码项目的激活，也有可能发生在测验阶段，即遗忘线索的项目被提取抑制而无法激活。抑制过程也体现了个体认知的抑制能力，如果抑制能力较强，会有较高的有意遗忘效应；认知抑制能力较差，阻碍了对遗忘项目的抑制，将不能有效完成有意遗忘的任务。情境转换理论并不假定任何基于个体编码项目上某种认知过程的作用，该理论认为遗忘指令会造成被试心境的转化，有意遗忘的产生是由于两个词表之间的编码与提取情境不一致。

有意遗忘效应除了表现为对个体编码项目的削弱外，还有可能表现为混淆了项目所在词表的记忆（Golding & Gottlob，2005），即表现为来源记忆的错误。Evnas 和 Thorn 在 1966 年提出了“来源记忆”这一概念，最初主要是在自然情形下进行记忆研究。Tulving（1972）认为个体不仅能对某一特定事件本身进行记忆，还可以对该事件发生的特定时间、空间背景信息进行记忆，这种对背景信息事件的记忆可以称为情节记忆或者来源记忆，而项目记忆则是对事件项目内容的记忆。对项目记忆与来源记忆进行区分，也是记忆研究的一个非常重要的角度。Snodgrass 和 Kinjo（1998）让被试在学习阶段结束之后，在测试阶段要求被试判断学习过的旧词的背景信息是否正确，这一方法可称为来源提取范式。该范式的提出是由于项目记忆与来源记忆是紧密相连的，以往的研究者进行的都是以来源信息提取、以项目判断为基础的混合研究，这会污染对来源信息的提取。人们获取信息并进行加工的方式主要有视觉空间工作记忆与言语听觉工作记忆。当涉及两个通道传递信息时，可以将次要通道信息看作背景信息，而背景信息可能会对项目的记忆产生干扰。1970 年，Archer 和 Margolin 使用项目法有意遗忘范式研究了唤醒度对有意遗忘的影响。在学习阶段，通过两个水平来进行：一个是使用标准的有意遗忘范式呈现项目；另一个则是将时长为 1s 的 100db 的白噪声加入指令呈现前和呈现后，当学习阶段结束后，让被试在安静的环境下对项目进行再认。结果证明，在噪声出现的条件下，被试对要求记住项目的再认正确率高于对要求忘记项目的再认正确率，说明在此种情况下产生了有意遗忘，并且由于白噪声的出现提高了记住项目的成绩，但是对忘记项目并没有影响。

如果以视觉通道为主要通道，听觉通道为干扰通道，在新旧再认的情况下是否能够产生有意遗忘？如果在测试阶段采用来源记忆范式是否依然会存在有意遗忘效应？两种不同的再认方式是否会对有意遗忘产生影响？本实验采用单字法对听觉干扰下的有意遗忘效应进行探究。

第三节　实验：听觉干扰条件下视觉单字本身和单字来源的有意遗忘效应

一、实验方法

（一）被试的选取

选择 40 名大学生作为被试，年龄为 19～24 岁，平均年龄为 21.90±1.82 岁。将被试随机分为两组，每组各 20 人，分别对学习材料进行新旧判断、来源判断。所有被试的母语均是汉语，右利手，矫正视力正常，听力正常。被试在实验开始前均签署知情同意书，结束后给予报酬，所有被试均为自愿参加。

（二）实验仪器

用两台 Windows XP 系统的计算机，一台呈现通过 E-prime2.0 软件编写的实验程序和内容，并记录被试测试阶段的反应时和正确率，另一台使用 Scan4.5 软件记录和收集学习阶段与测试阶段的离线脑电数据。

（三）实验设计

实验采用的是 2（指令类型：记住、忘记）×2（再认任务：新旧再认、来源再认）的混合设计。指令作为被试内变量，再认任务作为被试间变量。因变量是学习项目的再认正确率、反应时以及脑电数据变化。

（四）实验材料

实验材料分为学习材料和测试材料两类。从《现代汉语字频字典》选取单字 380 个，频率在每百万出现 80～160 次。其中，学习阶段以计算机屏幕呈现的视觉字和以耳机呈现的听觉字各 132 个，共 264 个（视觉字分遗忘指令下 66 个、记忆指令下 66 个，其中每种指令下各有 8 个单字为缓冲字，不参与测试阶段）。新旧再认组测试阶段再认 232 个单字，包括 58 个视觉遗忘项目、58 个视觉记住项目和 116 个新字。记住项目、遗忘项目、新字之间词频、笔画差异均不显著。来源再认组测试阶段，再认 232 个单字，包括 58 个视觉遗忘项目、58 个视觉记住项目和 116 个听觉字。记住项目、遗忘项目、听觉字之间词频、笔画匹配平衡，差异均不显著。视觉单字以宋体 72 号字呈现在计算机屏幕中央。

（五）实验程序

实验进行前，做好准备工作：清洗头皮，去除角质后吹干头发，让被试坐在计算机屏幕正前方的椅子上，与屏幕之间距离 60cm，并正确佩戴好电极帽与耳机，调暗实验室灯光。要求被试在实验过程中尽量少眨眼睛或做大幅度动作，集中精力完成实验。实验共分为学习阶段、分心任务及测试阶段 3 个部分。

1. 学习阶段

在进行正式实验之前，通过指导语提示被试忽略听觉字并完成练习任务，目的是让被试了解实验程序，然后开始实验。实验一共有 4 个 block，每个 block 以 300～500ms 的注视点为开端，每个 block 里有 33 个 trial，共 132 个 trial。每个 trial 里呈现 1000ms 的单字，单字消失后随机呈现 300～500ms 的空屏，继而呈现 1000ms 的记忆或遗忘指令，与此同时被试会通过耳机听到一个单字，视觉字和听觉字毫不相关。被试会在每组 block 之间有 30s 的空屏休息时间。

2. 分心任务

学习阶段结束后，被试进行分心任务——1min 三位数倒减 3 的数学运算。

3. 测试阶段

新旧再认组：要求被试忽略学习阶段的指令，认为是学习阶段通过计算机屏幕呈现过的单字按“F”键，认为是新字按“J”键，明确理解再认规则后按“空格”键开始实验。测试阶段共呈现232个单字（58个TBR项目、58个TBF项目和116个新字）。

来源再认组：要求被试忽略学习阶段的指令，认为是学习阶段通过计算机屏幕呈现过的视觉字按“F”键，认为是通过耳机呈现的听觉字按“J”键，明确理解再认规则后按“空格”键开始实验。测试阶段共呈现232个单字（58个视觉TBR项目、58个视觉TBF项目和116个听觉字）。

（六）行为和脑电数据记录

本实验记录学习阶段的脑电数据，测验阶段记录了脑电的相关指标和行为数据。

行为数据：在再认正确率指标上，记录TBR-R、TBF-R、TBF-F和CR 4种条件下的按键反应，但是以TBR-R、TBF-R的成绩为再认正确率的数据分析指标。再认阶段的TBR-R项目和TBF-R项目均是被试正确再认的旧词，各计1分，各自比上记忆和遗忘指令下的总数，其他不计分，即各项得分/各项总词数=各项平均正确率；在反应时上，收集上述4种情境条件下的反应时，以实际反应时间计算，剔除反应时小于100ms以及大于2500ms的项目，得出被试每种情境下反应时的均值作为对比指标。

脑电记录：利用Neuro Scan脑电记录仪和放大系统，采用10～20电极导联定位标准，采用32导电极帽记录脑电、垂直眼电和水平眼电，中线前额处放置接地电极，右侧乳突（A2）为参考电极，在离线分析时转换为全脑平均参考。保存记录下来的脑电信息如下：脑电的采样频率为1000Hz，低通滤波为0.05～30Hz，头皮电阻和电极之间的电阻小于5kΩ。在记录数据的过程中，要求被试尽量少眨眼睛，集中精力学习。

使用SPSS19.0分析行为数据，对再认正确率与反应时进行重复测量方差分析。采用SCAN4.5软件离线数据分析脑电数据，根据以往研究，分析的EEG如下：学习阶段分别分析记忆指令和遗忘指令出现后的ERP；测试阶段，一般对成功的有意记忆TBR-R项目、成功的有意遗忘TBF-F项目、失败的有意遗忘TBF-R项目的脑电数据进行分析。

根据有意遗忘的ERP研究并且结合本实验，分析学习阶段和测验阶段的时程是−200～800ms，脑电基线为学习阶段指令刺激开始前的200ms，记录并离线分析处理连续的EEG数据。结合实验的研究假设，选取9个电极点分别代表额区（F3、FZ、F4）、中央区（C3、CZ、C4）、顶区（P3、PZ、P4）。

二、实验结果与分析

行为结果如下。

新旧再认组、来源再认组各有 20 名被试。记录了两组在 4 种条件下（TBF-F、TBR-R、TBF-R 及 CR）的再认正确率和反应时。新旧再认组和来源再认组的描述性统计结果如表 11-1 所示，不同条件下的再认正确率分布如图 11-1 所示，不同条件下的反应时的分布如图 11-2 所示。

表 11-1　不同再认任务的再认正确率和反应时（*M*±*SD*）

组别	TBR-R		TBF-R		TBF-F		CR	
	正确率	反应时	正确率	反应时	正确率	反应时	正确率	反应时
新旧再认组	0.68±0.13	908±191	0.38±0.14	944±229	0.62±0.14	942±320	0.77±0.13	937±247
来源再认组	0.74±0.11	954±176	0.46±0.17	1104±262	0.54±0.17	1163±239	0.70±0.17	1104±275

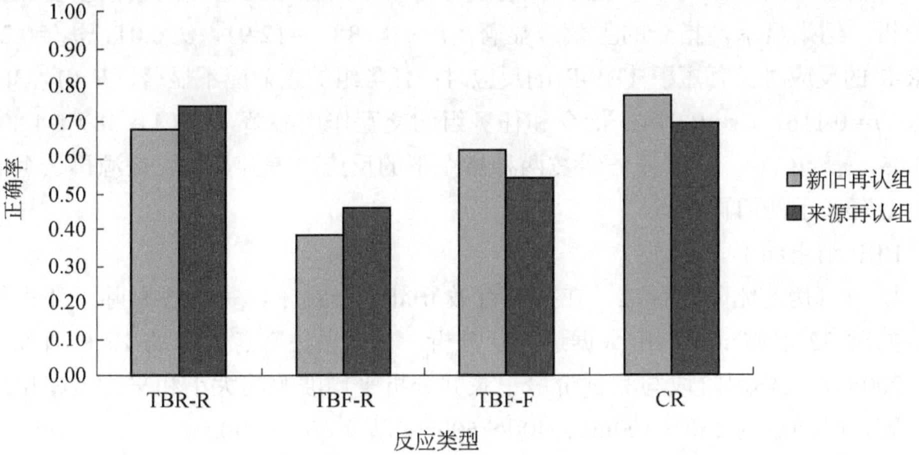

图 11-1　不同任务组有意遗忘任务再认正确率分布

对测验阶段 TBR-R 和 TBF-F 的再认正确率和不同再认任务组进行两因素重复测量方差分析，结果显示，指令的主效应显著，F（1，38）=122.46，p<0.01，η_p^2=0.764，TBR-R 的再认正确率显著高于 TBF-R，说明产生了有意遗忘效应；任务组的主效应显著，F（1，38）=4.29，p<0.05，η_p^2=0.102，来源再认组的再认正确率显著高于新旧再认组。指令和任务组的交互作用不显著，F（1，38）=0.282，p=0.598，η_p^2=0.007。

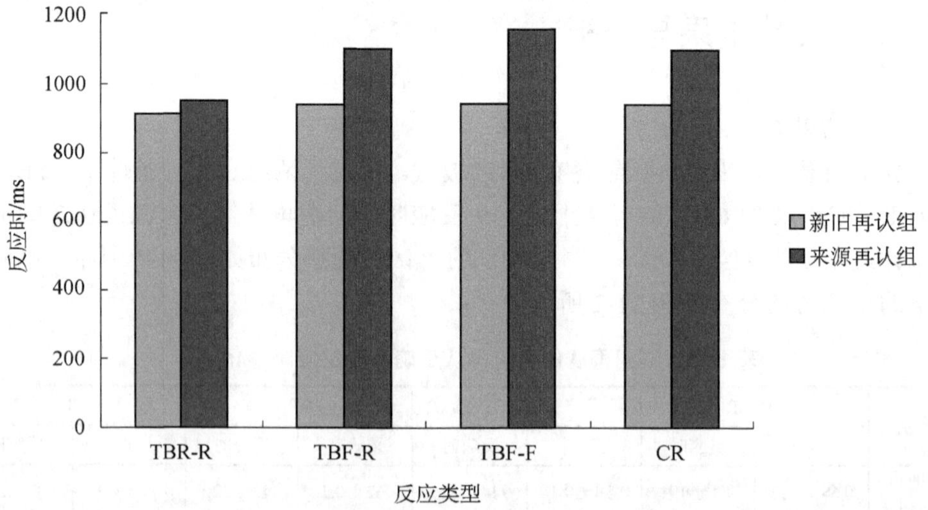

图 11-2　不同任务组有意遗忘任务反应时分布

对测验阶段 TBR-R 和 TBF-F 的反应时和不同任务组进行两因素重复测量方差分析，结果显示，指令的主效应显著，$F（1，38）=12.91$，$p<0.01$，$\eta_p^2=0.254$，TBR-R 的反应时显著短于 TBF-R 的反应时；任务组的主效应不显著，$F（1，38）=2.58$，$p=0.116$，$\eta_p^2=0.064$；指令和任务组的交互作用显著，$F（1，38）=4.897$，$p<0.05$，$\eta_p^2=0.114$，不同任务组在两种指令下的反应时差异显著，来源再认组的反应时显著长于新旧再认组。

ERP 结果如下。

以 10%伪迹删除为标准，在控制有效 trial 的前提下，每组各删除了 4 人的数据，共对 32 名被试的脑电数据进行了分析。根据以往有意遗忘的 ERP 研究（赵迪，2008），在学习阶段与测试阶段记录并分析平均波幅的大小和平均波幅出现的潜伏期，时间窗为 250～400ms、400～600ms 以及 600～800ms。

（1）学习阶段主要记录了学习阶段记忆和遗忘指令出现后的 ERP 平均波幅。实验结果采用三因素重复测量方差分析，并使用 Greehouse-Geisser 的校正 p 值。其三因素分别为组别（来源再认组、新旧再认组）、指令类型（要求记住 TBR、要求忘记 TBF）以及脑区（额区：F3、FZ、F4；中央区：C3、CZ、C4；顶区：P3、PZ、P4）。

结果显示，在 250～400ms 时间窗内，指令的主效应显著，$F（1，30）=4.933$，$p<0.05$，$\eta_p^2=0.141$，记忆指令下的平均波幅显著大于遗忘指令下的平均波幅；组别的主效应不显著，$F（1，30）=0.347$，$p=0.56$，$\eta_p^2=0.011$；脑区主效应显著，$F（2，60）=10.763$，$p<0.05$，$\eta_p^2=0.263$；组别和指令的交互作用不显著，$F（1，30）=0.085$，

p=0.773，η_p^2=0.003；组别、指令、脑区三者的交互作用不显著，F（2，60）=0.786，p=0.412，η_p^2=0.026。

在 400～600ms 时间窗内，指令的主效应边缘显著，F（1，30）=3.956，p=0.056，η_p^2=0.116，记忆指令下的平均波幅正于遗忘指令下的平均波幅；组别的主效应不显著，F（1，30）= 0.656，p=0.425，η_p^2=0.021；脑区的主效应显著，F（2，60）=7.996，p<0.05，η_p^2=0.21；组别和指令的交互作用不显著，F（1，30）=0.002，p=0.962，η_p^2=0.001；组别、指令、脑区三者的交互作用不显著，F（2，60）=0.89，p=0.372，η_p^2=0.029。

在 600～800ms 时间窗内，指令的主效应边缘显著，F（1，30）=4.068，p=0.053，η_p^2=0.119，记忆指令下的平均波幅正于遗忘指令下的平均波幅；组别的主效应不显著，F（1，30）=0.033，p=0.857，η_p^2=0.001；脑区的主效应显著，F（2，60）=7.411，p<0.05，η_p^2=0.198；组别和指令的交互作用不显著，F（1，30）=0.033，p=0.857，η_p^2=0.001；组别、指令、脑区三者的交互作用不显著，F（2，60）=1.255，p=0.283，η_p^2=0.040。

（2）测试阶段主要记录了 TBR-R、TBF-R 以及 TBF-F 的 ERP 平均波幅。实验结果采用三因素重复测量方差分析，并使用 Greehouse-Geisser 的校正 p 值。其三因素分别为组别（来源再认组、新旧再认组）、指令类型（TBR-R、TBF-R、TBF-F）以及脑区（额区：F3、FZ、F4；中央区：C3、CZ、C4；顶区：P3、PZ、P4）。

结果显示，在 250～400ms 时间窗内，指令的主效应边缘显著，F（2，60）= 2.989，p=0.062，η_p^2=0.091；组别的主效应不显著，F（1，30）=0.179，p=0.675，η_p^2=0.006；脑区的主效应显著，F（2，60）=13.014，p<0.05，η_p^2=0.303；组别和指令的交互作用不显著，F（2，60）=0.023，p=0.971，η_p^2=0.001；组别、指令、脑区三者的交互作用不显著，F（4，120）=0.180，p=0.804，η_p^2=0.006。

在 400～600ms 时间窗内，指令的主效应显著，F（2，60）=3.819，p<0.05，η^2=0.113；组别的主效应不显著，F（1，30）=0.059，p=0.811，η_p^2=0.002；脑区的主效应显著，F（2，60）=7.118，p<0.05，η_p^2=0.192；组别和指令的交互作用不显著，F（2，60）=0.114，p=0.869，η_p^2=0.004；组别、指令、脑区三者的交互作用不显著，F（4，120）=0.301，p=0.75，η_p^2=0.010。

在 600～800ms 时间窗内，指令的主效应边缘显著，F（2，30）=3.262，p=0.054，η_p^2=0.018；组别的主效应不显著，F（1，30）=0.098，p=0.756，η_p^2=0.003；脑区的主效应不显著，F（2，60）=2.150，p=0.149，η_p^2=0.067；组别和指令的交互作用不显著，F（2，60）=0.283，p=0.717，η_p^2=0.009；组别、指令、脑区三者的交互作用不显著，F（4，120）=0.281，p=0.775，η_p^2=0.009。

三、讨论

在实验中，在伴随听觉单字干扰的条件下，要求被试根据“记忆”“遗忘”指令对视觉单字进行记忆或者遗忘。测试阶段，两组被试分别对单字进行新旧判断、来源判断。行为数据显示，两组的 TBR-R 的再认正确率都显著高于 TBF-R 的再认正确率，并且 TBR-R 的反应时显著短于 TBF-R 的反应时。这说明在有听觉干扰的条件下，两种不同的再认方式都是存在有意遗忘效应的，结果支持了假设。另外，不同的再认任务对有意遗忘效应量并没有显著的影响，但是在 TBR-R 和 TBF-R 上，来源再认组的再认正确率均高于新旧再认组，由此可以推测，与新旧再认相比，来源再认的测试任务更简单，来源再认组对视觉字的记忆效果优于新旧再认组。

同时，分别对两组学习阶段的 250～400ms、400～600ms、600～800ms 三个时间段的平均波幅的差异进行了统计和分析，结果与以往研究一致，要求记忆的指令和要求遗忘的指令引发的 EEG 是存在差异的（赵迪，2008；Biork，1982；Macleod，1989；陈曦，1999）。当指令出现后的 250～400ms，要求记忆的指令的平均波幅显著正于要求遗忘的指令，这说明当被试看到记忆指令时，相对于遗忘指令，需要用更多的努力，表明了在记忆指令出现后，被试对记忆指令下的单字进行了复述和更精细的加工，通过 EEG 数据可以看出，学习阶段的实验数据从侧面支持了选择性复述理论。

测验阶段，同样对 250～400ms、400～600ms、600～800ms 三个时间窗的平均波幅进行了统计和分析，结果与以往大多数单字法有意遗忘研究一致，在 400～600ms 时间段内，无论是在新旧再认任务还是在来源再认任务中，TBR-R 项目的平均波幅都显著正于 TBF-R 项目的平均波幅。这就表明，在学习阶段，由于对遗忘指令下的项目和记忆指令下的项目进行了不同程度的加工，遗忘指令和记忆指令对测试阶段的提取过程产生了不同的作用，被试在学习阶段对项目进行的加工越细致，记忆量越大，记忆效果越好，测试阶段时就会有更多的激活。在两种再认任务中，TBF-F 的平均波幅均正于 TBF-R 的平均波幅，说明被试对 TBF-F 项目比对 TBF-R 项目付出了更多的努力。从平均波幅的均值上来看，在额区，来源再认组的 TBF-F 的平均波幅大于新旧再认组的 TBF-F 平均波幅。而对于来源再认组的 TBF-F 平均波幅（即被试将视觉字判断为听觉字的项目），可以推测，相较于要求遗忘的项目，被试对于呈现的项目是视觉字还是听觉字需要进行更深入的斟酌，可见，听觉字的干扰是会对被试的提取过程产生影响的。

第四节 综合讨论

无论在学习、生活还是工作中，记忆系统都是不可或缺的一部分，起着非常重要的作用。人们也非常关注如何提高记忆能力这一问题，显然，人们把重心放在了记忆上而忽略了记忆系统的另一个组成部分——遗忘。遗忘能力与记忆能力都是非常重要的。目前，已经有不少心理学家对遗忘进行了深入的研究与探讨，也有不少研究者开始对有意遗忘进行研究。有意遗忘的产生解释机制主要有提取抑制理论、选择性复述理论、情境转化理论。提取抑制理论认为在要求被试进行遗忘时，被试便将遗忘项目作为无关信息，而无关信息得到了抑制，以至于在提取时会被阻止，但是同时却增强了对要求记住项目的提取（Bjork et al.，1983）。Zack 等（1996）认为被试在学习阶段进行注意抑制，才会在测试阶段进行提取抑制。选择性复述理论认为，在学习过程中，当得到的指令是记忆时，被试会对指令出现前的项目进行更精细的加工或者复述，相反，得到的指令是遗忘时则会忽略之前的项目，并不对其进行加工，从而使被试在测验阶段中能够再认出更多要求记忆的项目（Bjork，1970）。21 世纪初，Sahayan 等提出了情境转化理论，研究者认为当被试得知原本要求记忆的项目没有意义时，内心心情会发生变化，这种心境的变化会影响对之前学习项目的加工，当编码和提取的情境相匹配时，测试阶段的回忆效果好于情境不匹配时的学习效果（Sahakyan & Kelley，2002；Sahayan & Delaney，2003）。

在先前的研究中，研究者采用单字法并将白噪声作为背景信息对有意遗忘进行探究，分别在指令前后加入时长为 1s 的白噪声进行干扰，考察白噪声的出现是否会影响有意遗忘效应。结果表明，在测试阶段被试对记忆项目的再认成绩优于对遗忘项目的再认成绩。在本实验中，运用 ERP 手段，采用单字法有意遗忘范式，听觉通道作为干扰信息，同样以单字形式出现，学习阶段，视觉字呈现后，呈现“记忆/遗忘”的指令，被试根据指令对单字进行记忆或遗忘，与此同时，通过耳机呈现给被试一个听觉字，干扰被试对视觉字的加工，学习阶段、分心任务结束后，要求被试进行再认。学习阶段的 ERP 数据表明，在指令出现后的 250～400ms，被试对记忆指令下项目的加工比遗忘指令下项目的加工更为精细。当学习的阶段呈现记忆或遗忘材料之后，被试会把该材料一直在工作记忆中保存直至看到记忆或遗忘指令，继而根据记忆或者遗忘的要求选择是否需要对表象进行进一步加工、复述、再激活。这一点符合选择性复述理论。

测试阶段的行为数据得出，被试对 TBR-R 项目的再认正确率显著高于对 TBF-R 项的再认正确率，并且对 TBR-R 项目的反应时显著短于 TBF-R 项目，说明产生了有意遗忘。不同任务组之间的差异并不显著，但是，来源再认组总体的记忆效果明显好于新旧再认组。从两组的 TBF-F 项目和 CR 项目再认正确率的均值来看，来源再认组的再认正确率均低于新旧再认组，这表明被试更容易将要求遗忘的项目判断为没有加工过的新字，说明被试对于进行干扰的听觉字进行了加工。这是由于被试对听觉字进行了加工，所以在对单字进行来源再认时，能够正确辨别出呈现的单字是否通过听觉通道呈现过，从而提高了对 TBR-R 项目和 TBF-R 项目的记忆量。通过 ERP 数据得出的结果与行为数据一致，与大量单字法有意遗忘再认研究是一致的，在两种再认任务中，TBR-R 的平均波幅大于 TBF-R 的平均波幅，并且只有在 400～600ms 时差异显著，表明在学习阶段，由于对不同指令下的项目进行了不同程度的加工，在测试阶段的提取过程中起到了不同的作用，被试在学习阶段对项目进行的加工越细致，测试阶段时就会有更多的激活，这也支持了选择性复述理论。赵迪（2008）运用 ERP 手段通过项目记忆和来源记忆的方式对有意遗忘及其机制展开研究，发现在刺激呈现之后的 400～600ms，TBR-R 项目的平均波幅显著正于 TBF-R 项目。另外，在本实验中，TBF-F 项目的平均波幅均正于 TBF-R 项目的平均波幅，说明被试对 TBF-F 项目比对 TBF-R 项目付出了更多的努力。从波形图上来看，来源再认组的 TBF-F 项目的平均波幅更正于新旧再认组的 TBF-F 项目的平均波幅，可以推测，相较于要求遗忘学习过的项目，被试对于呈现的项目是视觉字还是听觉字这一来源干扰需要进行更深入的推敲，来源干扰对记忆的破坏作用更大。

第五节　结　论

本实验使用 ERP 手段，通过两种不同的再认方式探究了在听觉干扰条件下有意遗忘效应是否存在，并考察了不同的再认任务是否会对有意遗忘产生影响。结果表明：①当存在听觉干扰时，来源再认、新旧再认两种任务均存在有意遗忘效应，支持了选择性复述理论。②在听觉干扰条件下，来源再认、新旧再认两种不同的任务的有意遗忘效应没有显著差异。

第十二章　注意转换条件下有意遗忘项目的图优效应

第一节　研究背景

一、图优效应及其相关理论

图优效应（picture superiority effect）是指在学习阶段呈现图片比呈现文字的记忆效果更好（Paivio，1971；Stenberg，2006；Quinlan et al.，2010），有的时候可以达到95%的再认正确率（Nickerson，1965；Shepard，1967）。例如，学习阶段学习图片“象”比学习文字“象”的再认正确率高。

关于图优效应的理论解释很多，一种解释为双重编码理论，最早是由 Paivio 提出的。该理论认为图片记忆占优势与学习项目的知觉加工有密切关系，图片优势效应的产生是因为图片包含语义和图像双重编码，而单词是单一的语义编码，在实验中图片引起命名比单词引起成像的概率更高，在相同的条件下，被试对图片的编码比对词语的编码更为精细，编码越精细，记忆就越深刻。在再认测验中，词语只有一个语义线索，而图片则有语义和图像两种线索，图片被成功提取的概率更高，因此，记忆效果更好（Paivio，1975；Paivio & Cohen，1977）。研究发现，以儿童为被试，呈现图—文匹配材料比单独使用文字作为实验材料时的回忆成绩好，这验证了图优效应中双重编码理论的存在。另一种解释为感觉-语义模型（sensory-semantic theory），最早是是由 Nelson 等提出的。该理论认为尽管输入形式是一个特定的编码，即图像或语义，而输入的感觉编码也是被存储的，在这种感觉编码中，图片具有更为明显的优势，图片比文字具有更为鲜明的外在特征，这种感觉特征比文字具有更为明显的加工及提取优势，因此回忆及再认成绩要好（Nelson，

1979；Nelson & Brooks，1973；Nelson et al.，1976），Nelson 等（1976）控制图片的知觉相似性对图片和文字的回忆成绩进行的研究支持了这个观点，当项目间的相似性较低时，被试对图片的回忆成绩明显好于文字，当项目间相似性较高时，并未表现出明显的图优效应。Stenberg 在 2006 年的研究中认为，图优效应归因于图片的概念加工优势，图片的加工水平比相同学习阶段的文字的水平要高，因而会出现图片记忆优于文字的结果。

有研究者尝试通过迁移适当加工（transfer-appropriate processing，TAP）理论对图优效应进行解释（Weldon & Rappelsberger，1987；Weldon et al.，1989），迁移适当加工是指在项目加工中学习阶段和测验阶段的呈现类型相匹配时，记忆效果会得到增强（Morris et al.，1977）。Weldon 等研究者认为图片比文字在编码时更易接近本质含义，当一个项目经过了语义编码，在测试中使用概念提取比使用知觉特征提取的记忆效果要好，该理论通过编码和检索的相互作用来挖掘图片的优势。

二、有意遗忘中的图优效应表现及其理论解释

在以往的研究中，大多是使用文字作为有意遗忘实验中的学习和再认材料（Bjork，1970；Muther，1965；Hourihan & Taylor，2006），或者使用电话号码等常用材料进行研究（Gottlob et al.，2006）。通常情况下，当被试不能很好地对文字进行加工，例如，当被试为幼儿（Lehman et al.，2001）、猴子（Roberts et al.，1984）或者临床患者（Bray et al.，1978）时，会使用图片作为学习和再认材料。

近些年，有研究者以成人群体为被试，在有意遗忘测验中使用图片作为材料进行研究。Basden 等在 1996 年选用单一类型范畴的线性图，Hauswald 和 Kissler 在 2008 年使用复杂视觉图像，Quinlan 等在 2010 年使用名词图片及对应文字来进行有意遗忘分析，且这些研究中均发现了有意遗忘效应。

Hauswald 和 Kissler 在 2008 年使用复杂图片（彩色照片）对比文字发现，图片的记忆效果好于文字，产生了图优效应，图片条件下的有意遗忘效应量最少。他们认为，图片比文字有更多的知觉线索，如颜色、空间结构、多种目标等，因此，呈现刺激的特征越多，对目标的记忆效果越好。

白学军等（2004）以大学生为被试，采用字表法对图片和词语两种材料的有意遗忘效应进行研究，结果发现二者没有显著差异。他们认为，对图片材料的有意遗忘的机制是提取抑制，而不是选择性复述，同时认为对于词语材料，被试既对记忆指令下的项目进行了更加精细的编码，也对指示遗忘指令下的项目产生了抑制。

Quinlan 等在 2010 年的实验研究中发现，以图片和文字为有意遗忘材料时，

图片的有意遗忘效应小于文字，即将图片作为学习材料时，有意遗忘效应量最小，对实验材料的回忆效果最好，这样的实验结果称为有意遗忘下的图优效应。该实验使用图片和文字作为实验材料，用单字法有意遗忘范式，采用2（学习材料类型：图片、文字）×2（指示类型：记忆、遗忘）×2（再认材料类型：图片、文字）的混合设计。学习材料类型和再认材料类型为组间变量，指示类型为组内变量，因变量为再认成绩。图片与文字互为对应材料，再认时判断实验材料或其对应信息是否出现过，共分为图片—图片、图片—文字、文字—文字、文字—图片4种实验条件（学习阶段材料—测验阶段材料）。在正确率方面，发现记忆指令的主效应明显，记忆指令下的再认成绩显著高于遗忘指令下的成绩，学习材料类型的主效应显著，4种条件下，图片—图片的再认正确率最高，文字—图片的再认正确率最低，图片—文字、文字—文字的再认正确率居中。在正确反应时上也得到了相同的结果，记忆指令下的正确反应时明显短于遗忘指令下的正确反应时，4种条件下，图片—图片的正确反应时最短，文字—图片的正确反应时最长，图片—文字、文字—文字的正确反应时居中。结果表明，在4种情况下，当将图片作为实验材料时，有意遗忘效应量最小，实验材料的回忆效果最好，即证明了图优效应的存在。

在先前的有意遗忘研究中，在学习阶段项目的学习是逐个进行的，每次只学习一个项目，但是在现实中人们需要同时对多个项目进行记忆或遗忘，这就需要在工作记忆中完成对这些项目的注意转换。因而研究在注意转换条件下项目的有意遗忘学习是十分必要的，然而据查阅到的相关文献，很少有研究对这一问题进行较为深入的探讨，以往研究主要集中于非有意遗忘条件下的注意转换对记忆项目的影响。

三、非有意遗忘条件下注意转换的研究

（一）工作记忆与注意转换的定义

工作记忆是现代认知研究领域中的一个核心概念，目前对工作记忆的定义有很多，其中人们对Baddeley与Hitch（2000）的定义的认同度较高。他们认为，工作记忆是指在执行任务的过程中，用于暂时存储信息和加工的资源有限系统。我国心理学界普遍把工作记忆定义为在处理复杂认知任务（新颖的、熟悉的或已经形成技能的任务）时，对与任务相关的信息的控制、规划和主动保持，它涉及多重表征编码和不同的子系统。工作记忆容量主要由暂时激活或是与激活的提取线索紧密联系，从而可以被迅速再激活的长时记忆表征组成。

Baddeley与Hitch认为，工作记忆模型包含3个组成部分：基于语音的语音环、视空图像处理器和容量有限的中央执行系统。基于语音的语音环以语音形式存

储与言语有关的信息；视空图像处理器专门负责视觉和空间信息的记忆；中央执行系统提供加工和整合信息的策略，同时它也有自己的加工和存储功能，它是两个子系统的计划者和监控者。在工作记忆任务中，中央执行系统除了参与简单复述以外，还参与其他的加工，当推理或学习任务与记忆任务同时出现时，这种加工就会出现，工作记忆在需要信息的维持与协调的复杂认知任务如推理和言语理解中起重要作用。Baddeley（2002）对此模型进行了修正，在修正的模型中，Baddeley 把中央执行系统与存储的系统完全分离开，认为中央执行系统是一个纯粹的注意系统，至少存在以下子功能：①注意焦点（focus attention），将有限的资源集中于当前意识中的任务；②注意分配（dividing attention），协调注意在两个存储系统之间的分配；③注意转换（switching attention），实现注意从一个任务到另一个任务的转换。Baddeley 指出，注意转换是工作记忆的一项非常重要的执行功能，注意转换能力和工作记忆系统有着密切的联系，它们是在知觉、思维和行为间的动态交互作用中两个重要的认知系统，并且在记忆集里的不同项目之间发生存取转换时，会增加对工作记忆执行功能的需求量。

注意转换是指从一个认知任务转换到另一个认知任务的过程（Collette et al.，2001）。Collette 等列举了以往研究过的三种形式的注意转换，包括同一刺激物的不同知觉维度之间的注意转换、同一刺激物的不同知觉水平之间的注意转换和任务转换（task-shifting）。Posner（1980）采用预提示范式（pre-cuing paradigm）发现了基于空间的注意。在实验中，研究人员给被试呈现 3 个并排的方框，要求被试注视屏幕中央的方框，接下来会提示目标出现的位置，提示结束后，位于屏幕左右的两个方框中的其中一个会出现目标，要求被试对目标尽快做出反应。结果发现，当目标出现的位置与预提示指示的方向一致（即有效条件）时，被试的反应更快，这说明注意可以引导被试对某一位置的信息进行加工。一般来说，注意选择信息受两方面因素的影响：一是当前的任务目标，它强调期望和有关目标刺激的假设对个体选择信息的影响，是自上而下的目标驱动加工过程；二是外界的信息特征，它强调刺激特征对个体信息加工的影响，是自下而上的刺激驱动的过程。

（二）工作记忆中的注意焦点转换

工作记忆一般被认为兼有对信息进行短时存储和加工两项功能，因此保存在工作记忆中的信息也有两类：一类信息处于静态存储中，等到需要时再加以调用；另一类信息则处于被注意和被访问的状态，随时准备用于进一步的加工。Cowan 等（1999）、Garavan（1998）和 Oberauer（2003）在研究中都认为，在工作记忆系统中存在这样一个核心区域——注意焦点，位于注意焦点区域的信息激活程度最高，任一时刻人们只能把注意集中在其中一个工作记忆子项上（Garavan，1998；Voigt & Hagendorf，2002）。因此，当工作记忆中保存了多个独立的记忆子项，并且需要分别对其进行操作时，就必须让注意在各个记忆子项上来回移动，从而形成了注意焦点的转换。在日常生活中，对工作记忆中的信息进行注意焦点转换操作是较为常见的现象。例如，当进行两个四位数加法的心算时，首先会完成个位数的加法，再分别完成十位数、百位数和千位数的加法，并报出最终结果。在这个过程中，每个时刻只有一个位置的数字位于注意焦点，将其用于当前的加法操作时，其他数字则位于注意焦点之外。

在认知加工中，信息加工的整体资源是有限的，只有少部分信息可以成为注意焦点信息，当信息量较大时，认知操作的执行就需要在工作记忆与注意焦点之间不断传递信息。同时，工作记忆中用于项目存取的资源激活总量是有限的，当加工任务本身的资源占用量发生变化时，会影响到各个记忆项目之间的资源占用量，使得记忆集项目的激活程度发生变化，从而焦点项目与非焦点的激活程度也随之发生变化。也就是说，针对加工任务的选择性存取，需要在记忆集中同时保持若干个不同的可用项目，作为备选的加工对象；一旦需要在它们中间选择某个项目用于加工时，工作记忆系统要求任何一个项目都可以立即获得存取而成为加工对象，并排除其他项目。这样各个备选项目之间就会互相干扰，共同竞争有限的注意资源。

经注意转换后，注意焦点下的项目会比非注意焦点项目获得更多的注意资源，非注意焦点项目的加工特点是什么，对于这些问题的理解，有利于促进人们对注意的发生机制的理解。有相关理论对此问题进行了探讨：注意的早期选择模型认为，注意在知觉的起始阶段就发生了，它可以选择性地对部分特征进行加工，未被注意的客体就得到了极少的加工（Broadbent，1958）；晚期选择模型认为，物体是经过了较为充分的知觉加工后才被注意选择（Deutsch J A & Deutsch D，1963）；知觉负载理论认为，当前任务中知觉负载的高低决定了选择性注意过程的资源分配。如果当前任务的知觉负载较低，在加工过程中只会消耗一部分注意资源，多余的注意资源会自动去加工干扰刺激；如果当前任务的知觉负载较高，有限的注意资源被消耗尽，那么与任务无关的干扰刺激将无法得到知觉加工，从而不会产生干扰效应。知觉负载理论被认为解决了选择性注意研究的早选择（知觉选择）和晚选择（反应选择）观点之争（Lavie，1995）。

（三）注意焦点转换的基本实验方法

对工作记忆中注意焦点转换的探索可以追溯到Baddeley的早期研究。Baddeley在1973年的研究中要求被试识记某个项目列表后对探测物进行再认。他发现，如果识记的项目列表中有重复出现的项目，则被试对该项目的反应时间短于非重复项目。也就是说，当前后两次的探测物发生转变时，比起探测物保持不变的情况，被试的反应时间增加，体现出短时记忆集内的对象转换的时间代价。不过，Baddeley 对其背后的机制并没有进一步发掘。

Garavan（1998）对工作记忆内的注意焦点转换机制进行了深入探讨。Garavan 采用记忆更新任务（memory-updating task），让被试看一系列的几何图形，包括三角形和矩形，让被试在记住两个计数值的基础上，对接下来屏幕上随机呈现的几何图形的对应数值进行加 1，并更新记忆集，这种计数和更新步骤反复进行。结果表明，当从一个心理计数值转移到另一个时，被试的反应时间比起对同一计数值进行更新的反应时间多出 300～500ms，Garavan 把这个时间差称为注意焦点转换代价。在 Garavan 的任务中，注意焦点包含两种功能：一是通过从工作记忆当中提取当前值为即将更新的项目提供选择信息；二是通过在记忆集的适当位置建立新值，来对工作记忆中的项目进行选择性更新。工作记忆中的注意焦点可用于解释大量的实验结果，Garavan 据此认为，工作记忆的注意焦点中只能保持一个项目，只有当前的计数值才会处于注意焦点中，注意焦点里的项目比起注意焦点外的项目具有更好的可存取性。Voigt 等（2002）也得到了类似的实验结果。

Oberauer（2002）采用算术运算作为加工任务。首先，他让被试记住一列数字，然后在此基础上让其对这些数字进行选择性存取或是进行加工（加减法运算）。Oberauer 认为，当前后两次对记忆集里的不同数字进行存取时，就发生注意焦点的转换，反之则发生注意焦点重复。

先前的研究发现，言语工作记忆中的注意转换还表现出与视觉空间注意转换类似的一些特点（Garavan，1998；Oberauer，2002）。Jonides 等在 1998 年的研究中发现，提取工作记忆中的不同子项时，被试的反应时和左侧顶叶的激活水平对两个记忆子项之间的距离非常敏感，表现出明显的距离效应（distance effect）。

第二节　问题的提出

尽管前人对有意遗忘下的图优效应进行了初步探索，但对有意遗忘中的图片和文字的图优效应研究没有考虑到注意转换因素。现实中人们不仅需要逐次对单个项目进行选择性的记忆或遗忘，也需要对多项目中的部分项目给予注意，而忽略其他次要的项目，其中就包括注意转换的因素，部分项目成为注意焦点，分配到更多的注意资源，另一些项目成为非注意焦点，获得相对较少的注意资源，那么注意转换对有意遗忘的影响如何，是否会产生有意遗忘的图优效应，这些疑问尚未有人提出和解答。而前人关于注意转换的研究，只考虑了在非有意遗忘条件下的转换结果，没有人对注意转换下的有意遗忘效应进行探索。因而本实验中考察当多项目学习需要注意转换完成对特定项目的记忆或遗忘时，图优效应是否仍然存在，以及何种因素影响该效应。本实验旨在对以下问题进行较为深入的考察：在注意转换条件下，有意遗忘效应是否仍然存在？在注意转换条件下，图片的有意遗忘效应是否与文字相同？或者说相比文字，图片在有意遗忘学习中是否仍然表现出图优效应？处于注意焦点内却要求被遗忘的项目与非注意焦点内的项目的记忆效果是否相同？当这两种项目为图片时的记忆效果是否仍然优于文字，表现出图优效应？

本实验的意义是，在有意遗忘的研究过程中，通常使用单一的文字作为有意遗忘研究的实验材料，虽然部分研究者已经从多个方面将实验材料进行了拓展，但是到目前为止对于有意遗忘实验材料的使用仍然较为有限，对有意遗忘条件下图片和文字的比较研究更是甚少。因此，本实验以图片和文字作为学习阶段和再认阶段的实验材料，扩大了有意遗忘的研究范围，为图优效应夯实了理论和实践基础，提供了新的研究证据。就注意转换和记忆的角度来看，在以往的研究中，大多是对单个项目记忆效果的研究，同时对多项目记忆状况的研究甚少，而在大多数情况下，人们都是处于对多个项目记忆的情境中，而非孤立地对某一个项目进行记忆，在此过程中注意分配的资源是不一样的。在同一场景中呈现多个项目，部分项目可得到进一步的加工，另一部分项目没有得到进一步的加工，注意转换下对有意遗忘项目的影响如何，值得研究和探讨。从实践角度来看，学习者面对的学习项目往往不是单一孤立的，多数是需要对众多的学习项目进行选择性的记忆或遗忘，因而对注意转换下的有意遗忘进行研究，有利于促进学习者更高效地对多个学习项目进行学习。

本实验中，图优效应被当作学习阶段的主要效应，整体上学习阶段使用的图片的再认效果比学习过的文字的效果要好。实验中，当学习材料为图片时，记忆效果好，即图片—图片（学习材料—再认材料）的回忆成绩好于文字—文字，图片—文字的回忆成绩好于文字—图片时，就可认为产生了有意遗忘的图优效应。

因此，结合之前的研究结论，对本实验做出如下假设。

（1）注意焦点材料比非注意焦点材料的再认成绩好，遗忘程度低；学习材料为图片时的再认成绩比学习材料为文字时的再认成绩更好，即出现图优效应；记忆指令下被试的回忆成绩好于遗忘指令下的回忆成绩。

（2）在图片—图片、文字—文字实验条件下，出现注意转换下的图优效应，即在注意焦点状态下，图片—图片的再认成绩比文字—文字的再认成绩好，非注意焦点状态下图片—图片的再认成绩比文字—文字的再认成绩好。其中，在图片—图片状态下，当记忆指令为记忆时，对注意焦点材料的再认成绩最好，在文字—文字状态下，当记忆指令为遗忘时，对非注意焦点材料的再认成绩最差。

（3）在图片—文字、文字—图片状态下，出现注意转换下的图优效应，即在注意焦点状态下，对图片—文字的再认成绩比对文字—图片的再认成绩好，非注意焦点状态下对图片—文字的再认成绩比对文字—图片的再认成绩好。其中，在图片—文字状态下，当记忆指令为记忆时，对注意焦点材料的再认成绩最好，在文字—图片状态下，当记忆指令为遗忘时，对非注意焦点的再认成绩最差。

第三节　实验一：注意转换下学习、测验材料性质相同时有意遗忘项目的图优效应研究

实验一主要是在注意转换条件下，对注意焦点材料与非注意焦点材料的有意遗忘效果进行比较，查看当学习、测验材料类型相同时（图片—图片、文字—文字），不同注意类型是否会出现有意遗忘的图优效应。

本实验只对在注意焦点下的三项目材料进行研究。

一、实验方法

（一）被试的选取

在某大学在校生中选取被试 60 人，平均年龄为 21.7±1.83 岁，随机分配被试，被试分布如表 12-1 所示。确保两种学习材料类型被试分配到各组的比例一致，其中记忆指令和遗忘指令下的被试各 30 人，学习图片和学习文字被试各 30 人，所有被试均为右利手，视力或矫正视力正常，自愿参加实验。被试在性别及年龄上均无显著差异。

表 12-1　实验一被试分布情况　　单位：人

组别	记忆指令	遗忘指令	总人数
图片	15	15	30
文字	15	15	30
总人数	30	30	60

（二）实验设计

本实验为 2（学习材料状态：焦点、非焦点）×2（学习材料类型：图片、文字）×2（指示类型：记忆指令、遗忘指令）的混合设计。学习材料状态为组内变量，学习材料类型和指令类型为组间变量，因变量为图片或文字的再认正确率及反应时。

（三）实验材料

实验材料选取步骤如下。

（1）材料选取。从张清芳、杨玉芳（2003）研究中的 320 对图文材料中选取 104 对图文材料作为正式实验材料，包括水果、动物、服饰、家具、日用、人体、工具等类别，其中在不改变词本身含义的前提下，将其中的双字词全部进行了单字的转化，如“房子”在使用时为“房”，“耳朵”在使用时为“耳”。

（2）材料评定。采用李克特 5 点量表对实验材料图片与文字的匹配程度进行评定，1 表示十分不匹配，5 表示十分匹配，经 26 名大学生被试的评定，材料匹配均分为 4.57，标准差为 0.32，从匹配度较高［分值在 4.65～5（共 62 对）］的材料中选取 45 对作为注意焦点下的目标材料，其他材料作为平衡及再认材料。

（3）数量分配。正式实验中共出现 134 份图片或文字材料，学习阶段 74 份，测试阶段 60 份（包括 30 份学习过的材料和 30 份未学习过的材料）。练习材料包括 25 份图片或文字材料，图片材料选自 320 张图片材料中的未评定材料，文字材料选自《汉语大词典》（上海辞书出版社，2012 年版）中的单字名词，与正式实验材料不重复。

（4）材料呈现。单项目图片在屏幕中央呈现，注意焦点下的三项目材料在屏幕中央并排呈现（注意焦点材料在中央偏左、中央、中央偏右出现的次数相同），呈现后将其中两份非注意焦点材料进行模糊处理，采用 Photoshop 高斯模糊，模糊半径为 6.5 像素，图片材料统一像素为 150×150，文字材料统一为宋体 100 磅，图片材料与文字材料的数量分配方式、呈现方式以及模糊处理方式相同。

（四）实验程序

使用 E-prime1.1 软件编制实验程序。实验在安静的实验室中进行。实验一分为学习阶段、分心任务、再认测验 3 个阶段，实验学习阶段如图 12-1 和图 12-2 所示。

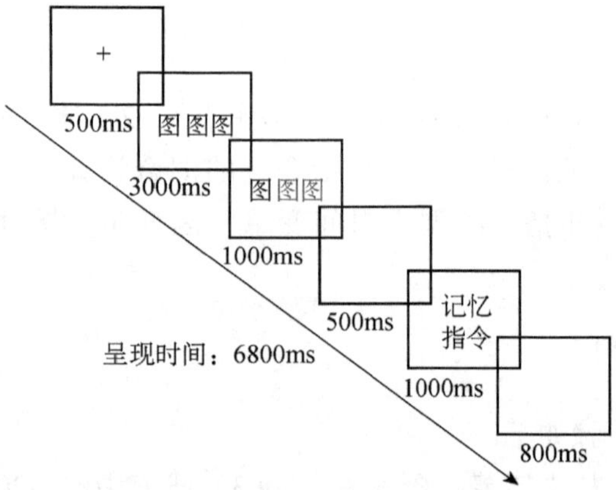

图 12-1 注意焦点材料流程图

图中灰色字体表示进行了模糊处理

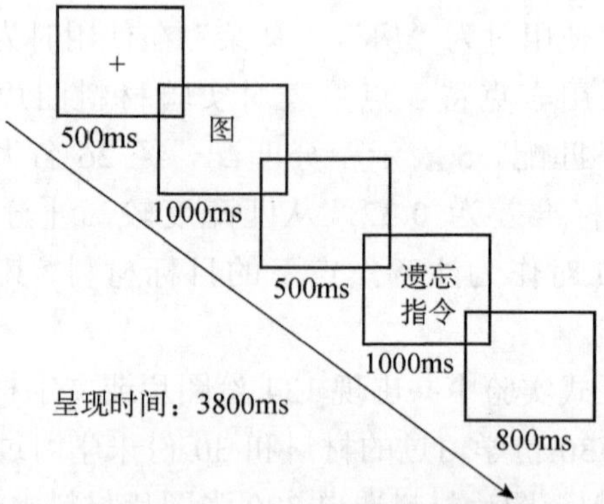

图 12-2 单张图片流程图

实验开始前，被试坐在距离计算机屏幕 50cm 的正前方，将视线集中在屏幕上，主试介绍实验过程中的注意事项，要求被试根据指导语认真完成实验。所有的指导语都在计算机屏幕上呈现，被试准确理解指导语后可按任意键进入下一环节。以学习图片材料为例，指导语为："这是一个记忆实验，实验共分为两个阶段，最开始是学习阶段，学习完后会有 1min 左右的休息时间，然后再进入测试阶段。学习阶段的任务中，首先屏幕中央会呈现一个'+'注视点，提醒你开始实验。接下来会呈现图片，呈现方式有两种，有的时候 1 张，有的时候并列 3 张，呈现后，随机对 3 张中的其中两张进行模糊处理。接下来，如果屏幕中出现'√'，表示请记住当前图片，出现 3 张时请记住清晰的图片，如果出现'×'，表示请忘记当前图片，不论是清晰还是模糊。"文字材料的指导语将其中的"图片"改为"文字"，其他部分相同。呈现完指导语后，按任意键开始练习实验，练习阶段包括 10 个 trial，5 个单项目 trial，5 个三项目 trial，记忆和遗忘指令各半，呈现顺序随机，练习中出现的实验材料不出现在学习和再认阶段中，被试熟悉实验流程后开始正式进入实验的学习阶段。

学习阶段：每个 trial 开始时会呈现 500ms 的注视点，在单项目 trial 中，图片或文字在屏幕上呈现 1000ms，包含注意焦点的三个并列项目出现 3000ms，三份并列呈现的材料模糊处理后呈现 1000ms，不改变呈现的位置，模糊位置随机，接着出现 500ms 的空屏，然后在屏幕中央会出现“√”或“×”指令，要求被试对实验材料进行记忆或遗忘，指令呈现时间为 1000ms，最后项目均出现 800ms 的空屏。整个学习阶段，单个项目 trial 的学习时间为 3800ms，三项目的呈现时间为 6800ms。

学习阶段共 32 个 trial，记忆和遗忘指令各半，包括 21 个注意焦点下的三项目 trial 和 11 个单项目 trial，呈现顺序随机。以学习图片材料为例，注意焦点下每 3 个图并排在一个 trial 中呈现，记忆指令 15 个，遗忘指令 6 个，单张显示的图片，记忆指令下 1 张，遗忘指令下 10 张，共学习了 74（63+11）张图片。测试时只对 15 个记忆 trial 中的注意焦点材料及每个 trial 中任一非注意焦点材料进行再认测验，单张图片只是为了平衡数量，不计入实验结果。

以上为图片—图片类型下的记忆组学习，在以图片为学习材料的被试中，一半被试完成这样的学习，另一半被试进行遗忘组的学习，即遗忘指令下处于注意焦点的 15 个，记忆指令下处于注意焦点的 6 个；单张显示的图片，遗忘指令下 1 张，记忆指令下 10 张。

通过这样的实验设计，保证在数据统计分析时注意焦点下的有意遗忘学习的材料数量（再认学习过的记忆指令和遗忘指令下各 15 份）是平衡的。

在学习阶段，注意焦点材料的学习流程如图 12-1 所示，单张图片的学习流程如图 12-2 所示。

分心任务：1min 的三位数倒减 3 的任务。

再认测验：先呈现测验阶段的指导语，被试清楚规则之后，按键盘任意键开始实验。以再认图片材料为例，首先是 500ms 的注视点，之后依次呈现单张图片，让被试判断所呈现图片在学习阶段是否出现过，出现过的按鼠标左键，没有出现过的按鼠标右键，要求被试尽快做出反应，无时间限制。再认图片共 60 张，呈现顺序随机，包括 15 张学过的注意焦点图片、每个 trial 中的任一非注意焦点图片共 15 张以及 30 张未学习过的图片。

二、实验结果与分析

学习、测验材料相同时，被试的再认正确率及虚报率情况如表 12-2 和图 12-3

所示。

表 12-2　实验一再认正确率及虚报率结果［*M*（*SD*）］

学习—再认材料类型	指令	人数/人	注意焦点材料正确率	非注意焦点材料正确率	未学习材料虚报率	总体正确率
图片—图片	记忆	15	0.83（0.12）	0.41（0.15）	0.10（0.08）	0.76（0.05）
	遗忘	15	0.65（0.19）	0.36（0.14）	0.06（0.06）	0.72（0.06）
文字—文字	记忆	15	0.80（0.14）	0.28（0.14）	0.10（0.18）	0.72（0.08）
	遗忘	15	0.57（0.21）	0.36（0.13）	0.16（0.15）	0.66（0.07）

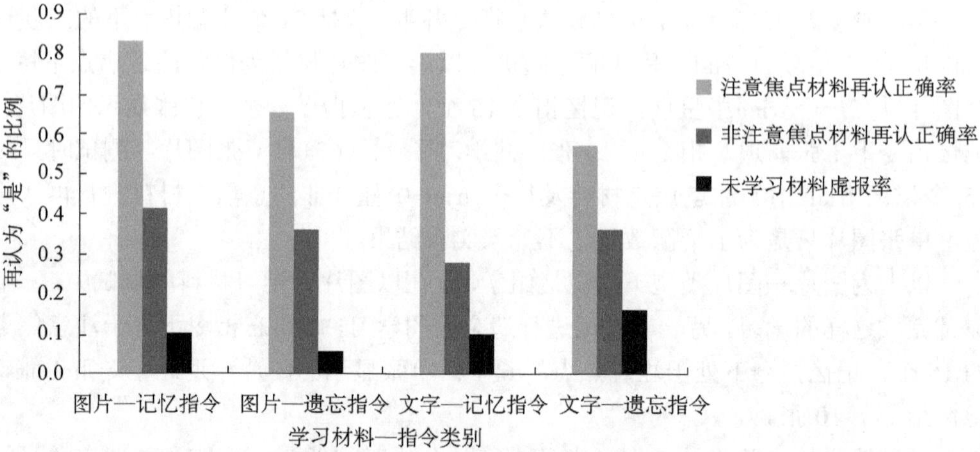

图 12-3　实验一中材料再认正确率、虚报率结果柱状图

对再认正确率进行 2（学习材料状态：焦点、非焦点）×2（学习材料类型：图片、文字）×2（指令类型：记忆、遗忘）的重复测量方差分析（表 12-3）。结果表明：学习材料类型的主效应不显著，$F(1, 56)=3.027$，$p>0.05$；学习材料状态的主效应显著，$F(1, 56)=292.888$，$p<0.05$，注意焦点下的成绩（$M=0.71$）显著高于非注意焦点下的成绩（$M=0.35$）；指令类型的主效应显著，$F(1, 56)=7.581$，$p<0.01$，记忆指令下被试的再认成绩（$M=0.58$）显著高于遗忘指令下的成绩（$M=0.49$），即产生了显著的有意遗忘效应；学习材料状态与学习材料类型的交互作用不显著；学习材料状态与指令类型的交互作用显著，$F(1, 56)=26.401$，$p<0.05$。简单效应检验发现，注意焦点下记忆指令下的成绩（$M=0.81$）显著高于遗忘指令下的成绩（$M=0.61$），$F(1, 56)=21.086$，$p<0.05$，即在注意焦点下产生了显著的有意遗忘效应；在记忆指令下，注意焦点下的成绩（$M=0.81$）显著高于非注意焦点下的成绩（$M=0.35$），$F(1, 56)=247.578$，$p<0.05$，在遗忘指令下，注意焦点下的成绩（$M=0.61$）显著高于非注意焦点下的成绩（$M=0.36$），$F(1, 56)=$

71.71，$p<0.01$；学习材料类型与指令的交互作用不显著；学习材料状态与学习材料类型、指令类型的交互作用显著，$F(1, 56)=5.714$，$p<0.05$。简单效应检验发现，当学习材料类型为图片时，在记忆指令下，$F(1, 56)=97.286$，$p<0.05$，注意焦点下被试的成绩（M=0.83）显著高于非注意焦点下被试的成绩（M=0.41）；在遗忘指令下，$F(1, 56)=50.632$，$p<0.01$，注意焦点下被试的成绩（M=0.65）显著高于非注意焦点下被试的成绩（M=0.36）；当学习材料类型为文字时，$F(1, 56)=153.481$，$p<0.05$，在记忆指令下，注意焦点下被试的成绩（M=0.80）显著高于非注意焦点下被试的成绩（M=0.28）；在遗忘指令下，$F(1, 56)=23.622$，$p<0.05$，注意焦点下被试的成绩（M=0.57）显著高于非注意焦点下被试的成绩（M=0.36）。在注意焦点下，当学习材料类型为图片时，$F(1, 56)=7.763$，$p<0.01$，在记忆指令下的成绩（M=0.83）显著高于遗忘指令下的成绩（M=0.65），即产生了显著的有意遗忘效应；在注意焦点下，当学习材料类型为文字时，$F(1, 56)=13.748$，$p<0.01$，在记忆指令下的成绩（M=0.80）显著高于遗忘指令下的成绩（M=0.57），即产生了显著的有意遗忘效应；在非注意焦点下，当指令类型为记忆时，学习图片的再认成绩（M=0.41）显著高于学习文字的再认成绩（M=0.28），$F(1, 56)=6.986$，$p<0.05$，即在非注意焦点下，当指令类型为记忆时，出现了显著的图优效应；在注意焦点下，当指令类型为记忆时，不同学习材料类型的正确率差异不显著，$F(1, 56)=0.203$，$p>0.05$；在注意焦点下，当指令类型为遗忘时，不同学习材料类型的正确率差异不显著，$F(1, 56)=1.881$，$p>0.05$；在非注意焦点下，当学习材料类型为图片时，不同指令下的正确率差异不显著，$F(1, 56)=1.309$，$p>0.05$；在非注意焦点下，当学习材料类型为文字时，不同指令下的正确率差异不显著，$F(1, 56)=2.833$，$p>0.05$；在非注意焦点下，当指令类型为遗忘时，不同学习材料类型的正确率差异不显著，$F(1, 56)=0.034$，$p>0.05$。

表 12-3 实验一中学习材料类型、学习材料状态以及指令对再认正确率影响的方差分析

因变量	变异来源	平方和	*df*	均方	*F*	*p*
再认正确率	学习材料类型	0.016	1	0.016	3.027	0.087
	学习材料状态	3.870	1	3.870	292.888	0.001
	指令	0.266	1	0.266	7.581	0.008
	学习材料状态×学习材料类型	0.001	1	0.001	0.018	0.893
	学习材料状态×指令	0.349	1	0.349	26.401	0.001
	学习材料类型×指令	0.014	1	0.014	0.395	0.532
	学习材料类型×学习材料状态×指令	0.076	1	0.076	5.714	0.020

由以上方差分析结果可知，当学习、测验材料性质相同时，注意焦点下被试的

再认成绩显著高于非注意焦点下的再认成绩，即注意转换促使被试的注意焦点进行了转移，使其将更多的注意资源用于注意焦点材料的加工；指令类型的主效应显著，无论学习图片还是学习文字，都产生了显著的有意遗忘效应，其中与非注意焦点材料相比，注意焦点材料下的有意遗忘效应更为显著；在非注意焦点下，当指令类型为记忆时，出现了显著的图优效应。

对非注意焦点材料的正确率和未学习材料的虚报率进行配对样本 t 检验，在学习材料类型—指令类型（图片—记忆指令、图片—遗忘指令、文字—记忆指令、文字—遗忘指令）4 个水平上，非注意焦点的正确率显著高于未学习材料的虚报率，其中，图片—记忆指令，t（14）=9.184，$p<0.01$；图片—遗忘指令，t（14）=12.257，$p<0.01$；文字—记忆指令，t（14）=3.652，$p<0.01$，文字—遗忘指令，t（14）=6.268，$p<0.01$，这说明非注意焦点材料的正确率与未学习材料的虚报率可以明确区分开来，排除了地板效应的发生。

对未学习材料的虚报率进行单因素方差分析，在学习材料类型—指令类型（图片—记忆、图片—忘记、文字—记忆、文字—忘记）4 个水平上进行被试间分析，结果表明，4 个水平上虚报率的差异不显著，F（3，56）=1.584，$p>0.05$。

当学习、测验材料相同时，被试的反应时的描述性统计结果如表 12-4 所示。

表 12-4　实验一正确反应时结果［M（SD）］　　单位：ms

学习—再认材料类型	指令	人数/人	注意焦点材料正确反应时	非注意焦点材料正确反应时	未学习材料正确反应时	总正确反应时
图片—图片	记忆	15	827（148）	931（266）	906（219）	883（181）
	遗忘	15	1000（342）	871（296）	865（118）	892（140）
文字—文字	记忆	15	890（168）	956（241）	954（270）	930（188）
	遗忘	15	959（374）	1042（297）	1056（371）	990（290）

对反应时进行 2（学习材料状态：焦点、非焦点）×2（学习材料类型：图片、文字）×2（指令类型：记忆、遗忘）的重复测量方差分析。结果表明，学习材料类型的主效应不显著，F（1，56）=0.808，$p>0.05$；学习材料状态的主效应不显著，F（1，56）=0.692，$p>0.05$；指令类型的主效应不显著，F（1，56）=1.229，$p>0.05$；学习材料状态与学习材料类型的交互作用不显著，F（1，56）=1.323，$p>0.05$；学习材料状态与指令类型的交互作用不显著，F（1，56）=2.052，$p>0.05$；学习材料类型与指令类型的交互作用不显著，F（1，56）=0.031，$p>0.05$；学习材料状态与学习材料类型、指令类型的交互作用不显著，F（1，56）=2.759，$p>0.05$，即学习材料状态、学习材料类型、指令类型三者的主效应以及交互作用均不显著，并未表现出正确反应时上的差异性。

三、讨论

实验一考察了在注意转换下，被试对学习、测验材料性质相同的项目是否会出现有意遗忘效应及图优效应。结果表明，被试在注意焦点下的成绩显著高于非注意焦点下的成绩，即注意转换促使被试的注意焦点进行了转移，使其将更多的注意资源用于注意焦点材料的加工；指令类型的主效应显著，即出现显著的有意遗忘效应，注意焦点下的有意遗忘效应更为显著；在注意焦点下，未产生有意遗忘项目学习下的图优效应；在非注意焦点下，当指令类型为记忆时，出现了显著的图优效应。

在注意焦点下，被试的再认正确率显著好于非注意焦点下的再认正确率，说明在经过注意焦点转换后，注意焦点下的材料获得了更多的注意资源，被试对注意焦点下的材料进行了更为精细的编码，记忆效果更好，对应的非注意焦点材料的认知资源变少，因此记忆效果较差。

在注意焦点下，存在着显著的有意遗忘效应，与学习材料为文字时相比，学习材料为图片时的有意遗忘程度更低。在注意焦点下，图片相比于文字，捕获了更多的注意资源，那么抑制非注意焦点的图片的资源会减少，所以对于处于注意焦点内的图片，记忆与遗忘指令下的有意遗忘再认成绩要相对好一些，记忆指令下的再认成绩会比处于非注意焦点条件下的图片（也可认为是一种类似的遗忘指令）的再认成绩好；而对于文字，在注意焦点内捕获的注意资源较少，那么抑制非注意焦点的文字的资源数量不会有太多减少，所以对于处于注意焦点内的文字，记忆与遗忘指令的有意遗忘再认成绩要差一些，记忆指令会比处于非注意焦点的文字的有意遗忘再认成绩好。即使在有意遗忘的条件下，遗忘指令也未能完全抑制图片的编码优势，图片的编码线索更多，加工程度更深，因此再认成绩更好，而文字的编码线索较少，精细加工程度较低，因此在遗忘指令下的再认成绩更低。迁移适当加工理论通过编码和检索的相互作用来挖掘图像的优势，该理论认为，当项目加工中学习阶段和测验阶段的材料呈现类型相匹配时，记忆效果更好（Morris et al.，1977）。按照迁移适当加工理论，图片与文字学习与测验材料一致时，可导致更高的再认正确率，在该实验中，学习、测验材料性质相同，无论是在图片—图片类型还是文字—文字类型下，被试的再认正确率都较高，材料类型加工难度差异不大，在正确反应时上也无显著差异，因此，注意焦点下并未产生显著的图优效应。然而，无论指令为记忆还是遗忘，图片的再认成绩都比同等指令下文字的再认成绩相对要好，说明相比文字，图片编码更为精细，加工水平更高，更易捕获更多的注意资源。

在非注意焦点下，当指令为记忆时，出现了图优效应，学习图片的再认正确率比学习文字的再认正确率高。按照知觉的资源负载理论（Lavie，1995），注意焦点材料耗费了大部分注意资源，多余的注意资源自动对任务的知觉负载较低的非注意焦点材料进行加工。在任务难度较大、认知资源相对较少的非注意焦点任务中，图片比文字捕获了更多的注意资源。在非注意焦点下，出现了不同程度的记忆负荷效应，遗忘指令下被试的再认正确率高于记忆指令下的再认正确率，这说明在有意遗忘或忽略注意焦点情况下的无关信息后，在一定程度上有利于对非注意焦点任务的认知加工。

综合以上结果分析不难看出，学习、测验性质相同时，可能引发被试对需记忆项目的回忆优势，同时减少被试对需遗忘项目的回忆，说明自上而下的加工会引发有意遗忘（Hourihan & Taylor，2006）。Quinlan 等（2010）在研究中发现，有意遗忘范式中学习图片的记忆效果比学习文字的记忆效果要好，然而本实验中注意焦点材料下并未产生显著的图优效应，而是遵循了迁移适当加工理论，学习、测验材料性质相同时，被试的再认正确率会提高，这也许在一定程度上抑制了图优效应的产生。在非注意焦点下，当指令为记忆时，产生了显著的图优效应，可以认为当加工难度较大或认知资源相对较少时，图片比文字更易发挥出自身的优势，得到更好的再认效果。

在实验二中，改变学习材料性质，这使得实验的加工难度提高，将进一步考察在学习、测验材料性质不同时，被试在注意焦点及非注意焦点下的有意遗忘项目学习的图优效应情况。

第四节　实验二：注意转换下学习、测验材料性质不同时有意遗忘项目的图优效应研究

实验二主要测试在注意转换条件下，对学习、测验性质不同的材料（即图片—文字、文字—图片）进行研究，对注意焦点材料与非注意焦点材料的有意遗忘效果进行比较，查看当学习、测验材料性质不同时，是否会出现有意遗忘的图优效应。实验二同样只对在注意焦点下的三项目材料进行研究。

一、实验方法

（一）被试的选取

在某大学在校本科生中选取被试 64 名，平均年龄为 22±1.75 岁，随机分配被

试，被试的分布如表 12-5 所示。确保两种学习材料类型被试分配到各组的比例一致，其中剔除文字组极端数据两个，后补充被试两人，最终记忆和遗忘指令下的被试各 32 人，学习图片和学习文字的被试各 32 人。所有被试均为右利手，视力或矫正视力正常，自愿参加实验。被试在性别及年龄上均无显著差异。

表 12-5　实验二被试分布情况　　单位：人

组别	记忆	遗忘	总人数
图片	16	16	32
文字	16	16	32
总人数	32	32	64

（二）实验设计

本实验为2（学习材料状态：焦点、非焦点）×2（学习材料类型：图片、文字）×2（指令类型：记忆、遗忘）的混合设计。学习材料状态为组内变量，学习材料类型和指令类型为组间变量，因变量为图片或文字的再认正确率及反应时。

（三）实验材料

实验二中的学习材料与实验一相同，测验材料为学习材料中的对应匹配材料。

（四）实验程序

实验分为学习、分心任务、再认 3 个阶段。学习阶段和分心任务阶段与实验一相同。在再认阶段，先呈现测验阶段的指导语，被试清楚规则之后，按键盘任意键开始实验，以图片—文字类型为例，首先是 500ms 的注视点，之后依次呈现单张图片，让被试判断所呈现图片的对应文字材料在学习阶段是否出现过（例如，学习阶段呈现“房”的图片，再认阶段呈现文字“房”），出现过按鼠标左键，没有出现过按鼠标右键，要求被试尽快做出反应，无时间限制。再认图片共 60 张，呈现顺序随机，包括 15 张学过的注意焦点图片、每个 trial 中的任一非注意焦点图片共 15 张以及 30 张未学习过的图片材料。

二、实验结果与分析

不同学习、测验材料类型下，被试成绩的描述性统计结果如表 12-6 和图 12-4 所示。

表 12-6 实验二再认正确率及虚报率结果 [M (SD)]

学习—再认材料类型	指令	人数/人	注意焦点材料正确率	非注意焦点材料正确率	未学习材料虚报率	总体正确率
图片—图片	记忆	16	0.85 (0.12)	0.34 (0.17)	0.11 (0.15)	0.75 (0.04)
	遗忘	16	0.60 (0.17)	0.37 (0.12)	0.13 (0.09)	0.68 (0.05)
文字—文字	记忆	16	0.76 (0.16)	0.27 (0.11)	0.18 (0.16)	0.68 (0.06)
	遗忘	16	0.53 (0.15)	0.31 (0.13)	0.14 (0.12)	0.64 (0.07)

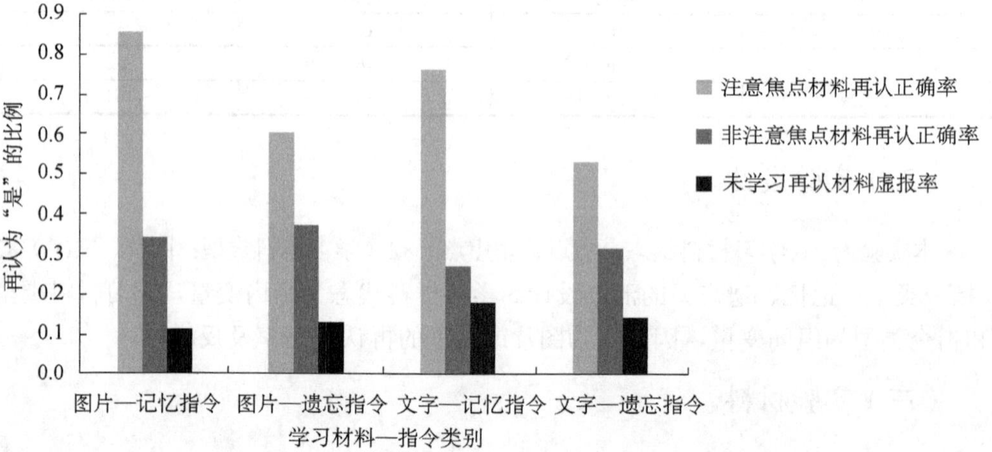

图 12-4 实验二中材料再认正确率、虚报率结果柱状图

对再认正确率进行 2(学习材料状态：焦点、非焦点)×2(学习材料类型：图片、文字)×2(指令类型：记忆、遗忘)的重复测量方差分析(表 12-7)。结果表明，学习材料类型的主效应显著，F(1，60)=6.697，p<0.05，学习图片材料的再认正确率(M=0.54)显著高于学习文字的再认正确率(M=0.47)；学习材料状态的主效应显著，F(1，60)=270.881，p<0.01，注意焦点下的成绩(M=0.69)显著高于非注意焦点下的成绩(M=0.32)；指令类型的主效应显著，F(1，60)=12.821，p<0.01，记忆指令下被试的再认成绩(M=0.56)显著高于遗忘指令下的再认成绩(M=0.46)，即产生了显著的有意遗忘效应；学习材料状态与学习材料类型的交互作用不显著，F(1，60)=0.124，p>0.05；学习材料状态与指令类型的交互作用显著，F(1，60)=39.210，p<0.01。简单效应检验发现，注意焦点下记忆指令下的成绩(M=0.81)显著高于遗忘指令下的成绩(M=0.57)，F(1，60)=39.285，p<0.05，即在注意焦点下产生了显著的有意遗忘效应；在记忆指令下，注意焦点下的成绩(M=0.81)显著高于非注意焦点下的成绩(M=0.30)，F(1，60)=258.106，p<0.05；在遗忘指令下，注意焦点下的成绩(M=0.57)显著高于非注意焦点下的成绩(M=0.34)，F(1，60)=51.986，p<0.01。学习材料类型与指令类型的交互作用不显著，F(1，60)=0.045，p>0.05。学习材料状态与学习材料类型、指令类型的交

互作用不显著，F（1，60）=0.039，p>0.05。

表 12-7　实验二中学习材料类型、学习材料状态以及指令对再认正确率影响的方差分析

因变量	变异来源	平方和	df	均方	F	p
再认正确率	学习材料类型	0.168	1	0.168	6.697	0.012
	学习材料状态	4.256	1	4.256	270.881	0.001
	指令	0.322	1	0.322	12.821	0.001
	学习材料状态×学习材料类型	0.002	1	0.002	0.124	0.726
	学习材料状态×指令	0.616	1	0.616	39.210	0.001
	学习材料类型×指令	0.001	1	0.001	0.045	0.833
	学习材料类型×学习材料状态×指令	0.001	1	0.001	0.039	0.844

由以上方差分析结果可知，当学习、测验材料性质不同时，注意焦点下被试的成绩显著高于非注意焦点下的成绩，即注意转换后被试的注意焦点进行了转移，使其将更多的注意资源用于对注意焦点材料的加工；学习材料类型的主效应显著，即出现了显著的图优效应；指令类型的主效应显著，即产生了显著的有意遗忘效应，其中注意焦点下的有意遗忘效应更为显著。

对非注意焦点材料的再认正确率和未学习材料的虚报率进行配对样本 t 检验，在学习材料类型—指令类型（图片—记忆指令、图片—遗忘指令、文字—记忆指令、文字—遗忘指令）4 个水平上，对非注意焦点材料的再认正确率显著高于未学习材料的虚报率，其中，图片—记忆指令，t（15）=11.414，p<0.01，图片—遗忘指令，t（15）=11.758，p<0.05，文字—记忆指令，t（15）=2.694，p<0.05，文字—遗忘指令，t（15）=5.721，p<0.05，这说明对非注意焦点材料的再认正确率与未学习材料的虚报率可以明确区分开来，排除了地板效应的发生。

对未学习材料的虚报率进行单因素方差分析，在学习材料类型—指令类型（图片—记忆指令、图片—遗忘指令、文字—记忆指令、文字—遗忘指令）4 个水平上进行被试间分析，结果表明，4 个水平上虚报率的差异不显著，F（3，60）=1.002，p >0.05。

学习、测验材料性质不同时，被试的反应时的描述性统计结果如表 12-8 所示。

表 12-8　实验二正确反应时结果［M（SD）］　　单位：ms

学习—再认材料类型	指令	人数/人	注意焦点材料正确反应时	非注意焦点材料正确反应时	未学习材料正确反应时	总正确反应时
图片—图片	记忆	16	971（180）	1085（311）	1129（260）	1063（203）
	遗忘	16	1258（342）	1302（527）	1290（329）	1271（331）
文字—文字	记忆	16	1390（516）	1547（576）	1850（527）	1699（494）
	遗忘	16	1357（438）	1698（619）	2000（647）	1818（528）

对正确反应时进行 2（学习材料状态：焦点、非焦点）×2（学习材料类型：图片、文字）×2（指令类型：记忆、遗忘）的重复测量方差分析，结果表明，学习材料类型的主效应显著，F（1，60）=9.802，p<0.01，学习图片材料的正确反应时（M=1169）显著短于学习文字的正确反应时（M=1498）；学习材料状态的主效应显著，F（1，60）=13.444，p<0.01，注意焦点下的正确反应时（M=1249）显著短于非注意焦点下的正确反应时（M=1418）；指示类型的主效应显著，F（1，60）=2.627，p>0.05，记忆指令下的正确反应时（M=1248）显著短于遗忘指令下的正确反应时（M=1418）；学习材料状态与学习材料类型的交互作用不显著，F（1，60）=2.976，p>0.05；学习材料状态与指令类型的交互作用不显著，F（1，60）=0.538，p>0.05；学习材料类型与指令类型的交互作用不显著，F（1，60）=1.118，p>0.05；学习材料状态与学习材料类型、指令类型三者的交互作用不显著，F（1，60）=1.568，p>0.05。

由以上方差分析结果可知，当学习、测验材料性质不同时，注意焦点下被试的正确反应时显著短于非注意焦点下的正确反应时，即注意转换后被试将更多的注意资源用于注意焦点材料的加工，使得再认时对非注意焦点材料的反应时延长；学习材料类型的主效应显著，即在反应时上出现了显著的图优效应，图片比文字的加工时间短；指令类型的主效应显著，即在正确反应时上，被试对遗忘指令下的加工时间比记忆指令下的时间长。

三、讨论

实验二考察了学习、测验材料性质改变时，注意转换下学习、测验材料性质不同时的再认正确率和反应时的有意遗忘效应及图优效应情况。结果表明，注意焦点下被试的成绩显著高于非注意焦点下的成绩，即注意转换后被试将更多的注意资源用于对注意焦点材料的加工；学习材料类型的主效应显著，出现了显著的图优效应；指令类型的主效应显著，产生了显著的有意遗忘效应，其中注意焦点下的有意遗忘效应更为显著。在正确反应时上，注意焦点下被试的正确反应时显著短于非注意焦点下的正确反应时；学习材料类型的主效应显著，图片比文字的加工时间短；指令类型的主效应显著，在正确反应时上，被试对遗忘指令下的加工时间比记忆指令下的时间长，即当学习、测验材料性质不同时，出现了有意遗忘项目学习的图优效应。

与实验一结果的相同之处在于，注意焦点下被试的再认正确率显著高于非注意焦点下的再认正确率，说明在经过注意焦点转换后，被试将更多的注意资源用于对注意焦点材料的加工，对注意焦点下的材料进行了更为精细的编码，记忆效果更好，对应的非注意焦点材料的认知资源变少，因此记忆效果较差。在注意焦点下，指令的主效应显著，无论学习图片还是学习文字，记忆指令下的再认正确率都显著高于遗忘指令下的再认正确率，说明当学习、测验材料类型不同时，有意遗忘效应依旧产生了，也说明学习、测验材料类型的变化并未对有意遗忘效应产生影响。

同时，与实验一的趋势一致，在非注意焦点下出现了不同程度的记忆负荷效应，即遗忘指令下被试的再认正确率高于记忆指令下的再认正确率，被试在遗忘条件下的再认成绩更好，尤其是当实验材料为文字时，这种效应最为明显，这说明有意遗忘或忽略注意焦点情况下的无关信息后，在一定程度上有利于非注意焦点任务的认知加工。具体地说，遗忘线索的呈现阻断了对注意焦点材料的进一步加工与保持，从而把更多的认知资源运用到对非注意焦点任务的加工中。更重要的是，忘记无关信息后，工作记忆中只需要保持较少的信息，所以能够对非注意焦点材料做出更好的反应。

与实验一的不同之处在于，当学习、测验材料性质不同时，学习图片的再认正确率比学习文字的再认正确率更高，反应时更短，说明出现了有意遗忘材料学习下的图优效应，也说明随着学习、测验难度的加大，被试做出判断的难度提高，图片的优势得以凸显出来。在反应时上，遗忘指令下被试的反应时间比记忆指令下的反应时间长，说明有限的注意资源对遗忘指令下的材料进行了更多的加工，遗忘指令成功阻止不必要的信息进入记忆系统。

综上所述，实验二在实验一的基础之上，考察了学习、测验材料性质不同时有意遗忘项目的学习效果。结果发现，无论是在再认正确率还是反应时上，被试对图片—文字的再认成绩都比文字—图片的再认成绩明显要好，这与 Quinlan（2010）的研究结果一致。实验结果表明：当学习、测验材料性质不同时，出现了注意转换下有意遗忘项目学习的图优效应。

第五节　综合讨论

Quinlan 在 2010 年的研究表明，当以图片和文字为有意遗忘项目的学习材料时，与学习文字材料相比，学习图片材料的回忆效果最好，有意遗忘效应最小，即出现了有意遗忘下的图优效应。因此，实验中加入注意转换的因素，来探讨注意转换及学习材料性质相同与否对有意遗忘项目学习的图优效应的影响，考察在注意焦点材料和非注意焦点下的有意遗忘项目（图片和文字）是否依旧会出现图优效应。本章通过两个实验对注意转换及学习材料性质与有意遗忘项目学习的图优效应关系进行了探索和验证。实验一主要测试在注意转换条件下，对注意焦点材料与非注意焦点材料的有意遗忘效果进行比较，分析当学习、测试材料性质相同时（图片—图片、文字—文字），不同注意类型是否会出现有意遗忘的图优效应。实验二采用相同的实验范式，测试在注意转换条件下，对注意焦点材料与非注意焦点材料的有意遗忘效果进行比较，分析不同类型实验材料（图片—文字、文字—图片）、不同注意类型是否会出现有意遗忘的图优效应。本章通过探讨两种材料类型在注意转换下有意遗忘项目学习的图优效应的差异，考察了注意转换及学习材料类型性质对图优效应的影响，当学习、测验材料性质相同时，发生了注意转换下的有意遗忘效应，当学习、测验材料性质不同时，发生了注意转换下的有意遗忘项目学习的图优效应。

一、注意转换对注意焦点与非注意焦点材料再认差异的影响

通过本章实验结果可以认为，注意焦点及非注意焦点成绩的差异主要来源于被试对注意资源的分配，这符合知觉负载理论（Lavie，1995）对注意的解释。知觉负载理论认为，当前任务知觉负载的高低决定了选择性注意过程中的资源分配。如果当前任务的知觉负载较低，在加工过程中只会消耗一部分注意资源，多余的注意资源会自动去加工干扰刺激；如果当前任务的知觉负载较高，有限的注意资源被消耗尽，那么与任务无关的干扰刺激无法得到知觉加工，从而不会产生干扰效应。在该实验中，加工知觉负载较高的注意焦点材料耗费了大部分注意资源，多余的注意资源自动对任务的知觉负载较低的非注意焦点材料进行加工。

实验一和实验二中都发现，在注意焦点下，被试的再认正确率显著好于非注意焦点下的再认正确率，说明无论学习、测验性质相同与否，在经过注意焦点转换后，被试都根据不同的任务对注意资源进行了分配，注意焦点材料的加工耗费了更多的注意资源，被试对其进行了更为精细的编码，记忆效果更好，对应的非注意焦点材料的认知资源变少。当指令为遗忘时，在非注意焦点下出现了不同程度的记忆负荷效应，遗忘指令下被试的再认正确率高于记忆指令下的再认正确率，被试在遗忘条件下的再认成绩更好，尤其是当实验材料为文字时，这种效应最为明显，这说明有意地对注意焦点下的材料忽略后，被试将多余的注意资源用于了对非注意焦点下材料的加工，当忘记注意焦点下的无关信息后，工作记忆中只需要保持较少的信息，所以遗忘指令下被试对非注意焦点材料做出了更精细的加工，做出了更准确的判断。

二、学习、测验材料性质相同时有意遗忘项目学习的图优效应

当学习、测验材料性质相同时，在注意焦点下，存在着显著的有意遗忘效应。与学习材料为文字时相比，学习材料为图片时的有意遗忘程度更低，对于处于注意焦点内的图片，记忆与遗忘指令下的再认成绩比处于非注意焦点的图片要相对好一些；处于注意焦点下的文字所捕获的资源较少，通过遗忘指令抑制非注意焦点下的文字的资源较为充足，所以遗忘指令下文字的再认成绩要显著低于记忆指令下文字的再认成绩。

在实验中，除了图优效应之外，同样有其他潜在因素影响整体的再认成绩，如迁移适当加工理论。该理论认为当学习、测验材料性质相同时，会增强被试的记忆效果，学习、测验材料均为图片和学习、测验材料均为文字时的再认成绩会偏高。实验中，注意焦点学习图片材料与文字材料的再认成绩并无明显差异，并未产生有意遗忘学习的图优效应，这可能是学习、测验材料类型相同时，学习阶段的加工迁移到了测验阶段，进而提高了被试对材料的再认成绩，相应地抑制了图优效应。

在非注意焦点下，当指令类型为记忆时，出现了显著的图优效应。按照知觉的资源负载理论，当注意焦点材料耗费了大部分注意资源时，多余的注意资源会自动对任务的知觉负载较低的非注意焦点材料进行加工。在执行难度较大、认知资源相对较少的任务时，图片材料比文字材料更易捕获更多的注意资源。

史小航、郝兴昌在2009年的研究中认为，正确的记忆的影响因素之一就是加工水平。在当前的实验中，当学习、测验材料性质相同时，有意遗忘效应依然发生了，说明其并未受到注意转换因素的影响，在学习图片时的有意遗忘程度更低，说明有意遗忘程度与学习、测验材料性质密切相关。遗忘指令的出现对被试来说是一个停止信号，当被试看到遗忘指令后，就不再对其进行编码复述，可以说单字法有意遗忘就是对遗忘指令不再进行深入加工的认知过程，这在一定程度上影响了遗忘指令下的再认正确率（Morris et al.，1977）。注意抑制理论指出，当呈现遗忘指令后，注意机制会主动将项目从工作记忆中删除，并阻止其在有限的认知资源中恢复，这为记忆项目的精细加工释放了资源（Zacks et al.，1996）。根据选择性复述理论，项目在接受记忆指令后进行保持和复述，项目在接受遗忘指令后将停止复述而进行消极的衰减（Basden et al.，1993），而图片包含图像编码和语义编码，这使得图片编码程度高，衰减程度低，而文字编码程度较低，衰减程度较高，这可能也是被试对这两种材料的有意遗忘程度出现差异的原因。

三、学习、测验材料性质不同时有意遗忘项目学习的图优效应

当学习、测验材料性质不同时，在注意焦点下，存在着显著的有意遗忘效应，在正确率和反应时上都出现了有意遗忘项目学习的图优效应。

在注意焦点状况下，无论学习、测验材料类型是否相同，记忆指令下材料的正确率都高于遗忘指令下的正确率，即出现了有意遗忘效应，说明学习、测验材料类型的变化并未对有意遗忘效应产生影响。在反应时上，遗忘指令下被试的反应时比记忆指令下的反应时长，当学习图片时的正确率比学习文字时的正确率更高时，反应时更短，出现了有意遗忘材料学习下的图优效应。研究结果说明，随着学习、测验难度的加大，被试做出判断的难度提高，图片的优势得以凸显出来。按照 Nelson（1979）提出的感觉-语义模型，图片比文字具有更为鲜明的外在特征，这种感觉特征比文字具有更为明显的加工及提取优势，Stenberg 在 2006 年的研究中认为，图片优势记忆归因于图片的概念加工优势，图片的加工水平比相同学习阶段的单词的加工程度要深。Paivio 在 1975 年提出的双重编码理论认为，图片记忆占优势与学习项目的知觉加工有密切关系，图片优势效应的产生是因为图片包含语义和图像的双重编码，而单词是单一的语义编码。双重编码导致被试对图片的编码比对词语的编码精细，编码越精细，记忆就越深刻。当前的实验中，当学习图片材料时，被试经过语义和图像双重编码，再认文字材料时可提取的内容更为丰富，图片被成功提取的概率更大，而当学习文字材料时，被试只经过语义一种编码，可提取的仅为语义编码，提取项目单一，记忆效果较差，可正确提取的概率较低。根据本实验的研究结果推论，编码任务和提取条件会对图片优势效应产生影响（Weldon & Roediger，1987），当学习、测验材料性质相同时，编码、提取的难度不大，可能会出现普遍较高的正确率，图片优势不容易发挥出来，而当编码、提取材料性质不同时，图片的优势更容易显现。

在非注意焦点下出现了不同程度的记忆负载效应，被试在遗忘条件下的再认成绩更好，尤其是当实验材料为文字时，这种效应最为明显，这说明有意遗忘或忽略注意焦点下无关信息后，在一定程度上有利于非注意焦点任务的认知加工，遗忘线索减少了被试对注意焦点材料的保持，工作记忆中的加工信息减少了，被试将更多的资源运用于非注意焦点材料的加工，改善了对非注意焦点材料的反应。在非注意焦点下，未出现显著的有意遗忘或图优效应，这说明尽管得到了一定程度的加工，非注意焦点占用的资源仍是相对有限的，不足以使其进行完全加工。

本实验还存在一些不足：对实验材料的选取不够更严格和精确。本实验中对实

验材料中双字词人为地进行了单字的转化，而在转化后，部分文字材料有相近或相似的名称，虽然在学习阶段呈现时对图片与文字的匹配程度进行了筛查，最大程度地选用匹配度较高的材料，但由于个体对事物的认知存在主观性，可能会对被试对应材料的再认判断产生影响。然而，从实践角度来看，在学习和生活中，人们大多处于对多个项目记忆的情境中，而非孤立地对某一个项目进行记忆，学习者面对的学习项目往往不是单一孤立的，多数是需要对众多的学习项目进行选择性的记忆或遗忘。当前实验对注意转换下的有意遗忘及图优效应进行研究，有利于促进人们更高效地对情境中的多个学习项目进行学习。

第六节 结 论

当前实验加入注意转换的因素，通过研究学习、测验材料性质相同和不同时两种情况，对有意遗忘项目的图优效应进行探讨，进而能为人们更高效地对多学习项目进行学习提供依据，结论如下。

（1）注意转换后，注意焦点下材料的再认成绩明显比非注意焦点材料下的再认成绩好，遗忘程度低。

（2）当学习、测验材料性质相同时，注意焦点下出现了有意遗忘效应，非注意焦点下出现了图优效应。

（3）当学习、测验材料性质不同时，出现了注意转换下的有意遗忘效应和图优效应。

以上结果表明：当学习、测验材料类型不同时，注意焦点材料与非注意焦点材料的加工深度、认知资源的分配发生了变化，因而对注意焦点、非注意焦点及总体上被试的正确再认成绩产生了影响，这使有意遗忘效应的程度和遗忘指令对图优效应的抑制程度产生了差异。

参 考 文 献

白学军，巩彦斌，刘湍丽.（2014）. 抑制对错误记忆的影响. 心理学探新，34（2），124-130.

白学军，王媛媛，杨海波.（2012）. 情绪一致性对有意遗忘的影响. 心理科学，35（1），9-15.

陈庆荣，谭顶良，邓铸，徐晓东.（2010）. 句法预测对句子理解影响的眼动实验. 心理学报，42（6），672-682.

陈曦.（1999）. 复述，提取抑制与有意遗忘的实验研究. 心理学报，31（3），284-290.

陈宗阳.（2011）. 不同情绪词的定向遗忘研究. 天津师范大学硕士学位论文.

董方白.（2013）. 数字加工任务中听觉信息的干扰对启动的影响. 苏州大学硕士学位论文.

高贺明.（2013）. 定向遗忘中抑制机制的神经机制研究. 西南大学硕士学位论文.

高在峰.（2009）. 客体表征在视觉工作记忆中的构建. 浙江大学博士学位论文.

郭艳彪，陈琳，陈广耀，莫雷.（2013）. 时间维度在记叙文理解中的作用. 心理科学，36（4）：802-809.

郭艳彪，陈琳，董晓玲，莫雷.（2014）. 时间距离对记叙文倒叙信息表征的影响. 心理科学，37（3），542-548.

何先友，李惠娟，魏玉兵.（2011）. 文本阅读中时间信息加工的二阶段模型. 心理学报，43（12）：1355-1369.

何先友，赵雪汝，杨惠兰，赖斯燕，林席明.（2013）. 时间情景模型的更新：事件框架依赖假设. 华南师范大学学报（社会科学版），5，112-117.

贾宏燕，梁栓荣.（2010）. 情绪对单字法定向遗忘的影响. 心理科学，33（2），416-418.

李宝芬.（2005）. 工作记忆容量与有意遗忘中认知抑制能力的关系研究. 河北大学硕士学位论文.

李毕琴，张明.（2012）. 跨感觉通道任务中刺激驱动注意捕获的不对称性. 心理科学进展，20（11），1749-1754.

李宏英，连榕，翁洁.（2008）. 预警、重复学习和反馈对错误记忆的影响——错误记忆的信号检测论分析. 心理科学，31（6），1507-1509.

慕德芳，陈英和.（2013）. 元认知监控的机制：认知灵活性的调节作用. 心理发展与教育，29（2），113-120.

沈德立，白学军，臧传丽，闫国利，冯本才，范晓红.（2010）. 词切分对初学者句子阅读影响的眼动研究. 心理学报，42（2），159-172.

沈德立，宋耀武，白学军.（2001）. 小学学习成绩优生与差生有意遗忘中抑制能力的发展研究. 心理发展与教育，17（4），1-5.

沈汪兵，刘昌，王永娟.（2009）. 提取抑制：来自听觉定向遗忘的证据. 心理与行为研究，7（4），269-273.

史小航，郝兴昌.（2009）. 加工水平和呈现时间对错误记忆的影响. 心理科学，32（2），342-345.

宋耀武，白学军.（2003a）. 有意遗忘中认知抑制的研究进展. 心理科学，26（4），727-729.

宋耀武，白学军，陶云.（2003b）. 不同学习成绩的小学生有意遗忘过程的实验研究. 心理与行为研究，1（2），137-142.

孙天义，许远理，肖鑫，郭春彦.（2009）. 任务转换的 ERP 效应. 第十二届全国心理学学术大会论文摘要集.

谭洁清，黄荣亮，侯琮璟，吴艳.（2007）. 高强迫症状个体的定向遗忘和元记忆. 心理学报，39（4），571-578.

王大伟，刘永芳，毕玉芳.（2006）. 定向遗忘研究的进展. 心理科学，29（2），373-375.

王恩国，刘昌.（2005）. 阅读困难儿童工作记忆研究的新进展. 中国临床心理学杂志，13（1），118-121.

王恩国，刘昌，赵国祥.（2008）. 数学学习困难儿童的加工速度与工作记忆. 心理科学，31（4），856-860.

王恩国，叶枝娟.（2011）. 不同类型学习困难儿童有意遗忘特点. 心理研究，4（6），30-36.

王恩国，沈德立，吕勇，胡伟，李永鑫，陈海霞.（2011）. 语文学习困难儿童汉字记忆编码的神经机制研究. 心理发展与教育，27（2），164-173.

闫国利，熊建萍，臧传丽，余莉莉，崔磊，白学军.（2013）. 阅读研究中的主要眼动指标评述. 心理科学进展，21（4），589-605.

杨海波，王媛媛，陈宗阳，文宇翔，白学军.（2010）. 震后孤儿对地震相关图片的有意遗忘效应. 中国健康心理学杂志，18（9），1120-1122.

杨文静，杨金华，肖宵，张庆林.（2012）. 负性情绪材料的定向遗忘及心理机制. 心理科学，（1），50-55.

杨治良.（1998）. 实验心理学. 杭州：浙江教育出版社.

张必隐.（2004）. 阅读心理学. 北京：北京师范大学出版社.

张清芳，杨玉芳.（2003）. 影响图画命名时间的因素. 心理学报，35（4），447-454.

张蔚蔚，高飞，蒋军，张继元，张庆林.（2012）. DRM 范式下心境一致性错误记忆的认知机制. 心理学报，44（12），1596-1606.

张武田，杨德庄.（1987）. 汉字词笔划数对短时记忆容量的影响. 心理学报，1，79-85.

赵迪.（2008）. 定向遗忘编码和提取过程的 ERP 研究. 首都师范大学硕士学位论文.

赵雪汝，何先友，赵婷婷，杨惠兰，林席明，张维.（2014）. 情境模型的更新：事件框架依赖假设的进一步证据. 心理学报，46（7），901-911.

Ahveninen，J.，Jääskeläinen，I. P.，Raij，T.，Bonmassar，G.，Devore，S.，Hämäläinen，M.，Levänen，S.，Lin，F. H.，Sams，M.，Shinn-Cunningham，B. G.，Witzel，T.，& Belliveau，J.

W.（2006）. Task-modulated "what" and "where" pathways in human auditory cortex. Proceedings of the National Academy of Sciences of the United States of America，103（39），14608-14613.

Albu，M.（2008）. Automatic and intentional inhibition in patients with generalized anxiety disorder. Cognition，Brain，& Behavior，12，233-249.

Allen，R.，Baddeley，A. D.，& Hitch，G. J.（2006）. Is the binding of visual features in working memory resource-demanding? Journal of Experimental Psychology：General，135，298-313.

Alvarez，G. A.，& Cavanagh，P.（2004）. The capacity of visual short-term memory is set both by information load and by number of objects. Psychological Science，15，106-111.

Alvarez，G. A.，& Thompson，T.W.（2009）. Overwriting and rebinding：Why feature-switch detection tasks underestimate the binding capacity of visual working memory. Visual Cognition，17，141-159.

Anderson，A.，Gsrrod，S. C.，& Sanford，A. J.（1983）. The accessibility of pronominal antecedents as a function of episode shifts in narrative text. The Quarterly Journal of Experimental Psychology Section A，35，427-440.

Anderson，A. K.，Yamaguchi，Y.，Grabski，W.，& Lacka，D.，（2006）. Emotional memories are not all created equal：Evidence for selective memory enhancement. Learning & Memory，13，711-718.

Anderson，J. R.，& Bower，G. H.（1974）. A propositional theory of recognition memory. Memory & Cognition，2（3），406-412.

Anderson，M. C.（2003）. Rethinking interference theory：Executive control and the mechanism of forgetting. Journal of Memory & Language，49（4），415-445.

Anderson，M. C.，& Bjork，R. A.（1994）. Mechanism of inhibition in long-term memory：A new taxonomy. Soviet Journal of Experimental & Theoretical Physics，48.

Anderson，M. C.，& Green，C.（2001）. Suppressing unwanted memories by executive control. Nature，410（6826），366-369.

Anderson，M. C.，Ochsner，K. N.，Kuhl，B.，Cooper，J.，Robertson，E.，& Gabrieli，S. W.（2004）. Neural system underlying the suppression of unwanted memories. Science，303（5655），232-235.

Andrés，P.，Parmentier，F. B. R.，& Escera，C.（2006）. The effect of age on involuntary capture of attention by irrelevant sounds：A test of the frontal hypothesis of aging. Neuropsychologia，44（12），2564-2568.

Anourova，I.，Rämä，P.，Alho，K.，Koivusalo，S.，Kahnari，J.，& Carlson，S.（1999）. Selective interference reveals dissociation between auditory memory for location and pitch. Neuroreport，10（17），3543-3547.

Archer，B. U.，& Margolin，R. R.（1970）. Arousal effects in intentional recall and forgetting. Journal of Experimental Psychology，86（1），8-12.

Aron，A. R.，Robbins，T. W.，& Poldrack，R. A.（2014）. Inhibition and the right inferior frontal cortex. Trends in Cognitive Sciences，8（4），177-185.

Aslan，A.，& Bäuml，K. H.（2013）. Listwise directed forgetting is present in young-old adults，but is absent in old-old adults. Psychology & Aging，28（1），213-218.

Aslan，A.，& Bäuml，K. T.（2008）. Memorial consequences of imagination in children and adults. Psychonomic Bulletin & Review，15（4），833-837.

Aslan，A.，Zellner，M.，& Bäuml，K. H.（2010）. Working memory capacity predicts listwise directed forgetting in adults and children. Memory，18（4），442-450.

Atkinson，R. C.，& Shiffrin，R. M.（1968）. Human memory：A proposed system and its control processes. In K. W. Spence and J. T. Spence（Eds.），The Psychology of Learning and Motivation：Advances in Research & Theory（Vol. 2，pp.89-195）. New York：Academic Press.

Augusti，E. M.，& Melinder，A.（2012）. The effect of neutral and negative colour photographs on children's item directed forgetting. European Journal of Developmental Psychology，10（3），378-391.

Axmacher，N.，Henseler，M.，Jensen，O.，Weinreich，I.，(2009）. Interaktion vo theta-und gamma-band aktivita t bei der aufrechterhaltung mehrerer item im arbeitsgeda chtnis [Interaction of theta and gamma band activity during retention of multiple item in working memory]. In A. B. Eder，K. Rothermund，S. R. Schweinberger，M. C. Steffens，H. Wiese（Eds.），Proceedings of the 51st TeaP（p.45）. Friedrich-Schiller University，Jena，45.

Baddeley，A. D.（2000）. The episodic buffer：A new component of workingmemory？Trends in Cognitive Sciences，4（11），417-423.

Baddeley，A. D.（2001）. Is working memory still working？American Psychologist，56，851-864.

Baddeley，A. D.，& Hitch，G. J.（1974）. Working memory. In G. H. Bower（Ed.），The Psychology of Learning and Motivation：Advances in research and theory（Vol.8，pp.47-89）. New York：Academic Press.

Baddeley，A. D.，& Hitch，G. J.（2000）. Development of working memory：Should the Pascual-Leone and the Baddeley and Hitch models be merged？Journal of Experimental Child Psychology，77（2），128-137.

Baddeley，A. D.，& Scott，D.（1971）. Short term forgetting in the absence of proactive interference. Quarterly Journal of Experimental Psychology，23（3），275-283.

Baddeley，A. D.，Logie，R.，Bressi，S.，Sala，S. D.，& Spinnler，H.（1986）. Dementia and working memory. The Quarterly Journal of Experimental Psychology，38（4），603-618.

Baddeley，A. D.，Thomon，N.，& Buchanan，M.（1975）. Word length and the structure of short-term memory. Journal of Verbal Learning & Verbal Behavior，14（6），575-589.

Badre，D.，& D'Esposito，M.（2007）. Functional magnetic resonance imaging evidence for a hierarchical organization of the prefrontal cortex. Journal of Cognitive Neuroscience，19（12），2082-2099.

Barkley，R. A.（1997）. Behavioral inhibition，sustained attention，and executive functions：Constructing a unifying theory of ADHD. Psychological Bulletin，121，65-94.

Barnier，A. J.，Conway，M. A.，Mayoh，L.，Speyer，J.，Avizmil，O.，& Harris，C. B.（2007）. Directed forgetting of recently recalled autobiographical memories. Journal of Experimental Psychology：General，136（2），301-322.

Barnier，A. J.，Sutton，J.，Harris，C. B.，& Wilson，R. A.（2008）. A conceptual and empirical framework for the social distribution of cognition：The case of memory. Cognitive System Research，9（1-2），33-51.

Basden，B. H.（1996）. Directed forgetting：Further comparisons of the item and list methods. Memory，4（6），633-654.

Basden，B. H.，& Basden，D. R.（1998）. Directed forgetting：A contrast of methods and interpretations. In J. M. Golding & C. M. MacLeod（Eds.），Intentional Forgetting：Interdisciplinary Approaches（pp. 139-172）. Mahwah：Erlbaum.

Basden，B. H.，Basden，D. R.，& Gargano，G. J.（1993）. Directed forgetting in implicit and explicit memory tests：A comparison of methods. Journal of Experimental Psychology：Learning，Memory，and Cognition，19（3），603-616.

Basden，B. H.，Basden，D. R.，& Morales，E.（2003）. The role of retrieval practice in directed forgetting. Journal of Experimental Psychology：Learning，Memory and Cognition，29（3），389-397.

Bastin，C.，Feyers，D.，Majerus，S.，Balteau，E.，Degueldre，C.，& Luxen，A.（2012）. The neural substrates of memory suppression：A fMRI exploration of directed forgetting. PloS one，7（1），e29905.

Bäuml，K. H.，& Kuhbandner，C.（2009）. Positive moods can eliminate intentional forgetting. Psychonomic Bulletin & Review，16，93-98.

Bäuml，K. H.，Hanslmayr，S.，Pastötter，B.，& Klimesch，W.（2008）. Oscillatory correlates of intentional updating in episodic memory. Neuroimage，41（2），596-604.

Bäuml，K. H.，& Samenieh，A.（2012）. Selective memory retrieval can impair and improve retrieval of other memories. Journal of Experimental Psychology：Learning，Memory and Cognition，38（2），488-494.

Bayley，P. J.，& Squire，L. R.（2002）. Medial temporal lobe amnesia：Gradual acquisition of factual information by nondeclarative memory. Journal of Neuroscience，22，5741-5748.

Benjamin，A. S.，& Bjork，R. A.（2000）. On the relationship between recognition speed and accuracy for words rehearsed via rote versus elaborative rehearsal. Journal of Experimental Psychology：Learning，Memory，and Cognition，26（3），638-648.

Benoit，R. G.，& Anderson，M. C.，（2012）. Opposing mechanism support the voluntary forgetting of unwanted memories. Neuron，76（2），450-460.

Bergen，B. K.，& Chan，L. T.（2012）. Writing direction affects how people map space onto time. Frontiers in Psychology，3，109.

Bergström，Z. M.，Anderson，M. C.，Buda，M.，Simons，J. S.，& Richardson-Klavehn，A.（2013）. Intentional retrieval suppression can conceal guilty knowledge in ERP memory detection tests. Biological Psychology，94（1），1-11.

Bergström，Z. M.，Fockert，J. W. D.，& Richardson-Klavehn，A.（2009）. ERP and behavioural evidence for direct suppression of unwanted memories. Neuroimage，48（4），726-737.

Bjork，E. L.，& Bjork，R. A.（1996）. Continuing influences of to-be-forgotten information. Consciousness & Cognition，5（1-2），176-196.

Bjork，E. L.，& Bjork，R. A.（2003）. Intentional forgetting can increase，not decrease，residual influences of to-be-forgotten information. Journal of Experimental Psychology：Learning，Memory，and Cognition，29（4），524-531.

Bjork，R. A.（1970）. Positive forgetting：The noninterference of items intentionally forgotten. Journal of Verbal Learning and Verbal Behavior，9，255-268.

Bjork，R. A.（1972）. Theoretical implications of directed forgetting. In A. W. Melton & E. Martin（Eds.），Coding Processes in Human Memory（pp. 217-235）. Washington：Winston.

Bjork，R. A.（1989）. Retrieval inhibition as an adaptive mechanism in human memory. In H. L. Roediger & F. I. M. Craik（Eds.），Varieties of Memory and Consciousness：Essays in Honour of Endel Tulving（pp. 309-330）. Hillsdale：Erlbaum.

Bjork，R. A.，& Geiselman，R. E.（1978）. Constituent processes in the differentiation of item in memory. Journal of Experimental Psychology Human Learning and Memory，4（4），347-361.

Bjork，R. A.，LaBerge，D.，& Legrand，R.（1968）. The modification of short-term memory through instructions to forget. Psychonomic Science，10，55-56.

Block，R. A.（1982）. Temporal judgments and contextual change. Journal of Experimental Psychology：Learning，Memory and Cognition，8，530-544.

Block，R. A.，& Reed，M. A.（1978）. Remembered duration：Evidence for a contextual-change hypothesis. Journal of Experimental Psychology：Human Learning and Memory，4，656-665.

Blumen，H. M.，& Rajaram，S.（2009）. Effects of repeated collaborative retrieval on individual memory vary as a function of recall versus recognition tasks. Memory，17（8），840-846.

Bower，G. H.（1972）. Stimulus-sampling theory of encoding variability. In A. W. Melton & E. Martin（Eds.），Coding Processes in Human Memory（pp.85-123）. Washington：Winston.

Brainerd，C. J.，& Reyna，V. F.（2005）. The Science of False Memory . New York：Oxford University Press.

Bray，N. W.，Hersh，R. E.，& Turner，L. A.（1985）. Selective remembering during adolescence. Developmental Psychology，21（2），290-294.

Bray，N. W.，Justice，E. M.，& Simon，D. L.（1978）. The sufficient conditions for directed forgetting in normal and educable mentally retarded adolescents. Intelligence，2（2），153-167.

Bray，N. W.，Justice，E. M.，& Zahm，D. N.（1983）. Two developmental transitions in selective remembering strategies. Journal of Experimental Child Psychology，36，43-55.

Brinegar，K.，Lehman，M.，& Malmberg，K. J.（2013）. Improving memory after environmental context change：A strategy of "preinstatement". Psychonomic Bulletin & Review，20，528-533.

Broadbent，D. E.（1958）. The effects of noise on behaviour. In D. E. Broadbent（Ed.），Perception and Communication（pp. 81-107）. New York：Pergamon Press.

Brown，L. A.，& Brockmole，J. R.（2010）. The role of attention in binding visual features in working memory：Evidence from cognitive ageing. The Quarterly Journal of Experimental Psychology，63，2067-2079.

Brown，R. M.，Crane，A. M.，& Goldman，P. S.（1979）. Regional distribution of monoamines in the cerebral cortex and subcortical structures of the rhesus monkey：Concentrations and in vivo synthesis rates. Brain Research，168（1），133-150.

Brozoski，T. J.，Brown，R. M.，Rosvold，H. E.，& Goldman，P. S.（1979）. Cognitive deficit caused by regional depletion of dopamine in prefrontal cortex of rhesus monkey. Science，205（4409），929-932.

Burri，C.（1931）. The influence of an audience upon recall. Journal of Educational Psychology，22（9），683-690.

Butler，A. J.，& James，K. H.（2010）. The neural correlates of attempting to suppress negative versus neutral memories. Cognitive Affective & Behavioral Neuroscience，10（2），182-194.

Cahill，L.，& Alkire，M.T.（2003）. Epinephrine enhancement of human memory consolidation：Interaction with arousal at encoding. Neurobiology of Learning and Memory，79（2），194-198.

Calvo，M. G.，Meseguer，E.，& Carreiras，M.（2001）. Inferences about predictable events：Eye movements during reading. Psychological Research，65，158-169.

Campo，P.，Maestú，F.，Tomás Ortiz，T.，Capilla，A.，Santiuste，M.，Fernández，A.（2005）. Time modulated prefrontal and parietal activity during the maintenance of integrated information as revealed by magnetoencephalography. Cerebral Cortex，15（1），123-130.

Canolty，R. T.，Edwards，E.，Dalal，S. S.，Soltani，M.，Nagarajan，S. S.，Kirsch，H. E.，& Knight，R. T.（2006）. High gamma power is phase-locked to theta oscillations in human neocortex. Science，313（5793），1626-1628.

Carr，H.（1917）. The nature of mental processes. Psychological Review，24（3），181-187.

Carr，H. A.（1925）. Psychology：A Study of Mental Activity. New York：Longmans Green.

Carver，A. C.，Livesey，D. J.，& Charles，M.（2001）. Age related changes in inhibitory control as measured by stop signal task performance. International Journal of Neuroscience，107（1-2），43-61.

Cary，M.，& Reder，L. M.（2003）. A dual-process account of the list-length and strength-based mirror effects in recognition. Journal of Memory & Language，49（2），231-248.

Chao，L. L.，& Knight，R. T.（1998）. Contribution of human prefrontal cortex to delay performance. Journal of Cognitive Neuroscience，10（2），167-177.

Chen，Y.，Mcanally，H. M.，& Reese，E.（2013）. Development in the organization of episodic memories in middle childhood and adolescence. Frontiers in Behavioral Neuroscience，7（10），33-50.

Christophel，T. B.，Hebart，M. N.，& Haynes，J. D.（2012）. Decoding the contents of visual short-term memory from human visual and parietal cortex. Journal of Neuroscience，32（38），12983-12989.

Ciaramelli，E.，Grady，C. L.，& Moscovitch，M.（2008）. Top-down and bottom-up attention to memory：A hypothesis（atom）on the role of the posterior parietal cortex in memory retrieval. Neuropsychologia，46（7），1828-1851.

Claus，B.，& Kelter，S.（2006）. Comprehending narratives containing flashbacks：Evidence for temporally organized representations. Journal of Experimental Psychology：Learning，Memory，and Cognition，32（5），1031-1044.

Clément，S.，Demany，L.，& Semal，C.（1999）. Memory for pitch versus memory for loudness. The Journal of the Acoustical Society of America，106（5），2805-2811.

Cohen，N.J.，& Squire，L. R.（1980）. Preserved learning and retention of pattern—analyzing skill in amnesia：Dissociation of knowing how and knowing that. Science，210（4466），207-210.

Collette，F.，Grandjean，J.，Lorant，C.，& Bastin，C.（2014）. The role of memory traces quality in directed forgetting：A comparison of young and older participants. Psychologica Belgica，54（4），310-327.

Collette，F.，Van der Linden，M.，Delfiore，G.，Degueldre，C.，Luxen，A.，& Salmon，E.（2001）. The functional anatomy of inhibition processes investigated with the Hayling task. Neuroimage，14（2），258-267.

Collins，A.M.，& Quillian，M.R.（1969）. Retrieval time from semantic memory. Journal of Verbal Learning and Verbal Behavior，8，240-247.

Constantinidis，C.，Franowicz，M. N.，& Goldman-Rakic，P. S.（2001）. The sensory nature of mnemonic representation in the primate prefrontal cortex. Nature Neuroscience，4（3），311-316.

Conway，M. A.，& Fthenaki，A.（2003）. Disruption of inhibitory control of memory following lesions to the frontal and temporal lobes. Cortex，39（4-5），667-686.

Conway，M. A.，Harries，K.，Noyes，J.，Racsmány，M.，& Frankish，C. R.（2000）. The disruption and dissolution of directed forgetting：Inhibitory control of memory. Journal of Memory and Language，43（3），409-430.

Cools，R.，& D'Esposito，M.（2011）. Inverted-U—shaped dopamine actions on human working memory and cognitive control. Biological Psychiatry，69（12），e113-e125.

Cools，R.，Sheridan，M.，Jacobs，E.，& D'Esposito，M.（2007）. Impulsive personality predicts dopamine-dependent changes in frontostriatal activity during component processes of working memory. The Journal of Neuroscience，27（20），5506-5514.

Cools. R.，& D'Esposito，M.（2009）. Dopaminergic modulation of flexible control in humans. In A. Bjorklund，S. B. Dunnett，L. L. Iversen，S. D. Iversen（Eds.），Dopamine Handbook（pp.141-

165）. Oxford：Oxford University Press.

Corkin，S.（2002）. What's New with the Amnesic Patient H.M.？ Nature Reviews Neuroscience，3（2），153-160.

Cottencin，O.，Gruat，G.，Thomas，P.，Devos，P.，Goudemand，M.，& Consoli，S. M.（2008）. Directed forgetting in depression. Journal of the International Neuropsychological Society：JINS，14（5），895-899.

Courtney，S. M.，Ungerleider，L. G.，Keil，K.，& Haxby，J. V.（1996）. Object and spatial visual working memory activate separate neural system in human cortex. Cerebral Cortex，6（1），39-49.

Courtney，S. M.，Ungerleider，L. G.，Keil，K.，& Haxby，J. V.（1997）. Transient and sustained activity in a distributed neural system for human working memory. Nature，386（6625），608-611.

Cowan，N.（1995）. Attention and Memory：An Integrated Framework. Oxford：Oxford University Press.

Cowan，N.，Nugent，L. D.，Elliott，E. M.，Ponomarev，I.，& Saults，J. S.（1999）. The role of attention in the development of short-term memory：Age differences in the verbal span of apprehension. Child Development，70（5），1082-1097.

Criss，A. H.，Malmberg，K. J.，& Shiffrin，R. M.（2011）. Output interference inrecognition memory testing. Journal of Memory & Language，64（4），316-326.

Cytowic，R. E.（1993）. The Man Who Tasted Shapes. New York：Putman Press.

D'Esposito，M.，& Postle，B. R.（2015）. The cognitive neuroscience of working memory. Annual Review of Psychology，66，115-140.

Dehaene，S.，Bossini，S.，& Giraux，P.（1993）. The mental representation of parity and number magnitude. Journal of Experimental Psychology General，122（3），371-396.

Delaney，P. F.，& Sahakyan，L.（2007）. Unexpected costs of high working memory capacity following directed forgetting and context change manipulations. Memory & Cognition，35，1074-1082.

Delaney，P. F.，Nghiem，K .N.，& Waldum，E. R.（2009）. The selective directed forgetting effect：Can people forget only part of a text？ The Quarterly Journal of Experimental Psychology，62，1542-1550.

Delaney，P.，Sahakyan，L.，Kelley，C. M.，& Zimmerman，C.（2010）. Remembering to forget：The amnesic effect of daydreaming. Psychological Science，21，1036-1042.

Della S，S.，Gray，C.，Baddeley，A.，Allamano，N.，& Wilson，L.（1999）. Pattern span：A tool for unwelding visuo-spatial memory. Neuropsychologia，37，1189-1199.

Depue，B. E.，Burgess，G. C.，Willcutt，E. G.，Ruzic，L.，& Banich，M. T.（2010）. Inhibitory control of memory retrieval and motor processing associated with the right lateral prefrontal cortex：Evidence from deficits in individuals with ADHD. Neuropsychologia，48（13），3909-3917.

Depue，B. E.，Curran，T.，& Banich，M. T.（2007）. Prefrontal regions orchestrate suppression of emotional memories via a two-phase process. Science，317（5835），215-259.

Depue，B. E.，Ketz，N.，Mollison，M. V.，Nyhus，E.，Banich，M. T.，& Curran，T.（2013）.

ERPs and neural oscillations during volitional suppression of memory retrieval. Journal of Cognitive Neuroscience，25（10），1624-1633.

Derksen，B. J.，Duff，M. C.，& Weldon，K.（2015）. Older adults catch up to younger adults on a learning and memory task that involves collaborative social interaction. Memory，23（4），612-624.

Deutsch，J. A.，& Deutsch，D.（1963）. Attention：Some theoretical considerations. Psychological review，70（1），80-90.

Diamond，A.（1990）. Developmental time course in human infants and infant monkeys，and the neural bases of，inhibitory control in reaching. Annals of the New York Academy of Sciences，608，637-676.

Dixon，M. J.，Smilek，D.，& Merikle，P. M.，（2004）. Not all synaesthetes are created equal：Distinguishing between projector and associator synaesthetes. Cognitive，Affective，and Behavioral Neuroscience，4，335-343.

Dreisbach，G.，& Bäuml，K. H.（2014）. Don't do it again! Directed forgetting of habits. Psychological Science，25（6），1242-1248.

Dulsky，S. G.（1935）. The effect of a change of background on recall and relearning. Journal of Experimental Psychology，18（6），725-740.

Dumont，M.（2000）. Directed forgetting and memory bias for emotion-congruent information in clinical depression. Cahiers de Psychologie Cognitive，19，171-188.

Duncan，J.（2001）. An adaptive coding model of neural function in prefrontal cortex. Nature Reviews Neuroscience，2（11），820-829.

Durstewitz，D.，& Seamans，J. K.（2008）. The dual-state theory of prefrontal cortex dopamine function with relevance to catechol-o-methyltransferase genotypes and schizophrenia. Biological Psychiatry，64（9），739-749.

Ebbinghaus，H. E.（1964）. Memory：A Contribution to Experimental Psychology. New York：Dover.（Originally published 1885；translated，1913.）

Eich，J. E.，& Weingartner，H.（1975）. State-dependent accessibility of retrieval cues in the retention of a categorized list. Journal of Verbal Learning & Verbal Behavior，14（4），408-417.

Elmes，F. J.，Adam，C.，& Roediger，H. L.（1970）. Cued forgetting in short-term memory：Response selection. Journal of Experimental Psychology，86（1），103-107.

Elsley，J. V.（2007）. Feature binding in visuo-spatial working memory. Plymouth：University of Plymouth.

Emrich，S. M.，Riggall，A. C.，LaRocque，J. J.，Postle，B. R.（2013）. Distributed patterns of activity in sensory cortex reflect the precision of multiple items maintained in visual short-term memory. The Journal of Neuroscience，33（15），6516-6523.

Epstein，W.（1961）. The influence of syntactical structure of learning. American Journal of Psychology，74（1），80-85.

Evans，F. J.，& Thorn，W. A.（1966）. Two types of posthypnotic amnesia：Recall amnesia and source amnesia. International Journal of Clinical & Experimental Hypnosis，14（2），162-179.

Fawcett，J. M.，& Taylor，T. L.（2008）. Forgetting is effortful：Evidence from reaction time probes in an item-method directed forgetting task. Memory & Cognition，36（6），1168-1181.

Finlay，F.，Hitch，G. J.，& Meudell，P.（2000）. Mutual inhibition in collaborative recall：Evidence for a retrieval-based account. Journal of Experimental Psychology：Learning，Memory，and Cognition，26（6），1556-1567.

Foster，R. N.，& Gavelek，J. R.（1983）. The development of intentional forgetting in normal and reading-delayed children. Journal of Educational Psychology，75（3），431-440.

Freyd，J. J.（1996）. Betray al Trauma：The Logic of Forgetting Childhood Abuse. Cambridge：Harvard University Press.

Freyd，J. J.，Deprince，A. P.，& Zurbriggen，E. L.（2001）. Self-reported memory for abuse depends upon victim-perpetrator relationship. Journal of Trauma & Dissociation，2（3），5-15.

Friedman，D.，& Johnson，R.（2000）. Event-related potential（ERP）studies of memory encoding and retrieval：A selective review. Microscopy Research & Technique，51（1），6-28.

Fuhrman，O.，& Boroditsky，L.（2010）. Cross-cultural differences in mental representations of time：Evidence from an implicit nonlinguistic task. Cognitive Science，34，1430-1451.

Fuhrman，O.，Mccormick，K.，Chen，E.，Jiang，H.，Shu，D.，& Mao，S.，et al.（2011）. How linguistic and cultural forces shape conceptions of time：English and mandarin time in 3D. Cognitive Science，35（7），1305-1328.

Funahashi，S.，Bruce，C. J.，& Goldman-Rakic，P. S.（1989）. Mnemonic coding of visual space in the monkey's dorsolateral prefrontal cortex. Journal of Neurophysiology，61（2），331-349.

Fuster，J. M.，& Alexander，G. E.（1971）. Neuron activity related to short-term memory. Science，173（3997），652-654.

Fuster，J. M.，Bauer，R. H.，& Jervey，J. P.（1985）. Functional interactions between inferotemporal and prefrontal cortex in a cognitive task. Brain Research，330（2），299-307.

Fuster，J.M.（2008）. The Prefrontal Cortex. Oxford：Elsevier.

Gagnepain，P.，Henson，R. N.，& Anderson，M. C.（2014）. Suppressing unwanted memories reduces their unconscious influence via targeted cortical inhibition. Proceedings of the National Academy of Sciences of the United States of America，11（13），1310-1319.

Gamboz，N.，& Russo，R.（2002）. Evidence for age-related equivalence in the directed forgetting paradigm. Brain & Cognition，48（2-3），366-371.

Garavan，H.（1998）. Serial attention within working memory. Memory & Cognition，26，263-276.

Gartman，L. M.，& Johnson，N. F.（1972）. Massed versus distributed repetition of homographs：A test of the differential-encoding hypothesis. Journal of Verbal Learning & Verbal Behavior，11（6），801-808.

Gaultney，J. F.，Kipp，K.，Weinstein，J.，& McNeill，J.（1999）. Inhibition and mental effort in attention deficit hyperactivity disorder. Journal of Developmental and Physical Disabilities，11（2），105-114.

Gazzaley，A.，Cooney，J. W.，McEvoy，K.，Knight，R. T.，& D'esposito，M.（2005）. Top-down enhancement and suppression of the magnitude and speed of neural activity. Journal of Cognitive Neuroscience，17（3），507-517.

Geiselman，R. E.，Bjork，R. A.，& Fishman，D. L.（1983）. Disrupted retrieval in directed forgetting：A link with posthypnotic amnesia. Journal of Experimental Psychology：General，112（1），58-72.

Gennari，S. P.（2004）. Temporal references and temporal relations in sentence comprehension. Journal of Experimental Psychology：Learning，Memory，and Cognition，30（4），877-890.

Gillund，G.，& Shiffrin，R. M.（1984）. A retrieval model for both recognition and recall. Psychological Review，91（1），1-67.

Glenberg，A.，Smith，S. S.，& Green，C.（1977）. Type I rehearsal：Maintenance and more. Journal of Verbal Learning and Verbal Behavior，16（3），339-352.

Glenberg.，A. M.（1997）. What memory is for. Behavioral & Brain Sciences，20（1），1-19.

Glenberg，A. M.，& Kaschak，M. P.（2002）. Grounding language in action. Psychonomic Bulletin & Review，9（3），558-565.

Godden，D. R.，& Baddeley，A. D.（1975）. Context-dependent memory in two natural environments：On land and underwater. British Journal of Psychology，66（3），325-331.

Goernert，P. N.，Jr Widner，R. L.，& Otani，H.（2006）. Segregation accuracy in item-method directed forgetting across multiple tests. British Journal of Psychology，97，245-258.

Golding，J. M.，& Gottlob，L. R.（2005）. Recall order determines the magnitude of directed forgetting in the within-participants list method. Memory & Cognition，33（4），588-594.

Goldman-Rakic，P. S.（1987）. Circuitry of primate prefrontal cortex and regulation of behavior by representational memory. In F. Plum & V. B. Mountcastle（Eds.），Handbook of Physiology：The Nervous System（pp.373-417）. Bethesda：American Physiological Society.

Goldman-Rakic，P. S.，Lidow，M. S.，& Gallager，D. W.（1990）. Overlap of dopaminergic，adrenergic，and serotoninergic receptors and complementarity of their subtypes in primate prefrontal cortex. The Journal of Neuroscience，10（7），2125-2138.

Gottlob，L. R.，& Golding，J. M.（2007）. Directed forgetting in the list method affects recognition memory for source. Quarterly Journal of Experimental Psychology，60（11），1524-1539.

Gottlob，L. R.，Golding，J. M.，& Hauselt，W. J.（2006）. Directed forgetting of a single item. The Journal of General Psychology，133（1），67-80.

Grace，A. A.（2000）. The tonic/phasic model of dopamine system regulation and its implications for understanding alcohol and psychostimulant craving. Addiction，95（Suppl 2），119-128.

Greenspoon，J.，& Ranyard，R.（1957）. Stimulus conditions and retroactive inhibition. Journal of Experimental Psychology，53（1），55-59.

Griesmayr，B.，Gruber，W. R.，Klimesch，W.，& Sauseng，P.（2010）. Human frontal midline theta and its synchronization to gamma during a verbal delayed match to sample task. Neurobiology of Learning and Memory，93（2），208-215.

Guinther，P. M.，& Dougher，M. J.（2014）. Partial contextual control of semantic false memories in the form of derived relational intrusions following training. The Psychological Record，64（3），457-473.

Habermas，T.，& Diel，V.（2013）. The episodicity of verbal reports of personally significant autobiographical memories：Vividness correlates with narrative text quality more than with detailedness or memory specificity. Frontiers in Behavioral Neuroscience，7（5），158-163.

Habib，R.，& Nyberg，L.（2008）. Neural correlates of availability and accessibility in memory. Cerebral Cortex，18（7），1720-1726.

Halbig，T. D.，Mecklinger，A.，Schriefers，H.，& Friederici，A. D.（1998）. Double dissociation of processing temporal and spatial information in working memory. Neuropsychologia，36（4），305-311.

Hamidi，M.，& Tononi，G. B.（2009）. Evaluating the role of prefrontal and parietal cortices in memory-guided response with repetitive transcranial magnetic stimulation. Neuropsychologia，47（2），295-302.

Hanczakowski，M.，Pasek，T.，& Zawadska，K.（2012）. Context-dependent impairment of recollection in list-method directed forgetting. Memory，20（7），758-770.

Hanslmayr，S.，& Staudigl，T.（2013）. How brain oscillations form memories—A processing based perspective on oscillatory subsequent memory effects. Neuroimage，85（2），648-655.

Hanslmayr，S.，Leipold，P.，Pastötter，B.，& Bäuml，K. H.（2009）. Anticipatory signatures of voluntary memory suppression. The Journal of Neuroscience：The Official Journal of the Society for Neuroscience，29（9），2742-2747.

Hanslmayr，S.，Staudigl，T.，& Fellner，M. C.（2012a）. Oscillatory power decreases and long-term memory：The information via desynchronization hypothesis. Frontiers in Human Neuroscience，6（1），74，1-12.

Hanslmayr，S.，Volberg，G.，Wimber，M.，Oehler，N.，Staudigl，T.，& Hartmann，T.（2012b）. Prefrontally driven downregulation of neural synchrony mediates goal-directed forgetting. The Journal of Neuroscience：The Official Journal of the Society for Neuroscience，32（42），14742-14751.

Harnishfeger，K. K.，& Pope，R.S.（1996）. Intending to forget：The development of cognitive inhibition in directed forgetting. Journal of Experimental Child Psychology，62（2），292-315.

Harris，C. B.，Barnier，A. J.，& Sutton，J.（2013）. Shared encoding and the costs and benefits of collaborative recall. Journal of Experimental Psychology：Learning，Memory and Cognition，39（1），183-195.

Harrison，S. A.，& Tong，F.（2009）. Decoding reveals the contents of visual working memory in early visual areas. Nature，458（7238），632-635.

Hart，R. E.，& Schooler，J. W.（2012）. Suppression of novel stimuli：Changes in accessibility of suppressed nonverbalizable shapes. Consciousness & Cognition，21（3），1541-1546.

Hasher，L.，& Zacks，R. T.（1988）. Working memory，comprehension，and aging：A review and a new view. Psychology of Learning & Motivation，22，193-225.

Hasselmo，M. E.，Bodelón，C.，& Wyble，B. P.（2002）. A proposed function for hippocampal theta rhythm：Separate phases of encoding and retrieval enhance reversal of prior learning. Neural Computation，14（4），793-817.

Hauswald，A.，& Kissler，J.（2008）. Directed forgetting of complex pictures in an item method paradigm. Memory，16（8），797-809.

He，X. Y.，Li，H. J.，Chen，G. Y.，& Wang，X. W.（2013）. The interaction between temporal and spatial information in the updating of situation model. Acta Psychologica Sinica，45（1），23-34.

Hebb，D. O.（1949）. The Organization of Behavior. New York：Wiley Press.

Hedden，T.，Ketay，S.，Aron，A.，Markus，H. R.，& Gabrieli，J. D. E.（2008）. Cultural influences on neural substrates of attentional control. Psychological Science，19（1），12-17.

Hertel，P.，& McDaniel，L.（2010）. The suppressive power of positive thinking：Aiding suppression-induced forgetting in repressive coping. Cognition & Emotion，24（7），1239-1249.

Hertel，P. T.，Large，D.，Stück，E. D.，& Levy，A.（2012）. Suppression-induced forgetting on a free-association test. Memory，20（2），100-109.

Hoff，A. L.，& Krennan，W. S.（2002）. Is there a cognitive phenotype for schizophrenia：The nature and course of the disturbance in cognition？Current Opinion in Psychiatry，15，43-48.

Hopper，P. J.（1979）. Aspect and foregrounding in discourse. In T. Givon（Ed.），Syntax and Semantics，Vol. 12. Discourse and Syntax（pp.213-241）. New York：Academic Press.

Hotta，C.，& Kawaguchi，J.（2009）. Self-initiated use of thought substitution can lead to long term forgetting. Psychologia，52（1），41-49.

Hourihan，K. L.，& Taylor，T. L.（2006）. Cease remembering：Control processes in directed forgetting. Journal of Experimental Psychology：Human Perception and Performance，32（6），1354-1365.

Howe，M. L.，Wimmer，M. C.，Gagnon，N.，& Plumpton，S.（2009）. An associative activation theory of children's and adults' memory illusions. Journal of Memory and Language，60，229-251.

Hupbach，A.，& Sahakyan，L.（2013）. Additional boundary condition for list-method directed forgetting：The effect of presentation format. Journal of Experimental Psychology：Learning，Memory and Cognition，40（2），596-601.

Hyun，J. S.（2006）. How are Visual Working Memory Representations Compared with Perceptual Inputs？Iowa City：University of Iowa.

Icht，M.，Chajut，E.，Algom，D.（2013）. Segregation of study item in memory determines the magnitude and direction of directed forgetting. British Journal of Psychology，104（1），83-96.

Itskov，V.，Hansel，D.，& Tsodyks，M.（2011）. Short-term facilitation may stabilize parametric working memory trace. Frontiers in Computational Neuroscience，5，1-19.

Jensen，O.，& Lisman，J. E.（1998）. An oscillatory short-term memory buffer model can account for data on the Sternberg task. The Journal of Neuroscience，18（24），10688-10699.

Jerde，T. A.，Merriam，E. P.，Riggall，A. C.，Hedges，J. H.，& Curtis，C. E.（2012）. Prioritized maps of space in human frontoparietal cortex. The Journal of Neuroscience：The Official Journal of the Society for Neuroscience，32（48），17382-17390.

Jiang，Y.，Olson，I. R.，& Chun，M. M.（2000）. Organization of visual short-term memory. Journal of Experimental Psychology：Learning，Memory and Cognition，26（3），683-702.

Joassin，F.，Meert，G. S.，& Bruyer，R.（2007）. The associative processes involved in faces-proper names versus animals-common names binding：A comparative ERP study. Biological Psychology，75（3），286-299.

Johansson，O.，Andersson，J.，& Rbnnberg，J.（2000）. Do elderly couples have a better prospective memory than other elderly people when they collaborate？Applied Cognitive Psychology，14（2），121-133.

Johnson，D. W.，& Johnson，R. T.（2005）. New developments in social interdependence theory. Genetic，Social，and General Psychology Monographs，2005，131（4），285-358.

Johnson，D. W.，& Johnson，R. T.（2009）. An educational psychology success story：Social interdependence theory and cooperative learning. Educational Research，38（5），365-379.

Johnson，D.W.，Johnson，R.T. & Smith，K.（1991）. Cooperative Learning：Increasing College Faculty Instructional Productivity. ASHE-ERIC Higher Education Report No. 4. Washington ERIC Clearinghouse on Higher Education，The George Washington University.

Johnson，S. J，Spencer，J. S，Luck，S.J，& Gregor Schöner（2009）. A dynamic neural field model of visual working memory and change detection. Psychological Science，20（5），568-577.

Jonides，J.，Smith，E. E.，Marshuetz，C.，Koeppe，R. A.，& Reuter-Lorenz，P. A.（1998）. Inhibition in verbal working memory revealed by brain activation. Proceedings of the National Academy of Sciences，95（14），8410-8413.

Joormann，J.，& Hertel，P. T.（2005）. Remembering the good，forgetting the bad：Intentional forgetting of emotional material in depression. Journal of Abnormal Psychology，114（4），640-648.

Juergen，F.，& Nikolai，A.（2011）. The role of phase synchronization in memory processes. Nature Reviews Neuroscience，12（2），105-118.

Kaas，A. L.，Van Mier，H.，Visser，M.，& Goebel，R.（2013）. The neural substrate for working memory of tactile surface texture. Human Brain Mapping，34（5），1148-1162.

Kacey，L.，Wochna，Barbara，J.，& Juhasz.（2013）. Context length and reading novel words：An eye-movement investigation. British Journal of Psychology，104，347-363.

Karlsen，P. J.，Allen，R. J.，Baddeley，A. D.，& Hitch，G. J.（2010）. Binding across space and time in visual working memory. Memory & Cognition，38（3），292-303.

Keppel，G.，& Underwood，B. J.（1962）. Proactive inhibition in short-term retention of single item. Journal of Verbal Learning & Verbal Behavior，1（3），153-161.

Kim，K.，& Yi，D. J.（2013）. Out of mind，out of sight：Perceptual consequences of memory suppression. Psychological Science，24（4），569-574.

Kimberg，D.Y.，& D'Esposito，M.（2003）. Cognitive effects of the dopamine receptor agonist pergolide. Neuropsychologia，41（8），1020-1027.

Kintsch，W.，& Dijk，T. A.（1978）. Toward a model of text comprehension and production. Psychological Review，85（5），363-394.

Klein，K. A.，Shiffrin，R. M.，& Criss，A. H.（2007）. Putting context incontext. In J. S. Nairne（Ed.），The Foundations of Remembering：Essays in Honor of Henry L. Roediger，III（pp. 171-189）. New York：Psychology Press.

Kliegl，O.，Pastötter，B.，& Bäuml，K. H. T.（2013）. List-method directed forgetting can be selective：Evidence from the 3-list and the 2-list tasks. Memory & Cognition，41（3），452-464.

Klimesch，W.，Doppelmayr，M.，Yonelinas，A.，Kroll，N. E.，Lazzara，M.，Roehm，D.，& Gruber，W.（2001）. Theta synchronization during episodic retrieval：Neural correlates of conscious awareness. Cognitive Brain Research，12（1），33-38.

Koch，I.，Gade，M.，Schuch，S.，& Philipp，A. M.（2010）. The role of inhibition in task switching：A review. Psychonomic Bulletin & Review，17（1），1-14.

Koppel，R. H.，& Storm，B. C.（2012）. Unblocking memory through directed forgetting. Journal of Cognitive Psychology，24（8），901-907.

Kron-Sperl，V.，Schneider，W.，& Hasselhorn，M.（2008）. The development and effectiveness of memory strategies in kindergarten and elementary school：Findings from the Würzburg and Göttingen longitudinal memory studies. Cognitive Development，23（1），79-104.

Kubota，K.，& Niki，H.（1971）. Prefrontal cortical unit activity and delayed alternation performance in monkeys. Journal of Neurophysiology，34（3），337-347.

Lakoff，George，Johnson & Mark.（1999）. Philosophy in the Flesh：The Embodied Mind and its Challenge to Western Thought. New York：Basic Books.

Lavie，N.（1995）. Perceptual load as a necessary condition for selective attention. Journal of Experimental Psychology：Human Perception and Performance，21（3），451-468.

Lee，S. H.，Kravitz，D. J.，& Baker，C. I.（2013）. Goal-dependent dissociation of visual and prefrontal cortices during working memory. Nature Neuroscience，16（8），997-999.

Lee，Y. S.（2008）. Can intentional forgetting reduce false memory? Effects of list-level and item-level forgetting. Acta Psychologica，127（1），146-153.

Lee，Y. S.，& Lee，H. M.（2011）. Divided attention facilitates intentional forgetting：Evidence from item-method directed forgetting. Consciousness & Cognition，20（3），618-626.

Lefton，L. A.，& Nagle，R. J.，Johnson，G.，& Fisher，D. F.（1979）. Eye movement dynamics of good and poor readers：Then and now. Journal of Reading Behavior，11（4），319-328.

Lehman，E. B.，McKinley-Pace，M.，Leonard，A. M.，Thompson，D.，& Johns，K.（2001）. Item-cued directed forgetting of related words and pictures in children and adults：Selective rehearsal versus cognitive inhibition. The Journal of General Psychology，128（1），81-97.

Lehman，E. B.，Mckinley-Pace，M. J.，Wilson，J. A.，Slavsky，M. D.，& Woodson，M. E.（1997）. Direct and indirect measures of intentional forgetting in children and adults：Evidence for retrieval inhibition and reinstatement. Journal of Experimental Psychology：Learning，Memory and Cognition，64（2），295-316.

Lehman，E. B.，Morath，R.，Franklin，K.，& Elbaz，V.（1998）. Knowing what to remember and forget：A developmental study of cue memory in intentional forgetting. Memory & Cognition，26（5），860-868.

Lehman，E. B.，Srokowski，S. A.，Hall，L. C.，Renkey，M. E.，& Cruz，C. A.（2003）. Directed forgetting of related words：Evidence for the inefficient inhibition hypothesis. Journal of General Psychology，130（4），380-398.

Lehman，M.，& Malmberg，K. J.（2009）. A global theory of remembering and forgetting from multiple lists. Journal of Experimental Psychology：Learning，Memory，and Cognition，35（4），970-988.

Lehman，M.，& Malmberg，K. J.（2011a）. Overcoming the effects of intentional forgetting. Memory & Cognition，39（2），335-347.

Lehman，M.，& Malmberg，K. J.（2011b）. Modeling intentional forgetting in depressed participants. Poster presentation at the 52nd annual meeting of the Psychonomic Society，Seattle，WA.

Lehmann，M.，& Hasselhorn，M.（2007）. Variable memory strategy use in children's adaptive intra task learning behavior：Developmental changes and working memory influences in free recall. Child Development，78（4），1068-1082.

Lehmann，M.，& Hasselhorn，M.（2010）. The dynamics of free recall and their relation to rehearsal between 8 and 10years of age. Child Development，81（3），1006-1020.

Lemoult，J.，Hertel，P. T.，& Joormann，J.（2010）. Training the forgetting of negative words：The role of direct suppression and the relation to stress reactivity. Applied Cognitive Psychology，24（3），365-375.

Leutgeb，J. K.，Leutgeb，S.，Moser，M. B.，& Moser，E. I.（2007）. Pattern separation in the dentate gyrus and CA3 of the hippocampus. Science，315（5814），961-966.

Levy，B. J.，& Anderson，M. C.（2012）. Purging of memories from conscious awareness tracked in the human brain. Journal of Neuroscience，32（47），16785-16794.

Levy，R.，& Goldman-Rakic，P. S.（2000）. Segregation of working memory functions within the dorsolateral prefrontal cortex. Experimental Brain Research，133（1），23-32.

Lewis-Peacock，J. A.，& Postle，B. R.（2008）. Temporary activation of long-term memory supports working memory. Journal of the Society for Neuroscience，28（35），8765-8771.

Lewis-Peacock，J. A.，Drysdale，A.，Oberauer，K.，& Postle，B.（2011）. Neural evidence for a distinction between short-term memory and the focus of attention. Journal of Cognitive Neuroscience，24（1），61-79.

Li，B.，Parmentier，F. B. R.，& Zhang，M.（2013）. Behavioral distraction by auditory deviance is mediated by the sound's informational value. Experimental Psychology，60（4），260-268.

Liu，X.（2001）. On the dynamics of directed forgetting：Facilitation and interference in the updating of human memory. Dissertation Abstracts International，61（11），6159B.

Loftus，E. F.，& Pickrell，J.E.（1995）. The formation of false memories. Psychiatric Annals，25（12），720-725.

Logie，R. H.（1986）. Visuo-spatial processing in working memory. Quarterly Journal of Experimental Psychology：A Human Experimental Psychology，38（2），229-247.

Luck S. J.（2005）. The operation of attention-millisecond by millisecond-over the first half second. In H. Ogmen & B. G. Breitmeyer（Eds.），The First Half Second：The Microgenesis and Temporal Dynamics of Unconscious and Conscious Visual Processes（pp. 187-206）. Cambridge：MIT Press.

Luck，S. J.，& Ford，M. A.（1998）. On the role of selective attention in visual perception. Proceedings of the National Academy of Science of the United States of America，95（3），825-830.

Luck，S. J. & Hillyard，S. A.，（1994）. Spatial filtering during visual search：Evidence from human electrophysiology. Journal of Experimental Psychology：Human Perception and Performance，20（5），1000-1014.

Luck，S. J.，& Hillyard，S. A.（1995）. The role of attention in feature detection and conjunction discrimination：An electrophysiological analysis. International Journal of Neuroscience，80（1-4），281-297.

Luck，S. J.，& Vogel，E. K.（1997）. The capacity of visual working memory for features and conjunctions. Nature，390（6657），279-281.

Ludowig，E.，Möller，J.，Bien，C. G.，Münte，T. F.，Elger，C. E.，& Rosburg，T.（2010）. Active suppression in the mediotemporal lobe during directed forgetting. Neurobiology of Learning & Memory，93（3），352-361.

Macken，W. J.（2002）. Environmental context and recognition：The role of recollection and familiarity. Journal of Experimental Psychology：Learning，Memory，and Cognition，28（1），153-161.

MacLeod，C. M.，（1989）. Directed forgetting affects both direct and indirect tests of memory. Journal of Experimental Psychology：Learning，Memory and Cognition，15（1），13-21.

MacLeod，C. M.（1999）. The item and list methods of directed forgetting：Test differences and the role of demand characteristics. Psychonomic Bulletin & Review，6（1），123-129.

Malmberg，K. J.，& Shiffrin，R. M.（2005）. The "one-shot" hypothesis for context storage. Journal of Experimental Psychology：Learning，Memory and Cognition，31（2），322-326.

Marche，T. A，Brainerd，C. J.，Lane，D. G，& Loehr，J. D.（2005）. Item method directed forgetting diminishes false memory. Memory，13（7），749-758.

Marks，L E，（1975）. On coloured-hearing synaesthesia：Cross-modal translations of sensory dimensions. Psychological Bulletin，82（3），303-331.

Masicampo，E. J.，& Sahakyan，L.（2014）. Imagining another context during encoding offsets context-dependent forgetting. Journal of Experimental Psychology Learning，Memory and Cognition，

40（6），1772-1777.

Matyas，F.，Sreenivasan，V.，Marbach，F.，Wacongne，C.，Barsy，B.，Mateo，C.，Aronoff，R.，& Petersen，C. C.（2010）. Motor control by sensory cortex. Science，330（6008），1240-1243.

Maybery，M. T.，Clissa，P. J.，Parmentier，F. B. R.，Leung，D.，Harsa，G.，Fox，A. M.，& Jones，D. M.（2009）. Binding of verbal and spatial features in auditory working memory. Journal of Memory & Language，61（1），112-133.

Mazza，V.，& Caramazza，A.（2011）. Temporal brain dynamics of multiple object processing：The flexibility of individuation. PloS one，6（2），e17453.

Mcdonough，I. M.，& Gallo，D. A.（2012）. Illusory expectations can affect retrieval-monitoring accuracy. Journal of Experimental Psychology：Learning，Memory and Cognition，38（2），391-404.

McNabb，J. C. & Meade，M. L.（2014）. Correcting socially introduced false memories：The effect of re-study. Journal of Applied Research in Memory and Cognition，3（4），287-292.

McNally，R.，Clancy，S.，Barrett，H.，& Parker，H.（2004）. Inhibiting retrieval of trauma cues in adults reporting histories of childhood sexual abuse. Cognition and Emotion，18（4），479-493.

Mecklinger，A.（1998）. On the modularity of recognition memory for object form and spatial location：A topographic ERP analysis. Neuropsychologia，36（5），441-460.

Mecklinger，A.，Parra，M.，& Waldhauser，G. T.（2009）. ERP correlates of intentional forgetting. Brain Research，1255，132-147.

Mensink，G. J.，& Raaijmakers，J. G.（1988）. A model for interference and forgetting. Psychological Review，95（4），434-455.

Michael，T. M. & Barhara，J. K.（2008）. Directed forgetting of emotional words. Emotion，8（5），643-652.

Miller，B. T.，Vytlacil，J.，Fegen，D.，Pradhan，S.，& D'Esposito，M.（2011）. The prefrontal cortex modulates category selectivity in human extrastriate cortex. Journal of Cognitive Neuroscience，23（1），1-10.

Miller，E. K.，Erickson，C. A.，& Desimone，R.（1996）. Neural mechanism of visual working memory in prefrontal cortex of the macaque. Journal of Neuroscience，16（16），5154-5167.

Minami，H. & Dallenbach，K. M.（1946）. The effect of activity upon learning and retention in the cockroach，Periplaneta americana. American Journal of Psychology，59（1），1-58.

Mitroff，S. R.，Simons，D. J.，& Levin，D. T.（2004）. Nothing compares 2 views：Change blindness can occur despite preserved access to the changed information. Perception and Psychophysics，66（8），1268-1281.

Mizuhara，H.，& Yamaguchi，Y.（2007）. Human cortical circuits for central executive function emerge by theta phase synchronization. Neuroimage，36（1），232-244.

Monsell，S.（2003）. Task switching. Trends in Cognitive Sciences，7（3），134-140.

Moray，N.，Bates，A.，& Barnett，T.（1965）. Experiments on the four-eared man. Journal of the

Acoustical Society of America，38（2），196-206.

Morris，C. D.，Bransford，J. D.，& Franks，J. J.（1977）. Levels of processing versus transfer appropriate processing. Journal of Verbal Learning and Verbal Behavior，16（5），519-533.

Mulji，R.，& Bodner，G. E.（2010）. Wiping out memories：New support for a mental context change account of directed forgetting. Memory，18（7），763-773.

Müller，U.，Ullsperger，M.，Hammerstein，E.，Sachweh，S.，& Becker，T.（2005）. Directed forgetting in schizophrenia. European Archives of Psychiatry & Clinical Neuroscience，255（4），251-257.

Müller，U.，von Cramon，D. Y.，& Pollmann，S.（1998）. D1-versus D2-receptor modulation of visuospatial working memory in humans. The Journal of Neuroscience，18（7），2720-2728.

Munakata，Y.，Herd，S. A.，Chatham，C. H.，Depue，B. E.，Banich，M. T.，& O'Reilly，R. C.（2011）. A unified framework for inhibitory control. Trends in Cognitive Sciences，15（10），453-459.

Muther，W. S.（1965）. Erasure or partitioning in short-term memory. Psychonomic Science，3（1-12），429-430.

Nadel，L. & Peterson，M. A.（2013）. The hippocampus：Part of an interactive posterior representational system spanning perceptual and memorial systems. Journal of Experimental Psychology General，142（4），1242-1254.

Nelissen，N.，Stokes，M.，Nobre，A. C.，& Rushworth，M. F.（2013）. Frontal and parietal cortical interactions with distributed visual representations during selective attention and action selection. The Journal of Neuroscience：The Official Journal of the Society for Neuroscience，33（42），16443-16458.

Nelson，D. L.（1979）. Remembering pictures and words：Appearance，significance and name. Information Processing Research in Advertising，45-76.

Nelson，D. L.，& Brooks，D. H.（1973）. Functional independence of pictures and their verbal memory codes. Journal of Experimental Psychology，98（1），44-48.

Nelson，D. L.，Reed，V. S.，& Walling，J. R.（1976）. Pictorial superiority effect. Journal of Experimental Psychology：Human Learning and Memory，2（5），523-528.

Nickerson，R. S.（1965）. Short-term memory for complex meaningful visual configurations：A demonstration of capacity. Canadian Journal of Psychology，19，155-160.

Nowicka，A.，Jednoróg，K.，Wypych，M.，& Marchewka，A.（2009）. Reversed old/new effect for intentionally forgotten words：An ERP study of directed forgetting. International Journal of Psychophysiology，71（2），97-102.

Nowicka，A.，Marchewka，A.，Jednoróg，K.，Tacikowski，P.，& Brechmann，A.（2011）. Forgetting of emotional information is hard：An fMRI study of directed forgetting. Cerebral Cortex，21（3），539-549.

Oberauer，K.（2002）. Access to information in working memory：Exploring the focus of attention. Journal of Experimental Psychology：Learning，Memory and Cognition，28（3），411-421.

Oberauer，K.（2003）. Selective attention to elements in working memory. Experimental Psychology，50（4），257-269.

Olson，I. R.，Moore，K. S.，Stark，M.，& Chatterjee，A.（2006）. Visual working memory is impaired when the medial temporal lobe is damaged. Journal of Cognitive Neuroscience，18（7），1087-1097.

Ornstein，R. E.（1969）. On the Experience of Time. Harmondsworth：Penguin.

Paivio，A.（1971）. Images and Verbal Processes. New York：Holt，Rinehart & Winston.

Paivio，A.（1975）. Coding distinctions and repetition effects in memory. Psychology of Learning & Motivation，9，179-214.

Paivio，A.，& Cohen，M.（1977）. Eidetic imagery and figural abilities in children. Cognitive Measurement，1-17.

Paller，K.（1990）. Recall and Stem-completion priming have different electrophysiological coTBR-relates and are modified differently by directed forgetting. Journal of Experimental Psychology：Learning，Memory，and Cognition，16（6），1021-1032.

Palmer，J.（1998）. Attentional effects in visual search：Relating search accuracy and search time. In R. D. Wright（Ed.），Visual Attention（Vol. 8，pp. 348-388）. New York：Oxford University Press.

Pastötter，B.，& Bäuml，K. H.（2007）. The crucial role of post-cue encoding in directed forgetting and context-dependent forgetting. Journal of Experimental Psychology：Learning，Memory，and Cognition，33（5），977-982.

Pastötter，B.，& Bäuml，K. H.（2010）. Amount of postcue encoding predicts amount of directed forgetting. Journal of Experimental Psychology：Learning，Memory，and Cognition，36（1），54-65.

Pastötter，B.，Bäuml，K. H.，& Hanslmayr，S.（2008）. Oscillatory brain activity before and after an internal context change—Evidence for a reset of encoding processes. NeuroImage，43（1），173-181.

Pastötter，B.，Kliegl，O.，& Bäuml K.H.（2012）. List-method directed forgetting：The forget cue improves both encoding and retrieval of postcue information. Memory & Cognition，40（6），861-873.

Pastötter，B.，Kliegl，O.，& Bäuml，K. H. T.（2015）. List-method directed forgetting：Evidence for the reset-of-encoding hypothesis employing item-recognition testing. Memory，24（1），63-74.

Pastötter，B.，Schicker，S.，Niedernhuber，J.，& Bäuml，K. H. T.（2011）. Retrieval during learning facilitates subsequent memory encoding. Journal of Experimental Psychology：Learning，Memory and Cognition，37（2），287-297.

Payne，B. K.，& Corrigan. E.（2007）. Emotional constraints on intentional forgetting . Journal of Experimental Social Psychology，43（5），780-786.

Pazalonso，P. M.，Bunge，S. A.，Anderson，M. C.，& Ghetti，S.（2013）. Strength of coupling within a mnemonic control network differentiates those who can and cannot suppress memory retrieval. Journal of the Society for Neuroscience，33（11），5017-5026.

Paz-Caballero，M.D.，& Menor，J.（1999）. ERP correlates of directed forgetting effects in direct and indirect memory tests. European Journal of Cognitive Psychology，11（2），239-260.

Paz-Caballero，M. D.，Menor，J.，& Jiménez，J. M.（2004）. Predictive validity of event-related potentials（ERPs）in relation to the directed forgetting effects. Clinical Neurophysiology Official Journal of the International Federation of Clinical Neurophysiology，115（2），369-377.

Phillips，W. A.（1974）. On the distinction between sensory storage and short-term visual memory. Perception & Psychophysics，16（2），283-290.

Posner，M. I.（1980）. Orienting of attention. Quarterly Journal of Experimental Psychology，32（1），3-25.

Power，M. J.，Dalgleish，T.，Claudio，V.，Tata，P.，& Kentish，J.（2000）. The directed forgetting task：Application to emotionally valent material. Journal of Affective Disorders，57（1-3），147-157.

Prabhakaran，V.，Narayanan，K.，Zhao，Z.，& Gabrieli，J. D. E.（2000）. Integration of diverse information in working memory within the frontal lobe. Nature Neuroscience，3（1），85-90.

Pribram，K. H.，Ahumada，A.，Hartog，J.，& Roos，L.（1964）. A progress report on the neurological processes disturbed by frontal lesions in primates.The Frontal Granular Cortex and Behavior，28-55.

Pronk，T. M.，Karremans，J. C.，Overbeek，G.，Vermulst，A. A.，& Wigboldus，D. H.（2010）. What it takes to forgive：When and why executive functioning facilitates forgiveness. Journal of Personality & Social Psychology，98（1），119-131.

Quinlan，C. K.，Taylor，T. L.，& Fawcett，J. M.（2010）. Directed forgetting：Comparing pictures and words. Canadian Journal of Experimental Psychology/Revue Canadienne de Psychologie Expérimentale，64（1），41-46.

Raaijmakers，J. G. W.，& Shiffrin，R. M.（1981）. Order effects in recall. In A. Long & A. Baddeley（Eds.），Attention and Performance（Vol. 9，pp.403-415）. Hillsdale：Erlbaum.

Racsmány，M.，& Conway，M. A.（2006）. Episodic inhibition. Journal of Experimental Psychology：Learning，Memory，and Cognition，32（1），44-57.

Racsmány，M.，Conway，M. A.，Garab，E. A.，& Nagymáté，G.（2008）. Memory awareness following episodic inhibition. Quarterly Journal of Experimental Psychology，61（4），525-534.

Raghavachari，S.，Kahana，M. J.，Rizzuto，D. S.，Caplan，J. B.，Kirschen，M. P.，Bourgeois，B.，& Lisman，J. E.（2001）. Gating of human theta oscillations by a working memory task. The Journal of Neuroscience，21（9），3175-3183.

Raichle，M. E.，Macleod，A. M.，& Snyder.（2010）. A default mode of brain function. Proceedings of National Academy of Science of United States，37（4），1083-1090.

Rämä，P.，Poremba，A.，Sala，J.，Yee，L.，Malloy，M.，Mishkin，M.，Courtney，S. M.（2004）. Dissociable functional cortical typologies for working memory maintenance of voice identity and location. Cerebral Cortex，14（7），768-780.

Rayner，K.，Warren，T.，Juhasz，B. J.，& Liversedge，S. P.（2004）. The effect of plausibility on eye movements in reading. Journal of Experimental Psychology：Learning，Memory，and Cognition，30，1290-1301.

Redick，T. S.，Heitz，R. P.，& Engle，R. W.（2007）. Working memory capacity and inhibition：Cognitive and social consequences. Inhibition in Cognition，125-142.

Reed，H. J.（1931）. The influence of a change of conditions upon the amount recalled. Journal of Experimental Psychology，14（6），632-649.

Reichenbach，H.（1947）. Elements of Symbolic Logic. London：Macmillan.

Rhodes，M.G.，& Anastasi，J. S.（2000）. The effects of level-of-processing manipulation on false recall. Psycholomic Bulletin and Review，7（1），158-162.

Riggall，A. C.，& Postle，B. R.（2012）. The relationship between working memory storage and elevated activity as measured with functional magnetic resonance imaging. The Journal of Neuroscience：The Official Journal of the Society for Neuroscience，32（38），12990-12998.

Risius，U. M.，Staniloiu，A.，Piefke，M.，Maderwald，S.，Schulte，F. P.，& Brand，M.（2013）. Retrieval，monitoring，and control processes：A 7 tesla fMRI approach to memory accuracy. Frontiers in Behavioral Neuroscience，7（1），1-21.

Rizio，A. A.，& Dennis，N. A.（2013）. The neural correlates of cognitive control：Successful remembering and intentional forgetting. Journal of Cognitive Neuroscience，25（2），297-312.

Roberts，W. A.，Mazmanian，D. S.，& Kraemer，P. J.（1984）. Directed forgetting in mokeys. Animal Learning & Behavior，12（1），29-40.

Roediger，H. L.，& Karpicke，J. D.（2006）. Test-enhanced learning taking memory tests improves long-term retention. Psychological Science，17（3），249-255.

Romo，R.，Brody，C. D.，Hernández，A.，& Lemus，L.（1999）. Neuronal correlates of parametric working memory in the prefrontal cortex. Nature，399（6735），470-473.

Rothbart，M. K.，& Posner，M. I.（1985）. Temperament and the development of self-regulation. In I. C. Hartlage（Ed.），The Neuropsychology of Individual Differences（pp.93-123）. Boston：Springer.

Roux，F.，& Uhlhaas，P. J.（2014）. Working memory and neural oscillations：Alpha-gamma versus theta-gamma codes for distinct WM information？Trends in Cognitive Sciences，18（1），16-25.

Ruci，L.，Tomes，J.，& Zelenski，J.（2009）. Mood-congruent false memories in the DRM paradigm. Cognition and Emotion，23（6），1153-1165.

Rummel，J.，Marevic，I.，& Kuhlmann，B. G.（2016）. Investigating storage and retrieval processes of directed forgetting：A model-based approach. Journal of Experimental Psychology：Learning，Memory and Cognition，42（10），1526-1543.

Russo，R.，Ward，G.，Geurts，H.，& Scheres，A.（1999）. When unfamiliarity matters：Changing environmental context between study and test affects recognition memory for unfamiliar stimuli. Journal of Experimental Psychology：Learning，Memory，and Cognition，25（2），488-499.

Sadeh，T.，Ozubko，J. D.，Winocur，G.，& Moscovitch，M.（2014）. How we forget may depend on how we remember. Trends in Cognitive Sciences，18（1），26-36.

Sahakyan，L.（2004）. Destructive effects of “forget” instructions. Psychonomic Bulletin & Review，11（3），555-559.

Sahakyan，L.，& Delaney，P. F.（2003）. Can encoding differences explain the benefits of directed forgetting in the list-method paradigm? Journal of Memory and Language，48（2），195-201.

Sahakyan，L.，& Delaney，P. F.（2005）. Directed forgetting in incidental learning and recognition testing：Support for a two-factor account. Journal of Experimental Psychology：Learning，Memory，and Cognition，31（4），789-801.

Sahakyan，L.，& Foster，N. L.（2009）. Intentional forgetting of action：Comparison of list-method and item-method directed forgetting. Journal of Memory and Language，61（1），134-152.

Sahakyan，L.，& Goodmon，L. B.（2007）. The influence of directional associations on directed forgetting and interference. Journal of Experimental Psychology：Learning，Memory，and Cognition，33（6），1035-1049.

Sahakyan，L.，& Goodmon，L. B.（2010）. Theoretical implications of extralist probes for directed forgetting. Journal of Experimental Psychology：Learning，Memory，and Cognition，36（4），920-937.

Sahakyan，L.，& James，R. S.（2013）. A long time ago，in a context far，far away：Retrospective time estimates and internal context change. Journal of Experimental Psychology：Learning，Memory and Cognition，40（1），86-93.

Sahakyan，L.，& Kelley，C. M.（2002）. A contextual change account of the directed forgetting effect. Journal of Experimental Psychology：Learning，Memory，and Cognition，28（6），1064-1072.

Sahakyan，L.，Delaney，P. F.，& Goodmon，L. B.（2008a）. “Oh，honey，I already forgot that”：Strategic control of directed forgetting in older and younger adults. Psychology and Aging，23（3），621-633.

Sahakyan，L.，Delaney，P. F.，& Waldum，E. R.（2008b）. Intentional forgetting is easier after two “shots” than one. Journal of Experimental Psychology：Learning，Memory，and Cognition，34（2），408-414.

Sahakyan，L.，Waldum，E. R.，Benjamin，A. S.，& Bickett，S. P.（2009）. Where is the forgetting with list-method directed forgetting in recognition? Memory & Cognition，37（4），464-476.

Sala，J. B.，& Courtney，S. M.（2007）. Binding of what and where during working memory maintenance. Cortex，43（1），5-21.

Sammer，G.，Blecker，C.，Gebhardt，H.，Bischoff，M.，Stark，R.，Morgen，K.，& Vaitl，D.（2007）. Relationship between regional hemodynamic activity and simultaneously recorded EEG theta associated with mental arithmetic-induced workload. Human Brain Mapping，28，793-803.

Sarnthein，J.，Petsche，H.，Rappelsberger，P.，Shaw，G.L.，& von Stein，A.（1998）. Synchronization between prefrontal and posterior association cortex during human working memory. Proceedings of the National Academy of Sciences of the United States of America，95（12），7092-7096.

Sauseng，P.，& Klimesch，W.，（2008）. What does phase information of oscillatory brain activity tell us about cognitive processes? Neuroscience and Biobehavioral Reviews，32（5），1001-1013.

Sauseng，P.，Klimesch，W.，Freunberger，R.，Pecherstorfer，T.，Hanslmayr，S.，& Doppelmayr，M.（2006）. Relevance of EEG alpha and theta oscillations during task switching. Experimental Brain Research，170（3），295-301.

Sauseng，P.，Klimesch，W.，Heise，K. F.，Gruber，W. R.，Holz，E.，Karim，A. A.，& Hummel，F. C.（2009）. Brain oscillatory substrates of visual short-term memory capacity. Current Biology，19（21），1846-1852.

Sawaguchi，T.（2001）. The effects of dopamine and its antagonists on directional delay-period activity of prefrontal neurons in monkeys during an oculomotor delayed-response task. Neuroscience Research，41（2），115-128.

Sawaguchi，T.，& Goldman-Rakic，P. S.（1991）. D1 dopamine receptors in prefrontal cortex: Involvement in working memory. Science，251（4996），947-950.

Sayar，F.（2014）. How do older and younger adults differ in directed forgetting? Turkish Journal of Geriatrics，17（3），290-298.

Schmitter-Edgecombe，M.，Marks，W.，Wright，M. J.，&Ventura，M.（2004）. Retrieval inhibition in directed forgetting following severe closed-head injury. Neuropsychology，18（1），104-114.

Schunk，D. H.（1996）. Goal and self-evaluative influences during children's cognitive skill learning. American Educational Research Journal，33（2），359-382.

Seamon，J. G.，Luo，C. R.，Shulman，E. P.，& Toner，S. K.（2002）. False memories are hard to inhibit: Differential effects of directed forgetting on accurate and false recall in the DRM procedure. Memory，10（4），225-237.

Sedikides，C.，& Green，J. D.（2001）. On the self-protective nature of inconsistency-negativity management: Using the person memory paradigm to examine self-referent memory. Journal of Personality & Social Psychology，79（6），906-922.

Sedikides，C.，& Green，J. D.（2004）. What I don't recall can't hurt me: Information negativity versus information inconsistency as determinants of memorial self-defense. Social Cognition，22（1），4-29.

Sego，S. A.，Golding，J. M.，& Gottlob，L. R.（2006）. Directed forgetting in older adults using the item and list methods. Aging Neuropsychology & Cognition，13（1），95-114.

Shapiro，S.，Lindsey，C.，& Krishnan，H.（2006）. Intentional forgetting as a facilitator for recalling new product attributes. Journal of Experimental Psychology: Applied，12（4），251-263.

Sheard，E. D.，& MacLeod，C. M.（2005）. List method directed forgetting: Return of the selective rehearsal account. In N. Ohta，C. M. MacLeod，& B. Uttl（Eds.），Dynamic Cognitive Processes（pp. 219-248）. Tokyo: Springer-Verlag.

Shepard，R. N.（1967）. Recognition memory for words，sentences，and pictures. Journal of Verbal Learning and Verbal Behavior，6（1），156-163.

Shiffrin，R. M.（1970）. Forgetting：Trace erosion or retrieval failure？Science，168（3939），1601-1603.

Shiffrin，R. M.，& Steyvers，M.（1997）. A model for recognition memory：Retrieving effectively from memory. Psychonomic Bulletin & Review，4（2），145-166.

Shohamy，D.，& Adcock，R. A.（2010）. Dopamine and adaptive memory. Trends in Cognitive Sciences，14（10），464-472.

Shu，L. L.，& Gino，F.（2012）. Sweeping dishonesty under the rug：How unethical actions lead to forgetting of moral rules. Journal of Personality & Social Psychology，102（6），1164-1177.

Shu，L. L.，Gino，F.，& Bazerman，M. H.（2011）. Dishonest deed，clear conscience：When cheating leads to moral disengagement and motivated forgetting. Personality & Social Psychology Bulletin，37（3），330-349.

Silvanto J，& Cattaneo Z.（2010）. Transcranial magnetic stimulation reveals the content of visual short-term memory in the visual cortex. Neuroimage，50（4），1683-1689.

Simons，D. J.，& Chabris，C. F.（1999）. Gorillas in our midst：Sustained inattentional blindness for dynamic events. Perception，28（9），1059-1074.

Simons，D. J.，& Rensink，R. A.（2005）. Change blindness：Past，present，and future. Trends in Cognitive Sciences，9（1），16-20.

Smith，S. M.（1979）. Remembering in and out of context. Journal of Experimental Psychology Human Learning & Memory，5（5），460-471.

Smith，S. M.（1982）. Enhancement of recall using multiple environmental contexts during learning. Memory & Cognition，10（5），405-412.

Smith，S. M.（1995）. Getting into and out of mental ruts：A theory of fixation，incubation，and insight. In R. J. Sternberg & J. E. Davidson（Eds.），The Nature of Insight（pp. 229-251）. Cambridge：The MIT Press.

Smith，S. M.，& Manzano，I.（2010）. Video context-dependent recall. Behavior Research Methods，42（1），292-301.

Smith，S. M.，& Vela，E.（2001）. Environmental context-dependent memory：A review and meta-analysis. Psychonomic Bulletin & Review，8（2），203-220.

Smith，S. M.，Glenberg，A.，& Bjork，R. A.（1978）. Environmental context and human memory. Memory & Cognition，6（4），342-353.

Smith，S. M.，Handy，J. D.，Angello，G.，& Manzano，I.（2014）. Effects of similarity on environmental context cueing. Memory，22（5），493-508.

Snodgrass，J. G.，& Kinjo，H.（1998）. On the generality of the perceptual closure effect. Journal of Experimental Psychology：Learning，Memory，and Cognition，24（3），645-658.

Soriano，M. F.，Jiménez，J. F.，Román，P.，& Bajo，M. T.（2009）. Intentional inhibition in memory and hallucinations：Directed forgetting and updating. Neuropsychology，23（1），61-70.

Sperduti，M.，Martinelli，P.，Kalenzaga，S.，Devauchelle，A. D.，Lion，S.，& Malherbe，C.， et al.（2013）. Don't be too strict with yourself! Rigid negative self-representation in healthy subjects mimics the neurocognitive profile of depression for autobiographical memory. Frontiers in Behavioral Neuroscience，7（3），1801-1806.

Sperling，G.（1960）. The information available in brief visual presentations. Psychological Monographs，74（11），1-29.

Sreenivasan，K.，Vytlacil，J.，& D'Esposito，M.（2014）. Distributed and dynamic storage of working memory stimulus information in extrastriate cortex. Journal of Cognitive Neuroscience，26（5），1141-1153.

Stadelr，M.A.，Roediger，H.L.，& McDermott，K.B.（1999）. Norm for word lists that create false memories. Memory & Cognition，27（3），494-500.

Steinmetz，J.P.，& Houssemand，C.（2011）. What about inhibition in the Wisconsin Card Sorting Test? The Clinical Neuro Psychologist，25（4），652-669.

Stenberg，G.（2006）. Conceptual and perceptual factors in the picture superiority effect. European Journal of Cognitive Psychology，18（6），813-847.

Stevens，A. A.（2004）. Dissociating the cortical basis of memory for voices，words and tones. Cognitive Brain Research，18（2），162-171.

Stock，A. K.，Gajsar，H.，& Güntürkün，O.（2015）. The Neuroscience of Memory. In K. Galinsky（Ed.），Memory in Ancient Rome and Early Christianity（pp.340-363）.Oxford：Oxford University Press.

Strand，B. Z.（1970）. Change of context and retroactive inhibition. Journal of Verbal Learning & Verbal Behavior，9（2），202-206.

Strange，B. A.，Witter，M. P.，Lein，E. S.，& Moser，E. I.（2014）. Functional organization of the hippocampal longitudinal axis. Nature Reviews Neuroscience，15（10），655-669.

Sugase-miyamoto，Y.，Liu，Z.，Wiener，M. C.，Optican，L. M.，& Richmond，B. J.（2008）. Short-term memory trace in rapidly adapting synapses of inferior temporal cortex. PLoS Computational Biology，4（5），e1000073.

Summerfield，C.，& Mangels，J. A.（2005）. Coherent theta-band EEG activity predicts item-context binding during encoding. Neuroimage，24（3），692-703.

Tabibnia，G.，Monterosso，J. R.，Baicy，K.，Aron，A. R.，Poldrack，R. A.，& Chakrapani，S.（2011）. Different forms of self-control share a neurocognitive substrate. The Journal of Neuroscience：The Official Journal of the Society for Neuroscience，31（13），4805-4810.

Tesche，C.D.，& Karhu，J.，（2000）. Theta oscillations index human hippocampal activation during a working memory task. Proceedings of the National Academy of Sciences of the United States of America，97（2），919-924.

Tipper，S. P.，& Driver，J.（1988）. Negative priming between pictures and words in a selective attention task：Evidence for semantic processing of ignored stimuli. Memory & Cognition，16（1），64-70.

Todd，R. M.，Schmitz，T. W.，Susskind，J.，& Anderson，A. K.（2013）. Shared neural substrates of emotionally enhanced perceptual and mnemonic vividness. Frontiers in Behavioral Neuroscience，7（7），1-7.

Todd，R. M.，Talmi，D.，Schmitz，T. W.，Susskind，J.，& Anderson，A. K.（2012）. Psychophysical and neural evidence for emotion-enhanced perceptual vividness. Journal of Neuroscience，32（33），11201-11212.

Toglia，M. P.，Neuschatz，J. S.，& Goodwin，K. A.（1999）. Recall accuracy and illusory memories：When more is less. Memory，7（2），233-256.

Treisman，A.（1988）. Features and objects：The fourteenth Bartlett memo-rial lecture. Quarterly Journal of Experimental Psychology，40（2），201-237.

Treisman，A.（1999）. Solutions to the binding problem：Progress through controversy to convergence. Neuron，24（1），105-125.

Tulving，E.（1972）. Episodic and semantic memory. Organization of Memory，1，381-403.

Tulving，E.（2002）. Episodic memory：From mind to brain. Annual Review of Psychology，53（1），1-25.

Tulving，E.，& Thomon，D. M.（1973）. Encoding specificity and retrieval processes in episodic memory. Psychological Review，80（5），352-373.

Ueno，T.，Allen，R. J.，Baddeley，A. D.，Hitch，G. J.，& Saito，S.（2011）. Disruption of visual feature binding in working memory. Memory & Cognition，39（1），12-23.

Ullsperger，M.（2000）. The role of retrieval inhibition in directed forgetting：An event-related brain potential analysis. Doctoral dissertation，Max Planck Institute of Cognitive Neuroscience Leipzig.

Unsworth，N.，Spillers，G. J.，& Brewer，G. A.（2012）. Dynamics of context-dependent recall：An examination of internal and external context change. Journal of Memory and Language，66（1），1-16.

Vadnais，S. A.，Behm，A.，Laake，L. M.，Lopez，N. M.，Oddi，K. B.，Wu，K.，et al.（2012）. Executive function correlates of symptom of specific anxiety disorders and major depression. Poster presented at the 24th Annual Convention of the Association for Psychological Science，Chicago.

Vallar，G.，& Baddeley，A. D.（1984）. Fractionation of working memory：Neuropsychological evidence for a phonological short-term store. Journal of Verbal Learning & Verbal Behavior，23（2），151-161.

Van Hooff，J. C.，Whitaker，T. A.，& Ford，R. M.（2009）. Directed forgetting in direct and indirect tests of memory：Seeking evidence of retrieval inhibition using electrophysiological measures. Brain and Cognition，71（2），153-164.

Van Valkenburg，D.，& Kubovy，M.（2003）. In defense of the theory of indispensable attributes. Cognition，87（3），225-233.

Vergara，J.，Rivera，N.，Rossi-Pool，R.，& Romo，R.（2016）. A neural parametric code for storing information of more than one sensory modality in working memory. Neuron，89（1），54-62.

Vogel，E. K.，Woodman，G. F.，& Luck，S. J.（2001）. Storage of features，conjunctions，and objects in visual working memory. Journal of Experimental Psychology：Human Perception and Performance，27（1），92-114.

Vogel，E. K.，Woodman，G. F.，& Luck，S. J.（2006）. The time course of consolidation in visual working memory. Journal of Experimental Psychology Human Perception & Performance，32（6），1436-1451.

Voigt，S.，& Hagendorf，H.（2002）. The role of task context for component processes in focus switching. Psychologische Beiträge，44，248-274.

Vuontela，V.，Rämä，P.，Raninen，A.，Aronen，H. J.，& Carlson，S.（1999）. Selective interference reveals dissociation between memory for location and colour. NeuroReport，10（1），2235-2240.

Waldhauser，G. T.，Lindgren，M.，& Johansson，M.（2012）. Intentional suppression can lead to a reduction of memory strength：Behavioral and electrophysiological findings. Frontiers in Psychology，3，401.

Waldum，E. R.，& Sahakyan，L.（2012）. Putting congeniality effects into context：Investigating the role of context in attitude memory using multiple paradigm. Journal of Memory and Language，66（4），717-730.

Wallis，J. D.，Anderson，K. C.，& Miller，E. K.（2001）. Single neurons in prefrontal cortex encode abstract rules. Nature，411（6840），953-956.

Ward，G.，& Tan，L.（2004）. The effect of the length of to-be-remembered lists and intervening lists on free recall：A reexamination using overt rehearsal. Journal of Experimental Psychology：Learning，Memory，and Cognition，30（6），1196-1210.

Warden，M. R.（2010）. Task-dependent changes in short-term memory in the prefrontal cortex. Journal of Neuroscience，30（47），15801-15810.

Weiner，B.（1968）. Motivated forgetting and the study of repression. Journal of Personality，36（2），213-234.

Weiss，S.，& Rappelsberger，P.（2000）. Long-range EEG synchronization during word encoding correlates with successful memory performance. Cognitive Brain Research，9（3），299-312.

Weldon，M. S.，& Roediger，H. L.（1987）. Altering retrieval demands reverses the picture superiority effect. Memory & Cognition，15（4），269-280.

Weldon，M. S.，Roediger，H. L.，& Challis，B. H.（1989）. The properties of retrieval cues constrain the picture superiority effect. Memory & Cognition，17（1），95-105.

Wessel，I.，& Merckellbach，H.（2006）. Forgetting"murder" is not harder than Forgetting "circle"：List wise-directed forgetting of emotional words. Cognition and Emotion，20（1），129-137.

Wheeler，M. E.，& Treisman，A. M.（2002）. Binding in short-term visual memory. Journal of Experimental Psychology：General，131（1），48-64.

Whetstone，T.，Cross，M. D.，& Whetstone，L. M.（1997）. Inhibition，contextual segregation，and subject strategies in list method directed forgetting. Consciousness & Cognition，5（4），395-417.

White，H. A.，& Marks，W.（2004）. Updating memory in list-method directed forgetting：Individual differences related to adult attention-deficit/hyperactivity disorder. Personality and Individual Differences，37（7），1453-1462.

Wilkowski，B. M.，Robinson，M. D.，& Troop-Gordon，W.（2010）. How does cognitive control reduce anger and aggression? The role of conflict monitoring and forgiveness processes. Journal of Personality & Social Psychology，98（5），830-840.

Williams，M.，& Woodman，G. F.（2012）. Directed forgetting and directed remembering in visual working memory. Journal of Experimental Psychology：Learning，Memory and Cognition，38（5），1206-1220.

Williams，S. M.，& Goldman-Rakic，P. S.（1993）. Characterization of the dopaminergic innervation of the primate frontal cortex using a dopamine-specific antibody. Cerebral cortex，3（3），199-222.

Wilson，F. A.，Scalaidhe，S. P.，& Goldman-Rakic，P. S.（1993）. Dissociation of object and spatial processing domains in primate prefrontal cortex. Science，260（5116），1955-1958.

Wilson，S. P.，& Kipp，K.（1998）. The development of efficient inhibition：Evidence from directed-forgetting tasks. Developmental Review，18（1），86-123.

Wolfe，J.（1994）. Guided search 2.0：A revised model of visual search. Psychonomic Bulletin & Review，1（2），202-238.

Wolfe，J.，& Horowitz，T. S.（2004）. What attributes guide the deployment of visual attention and how do they do it? Nature Reviews Neuroscience，5（6），495-501.

Wood，W.，& Neal，D. T.（2007）. A new look at habits and the habit-goal interface. Psychological Review，114（4），843-863.

Woodward，A. E.，Bjork，R. A.，& Jongeward，R. H.（1973）. Recall and recognition as a function of primary rehearsal. Journal of Verbal Learning and Verbal Behavior，12（6），608-617.

Wu，X.，Chen，X.，Li，Z.，Han，S.，& Zhang，D.（2007）. Binding of verbal and spatial information in human working memory involves large-scale neural synchronization at theta frequency. Neuroimage，35（4），1654-1662.

Wylie，G. R.，Foxe，J. J.，& Taylor，T. L.（2008）. Forgetting as an active process：An fMRI investigation of item-method-directed forgetting. Cerebral Cortex，18（3），670-682.

Yang，W. J.，Liu，P. D.，Cui，Q.，Wei，D. T.，Li，W. F.，Qiu，J.，& Zhang，Q.L.（2013）. Directed forgetting of negative self-referential information is difficult：An fMRI study. PloS one，8（10），e75190.

Yonelinas，A. P.，& Jacoby，L. L.（1995）. Dissociations of processes in recognition memory：Effects of interference and of response speed. Canadian Journal of Experimental Psychology，48（4），516-535.

Yonelinas，A. P，& Levy，B. J.（2002）. Dissociating familiarity from recollection in human recognition memory：Different rates of forgetting over short retention intervals. Psychonomic Bulletin & Review，9（3），575-582.

Zacks，R.T.，& Hasher，L.（1994）. Directed ignoring：Inhibitory regulation of working memory，In D. Dale & H. C. Thomas（Eds.），Inhibitory Mechanism in Attention，Memory，and Language（pp.241-264）. New York：Academic Press.

Zacks，R. T.，Radvansky，G.，& Hasher，L.（1996）. Studies of directed forgetting in older adults. Journal of Experimental Psychology：Learning，Memory，and Cognition，22（1），143-156.

Zarahn，E.，Aguirre，G.，& D'Esposito，M.（1997）. A trial-based experimental design for FMRI. Neuroimage，6（2），122-138.

Zawoyski，A. M.，Ardoin，S. P.，& Binder，K. S.（2015）. Using eye tracking to observe differential effects of repeated readings for second-grade students as a function of achievement level. Reading Research Quarterly，50（2），171-184.

Zellner，M.，& Bäuml，K. H.（2006）. Inhibitory deficits in older adults：list-method directed forgetting revisited. Journal of Experimental Psychology：Learning，Memory，and Cognition，32（2），290-300.

Zhou，Y. D.，& Fuster，J. M.（1996）. Mnemonic neuronal activity in somatosensory cortex. Proceedings of the National Academy of Sciences，93（19），10533-10537.

Zwaan，R. A.（1996）. Processing narrative time shifts. Journal of Experimental Psychology：Learning，Memory，and Cognition，22（5），1196-1207.

Zwaan，R. A.，Langston，M. C.，& Graesser，A. C.（1995）. The construction of situation models in narrative comprehension：An event-indexing model. Psychological Science，6（5），292-297.

Zwaan，R. A.，Stanfield，R. A.，& Yaxley，R. H.（2002）. Language comprehenders mentally represent the shapes of objects. Psychological Science，13（2），168-171.